U0939912

乡村振兴的理论与四川实践

——乡村振兴战略研究智库高端论坛暨四川省资本论研究会2019年年会论文集

主　编　许　彦
副主编　郭险峰　袁　威

Xiangcun Zhenxing de Lilun yu Sichuan Shijian

—— Xiangcun Zhenxing Zhanlue Yanjiu Zhiku Gaoduan Luntan ji Sichuan Sheng Zibenlun Yanjiuhui 2019nian Nianhui Lunwen Ji

中国·成都

图书在版编目(CIP)数据

乡村振兴的理论与四川实践:乡村振兴战略研究智库高端论坛暨四川省资本论研究会 2019 年年会论文集/许彦主编．—成都:西南财经大学出版社,2020.7
ISBN 978-7-5504-4296-2

Ⅰ.①乡… Ⅱ.①许… Ⅲ.①农村—社会主义建设—四川—文集
Ⅳ.①F327.71-53

中国版本图书馆 CIP 数据核字(2019)第 298991 号

乡村振兴的理论与四川实践
——乡村振兴战略研究智库高端论坛暨四川省资本论研究会 2019 年年会论文集
主编　许彦

策划编辑:李玉斗
责任编辑:邓克虎
封面设计:张姗姗
责任印制:朱曼丽

出版发行	西南财经大学出版社(四川省成都市光华村街 55 号)
网　　址	http://www.bookcj.com
电子邮件	bookcj@foxmail.com
邮政编码	610074
电　　话	028-87353785
照　　排	四川胜翔数码印务设计有限公司
印　　刷	四川五洲彩印有限责任公司
成品尺寸	185mm×260mm
印　　张	20.25
字　　数	453 千字
版　　次	2020 年 7 月第 1 版
印　　次	2020 年 7 月第 1 次印刷
书　　号	ISBN 978-7-5504-4296-2
定　　价	98.00 元

前　言

党的十九大报告创造性地提出了乡村振兴战略，这既是对农业农村现代化理论的传承和创新，也是对实践的总结和推进。2018年，习近平总书记来四川视察时，要求着力实施乡村振兴战略，把四川农业大省这块金字招牌擦亮，加快推动四川由农业大省向农业强省跨越。一年多来，四川省在推进实施乡村振兴战略方面取得突出成绩，有效地推动了四川农业全面升级、农村全面进步、农民全面发展。

为进一步强化乡村振兴战略的理论和实践研究，四川省资本论研究会，中共四川省委党校乡村振兴战略研究智库，中共四川省委党校决策咨询部、科研处与广安市武胜县共同举办了乡村振兴战略研究智库高端论坛暨四川省资本论研究会2019年年会。来自四川省近百名专家学者围绕乡村基层党建理论实践与乡村组织振兴、壮大乡村集体经济与乡村产业振兴、乡村人才队伍建设与乡村人才振兴、乡村人居环境整治与乡村生态振兴、乡风文明建设与乡村文化振兴五个方面探讨了乡村振兴战略的推进路径和可能存在的问题，总结和归纳了四川在推动乡村振兴战略的一些做法和经验，提出了众多真知灼见。

本书汇集了本次研讨会的主要成果，收集了83篇优秀论文，以期为四川省进一步推进实施乡村振兴战略提供一些思路与建议。本书由许彦任主编，郭险峰、袁威任副主编。因编者自身学识和研究认识有限，该论文集可能存在一些不足之处，恳请读者批评指正。

编　者

2019年9月

目　录

人工智能：乡村人才振兴的一个契机

蒋南平①

摘要：以人工智能为代表的当代高新技术的兴起，是科技代替人力的一个重要契机。在新时代，乡村振兴是实现中国梦的一个重要战略。然而，乡村人才振兴是乡村振兴之首。当代中国的现状和乡村振兴的实际表明，人工智能是乡村振兴的重要契机。

关键词：人工智能　乡村振兴　人才效应

党的十九大提出了乡村振兴战略，并对这个战略提出了明确的要求。实现乡村振兴战略涉及政治建设、产业融合、组织建设、乡风整肃、社会治理等多个方面。然而关于乡村振兴的诸多内容中什么是关键方面，理论界并未有明确结论。乡村振兴的现实表明，乡村的人才振兴才是一个基本的关键方面。

一、乡村人才振兴的困惑

按照马克思主义理论，建设社会主义重要的手段和要求是大力发展生产力。中华人民共和国成立后，毛泽东同志就清楚地认识到发展生产力的重要性。因此，通过三年的国民经济恢复时期，即使是抗美援朝期间，新中国也没有停止大规模的经济建设。尽管我们曾一度按照苏联模式实行过高度集中的计划经济，但仍然克服了重重困难，建立起了现代化的工业体系，形成了完整的农业体系，解决了全球四分之一人口的温饱问题，建立了现代军事力量，取得了许多尖端科技成果。改革开放以后，我党进一步认识到中国仍然处于社会主义初级阶段这个基本国情，为了解决社会主义初级阶段的社会主要矛盾，进一步加快了发展生产力。通过 40 多年的努力，中国改革开放硕果累累。党的十八大以来，以习近平同志为核心的党中央带领全国人民奔向全面小康。党的十九大更是提出了要把乡村振兴作为全面建成小康社会的重要战略目标，并提出了相应要求。

要实现全面建成小康社会的目标，尚有许多工作要做，其中乡村振兴是最基本也是最关键的。从理论上讲，要通过乡村振兴进一步发展中国的生产力，质量高、数量大的劳动者是首要条件。按照传统三要素的划分，生产力的第一要素是劳动者，然后依次是劳动资料和劳动对象。当然，科学技术与管理对生产力的三要素分别有

① 蒋南平，西南财经大学教授，四川省资本论年会副会长。

积极作用，并能对生产力三大要素之间的有机连接及高效协同发挥无与伦比的作用。故而，马克思说“生产力里面包含科学”。而邓小平更是认为“科学技术是第一生产力”。在当代科技的作用下，培养高素质劳动者，即乡村振兴人才是必不可少的，而且是基础性的。

从理论上看，人才在乡村振兴中起到关键作用，进一步加强乡村人才的振兴是非常重要的。根据有关学者的推测和计算，实现中国的农业现代化，需要2亿高素质的职业农业人才（蒋南平，2018）。虽然当代中国农村有5.2亿农村人口，但达不到乡村振兴的人才要求。如果要使这5.2亿农村人口通过专门教育和培训等达到乡村振兴人才的要求，从可能性与现实性而言都是困难的。如果此路不通，能否让已进城的农民工回到农村充当乡村振兴的中坚力量呢？如果行，当然是理想的。因为农民工经过商品经济的磨炼，经营意识强，有干劲、有热情，熟悉农村，又了解城市，可以成为产业融合、城乡协同发展的桥梁。但是他们回乡会破坏现有的经济结构，造成原有人才分布及使用方面的失衡，而且他们也基本上没有回乡的意愿。有学者调查，现有农民工中，有回乡意愿的不到2%（蒋玲，2018）。如果这条路行不通，可否让城市资本（包括人才资本）到乡村去作为中坚力量呢？事实上，这不仅受到政策限制，也会产生若干弊端。如何实现乡村人才振兴，是一个值得关注的大问题。

二、人工智能的人才效应解读

当前我们面临乡村振兴人才匮乏的困境，乡村振兴又急切需要人才，如何解决这个问题呢？以人工智能为代表的高新技术是解决这个问题的一个重要的契机。

人工智能是1956年由约翰·麦卡锡提出的概念，发展到今天已被广泛运用。根据科学家们的划分，人工智能的发展可以分为三个阶段：第一阶段是弱人工智能阶段。这个阶段的人工智能，仅仅在大数据及新型算法的促进下，模拟人的大脑思维逻辑，实现人的认知、推理等功能。第二阶段是强人工智能阶段。这个阶段的人工智能可以大规模地、高效率地完成人脑的智力功能，从而超越人类。第三阶段是超人工智能阶段。这个阶段的人工智能可以自主地完成人脑可以完成甚至不能完成的智力活动，发展达到空前的地步。目前，我们还仅仅处于弱人工智能即人工智能第一阶段的起点。

即使是在人工智能第一阶段的起点，人工智能也在多个方面大展身手。例如，在司法方面，“人工智能+司法为民”模式已经拓展了司法为民的新形式，形成了12309检察服务中心网上网下一体化服务平台。另外，还可以利用人工智能来破获高智商犯罪。在电子科技领域，人工智能开启了人工智能影视制作的首次变革，这个制作平台是人类立体设计师效率的1 250倍。而百度、科大讯飞、海康威视等公司，已在自动驾驶、语言识别、智能安防等方面迈出了新步伐。在制造业领域，人工智能已与各个行业的需求有机地结合了起来，使人工智能得以进一步发展。在社会生活领域，许多公司推出了“人工智能+煤矿”“人工智能+公交”“人工智能+停车场”等，形成了广泛的人工智能服务。在教育服务领域，“人工智能+教育”已普及，智能教育产品快速推广，人工智能与在线教育紧密结合。在金融投资领域，人工智能已广泛运用于智能投资顾问、预测及反欺诈、征信与风控、安全监控预警、智能营销客服、投资决策等各个方面。

人工智能的应用，不仅面广量多，而且效率高。而人工智能的巨大人才效应完全符合乡村振兴人才的特征和需求，正成为我们摆脱缺少乡村振兴人才困境的重要契机。这种效应，正好为我们实现乡村振兴服务。

三、人工智能：乡村振兴的需要

前已所述，一方面乡村振兴亟须大量的高素质人才，但无法满足；另一方面，人工智能却以人的替代效应展示了强大的威力。把人工智能作为乡村人才振兴的中坚力量，应当是可行且现实的。

根据英国牛津大学迈克尔·奥斯本的调查研究结果，在以人工智能为代表的高新技术作用下，第一、第二、第三产业的岗位取代率最低是82%，最高是99%。尽管这些岗位只是抽样的有代表性的岗位，但就普遍性而言，人工智能将越来越多地取代人工岗位。当前乡村振兴人才缺口大，人工智能成为乡村人才振兴的中坚力量是具有很大可能性的。

当代中国农村的资本有机构成情况如表 1 所示。

表 1　当代中国农村的资本有机构成情况表

年份	2003	2004	2005	2006	2007	2008	2009	2010
资本有机构成/%	4.9	5.4	6.3	3.8	7.3	9.8	12.8	12.6
年份	2011	2012	2013	2014	2015	2016	2017	2018
资本有机构成/%	12.6	14.5	17.8	20.5	20.3	20.8	21.2	22.1

资料来源：根据历年《中国统计年鉴》整理。

从表 1 中可以看出，中国农村资本有机构成有逐年增高的趋势，这说明当代中国农村不断溢出大量的劳动力，同时不变资本在不断增加。这符合中国农村改革的现实情况。因为改革开放特别是 2003 年以来，我国加大了各项惠农政策的扶持力度，给予了更多的农机具、农药、化肥、种子等补贴，实际上增加了不变资本的规模。而随着城市化进程的加快，农村劳动力不断进入城市，使得可变资本不断地减小。这样，根据资本有机构成的内涵，资本有机构成不断增大当然是顺理成章的了。但是要注意的是，在中国农村资本有机构成中，不变资本中科技含量的资本不多，人工智能加入后不变资本成分增加有限，如果人工智能的替代效应不断增大，则可变资本规模就会更小。但无论如何，都会使资本有机构成变大。因此，如果人工智能成为乡村人才振兴的中坚力量，则不变资本会越来越大，可变资本会越来越小，从而使得资本有机构成越来越大。而资本有机构成变大，会成为人工智能作为乡村人才振兴中坚力量的重要特征。

通过以上分析，笔者认为，当代中国在面临乡村振兴的重要战略任务而又无法摆脱乡村振兴人才的短缺困境时，发展人工智能是解决这个问题的重要契机。当前的任务则是尽快做好相关规划，制定相关政策并加以落实。

深化城镇与乡村互动发展　推进乡村振兴研究

陈　钊①

摘要： 本文分析了深化城乡互动、推动乡村振兴的必要性及传统城镇化模式下城乡互动的有限性，提出了深化城乡互动、推进乡村振兴的途径。

关键词： 城乡互动　乡村振兴

党的十九大提出实施乡村振兴战略，提出要坚持农业农村优先发展，按照产业兴旺、生态宜居、乡风文明、治理有效的总要求，建立健全城乡融合发展的体制机制和政策体系，加快推进农业农村现代化。城乡互动发展是城乡融合的前提，深化城乡互动发展是推进乡村振兴的必然路径。

一、通过深化城乡互动推进乡村振兴的必要性

国内外一些学者对城乡互动理论进行了研究。古尔德认为，城镇与乡村互动是指人、商品、技术、货币、情报和思想在城乡间的双向流动。段娟、文余源、鲁奇认为，城乡互动发展是指资本、劳动力、物质、信息等社会经济要素在城乡空间双向流动与优化配置，是城乡之间因社会、经济、技术、文化等多种交流与联系而形成的一种空间关联的地域关系。城市与乡村深化互动、高度融合，由此推进城镇与乡村的互补共赢、共同发展，促进乡村振兴。

（一）通过深化城乡互动推进乡村发展

区域协调发展可以分为基础设施的协调、政策与法规的协调、产业发展的协调和发展水平的协调。一般来说，区域之间基础设施的协调是协调发展的基础，其次是政策与法规的协调，而产业发展的协调和发展水平的协调是区域协调发展的高级形式。区域只有形成了合理分工，并以此消除了发展水平的差距，区域协调才能真正实现。城镇与乡村在居民收入、就业、消费、文明程度、基础设施等方面的差距消除，城乡之间基本实现劳动就业、居民居住等方面的互通，这才是城镇与乡村协调发展的高级形式，而这种协调发展的高级形式，将必然推进乡村发展。

（二）通过深化城乡互动促进乡村功能的发挥

在传统城镇化模式下，城镇经济比乡村发达，城镇产业更加丰富，功能更加多样，总体上城镇主导区域经济发展。而在全域城市化背景下，城镇与乡村是一个整

① 陈钊，中共四川省委党校。

体，两者互有优势，平等互动。为此，可以将农村功能看作城镇功能的延伸，主要承担城镇农业生产、生态环境、居民居住、旅游发展等功能，是城市功能不可缺少的重要组成部分。因此，只有通过深化城镇与乡村互动发展，才能使城镇与乡村在产业发展、居民生活、基础设施、生态环境等方面融为一体。

（三）通过深化城乡互动有利于城镇发展资源向乡村流动

城镇与乡村互有优势，城镇在产业、科技、资金、人才、基础设施等方面有优势，农村在生态环境、土地资源、农业生产、剩余劳动力等方面有优势。城镇通过充分利用农村优势可以获得土地、生态、劳动力、农产品等发展资源和产品，发展城市产业，提升城镇的吸引力，扩大城镇的发展空间，推进城镇的发展和空间优化。而农村的发展，则更需要通过充分利用城镇的资金、科技、人才、产业、信息、市场等资源，提升农村的生产能力，扩大产品市场，改善农村生产和生活环境。城镇与乡村优势资源相互利用，相互推动作用更加明显，也将极大促进乡村振兴。

二、传统城镇化模式下城乡的有限互动

一是城镇与乡村互动的内容有限。在传统城镇化模式下，城镇主要向农村供给工业产品，包括农具、农业生产资料、生活消费品等，城镇也为农村提供服务业，如交通、金融、商贸零售等服务；而农村主要向城镇供给粮食、轻工业原材料等，同时农村也为城镇工业和服务业发展提供剩余劳动力。这种互动主要是城镇与乡村在产品与服务等方面的交流，交流形式较为单一。

二是城镇与乡村互动的规模有限。在传统城镇化模式下，农村经济不发达，受生产水平、基础设施等制约，产量有限，并且由于农村人口多，自身消耗大量农产品，能够参与城镇交换的产品也有限。由于农村居民收入水平低，也难有更多的收入购买城镇工业品，同时农村地区发展水平低，许多资源开发不足或难以利用，也制约了城镇与乡村的互动规模。

三是城镇与乡村互动呈现较大的不均衡。在传统城镇化模式下，城镇与乡村存在较大的差异，城镇由于基础设施完善，居民生活更优越，有较多的发展便利，因此从农村吸纳的资源多，向农村扩散的资源少；而农村通过向城镇输出廉价劳动力、低价农产品等有力地支持了城镇的发展，但从城镇得到的发展资源少，因此呈现城镇与乡村互动不均衡现象，这又进一步导致了农村的发展缓慢，城镇与乡村的差距日益扩大。我国曾经长期存在工农产品剪刀差，工业产品价格偏高，而农业产品价格偏低，工农产品价格剪刀差的存在也加剧了城乡互动的不均衡，制约了城乡互动的深化。

四是城镇与乡村互动发展的作用有限。由于农村发展条件的限制，农村资源难以得到合理、完善开发，对城镇支持也难以达到最佳效果，一定程度上制约了城镇的发展。农村收入不高，也导致城镇产品在农村销售受到制约。农村教育落后，导致农村劳动力生产技能低下，这些劳动力对城镇和乡村的作用都未能很好发挥，制约了城镇与乡村的发展。

三、深化城镇与乡村互动推进乡村振兴的途径

（一）深化城乡产业联动、融合，推进乡村经济发展

城镇与乡村深化产业关联有多种形式。

一是通过城镇的加工企业与农村地区农业生产关联，实现乡村与城镇第一产业和第二产业的联动发展。这种形式也可以是在农村地区完成农产品生产和初加工，在城镇进行深加工的关联。这种关联不仅可以使城镇的加工企业获得稳定的货源，保证城镇加工企业的原材料品质，有利于城镇企业的发展，同时也能为农业生产提供稳定、保障的市场，增加农业收入。通过加工企业与农业生产关联，可以充分利用工业的技术、信息等，提升农业生产的技术、产品质量和产量。更深的关联可以是将农村农业生产基地与城镇加工业组建成为新的企业集团，推进农业与农产品加工业的融合发展。

二是通过城镇商贸企业与农村农业生产的关联，推进城镇第一产业和乡村第三产业的关联发展。城镇信息资源丰富，市场容量大，商贸发达，交通完善，有利于农产品销售。这种关联不仅可以保障城镇商贸企业的货源，也能为农村的农产品提供稳定的市场。这种互动既可以通过城镇的商贸企业与农村生产基地组成松散的商业经营形式实现，也可以通过城镇商贸企业到农村组织生产基地，形成企业集团的形式发展。

三是通过农村农产品的生产和加工与城镇商贸企业、产业的联动，实现农村第一、第二产业与城镇第三产业的联动。部分农产品更适合在农村加工，但农村缺乏信息、市场；而城镇通过自身优势，发展相应的企业、市场，有利于农村加工品的销售，同时也有利于城镇商贸业发展，实现城乡产业发展共赢。

四是通过农村地区企业利用城镇工业企业代加工农产品，实现农村第一、第三产业和城镇第二产业之间的联动。这种联动充分利用农村优质农产品和品牌资源，特别是原产地品牌资源，利用城镇工业企业的生产技术，生产传统、优质产品，也可以带动城镇与乡村共同发展。

（二）深化城乡科技互动，推进乡村创新发展

城镇有较多的科技人员，有较多的科研成果。传统城市化模式下，城镇对农村科技支持少，而农村由于生产力水平低下、资金有限，难以接受城市的科技辐射，农业生产较为传统。但在全域城市化背景下，农村产业不再限于农业，也有工业和服务业，其发展需要强大的科技支撑，而科技资源的来源主要是城镇。深化城乡科技互动，一方面可以为城镇的科技成果提供良好的应用市场，提升科技成果的效益；另一方面，又极大地支持了农村产业的发展。城镇与农村的科技互动可以通过城镇的科技企业、科技管理机构、研究机构等向农村输入科技技术，带动农村的农业、服务业、加工业发展。特别是通过科技支持农业发展，推进农村地区农业由传统农业向现代农业转变，推进农业的公司化、规模化、专业化、特色化经营，将极大提高农业的生产效率，也将彻底改变农业落后的面貌。深化城乡科技互动，需要加强

农业科技园、农业科技企业孵化器建设，加强农业科技企业的孵化、培育，支持农业企业的创新创业，提升农业的科技化水平。

（三）深化城乡土地利用互动，推进乡村发展空间优化

城镇土地空间相对狭小，建设紧凑，城镇的进一步发展需要更多的土地空间作为支撑，这些土地包括产业用地、生活用地和生态用地等。我国已制定了城市建设耕地占用占补平衡的政策，即城镇建设占用多少耕地，各地人民政府就应补充相同数量和质量的耕地，这对城镇的建设提出了更高的要求，也为城乡土地利用互动创造了难得的机遇。在我国农村，农户宅基地等建设占地较多，远远高于城镇用地标准。因此可以通过城镇与乡村土地利用互动，优化城乡发展空间。通过在农村集中建房、整理耕地等措施，缩小农村的建设用地面积，扩大农村耕地，农村增加的耕地指标可以用于城镇建设用地占补平衡使用，支持城镇发展需要。农村通过出售耕地指标，可以获得一定的经济补偿，而这些经济补偿可以用于农村集中居住区建设和农村集体经济发展使用。集中居住区建设可以改善农村居住条件和生活条件。有条件的农村还可以通过农村集中建房，建设具有地方传统特色的居住区，并结合农业产业化发展，发展乡村旅游业，增加农村就业，活跃农村经济。而城镇通过得到农村土地指标，可以更好地支持城镇的生产和生活建设，扩大城镇发展空间。

（四）深化城乡人员互动，促进城乡一体化发展

新型城镇化发展后，城镇与乡村只是居住方式存在差异，而就业、生活等差异将逐步消除，城乡之间将实现落户自由，这将扩大城乡人员互动，城镇与乡村也将存在大量的通勤交流。大量在农村居住的居民在邻近的中心城市或小城镇就业，这部分人口将形成早晨与傍晚的钟摆式通勤活动；同时也有一部分在城镇居住的人口在附近乡村就业，也将形成与前者相反的通勤活动。通过深化城乡互动，乡村人员到城镇购物、消费、办事等，将进一步深化城乡互动。

（五）深化城乡服务业互动，推进乡村发展质量的提升

传统城镇化模式下，城镇主要为农村提供商品零售、医疗卫生服务、教育服务、行政管理等服务需求，而农村向城镇提供的服务业几乎没有，农村也难以提供满足城镇的服务产品，使服务业成为城镇独有的产业。深化城乡服务业互动发展，可以更好地丰富农村产业，推进乡村发展质量的提升。

一是大力发展乡村旅游业。农村生态类型多样，土地空间广阔，传统文化富有特色，特别是部分专业化、特色化、规模化的农业生产具有一定的观赏性，适合发展乡村旅游。乡村旅游要充分利用乡村的农业生产、乡村生态、乡村传统建筑、乡村传统文化，主要发展休闲、体验、观赏、娱乐等活动。目前，我国农村通过发展乡村旅游，吸引了大量城镇居民到乡村旅游。乡村旅游不仅满足了城镇居民的旅游需求，提高了城镇居民的生活质量，也为农村发展经济增加了一条致富之路。据统计，2016 年全国休闲农业和乡村旅游接待游客近 21 亿人次，营业收入超过 5 700 亿元，带动 672 万户农民受益。未来，乡村旅游应充分利用农村地域广大、环境优美、农业生产、乡土文化等特色和优势，开发特色乡村旅游活动，发展全域乡村旅游，在农村居民集聚区、规模化农业种植区、干道公路经过的农村区域等，设计乡村旅

游景点，预留乡村旅游发展空间，为城镇与乡村互动提供更广、更深的互动平台。

二是大力发展农村服务业。农村地区可以通过利用本地农业生产的优势，利用电子商务平台，发展农村电子商务，直接将农产品由农村原产地向城镇销售。农村电子商务既可扩大农产品的销售范围，又可减少农产品的流通环节，还可带动农村物流业的发展，增加农村地区的就业。

参考文献

[1] 段娟，文余源，鲁奇. 近十五年国内外城乡互动发展研究述评 [J]. 地理科学进展，2006 (4)：118-128.

[2] 胡璐，董峻. 2016 年我国乡村旅游营业收入超 5 700 亿元 [EB/OL]. [2017-04-11]. http://news.xinhuanet.com/2017-04/11/c_1120788911.htm.

改善农村人居环境　建设美丽宜居乡村

——四川村庄清洁行动推进中面临的问题及对策

丁　英[①]

摘要： 改善农村人居环境、建设美丽宜居乡村，是实施乡村振兴战略的一项重要任务。目前，四川正在推进的农村人居环境整治村庄清洁行动是改善农村人居环境、建设美丽宜居乡村的重要举措，需要大力推进。但是，目前四川农村人居环境整治村庄清洁行动推进过程中面临一些问题，这些问题制约着四川农村人居环境整治村庄清洁行动顺利推进。为此，本文对目前四川农村人居环境整治村庄清洁行动推进过程中面临的问题进行分析，并针对四川农村人居环境整治村庄清洁行动推进过程中存在的问题提出相应对策，以期对促进四川农村人居环境整治村庄清洁行动顺利推进、促进农村人居环境改善、推进美丽宜居乡村建设有所裨益。

关键词： 村庄清洁　“五大行动”　问题举措

实施乡村振兴战略是全面贯彻落实新发展理念、实现城乡协调发展和共享发展的需要，是我国按时全面建成小康社会的需要。党的十九大报告指出，农业农村农民问题是关系国计民生的根本性问题，必须始终把解决好“三农”问题作为全党工作的重中之重。乡村振兴的整体要求是“产业兴旺、生态宜居、乡风文明、治理有效、生活富裕”，改善农村人居环境、建设美丽宜居乡村，成为实施乡村振兴战略的一项重要任务，而目前四川正在推进的农村人居环境整治村庄清洁行动是改善农村人居环境、建设美丽宜居乡村的重要举措，需要大力推进。目前四川农村人居环境整治村庄清洁行动在推进过程中面临不少问题。推进四川农村人居环境整治村庄清洁行动，迫切需要探寻四川农村人居环境整治村庄清洁行动推进过程中面临的问题及其相应对策，以促进四川农村人居环境整治村庄清洁行动顺利推进，促进四川农村人居环境改善，推进美丽宜居乡村建设。为此，本文对四川人居环境整治村庄清洁行动推进过程中面临的问题及其对策进行了分析研究。

一、四川农村人居环境整治村庄清洁“五大行动”背景

改善农村人居环境、建设美丽宜居乡村，是实施乡村振兴战略的一项重要任务。

---

① 丁英，中共四川省委党校。

2018年4月，习近平总书记作出重要指示，“要结合实施农村人居环境整治三年行动计划和乡村振兴战略，进一步推广浙江好的经验做法，建设好生态宜居的美丽乡村，让广大农民在乡村振兴中有更多的获得感、幸福感”。建设生态宜居的美丽乡村，首先必须搞好农村人居环境整治，解决村庄环境脏乱差问题。这是事关农村人居环境的基本问题，是农民最急需、最关切、最直接的问题，是与广大农民群众获得感、幸福感、全面建成小康社会密切相关的基础性问题。为此，2018年2月，中共中央办公厅、国务院办公厅印发《农村人居环境整治三年行动方案》，开始了全国农村人居环境整治工作；2018年12月29日，中央农办、农业农村部、国家发展改革委等18个部门联合印发《农村人居环境整治村庄清洁行动方案》，提出以“清洁村庄助力乡村振兴”为主题，集中整治、着力解决村庄环境“脏乱差”问题。

2018年11月，四川省委办公厅、省政府办公厅印发《“美丽四川·宜居乡村”推进方案（2018—2020年）》，要求以农村垃圾革命、污水革命、厕所革命“三大革命”为主攻方向，扎实推进人居环境整治和农业农村污染治理。2019年1月，四川省委农办、省农业农村厅、省发展改革委等18个部门联合印发《四川省农村人居环境整治村庄清洁行动方案》（以下简称《方案》），提出2019年四川省重点推进农村生活垃圾处理、污水处理、村庄清洁、厕所革命和畜禽粪污资源化利用“五大行动”，“五大行动”于2019年1月全面启动并持续两年。通过“五大行动”实现“三清两改一提升”，即清理农村生活垃圾、清洁农村水源水体、清理畜禽养殖粪污等农业生产废弃物，改造农村户用厕所和公厕、改变影响农村人居环境的不良习惯，不断提升村容村貌。按照《方案》部署，四川省各地在推进农村“三大革命”的基础上，2019年以来在农村人居环境整治中大力推进村庄清洁“五大行动”，在农村生活垃圾处理、污水处理、厕所改造等方面取得明显成效。但是，农村人居环境整治内容广泛、参与主体多，涉及多个相关部门，具有综合性、复杂性和长期性特征，需要各部门、各参与主体以及相关政策措施等相互协调、共同促进，否则村庄清洁行动难以达到预期效果。但是，从调研情况来看，在推进农村人居环境整治村庄清洁“五大行动”过程中，仍然存在一些带普遍性的问题。这些问题成为四川省农村人居环境整治中村庄清洁“五大行动”顺利有效推进、村容村貌不断提升的制约因素。

二、推进四川农村人居环境整治村庄清洁“五大行动”面临的问题

目前，在四川省农村人居环境整治村庄清洁“五大行动”推进过程中，主要面临以下问题：

第一，“单兵突进”——“五大行动”协调性不足。目前，“五大行动”由不同单位牵头，如厕所革命、垃圾处理、污水处理分别由农业农村局、城管委、水务局牵头，推进过程中，尽管单独看各项“行动”推进顺利、效果显著，但从统筹、协同角度看，各项“行动”往往彼此分离，单独推进，“五大行动”之间整体协调性不足。如“厕所革命”推进速度快，但污水处理、畜禽粪污资源化利用跟不上，影响“五大行动”整体效果。

第二，基础不牢——农村群众一些意识、行为影响“五大行动”效果。农村居民既是农村人居环境的享有者也是参与者，农村人居环境整治特别是村庄清洁“五大行动”离不开农村群众的积极主动参与。但目前农村群众参与度不够，主动性、积极性不高，往往是在相关规定约束或村社干部督促下被动参与村庄清洁行动，一些有损村容村貌、村庄环境的意识、行为尚未完全改变，如不按指定地点倾倒垃圾、畜禽粪污不按要求处理等，既影响村庄清洁“五大行动”顺利持续推进，又影响“五大行动”成果的巩固。

第三，治理后反弹——行动成果巩固难度较大。目前，农村人居环境管护长效机制尚未建立健全。与“五大行动”相关的规定大都以规范性文件方式出现，缺乏与农村人居环境整治综合性、复杂性、长期性特征相适应的实施细则和举措，村庄清洁“五大行动”在取得明显成效的同时，农村各种生活垃圾、畜禽粪污、面源污染等仍在继续产生而且监管和污染处理跟不上，致使“五大行动”成果巩固难。

三、促进四川农村人居环境整治村庄清洁“五大行动”顺利推进的举措

针对目前制约四川农村人居环境整治村庄清洁“五大行动”顺利推进的主要问题，促进四川村庄清洁“五大行动”顺利推进、促进“五大行动”成果持续巩固，需要从以下几方面采取对策：

第一，建立健全协同机制，促进“五大行动”协同推进。解决目前村庄清洁“五大行动”之间协调性不足的问题，首先需要建立健全“五大行动”协同推进机制。为此，可以考虑由农业农村局或发改委牵头，统一协同村庄清洁“五大行动”，也可以成立如村庄清洁“五大行动”协调委员会之类的专门机构，由该机构负责协调“五大行动”，使村庄清洁“五大行动”相互衔接、相互协调，取得实实在在的行动效果。

第二，加强宣传教育和引导，使农村群众成为“五大行动”的积极参与者和成果守护者。推进村庄清洁“五大行动”、建设美丽宜居乡村，离不开乡村主体——农村居民的积极参与，为此，要通过广播、电视、展板、网络等多种途径以及举办培训班等多种形式，对农村居民加强生态安全重要性以及村庄清洁行动必要性、“五大行动”内容和要求、“五大行动”的相关知识等方面的宣传、教育和引导。通过宣传、教育和引导，使农村居民切实转变观念，改变有损农村人居环境、村容村貌的行为和习惯，变农村人居环境的损害者为维护者，积极参与、配合农村生活垃圾处理、污水处理、村庄清洁、厕所革命和畜禽粪污资源化利用“五大行动”，使村庄清洁“五大行动”取得扎实成效，成果得以有效巩固。

第三，建立健全农村人居环境管护长效机制，持续巩固村庄清洁行动成果。为保障村庄清洁行动持续推进和成果巩固，应针对农村人居环境整治综合性、复杂性、长期性等特征，出台村庄清洁“五大行动”的实施细则和具有可操作性的具体举措，建立健全针对农村各种污染源如各种生活垃圾、畜禽粪污、面源污染等的严密监管和处理机制，使在推进“五大行动”过程中，农村各种污染得到有效监管和控制，使村庄清洁行动取得切实效果，行动成果持续巩固，农村人居环境得到持续改善，“美丽宜居乡村”成为常态。

实施乡村振兴战略应重点防范的风险及建议

袁　威[①]

摘要： 党的十九大提出的乡村振兴战略，是党中央立足于新时代的背景下提出的一大战略任务。本文着眼于防范化解乡村振兴战略实施过程中可能出现的风险，分别从产业、人才、生态、文化、农民五个方面加以论述，并提出相应的对策建议。

关键词： 乡村振兴　防范风险　民生

党的十九大提出实施乡村振兴战略，为新时代农业农村改革发展明晰了思路、确定了重点。各级地方党委政府积极响应、强力推进，表现出只争朝夕的机遇意识和紧迫感，但由于认识偏差和定位不准，当前在推进乡村振兴过程中出现了一些值得关注的风险。2019 年年初，习近平总书记在省部级主要领导干部研讨班发表重要讲话，强调“坚持底线思维，增强忧患意识，提高防控能力，着力防范化解重大风险”。这为我们防范化解乡村振兴过程中出现的风险，指明了前进方向，提供了基本遵循。以下从产业、人才、生态、文化、民生五个方面进行论述：

一、谨防产业同质化风险

实施乡村振兴战略以来，现代农业加快推进，乡村产业形态不断丰富，乡村产业融合渐成趋势，利益联结机制逐步构建，农村创新创业日渐活跃，产业扶贫扎实推进。但迫于短期求速求效的政绩压力，基层政府可能出现做大产值、做大规模、推高档次，甚至希望产业发展一步到位的想法。一些地方将发展重心从农业转到旅游业，但项目布局、业态发展又与农业毫无关联，产业发展不约而同倾向民宿化、康养化、旅游化，这类趋同的文旅样板项目在短期能实现较快发展，却可能很难在长期实现持续性增收；一些地方在侧重发展第一产业时，跟风市场大规模种植经济作物，动辄就是数十万亩（1 亩=0. 066 7 公顷，下同）的单一产品生产基地。诸如此类的产业“升级”可能加剧政府债务负担，提高地方宏观杠杆；相邻多个县区作物品种高度一致，大量同质农产品集中上市后可能产生“谷贱伤农”效应，造成农民收入不增反降。推进乡村产业融合升级，乡村旅游要遵循产业经济发展规律，充分发挥当地资源优势，突出特色；农业要重视品牌培育，结合自身传统优势推进“品种、品质、品牌”建设，以良种提品质，以品质树品牌。

① 袁威，中共四川省委党校。

二、谨防人才招引盲目化风险

在乡村振兴大潮中，一大批扎根农村的优秀“土专家”“田秀才”和农业职业经理人不断涌现，外出农民工、退伍军人、农村大中专毕业生加速返乡创业，懂农业、爱农村、爱农民的“三农”工作队伍正稳步打造，激励各类人才在农村广阔天地大显身手的政策也越加多样化。为了短时间内优化人才结构、做实返乡人才储备，基层政府容易出现招引人才单纯重视“数量”的倾向，比如按照过去招商引资“拉项目”的模式招引，通过目标考核摊派农民工返乡创业人数指标等。这种做法的后果是一旦政府的扶持减弱或是补贴周期结束，返乡人才就有可能“跑路”。又如以金融信贷杠杆撬动，通过贴息贷款方式进行扶持等，这种情况下贷款需求容易被放大而形成运营风险，被扶持人如果商业思维跟不上，轻则前期投入资本亏损，重则因巨大借贷负担而致贫返贫。推动乡村人才队伍建设，一方面要激励本土各类人才积极投身乡村建设，充分激发创新精神和创造能力，发挥技术技能优势；另一方面，要打通人才返乡创业渠道，构建“下得去、留得住、干得好、流得动”的长效机制，引导返乡精英培养现代商业思维、共享思维和风险防范思维，实现精准招引。

三、谨防生态打造单一化风险

实施乡村振兴战略以来，农业绿色发展大力推进，农村环境突出问题得到有效治理，农业生态产品和服务供给不断增加，百姓富、生态美的统一性稳步显现。伴随百村容貌整治、院落优化改造等举措的落地落实，农村居民对“小规模、组团式、微田园、生态化”等村庄整治模式普遍持高度肯定态度，但与此同时，也可能激发基层政府简单“大拆大建”的动机。一些地方在古村落改造中以传统建筑、祠堂遗迹维护难度大、成本高、经济上不划算为由，以重建代替重修，切断了村民的文化认同与传承；或是在乡村宜居环境打造中，斥巨资栽种珍贵景观苗木作为“网红打卡地”，甚至按照城建理念在乡村兴修一座“小城镇”。上述打造宜居生态的方式，既不适宜乡村居民起居生活和农业生产，更造成了后期养护负担巨大，失去了乡村风貌“农”的本色。乡村宜居生态建设是个长期过程，要坚持既尽力而为又量力而行，尊重自然、顺应自然、保护自然，推动乡村自然资本加快增值；不搞脱离农村实际、违背农民意愿的政绩工程、形象工程，在保留原始风貌基础上扮靓农村，让居民望得见山、看得见水、记得住乡愁，村庄各显其美，城乡美美与共。

四、谨防原生文化削弱化风险

进入新时代，农村思想道德建设得到有力推动，社会主义核心价值观与农民情感认同、行为习惯形成有效转化，优秀传统农耕文化得到大力传承、保护、弘扬，乡村文明焕发新气象。但值得注意的是，现代化、城镇化进程对传统农村社会结构和生活方式带来了颠覆性改变，冲击着传统农村社会的共同体意识和传统文化体系。一些地方过度强调“建筑是文化的承载”，大肆开发民居建筑群落、廊桥楼阁院厅，致使许多优质乡村文化资源被破坏，乡村建筑风格“千村一面”，没有特色与个性；或者为了迎合旅游消费需要，简单地为当地产业披上“康养文化”“水果文化”等“新文化”外衣，原生文化日渐式微。这些做法容易造成农村社区文化认同日益弱化，乡土原生文化保护传承难度加大，导致乡村“灵魂”走样、歪曲。实施乡村文化振兴，要深入挖掘优秀传统农耕文化蕴含的思想观念、人文精神、道德规范，保护原生公共文化空间，尊重农村文化生成法则，实现对原生公共文化空间的保护；要重视文化与产业有机衔接而非简单结合，推动优秀农耕文化遗产与旅游产业深层次、多样化全方位融合。

五、谨防农民边缘化风险

实施乡村振兴战略以来，农村基层党组织的领导核心作用有力发挥，党组织对农村各类组织的统一领导进一步加强，党委领导、政府负责、社会协同、公众参与、法治保障的现代乡村社会治理体制逐步完善，乡村社会更加充满活力、更加安定有序，广大农民在乡村振兴中的主体地位得到显著增强。然而，当前在“求快”“出成绩”思想引导下，少数基层政府存在一手包办、过度干预的苗头。譬如，介入基层自治事务，以领导意志替代市场规律，强行发展自认为有前景的特色产业，造成基层政府唱“独角戏”，而农民群众却无从下手；当前中央和省级政府投放的乡村振兴项目资金普遍规模都比较大，一些基层政府倾向于“向上看”而非“向下看”，乐于比照上级要求和标准进行项目设计和推进，忽视当地发展短板和老百姓需求，使得项目最终沦为“政绩工程”。激活农民主体地位，要将政府决策与农民期盼精准对接，唤醒农民的角色意识、自主意识，让广大农民对乡村振兴有认同感、归属感和责任感，形成政府主导和农民主体有机统一；鼓励和支持农民自主讨论、协商制订乡规民约和发展定位，帮助农民了解、熟悉村级事务决策、协商和监督的规则、技术，提升农民作为乡村振兴战略实施主体和受益主体的法治思维能力、口头交际能力、终身学习能力。

参考文献

[1] 傅伊丽. 基于乡村振兴战略背景下的农业项目选择研究 [J]. 农村经济与科技，2019，30（11）：30-31.

[2] 聂竞. 乡村振兴背景下的农村金融机构小额信贷问题探讨 [J]. 金融经济，2019（8）：3-5.

[3] 杨蕾，王海净，颜尧佳. 乡村振兴战略下金融科技支农的风险与防范研究 [J]. 现代商贸工业，2019，40（14）：15-17.

[4] 肖一垚，刘英基. 乡村振兴战略实施中的人力资源风险及对策研究 [J]. 长沙理工大学学报（社会科学版），2019，34（2）：92-98.

[5] 王妙克. 乡村振兴战略建设中 PPP 融资模式与风险研究 [J]. 河南农业，2018（24）：14-15.

实施乡村振兴战略　拓宽资金供给渠道

奉　兴[①]

摘要：实施乡村振兴战略是一个庞大的系统工程，需要庞大的资金支持，基础设施与公共服务设施的巨额资金投入，既依靠于财政的支持，更要用市场化的手段，金融的创新，带动社会资本的参与。

关键词：乡村振兴战略　资金供给　市场化

一、实施乡村振兴战略需要庞大的资金支持

乡村振兴的本质是乡村现代化，按照产业兴旺、生态宜居、乡风文明、治理有效、生活富裕的目标要求，建立健全城乡融合发展体制机制和政策体系，加快推进和实现农业和农村的现代化，需要采取超常规乡村振兴措施，在城乡统筹、融合发展的制度设计、政策创新上寻求突破，也需要多种财政金融投资手段的创新，推动庞大的资金投入。

我国乡村与城市的差异，首先体现在基础设施与公共服务设施的巨大差异上。近年来，虽然农村基础设施及公共服务虽然近年有较大改善，有线电视等设施建设情况相对较好，但由于投入资金不足、融资渠道单一等原因，整体设施与服务远远无法满足农村产业升级、农民提升生活质量的需求。我们仅从环境设施和制度建设来看，全国绝大多数乡村没有生活垃圾、污水、粪便的处理设施及制度，生活垃圾四处丢弃，绝大多数的污水不经处理直接排放。垃圾及污水处理设施不足，集中化处理比例很低，已建成污水处理设施并有效运行的不足10%。乡村生态环境和人居环境的严重污染破坏，需要持续的、难以计量的巨额资金投入。生态环境部水环境管理司张波司长介绍，当前我国污水管道有60多万千米，还需要新增40万千米，如果算上污水处理厂、河道综合治理等，仅要完成黑臭水体整治总投资要远远超过万亿元。此外，乡村道路前期建设标准低，后期养护困难，需要建设改造维修的道路里程巨大；农村用电成本明显高于城镇；集中供水比例仍较低，水质合格率不高；乡村与城市教育水平差距持续加大趋势已经形成；农村基本医疗在医疗投入、医生水平等方面差距继续扩大等。这些设施的建设需求，大多是公益性、低回报的，将直接构成对各级政府的庞大财政压力。对公共基础设施和公共服务设施的建设，一

① 奉兴，中共四川省委党校。

方面，必须搞好规划与顶层设计，尊重中国农业小规模经营与农村空心化的现实特点，把握乡村人口转移规律，分阶段有重点建设，坚持有所为有所不为；另一方面，要基于市场化的决定性作用，重构乡村发展的投入机制和乡村社会经济发展新模式。

二、庞大的资金供应需要多元、创新的金融财政体系支持

实施乡村振兴战略需要大量的投资，途径主要来自财政、金融与社会资本。

增加财政投入，加快形成财政优先保障与引导、确保投入力度不断增强，总量不断增加。公共财政资金要用在乡村振兴最急需、最迫切、最关键的领域和环节上，并充分发挥其统筹引领作用，确保财政投入与乡村振兴目标任务相匹配。应在“集中整合”“杠杆撬动”和“创新开源”方面加快改革创新步伐。

“集中整合”是把各类涉农资金尽可能打捆使用，形成合力。从源头抓起，在中央和地方各级层面清理、整合、规范涉农专项转移支付项目，提高涉农资金规模与使用效益。目前的涉农项目有多类，如乡村三大产业融合发展先导区、无公害绿色有机/农产品地理标志的特色农产品示范基地、国家现代农业产业园、田园综合体、美丽乡村等，生态旅游示范项目、传统古村落的保护与开发应用示范项目、非物质文化遗产的传承基地、森林康养示范基地与医疗旅游基地建设等，户外拓展训练基地、体育旅游示范基地、素质教育基地等，中小学生教育营地、国家国防教育基地等，科技成果应用转化示范基地，等等。数十项的国家补贴政策及其配套资金，分散支持，效率低下。

“杠杆撬动”是通过担保、贴息、补助、以奖代补、政府购买服务、PPP 等方式，发挥财政资金的杠杆作用，促进金融和社会资本更多地投向乡村振兴项目。目前已经在各省市完成组建农业信贷担保公司，要构建多层次、广覆盖的全国农业信贷担保体系，尽快释放这项创新的红利，让家庭农场、农民专业合作社等适度规模经营者尽快获得资金支持。完善以奖代补、贷款贴息、基金引导等有效机制，因地制宜推广 PPP、政府购买服务等方式，推动建立财政、银行、保险、担保“四位一体”的多元化立体型支农政策体系，撬动金融和社会资本更多投向农业农村。

“创新开源”是要在公共财政资金之外，拓宽其他政府性资金筹集渠道。在规范地方政府举债融资行为、防止违法违规变相举债的前提下，支持地方政府发行一般债券用于支持乡村振兴、脱贫攻坚领域的公益性项目。推进地方政府专项债券管理改革，鼓励地方政府发行项目融资和收益自平衡的专项债券，支持符合条件、有一定收益的乡村公益性项目建设。

社会资本的进入，不仅可以弥补政府和农民投入的不足，更重要的是带来先进的市场经济理念、管理和技术，以及城乡三大产业融合的发展架构。乡村振兴面临的最大障碍是资金循环的障碍，如果无法形成市场化的投资逻辑就无法实现乡村真正的振兴。三农问题普遍存在着高风险、低回报、长周期的特点，必须努力增加对乡村项目的吸引力，形成资金流动的闭环效应。

一要创新社会资本参与乡村振兴的准入机制。清除阻碍要素下乡的各种障碍，

鼓励引导工商资本参与乡村振兴，落实和完善融资贷款、配套设施建设补助、税费减免、用地等扶持政策。注重引导社会资本投向农村集体经济组织和单一农户干不了、干不好的领域。大力引导社会资本到农村发展适合企业化、规模化经营的现代种养业、农业服务业、农产品加工业，引领农业供给侧结构性改革和转型升级。

二要创新社会资本与农民的利益联结机制。通过产业链的合理分工带动农民发展现代农业，社会资本集中在农产品加工、农业服务业等环节，走“公司+农户”“公司+家庭农场”的道路。通过资源变资产、资金变股金、农民变股东的“三变”改革，带动农民和农村集体经济组织发展乡村休闲、旅游、养老等产业和农村三产融合发展项目，配合农村集体经济组织以出租、合作等方式盘活利用空闲农房及宅基地，参与农村集体经济组织以入股、联营等方式使用通过村庄整治、宅基地整理等节约的建设用地。

四川省宜宾五粮液集团有限公司成立的五粮液乡村振兴发展基金，通过投资宜宾川红茶业集团有限公司这个在红茶产业中具有较高技术的农业产业化省级重点龙头企业，快速切入茶叶产业，发挥五粮液的资金、平台和渠道优势，打造川茶这一具有四川特色的优势产业的优质品牌，以大企业带动小企业，以公司带动农户，实现茶农、茶产业和乡村的共荣共兴。

金融领域要拓宽多种融资方式，形成全方位、多元化的农业农村抵押质押融资模式。金融机构还应着重提升自身对农业生产经营主体提供培训和技术支持的意识。培育新型经营主体，加强面向小农户的社会化服务，以实现小农户与现代化农业的有机衔接，提升其吸纳资源的能力。

通过土地要资金，乡村振兴中四类土地的利用可以构成乡村投资发展的核心基础，带动乡村振兴的资金有效介入商业模式。一是高标准农田建设，其耕地指标的跨省交易，可促使金融机构为高标准农田建设提供资金支持，并带动的 PPP 模式大规模推进农业发展，推广高标准农田建设。二是新增城乡建设用地增减挂钩节余指标的跨省调剂，这可以促进形成更合理的价格，可以筹措可观的资金。三是有效整合集体建设用地，这是乡村振兴规划中最有价值的土地。通过集体建设用地的有效整合，实现乡村一级土地开发，形成乡村土地资源的再利用，促进产居融合发展。四是利用好“四荒地”，这可以构成对乡村产业发展的核心支持，跨第二、第三产业的用地无法在耕地上使用，但可以利用“四荒地”、非耕农地等。

参考文献

［1］叶兴庆. 解决钱从哪里来：创新乡村振兴投入机制［N］. 经济日报，2018-10-09（15）.

［2］林峰. 乡村振兴战略规划与实施［M］. 北京：中国农业出版社，2018.

乡村振兴战略背景下财政支农问题及对策研究

黄绍军[①]

摘要：资金是实现乡村振兴战略总要求的关键要素，而财政支农是资金的主要来源。本文分析了目前我国财政支农存在的问题，即财政收支矛盾日益凸显、财政支农事权与支出责任划分不清、支农资金效率不高等，并结合相关理论与实践，提出了相应的对策建议。

关键词：乡村振兴战略　财政支农　财政收支

一、目前财政支农所面临的问题

（一）经济新常态下财政收支矛盾日益凸显

长期以来，乡村发展资金主要来源于财政资金，来自其他渠道的资金较少，财政资金“撬动”功能未能充分发挥。近年来，财政支农资金尽管快速增加，但是相对于乡村振兴的总要求而言仍然显得太少，并且未来资金压力可能会日益增大。首先，目前全球经济复苏乏力，我国正处于经济下行压力大的新常态下，各种降税减负政策以及企业效益下滑必然导致未来财政收入增长放缓。财政收入增长潜力不足将造成未来财政支农支出难以保持高速增长。其次，乡村振兴战略急需大量资金，支出需求日益增大。无论发展乡村产业，改善乡村生态环境，还是理顺乡村治理，促进乡风文明，都需要大量资金。2016 年中国社会科学院发布的《“三农”互联网金融蓝皮书》披露，自 2014 年起，中国“三农”金融缺口超过 3 万亿元。可见，经济新常态下财政收支矛盾日益凸显。

（二）财政支农事权与支出责任划分不清

合理配置并明确中央和地方在涉农方面的事权和支出责任，是提高政府绩效的必要途径和基础。长期以来，我国各级地方政府承担了大量的涉农事项和支出责任，据国家统计局数据，2008—2017 年，地方在财政支农支出中的比重最低为 2008 年的 93. 21%，最高为 2017 年的 96. 29%，10 年中有 9 年比重高达 95%以上。但是，许多地方财权和财力却非常有限，主要依靠土地财政和中央转移支付。在 2017 年地方涉农支出中，土地出让金占比高达 70%以上。随着房地产市场的逐渐饱和和“房子是用来住的，不是用来炒的”调控理念的常态化，土地财政必然难以持续。而就

---

① 黄绍军，中共四川省委党校。

中央转移支付而言，当前中央财政一般性转移支付比例较低，2018 年中央对地方转移支付62 207 亿元，其中一般性转移支付38 994. 5 亿元，比例为62. 7%，而专项转移支付限制多，配套要求多，手续繁杂，沉淀资金统筹难度大，管理不够规范，影响了财政支农资金的效果。

（三）财政支农资金“散、乱、碎”，效率不高

过于分散的财政支农资金，源于不够完善的财政资金管理体制。长期以来，我国涉农部门众多，如财政部门、农业部门、扶贫办、发改委、水利部门、科技部门、交通部门等，政出多门，并且自中央到乡（镇）到村层级繁多，条块分割严重，从而资金分散，降低了资金规模效益。并且财政支农项目如农业支出、扶贫支出、农业综合开发支出、农村综合改革支出等，项目内容多有交叉重复，形式上做到了整合，但是实质上缺少统筹，支农资金仍存在“散、乱、碎”问题。资金“散、乱、碎”以及不够透明的财政支农政策也造成了监督乏力，导致支农资金被挪用、被挤占，甚至被贪污、被冒领，资金效率不高。

二、优化财政支农政策，助推乡村振兴

（一）创新财政支农方式，构建乡村多元化投融资体制

实施乡村振兴战略，需要投入大量的资金。有关部门测算，在“十三五”时期，仅农村供水、道路、电力、通信建设就需要 3. 4 万亿元。其中交通部门测算，仅农村公路养护资金就需要 3 400 多亿元。为此，需要增加财政支农支出规模并优化支出结构，建立乡村多元化投融资体制。首先，应当增加财政支农支出规模，同时优化支出结构。规模上，严格遵循《中华人民共和国农业法》的要求，即每年财政对农业投入的增长幅度应当高于每年财政经常性收入的增长幅度。结构上，财政应当对乡村道路、网络、电网、环境等基础设施和乡村医疗卫生、教育、社保、文化等基本公共服务建设加大投入。同时，增加资金进行水利设施改建、土地整治和高标准农田建设，加强适合丘陵、山区使用的农机具研发推广，继续增加对农业新品种、新技术、新型经济主体和各种农业生产服务组织的投入和政策倾斜。区域上，财政资金应当对广大中西部地区和远离大中城市的地区倾斜。其次，创新财政支农方式，引导和撬动更多的信贷资金、社会资金和农户资金投入乡村振兴，形成促进乡村发展的多元化投资体制。继续开展财政支农资金转为集体资产股权量化改革，提高财政支农资金的长效性；探索成立乡村振兴基金，发挥政府引导基金的资金引导和放大优势，撬动更大规模的金融资本、社会资本投向乡村；建立农村产权抵押融资风险保障机制，建立财政担保资金持续补充机制，增强信贷资金投放乡村的积极性；加强乡村振兴专项债券体系建设；完善以奖代补、贴息、担保等政策，更好地发挥财政杠杆作用。

（二）合理划分政府间财政支农事权和支出责任

事权即是各级政府应当承担的职责、任务，事权应当与其合理的财权、财力相匹配。支出责任是各级政府为了履行其事权而应当承担的支出义务。政府间事权和

支出责任相适应是财政体制有效运转的基础环节。因此，应当进一步依据政府职能、受益范围明确中央、省、市、县、乡（镇）五级政府的乡村基本公共服务事权，按照受益原则、行动及技术原则明确各级政府间财政支农支出责任，既要坚持“以事定支”，也要依据财力多寡定事，财力强的中央和部分地区宜承担更多的事权。同时，改革税制，可适当增加地方税种，增加一般性转移支付规模和比例，严格控制设立新的专项转移支付项目，区分不同情况，取消、压缩、整合现有的专项转移支付项目，适度提高横向转移支付比例，缩小区域、城乡差距，重点提升省（自治区、直辖市）以下地方政府（尤其是县级）自主支配财力比例，提升基层政府谋乡村发展、供公共服务的能力。

（三）加强财政支农资金的统筹和监管，提高资金使用效率

条块分割，统筹不力，资金沉淀或分散，监管难度大，是造成财政支农资金效率不高的主要原因。为此，首先应当根据乡村振兴战略的要求进一步推动涉农资金项目间整合和部门间统筹，深化“大专项+任务清单”项目管理方式改革，提高财政资金的规模效应。推进涉农资金统筹使用，面临两方面的障碍：其一是利益障碍。财政支农资金的分配往往涉及多个部门的利益，统筹难度自然大。其二是制度障碍。一些涉农资金具有“专款专用”的部门规定，基层政府很难突破制度框框进行有效整合。其次，应当强化财政支农资金的监督管理，加强支农项目从登记、核准到发放等关键环节的监管，明确责任人。目前，财政支农资金涉及多个部门，涉及数量庞大的乡村和农户，监管难度大，资金容易被挤占、挪用、冒领。一方面应当完善纪检检察制度，明确相关监管部门职责，加强涉农项目审计力度，应更加强调实地审核和资金成效，对财政支农重大项目进行重点监管；另一方面，应加强财政支农项目、资金分配及标准的信息公示，加大支农政策宣讲，真正让农户、社会、媒体知晓政策，扩大农户、社会、媒体监管的范围和力度。最后，应当以乡村振兴战略总要求为导向，把事前评估、事中监控和事后评价三个阶段有机结合起来，合理安排财政支农领域，全面实施财政支农资金绩效管理，提升资金使用效率。

参考文献

［1］白志远，乐美媛．我国财政支农支出对农民收入的影响：基于 1999—2013 年省级面板数据的实证研究［J］．财政监督，2018（9）：86-93.

［2］李萍，王军．财政支农资金转为农村集体资产股权量化改革、资源禀赋与农民增收：基于广元市 572 份农户问卷调查的实证研究［J］．社会科学研究，2018（3）：44-52.

［3］邓菊秋，王祯敏，尹志飞．改革开放 40 年我国财政支农政策的成效、问题与展望［J］．贵州财经大学学报，2018（5）：11-16.

［4］闫坤，鲍曙光．财政支持乡村振兴战略的思考及实施路径［J］．财经问题研究，2019（3）：90-97.

乡村振兴战略下民族地区全域旅游高质量发展路径探索

——以黑水县“三微”“三态”建设为例

罗　眉①

摘要： 以旅游为优势产业进行区域全方位优化提升是民族地区乡村振兴的有力抓手。黑水县推进的“三微”“三态”建设，是乡村振兴战略下民族地区全域旅游实现高质量发展的有益探索。

关键词： 乡村振兴　全域旅游　高质量发展

从我国乡村发展条件及现状来看，以“旅游”为优势产业进行区域全方位优化提升是旅游资源富集区域乡村振兴的有力抓手。

一、黑水县“三微”“三态”建设的背景

黑水县位于阿坝藏族羌族自治州（以下简称阿坝州）中部，旅游资源丰富，拥有达古冰山、卡龙沟、三奥雪山、色尔古藏寨、奶子沟等众多旅游景点，享有“圣洁冰川·多彩黑水”之美誉。

在阿坝州推动“国家全域旅游示范区”建设进程中，黑水县秉承“特色更特、优势更优、做强一季、带活全域”的旅游发展思路，主动融入环红原机场旅游经济圈。2013 年，黑水县出台了《黑水县全域全时旅游发展总体规划》，确定了以芦花镇为旅游发展中心，辐射开发文化体验与乡村旅游景观带、音乐彩林景观带，着力打造中国冰山彩林度假区、藏羌民俗风情体验区、音乐彩林休闲度假旅游区的“一心两带三区”全域旅游发展空间格局。2016 年，黑水县以创建省级旅游扶贫示范区、示范村和乡村民宿达标户为契机，全力推进微景观、微田园、微环境“三微”联动，以促进业态、文态、生态“三态”融合，构建“以点连线，以线连片”的“串珠式”发展格局。

① 罗眉，中共四川省委党校。

二、黑水县“三微”“三态”的主要做法及成效

（一）主要做法

1. 突出地域特色，打造别致微景观

黑水县在不断改造提升主景区的同时，注重全域规划，在公路沿线完成31处旅游形象标志、景观小品建设，以极具地域特色、民族特色的“微景观”将达古冰山、卡龙沟、色尔古藏寨等景区景点有机串联起来，让单调的旅程变得充实丰满，提升了旅游品质。

2. 突出自然生态，打造温情微田园

黑水县在对“康养羊茸、吉祥奶子沟、红色昌德、七彩甲足”4个村的打造中，引导广大农牧民群众按照“标准”，对村寨风貌、旅游接待、服务等设施进行提升改造，不仅保留了“红瓦屋面片石墙，雕花门窗小庭院”的修建方式，还因地制宜打造一些“小菜园”“小果园”“小圈舍”。

3. 突出人性化服务，打造贴心微环境

黑水县在各景区和重点乡镇组建旅游志愿服务小分队，全心全意为游客排忧解难；切实加大旅游执法力度，对欺客行为实行“零容忍”，努力维护良好旅游市场秩序；在硬环境打造上，建成导视系统、旅游公厕、停车场、购物点、自驾游宿营地53处。

4. 立足差异化特色，不断丰富旅游业态

黑水县积极顺应旅游常态化、消费个性化、供给精准化的发展态势，对现有旅游六要素的业态体系进行分析、调整、完善，以融合发展为动力，不断丰富旅游产品系列、延伸旅游产业链条、拓展旅游覆盖领域，创造更多优质高效的旅游供给产品。例如，沙石多乡是黑水县旅游资源最富集的沟域，自推进“三微”“三态”建设以来，立足沟域布局，按照“一村一品”，整合资金重点建设七彩甲足、康养羊茸、红色昌德、吉祥营地、雅麦湖等个性化生态旅游节点，大力发展乡村客栈、乡村酒店、生态庭院、生态超市等乡村旅游新业态；打造“旅游+农业”，以“早实核桃藏香猪、道地药材黑水蜂、生态蔬菜凤尾鸡”为依托，让游客能够到田园中摘水果、捡鸡蛋，亲身体验农家之乐；“旅游+文化”，让黑水县传统的“卡斯达温”、冰山彩林元素等能够全面地展示给游客，形成了“产业围绕旅游转、产品围绕旅游造、结构围绕旅游调”的发展格局。

5. 保护、传承、开发并重，不断激活文态

制定“黑水县文旅相融工作方案”，按照县内有一个主导的文化品牌，重点景区有一台常年性的表演节目，涉旅重点乡、村有一支专门的文化娱乐表演队伍“3个1”目标，深入挖掘、整理和提炼民俗文化、历史文化、红色文化，形成立体化、多层次的旅游产品体系。通过举办“藏族民俗风情节”“四川省生态红叶节暨冰川彩林生态文化旅游季”等活动，以及参与“中国西部旅游产业博览会”“成都国际非物质文化遗产节”“长江流域民族民间艺术节”“中央电视台青年歌手大奖赛

原生态唱法”等重大型演出活动，不断提升黑水非物质文化遗产在外的知名度和影响力。

6. 着眼长远发展，维护良好生态

在加快全域旅游发展中，黑水县始终坚守生态底线，努力打造个性鲜明、生态一流、景观醉美、高端旅游与大众旅游相配套的旅游精品景区。2016 年，黑水县人民政府印发《黑水县人民政府关于黑水县河道采砂专项整治实施方案的通知》，规范全县河道采砂行为，特别是依据国家法律法规和相关技术规范规程划定了黑水县内主要河道采砂的禁采区、可采区和保留区范围，对废旧和清退的采砂点，采用就近固源和生态设施建设的防治方案进行治理，打造成为旅游自驾车营地、观景点和停车场，并结合当地旅游规划修建公共厕所、化粪池和蓄水池等配套设施，变生态伤痕为景观设施。

（二）取得的成效

如果说“三微”是全域旅游发展中的“毛细血管”，那“三态”的合理布局与利用便是构成全域旅游的骨架。黑水县“三微”“三态”建设，注入全域旅游丰富的内涵，让“全域旅游”不再停留在概念上，变得鲜活起来，有力助推了黑水县全域旅游高质量发展。2018 年全县接待游客 139 万人次，比 2013 年增加 72.74 万人次，增长 110.1%；实现旅游总收入 10.8 亿元，比 2013 年增加 5.23 亿元，增长 93.9%。贫困人口参与旅游业的人数占贫困人口总人数的比重在 50%以上，通过全域旅游发展实现脱贫的贫困户数量占脱贫贫困户总数的比重在 30%以上。“三微”“三态”建设，也推动了黑水县乡村产业升级、产品开发、品牌创新、设施完善等方面的建设，构筑了乡村的宜居环境及浓郁的文化氛围，使乡村能够满足人们对美好生活的追求。

三、启示

（一）发挥全域优势，培育全域旅游核心产品体系

由于受到开发理念、发展基础、建设条件、要素保障等多重因素影响，大多数民族地区主要以建大景区为目标，以开发观光型旅游产品为主，导致旅游产品单一、同质性突出。如何立足和把握自身资源优势，培育具有地方特色和市场竞争力的旅游产品是实现“产业兴旺”的重要保障。黑水县在“三微”“三态”建设中，改变传统的以景点为主的思路，切实研究全域范围内点与面的布局，做好“旅游+”的文章，在更大范围、更广领域、更多产业，通过统筹和融合三大产业资源，不断丰富旅游产品系列、延伸旅游产业链条、拓展旅游覆盖领域，让旅游产品结构和供给侧更加合理，多样化、全域化满足旅游消费。

（二）加强生态建设，夯实全域旅游绿色生态基础

民族地区全域旅游必须坚持“绿水青山就是金山银山”的理念，始终把生态环境保护放在旅游发展的第一位，注重对生态环境和旅游资源的保护，坚持在绿色环境中发展旅游，避免和禁止在旅游资源保护与开发过程中的多头管理、无序开发、

低水平重复建设等问题，夯实全域旅游绿色生态基础，建设“生态宜居”的美丽家园。

（三）厚植文化底蕴，彰显全域旅游的文化优势

文化是旅游的灵魂，旅游是文化的载体。民族地区利用当地特色文化，不仅能增添旅游目的地的吸引力，而且还可以通过对文化资源的保护、传承和开发利用，为乡村注入文化活力、文化创造力，助推乡村文明的复兴，从而在坚守精神家园中实现文化脱贫、文化富民，同时也奠定了“乡风文明”的基础。

（四）突出农民主体地位，增强全域旅游可持续动力

“生活富裕”根本上是要保证农民获得持续性的收益，落实这一要求必须突出农民在全域旅游中的主体地位，从创新乡村旅游组织形式、优化经营模式入手，大力培育乡村旅游协会、乡村旅游合作社、乡村旅游公司等，提高乡村旅游组织化、集约化程度，提高经营能力，增强抵抗市场风险能力。黑水县探索的“支部+公司+农户”的运行模式，不仅规范了旅游接待市场，提升了旅游服务水平，也在“治理有效”中带动群众通过旅游实现稳定增收致富。

参考文献

［1］王小林. 贫困测量：理论与方法［M］. 2版. 北京：社会科学文献出版社，2017.

［2］银元，庞君. 经济新常态下革命老区旅游业发展路径研究［J］. 老区建设，2015（12）：24-26.

［3］胡伟. 黑水县：“三微”“三态”铺筑富民路［J］. 四川党的建设，2018（8）：16-17.

四川省长江上游生态屏障建设面临的问题及对策建议

孙继琼[①]

摘要： 四川是长江上游重要的生态屏障和水源涵养地，肩负着维护国家生态安全的重要责任。自20世纪末率先实施天然林保护工程以来，四川在推进长江上游生态屏障建设上取得了显著成效，但仍面临经济发展与环境保护“协同不足”，生态安全形势依然“严峻脆弱”等诸多矛盾，在此基础上本文提出了进一步促进四川长江上游生态安全屏障建设的对策建议。

关键词： 长江上游　生态屏障　问题　对策建议

四川是长江上游重要的生态屏障和水源涵养地，肩负着维护国家生态安全的重要责任。2018年2月，习近平总书记来四川视察时强调：生态文明建设是久久为功的事情，坚持把生态文明建设放在突出地位，把建设长江上游生态屏障、维护国家生态安全放在生态文明建设的首要位置。自20世纪末率先实施天然林保护工程以来，四川在推进长江上游生态屏障建设上取得了显著成效。但我们也当清醒地看到，四川仍是一个生态弱省，长江上游生态屏障建设仍总体处于“以生态修复为主，以数量提升为主、以规模扩张为主”的阶段，生态屏障建设的质量和生态服务的综合功能亟待进一步提升。

当前四川正处于全面建成小康社会的决胜阶段，如何把适应和引领经济发展新常态的大逻辑与长江上游生态屏障建设的具体实践紧密结合起来，坚持数量和质量并重、质量优先，促进长江上游生态屏障提质增效，将生态屏障建设推向新阶段、使之再上新台阶，为长江经济带发展做出四川贡献，是亟待回答的重大课题。

一、促进四川长江上游生态屏障建设面临的问题与挑战

（一）经济发展与环境保护“协同不足”

四川经济增长与污染物排放增加尚未脱钩，产业结构偏重，能源结构偏煤，生态环境压力巨大，长江上游生态安全屏障建设正处于压力叠加、负重前行的关键期。当前，多领域、多类型、多层面的生态环境问题累积叠加，传统煤烟型污染与臭氧、

① 孙继琼，中共四川省委党校。

细颗粒物（PM2.5）、挥发性有机物等新老环境问题并存，生产与生活、城市与农村、工业与交通环境污染交织。污染防治攻坚战一方面要遏制生态环境恶化趋势，逐步清还旧账，另一方面必须通过环境治理，为经济高质量发展拓展空间。

（二）生态安全形势依然"严峻脆弱"

据监测和调查，四川省有908.6万亩（1亩=0.0667公顷，下同）宜林地需要造林绿化，有沙化土地面积1290万亩、石漠化土地面积1095万亩、干旱半干旱生态脆弱区面积约150万亩需要治理，有25度以上陡坡耕地904.8万亩、15~25度坡耕地2805.4万亩，区域水土流失仍然严重，生态治理形势依然严峻。同时，森林质量普遍不高，生态服务功能较弱。全省中幼林面积达10684.5万亩，占全省森林面积的40.68%，近成熟林比例偏低，龄组结构有待优化。

（三）生态目标与群众生计"面临矛盾"

四川省川西北高原和盆周山区的39个县（市）既是国家近10年《农村扶贫开发纲要》的集中连片特殊困难地区，也是天然林保护工程和退耕还林工程的重点地区和《国家主体功能区规划》划定的限制和禁止开发区，新形势下长江上游生态屏障建设面临着如何处理好生态目标与群众生计矛盾的挑战。比如，阿坝藏族羌族自治州（以下简称阿坝州）、甘孜藏族自治州（以下简称甘孜州）等部分地区，在传统畜牧经营模式下，"退牧还草"缩小了可放牧面积，但牧民并没有因此减少牲畜数量，这就相对增加了草场环境的压力，加快草原"沙化"的步伐，呈现出牧民的粗放型畜牧经济与"退牧还草"目标的矛盾。

（四）体制机制改革有待"破障闯关"

一方面，生态文明体制改革红利还未完全释放，发展体制不顺，建设机制不活；生态治理体系尚不健全，政府与市场的关系没有真正理顺，自然资源产权及支持保护等制度建设滞后，各项补助标准偏低、投融资机制不活等问题比较突出。农民直接参与生态保护与建设仍存在政策障碍，生态保护与建设普惠制政策尚未真正建立。另一方面，集体林权制度改革还存在经营权落实不到位、处置权设置不完整、财政金融支持政策不完善等问题。国有林区管理体制不顺，民生问题突出，产业转型缓慢，改革发展任务繁重；国有林场林区改革刚刚起步，改革动力不足，顺利推进难度较大。生态环境监测网络信息化水平和共享程度不高，监测数据质量有待提高。

二、促进四川长江上游生态屏障建设的对策建议

（一）针对"现实需求"注重夯基垒台

一方面，实施"四川生态系统服务功能监测与价值评估"工程。生态系统服务价值的合理评估既是生态系统诊断和保育的重要步骤，也是生态系统资产化管理、生态补偿、生态服务有偿使用等政策措施实施的迫切需求。科学而全面地评估四川生态系统的服务价值，将为四川生态系统综合管理和提升生态系统服务及人类福祉奠定坚实的基础。另一方面，实施"长江上游生态安全屏障提质增效三年行动计划"。立足国家需求和四川实际，围绕"提质增效"总基调，以"抓重点、攻难点，

抓示范、促提升，抓典型、促推广”为核心，结合各区域自然地理特点和资源优势，统筹规划，科学布局，依托重点生态工程，突出区域特色，“点、线、面”结合，促进长江上游生态屏障建设再上新台阶。按照新形势新要求调整完善规划内容，框定目标，制定明确的时间表、路线图，稳扎稳打，分步推进。

（二）着眼“战略转变”提升建设质量

一方面，推动生态屏障建设从“生态保护为主”向“生态和经济兼顾”转变。通过培育生态特色产业，发展森林培育、森林旅游、生物质能源、生物质材料、生物制药等循环经济、绿色经济、低碳经济，使其变成区域新的支柱产业和脱贫致富的重要收入来源，把生态优势转化为经济优势是新时期正确处理开发与保护的矛盾、促进长江上游生态屏障建设上新台阶的重大任务和根本保证。另一方面，推动生态屏障建设由“分散治理”向“统筹推进”转变。要正确把握整体推进和重点突破的关系，推进长江上游生态屏障建设。要从生态系统整体性着眼，统筹山水林田湖草等生态要素，实施好生态修复和环境保护工程。要坚持整体推进，增强各项措施的关联性和耦合性，防止畸重畸轻、单兵突进、顾此失彼。要坚持重点突破，在整体推进的基础上抓主要矛盾和矛盾的主要方面，努力做到全局和局部相配套、治本和治标相结合、渐进和突破相衔接，实现整体推进和重点突破相统一。

（三）针对“问题阻点”凸显靶向精准

一是实施“重点生态系统保护和修复”工程。完善主体功能区布局，开展生态保护红线勘界定标和环境功能区划工作，加强自然生态空间用途管制，统筹推进山水林田湖草综合治理。提升森林质量，规范改造低产低效林，有序改造退化防护林，推进林地立体复合经营。加强森林分类管理，严格保护公益林，集约经营商品林，实行总量和强度双控的采伐制度。以大径级用材林培育和珍贵用材林培育为主体，加快建设国家木材战略储备基地。加强森林火灾和有害生物防控体系建设，完善森林保险制度。二是积极推进碳汇资源资本化。加快把四川环境交易所建设成西部碳交易中心，努力培育能够纳入全国碳市场的控排企业，鼓励和引导更多的企业参与到碳市场中来。结合“林改”的推进，加强对退耕林地的集约经营利用，发展林下资源经济、林下种养业经济，提高林地的产出和经济效益，增加投入，更换改造低效林品种，提高森林的质量和碳汇能力。

（四）立足“体制机制”完善建设体系

一是创新投入机制。加大财政投入力度，建立完善与长江上游生态屏障建设目标相适应的财政投入机制，整合和统筹安排现有相关资金支持长江上游生态屏障建设。设立长江上游生态屏障建设基金，加强项目资金整合，综合实施地灾防治、工程治山和植被恢复。创新投融资机制，采取多种方式拓宽融资渠道，鼓励、引导和吸引社会资金以 PPP 等形式参与长江上游生态屏障建设。二是完善信息公开机制。建立健全长江上游生态屏障建设信息公开机制，定期公开水功能区达标状况、跨省断面水质状况、饮用水水源水质、空气质量、重点生态功能区状况等生态环境信息，发布《长江上游生态屏障建设年度报告》。省内各市州定期公布本行政区域内生态环境质量状况、政府环境保护工作落实情况等相关信息，严格执行建设项目环境影响评价信息公开。重点企业应当公开污染物排放、治污设施运行情况等环境信息。

参考文献

[1] 王玉宽，孙雪峰. 对生态屏障概念内涵与价值的认识 [J]. 山地学报，2005，23 (5)：431-436.

[2] 潘开文，吴宁，潘开忠，等. 关于建设长江上游生态屏障的若干问题的讨论 [J]. 生态学报，2004，24 (3)：617-629.

[3] 王岚. 论生态环境损害救济机制 [J]. 社会科学，2018 (6)：104-111.

关于培育和发展乡村产业的对策研究
——以四川省武胜县晚熟柑橘产业为例

徐　林[①]　王　伟[②]　徐　静[③]　廖辉斌[④]

摘要： 产业振兴是乡村振兴的物质基础。近年来，四川省武胜县依托独特的自然地理条件，大力推动晚熟柑橘产业规模化、现代化、标准化发展，全产业链持续培育、提升、优化晚熟柑橘品质，坚持绿色农业发展道路，务实推动相关配套政策及产业创新，为晚熟柑橘产业培育提供重要支撑。武胜县在培育和发展晚熟柑橘产业中的方法和举措，以及在培育和发展产业过程中遇到的挑战和问题具有一定的典型性、代表性，具有实践借鉴意义，因此，我们以武胜县晚熟柑橘产业的培育和发展为例，进行实地调查研究，剖析和探索乡村产业培育和发展的主要路径，为推动乡村产业培育和发展提供经验案例借鉴。

关键词： 产业振兴　晚熟柑橘　对策建议

一、发展现状

近年来，随着柑橘鲜果出口增长呈现疲态，对于市场而言，目前来看，好吃、好看、易剥皮品种渐成鲜销主力。晚熟柑橘每年 3-5 月采摘上市，与其他品种竞争较小，且优点突出，深受消费者喜爱，如无大灾害，未来 5 年晚熟柑橘产量将持续上升，预计 2020 年年底将超过 600 万吨。不完全统计，2017—2018 年，全国晚熟柑橘产量约 300 万吨，主要种植区为广西、四川、重庆、云南。从柑橘品种看，春见、大雅、不知火是四川主栽晚熟品种，目前仍处于缓慢扩种阶段。中国脐橙高峰期产量约 400 万吨，需求相对旺盛，常常供不应求，而晚熟柑橘与脐橙相比，具有销售期长、品质优良，好吃、好种、挂树时间长、错峰上市等优势，加之近年运输产业的发展，消费量有望大于脐橙。

2016 年以来，为深入推进武胜县农业供给侧结构性改革，武胜县组织相关人员深入国内农业发达地区实地考察，综合考虑水文、气候、土壤等自然条件制约，最

① 徐林，中共四川省委党校。
② 王伟，中共四川省委党校。
③ 徐静，中共四川省委党校。
④ 廖辉斌，中共武胜县委党校。

终将发展晚熟柑橘作为武胜县产业发展的支柱产业。武胜县按照《武胜县现代农业产业发展规划（2016—2025年）》的总体产业发展方针，明确了“一基两主四特”的（一基：基础粮油产业；两主：晚熟柑橘和优质生猪主导产业；四特：优质蚕桑、生态土鸡、优质蔬菜、生态水产）产业定位，统筹推进产业基地建设。结合产业基础优势、周期、特点和产业发展前景，在近几年重点着力晚熟柑橘和优质蚕桑两大产业，高标准、高质量推进产业基地建设，实现产业提质增效，农民脱贫增收。为着力推动晚熟柑橘产业的发展，武胜县出台了《武胜县晚熟柑橘产业发展规划实施方案》，按照现代农业的产业布局理念，统筹区域化布局、集中连片发展晚熟柑橘基地1.1万亩（1亩=0.066 7公顷，下同），同时在武胜县其他23个乡镇发展晚熟柑橘基地，计划到2020年年底，武胜县新建晚熟柑橘基地15万亩，致力将晚熟柑橘产业发展成武胜县的“甜蜜产业”。

截至2018年年底，武胜县引入晚熟柑橘产业业主388个，其中500亩以上业主31个，1 000亩以上龙头企业11个，新建成晚熟柑橘基地7.49万亩。一大批本地种养致富能手、返乡创业人员、复转军人、毕业大学生等群体陆续加入晚熟柑橘种植热潮中来。截至2019年11月，武胜县共计栽种晚熟柑橘16.07万亩，晚熟柑橘产业完成土地流转面积8万亩，其中，开沟分厢完成6.4万亩，改土培肥4.6万亩，种苗栽植4.8万亩。

二、晚熟柑橘产业发展存在的问题

（一）晚熟柑橘发展迅猛，带来财政资金压力

得益于水电发展，武胜县财政较为宽松，但是从长期来看，武胜县对晚熟柑橘产业的财政补贴不足以支撑其产业的发展，晚熟柑橘需要三年才能挂果、出售，财政支撑的不连续性可能对引进民间投资造成障碍，对企业主的决策行为带来短视效应，不利于产业发展和财政资金的使用效益提升。

（二）技术服务力量不足，基础设施建设滞后

一是技术服务力量不足。产业的迅猛发展，不仅需要资金的投入，人才、技术与政府服务也必须同步投入。但是近三年呈爆炸式增长的晚熟柑橘急需的技术服务力量却远远不足。二是部分基础设施建设滞后。基础设施建设是产业发展的重要支撑，特别是农业。以武胜县为例，在山坪塘、沟渠等水利基础设施建设严重滞后，经常导致产业抵抗自然灾害能力不足，靠天吃饭的现象严重。

（三）品牌建设有待加强，销售渠道亟待建立

一是品牌建设有待加强。虽然武胜县的脐橙已获得国家地理标志商标，但以“武胜大雅柑”为代表的晚熟柑橘发展较晚，目前仍未大量上市，还远远谈不上什么品牌影响力。二是销售渠道亟待建立。目前，尽管做了一些前期工作，但晚熟柑橘的销售渠道尚未完全建立。随着先期发展的晚熟柑橘的逐步上市，销售渠道的建立对于产业的健康发展的重要性显得尤其突出。

（四）产业同质化严重，未来市场风险巨大

一是产业同质化严重。经过农业专家论证，武胜县适合种植晚熟柑橘，品质好、

产量高，但是据调研组走访临近的南充、遂宁、达州等多个县市，包括广安市内其他县，近 3 年多地将晚熟柑橘作为地区农业产业发展的首选，一时间川东北地区晚熟柑橘种植大范围推开，导致未来地区产业同质化严重。二是未来市场风险巨大。川东北地区推广种植晚熟柑橘同样经过了未来市场需求的论证。

三、对策建议

（一）多措并举，缓解财政资金压力

一是逐步转移工作重心，有计划地放缓发展的步伐；二是积极对接省主管部门，争取更多的项目资金支持；三是继续整合农业、国土、交通、水务、扶贫等涉农项目资金，用于建设现代农业产业基地；四是继续推进散居变聚居做好土地整理，并将节约出来的部分土地的拍卖资金投入农业项目。

（二）完善政府服务，为产业发展提供保障

一是综合施策，为晚熟柑橘产业发展提供及时优质技术服务。首先，直接引进农技人才，壮大体制内的农技人才队伍；其次，加大对晚熟柑橘的业主或其管理人员的技术培训，使其逐步成为既懂管理又懂技术的复合型人才，从而大大缓解农技服务人员严重不足；最后，采取外聘农业技术人员的方式，充实全县技术服务队伍，作为剩余缺口的补充。二是完善基础设施建设，为晚熟柑橘产业发展提供基地保障。严格按照产业基地“四网配套”（水网、电网、路网、“水、肥、药”一体自动化管护系统网）标准，建设现代化的滴灌、微喷等灌溉系统。

（三）开展品牌创建，提高品牌影响力

一是充分借鉴武胜县脐橙获得国家地理标志商标的成功经验，积极创建“武胜大雅柑”国家地理标志商标。二是强化宣传推介，提高品牌影响力。充分利用在 CCTV-7 农业气象栏目开通的“武胜甜橙”“晚熟柑橘主产区”宣传窗口和主动参加西博会、农博会等大型展览活动，强化“武胜大雅柑”主产地的推广和宣传，扩大影响力。

（四）建立多重销售渠道，扩大市场占有率

未来晚熟柑橘上市销售，不能简单依靠业主，需要建立多重销售渠道。一是围绕产业基地发展休闲农业与乡村旅游，规划布局柑橘文化展示厅、蚕桑科普教育基地、绿色餐饮等休闲项目，带动产品就地销售。二是按照“农超对接”模式，鼓励业主和省内外重百、永辉等实体超市建立合作关系。三是借助“互联网+”，推动传统农业融合发展模式。积极在乡镇搭建农产品电子交易平台，在村、社布点建设农村电商交易点，借助“电商”渠道推广“武胜大雅柑”，提高武胜柑橘市场占有率。

参考文献

［1］张天健. 乡村振兴规划战略规划中的农民参与［J］. 社科纵横，2019（4）：58-63.

［2］周立. 乡村振兴战略中的产业融合和六次产业发展［J］. 新疆师范大学学报（哲学社会科学版），2018（3）：16-24.

［3］蒋和平. 实施乡村振兴战略及可借鉴发展模式［J］. 农业经济与管理，2017（6）：17-24.

文旅产业融合发展助推武胜乡村振兴之路

许　毅①

摘要：党的十九大报告强调农业农村农民问题是关系国计民生的根本性问题，必须始终把解决好“三农问题”作为全党工作重中之重，坚持农业农村优先发展，实施乡村振兴战略。这是党中央着眼于全面建成小康社会、全面建设社会主义现代化国家作出的重大战略决策，对加快农业农村现代化、提升亿万农民的获得感幸福感、巩固党在农村的执政基础和实现中华民族伟大复兴有重大意义。在这一背景下，广安市武胜县依托于本地独特的文化资源和优势产业，走出了一条文旅产业融合的发展新路径。

关键词：振兴战略　文旅产业　产业融合　乡村旅游

一、武胜的城市发展机遇

（一）国家顶层设计的政策助力

党的十八大以来，党中央要求坚定文化自信，建设社会主义文化强国。党的十九大报告提出实施乡村振兴战略，推动乡村产业振兴、乡村人才振兴、乡村文化振兴、乡村生态振兴和乡村组织振兴。王磊在研究中指出，乡村文化振兴是乡村振兴的铸魂工程。2018 年 3 月，《国务院办公厅关于促进全域旅游发展的指导意见》指出，要快速推动旅游业转型升级、提质增效，全面优化旅游发展环境，走全域旅游发展的新路子，做好“旅游+”，推动旅游与多产业融合发展。四川省委、省政府要求大力发展文旅经济，加快建设文化强省旅游强省。

2019 年 4 月，《中共四川省委 四川省人民政府关于大力发展文旅经济加快建设文化强省旅游强省的意见》指出，经过 5 年努力，把四川省建成文旅产业深度融合的文化高地和世界重要旅游目的地。武胜要大力发展蜀道三国文化游、伟人故里红色游、秦岭南麓生态康养游、嘉陵江山水人文游等。

（二）武胜的城市发展优势

区位、交通便捷优势。高速铁路：兰渝铁路、西成高铁的建成，把武胜与成都之间的交通时间缩短至 2 小时，与重庆之间的交通时间缩短至 1 小时，同时与北京、石家庄、郑州、武汉、上海、杭州、南昌、长沙等省会城市连接。高速公路：南渝

① 许毅，中共四川省委党校。

高速、遂广高速构建起武胜周边广安、南充、遂宁、潼南、合川五个大中城市半小时经济圈，构建起重庆一小时经济圈。水运：嘉陵江武胜港，千里嘉陵江纵贯全境，蜿蜒武胜117千米，武胜港区（秀观作业区）是广安港四大港区之一。航空：依托南充及重庆机场，武胜县没有航空港，但半小时车程可达南充高坪机场，一小时可到重庆江北机场。

近几年来，武胜掀起“乡村+旅游”风潮，确立了以武胜县城区为中心，嘉陵江生态旅游度假带、国道350线乡村旅游及民俗文化带为旅游发展带，龙女湖旅游区、宝箴塞旅游区、太极湖养生休闲旅游度假区等五大区域为重点的“一心两带五区”全域旅游格局。武胜拥有的自然、人文旅游资源众多，乡村旅游发展渐成气候，但目前总体现状是：有资源，缺产品；有景点，缺精品。在地文化呈碎片化格局，文化产业挖掘不够，自然景点分散，且开发力度不够，缺乏延长游客逗留时间的核心吸引物和拳头产品。针对这一现状，武胜依托本地特色的文化资源，发展现代旅游业，走出了一条文旅产业融合的发展新路径。

二、文旅产业融合发展之武胜实践

2019年6月22日，《四川省文化和旅游厅 四川省发展和改革委员会关于拟推荐全国乡村旅游重点村名录的公示》，按照《文化和旅游部办公厅 国家发展改革委办公厅关于开展全国乡村旅游重点村名录建设工作的通知》确定了30个村为推荐全国乡村旅游重点村名单，其中，武胜县白坪乡高洞村进入推荐名单。

古老的农耕文明，深深影响了武胜人民的住所定居环境，现在一姓一院子，一院一主题，一主题一风光的独特文化资源，形成了武胜的院落文化记忆和独特的乡村景观。白坪乡高洞村包括高家院子和下坝记忆，注重传承农耕文化，曾荣获2014年CCTV“中国十大最美乡村”“全国宜居乡村”“四川省最美休闲农庄”荣誉称号。高洞村的建设发展，采取改造和保护结合的方式，致力于将其建设成特色文化旅游院落。

（一）礼俗文化大院——高家院子

高家院子主要展现川东北劳动人民生养、成年、婚嫁、孝道等礼俗文化，通过场景打造，设置浸入式体验项目，民俗展演、坐歌堂、接新娘、抬花轿等情景体验再现独特的川东婚俗文化，以文化带动旅游，是对传统文化的传承与发展，也是文化旅游深入融合的体现。

（二）农耕文化大院——下坝院子

下坝院子以农业为基础，深挖农耕文化，由创客乐园与房屋年代秀共同构筑的下坝记忆乡村景点，见证了乡村里人民的无限创意和农村的时代变迁。在这里，通过体验情景再现农耕文化气息，比如有农耕用具展示、农耕文化博物馆、川东北农民生活体验场景、植物创意秀体验等。

（三）民俗技艺文化大院——张家院子

竹丝画帘是中国传统艺术珍品，充分体现了中国国画的风格，是四川省非物质文化遗产、武胜文化双绝之一。在张家院子，可以观看竹丝画帘生产的全过程，感叹中国传统文化的博大精深与技艺超绝。张家院子的独特味道还在于，它是自然美景与人文景观和谐统一的完美呈现，它依山临水，绿竹环绕，垂柳倒影，稻田蛙声，漫步其中，尽享自在闲适生活，令人陶醉。

（四）粮食文化大院——易家院子

易家院子是以粮食为主题的特色文化院落，是农耕文化记忆的仓库，场景打造，主要体验和感受日出而作、日落而息、简单淳朴的田园农耕生活风光。

（五）民国风情文化大院——朝门院子

朝门院子的自然景观与人文景观俱足，明清的建筑风格，青砖黛瓦，木础石基，修旧如旧的独特院落，民间五坊川东北传统手工艺文创产品，处处感受到民国风情气息，步入其中，犹如在进行一次穿越民国的乡村文艺之旅，品味着那份闲愁。场景打造，有民国服装换装秀、吃船宴、民间五坊体验、民国风情穿梭之旅等体验，深刻感受民国风情的文化气息。

（六）蔬菜文化大院——李家院子

李家院子田路相连，树林成荫，空气清新，环境优美，鸟语花香，凸显质朴的村庄之美。它有万亩标准蔬菜园、二十四节气文化广场，是诗画田园慢生活的美妙注解，是诗意栖居的梦里乡。场景打造，采摘式观光农业体验，可以体验蔬菜采摘，可以亲近大自然，是亲子活动的好地方。

（七）剪纸文化大院——胡家院子

胡家院子是感受四川省非物质文化遗产、武胜文化双绝之一——剪纸文化艺术魅力的地方。这里的家家户户都以形象生动、体现文化气息的剪纸作品作装饰，无不体现着中国传统文化的深厚底蕴与人文情怀。很多剪纸作品呈现出深刻的教育意义，细细品观，剪纸文化把院落衬托出古朴而静谧。

（八）采摘体验园——康源橘园

武胜北纬30°的独特气候条件，造就了武胜甜橙的独有味道，舌尖到味蕾可以极致体验那种清甜，浸入心田，亲近着大自然，呼吸着新鲜空气，享受着采摘乐趣，享受着与大自然接触的闲情野趣。

武胜县坚持把实施乡村振兴战略作为抓好“三农”工作的总抓手，坚持全域、全面、全业、全民、全程推进乡村振兴工作，利用本地文化资源优势，深度挖掘当地文化特色，将文化旅游产业融合发展，让文化带动旅游发展，让文化为产业赋能，让文化助力乡村振兴战略实施，武胜先行先试，成效显著。

参考文献

［1］王磊. 乡村文化振兴是乡村振兴铸魂工程［N］. 大众日报，2018-07-05（7）.

［2］韩长赋. 认真学习宣传贯彻党的十九大精神 大力实施乡村振兴战略［J］. 中国农业会计，2017（12）：54-55.

［3］丁晓云，李会影. 乡村振兴战略与农业农村现代化［J］. 农村经济与科技，2018（12）：198-199.

［4］文阁. 大力实施乡村振兴战略 加快推进武胜县农业农村现代化［J］. 邓小平研究，2018（1）：23-25.

［5］武玲雪. 实施乡村振兴战略 推进农业农村现代化［J］. 现代化农业，2018（3）：19-20.

［6］王南飞，杨媛媛. 乡村旅游推动乡村振兴的广安路径［J］. 当代县域经济，2018（5）：43-45.

［7］韩长赋. 坚持农业农村优先发展 大力实施乡村振兴战略［J］. 农业工程技术，2019（8）：1-3.

乡村振兴战略背景下如何实现农民收入的有效增长

陈　敬[①]　涂　青[②]　徐　静[③]

摘要：乡村振兴战略的推进过程中，农民收入增长的制约始终无法突破，乡村振兴的劳动果实如何通过收入结构的调整和改善为农民所享是全面建设小康社会的重中之重。工资性收入、转移性收入、经营性收入目前在农民收入中占有较大比例，但是增长动力不足且不可持续，同比之下，财产性收入具有稳定性强、增长空间大的特点，具备高速发展的潜能和空间。财产性收入作为农民收入构成中的重要部分，需准确把握农民财产性收入在收入结构中的变化趋势和调节阻力。本文就现行经济制度下提出如何实现农民财产性收入有效增长的措施和建议。

关键词：乡村振兴　农民增收　农民财产性收入

引言

乡村振兴战略逐步开展，实施的效果如何，关键要看农民的腰包鼓不鼓，习近平总书记也提出“农业农村工作，说一千、道一万，增加农民收入是关键”。乡村振兴的落脚点在于农民生活富裕，生活富裕的关键是农民收入增加。现在我国农民收入主要由工资性收入、转移性收入、经营性收入、财产性收入构成，随着农村经济结构的变化和产业结构的调整，农民经营性收入的稳定性逐渐变弱、农民工资性收入增长空间不断变窄、转移性收入成为主要收入来源难以实现的情况下，增加财产性收入成为了实现农民增收的聚焦点。

一、农民收入的瓶颈制约

现阶段农民收入增长主要依赖于工资性收入和转移性收入的增长。2013—2018 年，农民工资性收入平均增长速度为 10.44%，转移性收入平均增长速度为 12.13%，从整个农民收入来源的比例来看，工资性收入和转移性收入两部分占比接近 70%，其

① 陈敬，中共四川省委党校。
② 涂青，成都信息工程大学银杏酒店管理学院。
③ 徐静，中共四川省委党校。

中工资性收入占比 45.2%，转移性收入占比 24.5%，且工资性收入主要来源于农民在城里务工获得，随着这样一个趋势，势必会对乡村振兴战略中振兴农业的道路形成阻碍。

同时，经营性收入在农民收入中的比例急速下降，2015 年工资性收入超过经营性收入，经营性收入下降主要是因为农业增长的下降，农业对农民收入增长的贡献很低，2016 年贡献率仅有 12.3%，2017 年贡献率则下降到 11.4%，农民种植粮食获得收入逐渐减少，甚至在 2015—2017 年处于亏损状态，成本利润率为负。在 2018 年粮食种植的每亩收益是 600 元，在没有考虑人工费用的阻力下，比 2017 年下降了 3%左右。在这种情况下，农民获得生活资金来源的方向从乡村逐渐转向城市。

2014—2018 年，转移净收入对农民增收的贡献已经达到了 24.5%，逐步接近"天花板"。同时，农村居民的收入分化不断加剧。从全体情况看，高收入户增长速度很快，低收入户增长速度很缓慢，甚至出现了下降的趋势。农民可支配收入中，财产性收入的增长速度也很快，但是基数很低。2013—2018 年农民的平均可支配收入总额为 11 958 元，平均财产性收入为 278.2 元，平均增长速度为 11.91%，贡献率仅有 2.32%。

二、农民财产性收入增长的现状分析

基于农民可支配收入的现状分析，整体来看，农民收入趋于上升状态，生活水平也不断提高，但是在乡村振兴战略的总要求下，农民收入增长陷入困境，从农民财产性收入角度分析，遇到的难点主要在于：

第一，农民财产性收入的绝对值规模小，基数值小。根据《中国统计年鉴》，我国农民人均财产性收入 2000 年仅为 44.99 元，2005 年为 88.46 元，2010 年为 202.18 元，2016 年为 271.99 元。2016 年的人均财产性收入分别比农村家庭平均每人工资性收入、经营性收入、转移性收入低 4 750.02 元、4 469.01 元、2 056.04 元。可以看出，我国农民财产性收入从数值上看低于其他三类收入，对农民增收的贡献率较低。农民财产性收入占年总收入的比例 2000 年仅为 1.43%，2005 年为 1.91%，2010 年为 2.49%，2016 年为 2.20%；2016 年另三种收入占比分别为 40.62%、38.35%、18.83%。因此，农民财产性收入规模有限，绝对值小，占比低，说明财产收入增加具有巨大空间。

第二，基于增长速度，农民财产性收入保持较快增长，但也呈现不稳定特征。根据《中国统计年鉴》数据，2000 年的农民人均财产性收入数据为 44.99 元，是 1993 年的 6.4 倍。2001—2005 年，农民财产性收入增长速度为 96%。从 44.99 元增长至 88.46 元。在 2006 年，财产性收入为 100.5 元，财产性收入首次超越两位数；2014—2016 年由 222.36 元增至 271.99 元，年均增长 24.82 元。

第三，根据城乡划分，农村居民的财产性收入远低于城镇居民财产性收入。根据《中国统计年鉴》数据，从总量上比较，2007 年城乡居民的财产性收入差额为 220.55 元，2016 年城乡居民的财产性收入差额达到 2 999.31 元，是 2007 年差额的近14倍。城镇居民的财产性收入在2012年后出现大幅度提升，城乡居民的财产性收入差距逐年拉大。

三、提高农民财产性收入的政策意见

（一）抓住乡村振兴战略的契机，为增加农民收入打下坚实的财产性收入增长的基础

农民收入和农民财产性收入是相互依存的关系，可通过将农民收入转化为财产性收入从而获得更多的收益。因此，抓紧乡村振兴战略促进农民增收，首先可通过农业供给侧结构性改革，提高农业生产水平，同时政府加大对农村产业的财政支持，通过激励制度鼓励农村产业创新，提高农村的产出率和优质率。其次，提高工资性收入，一方面对工资收入分配格局进行调整，加大农民的工薪收入在初次分配中所占的比例，保证农民收入能够持续增长；另一方面，加快城镇化推进的步伐，吸引更多的农村劳动力流入城市务工。政府要为农民创建良好的就业环境，拓宽就业渠道，保证就业信息的对称，提供完备的就业培训和就业保障等优惠政策，保证农民工在城市务工的合法权益，从实际上提高农民的收入。最后，严格监督收入二次分配，政府转移收入更多地倾向于农民，从而增加农民的整体收入。

（二）基于承包地和宅基地确权保护农民产权，强化农民财产性收入增长的制度性供给

我国农村土地产权制度没有进行相应的改革和创新，阻碍了土地发挥其最大价值。在当前的市场环境下，农民收入的增加急需土地发挥巨大的潜力和价值。因此，需要对土地制度进行改革来解决农村荒废的资本，从而保证农民收入增长的制度供给。

首先，开展确权工作，做出更细致的分化，保证财产受益的公正。从宏观层面来讲，在合法政策条件下，划分土地权利的范围和归属状况。对农民财产主体的模糊性进行调节，对农村的承包地、宅基地和经营性建设用地的权力范围做出明确的划分。从微观层面来讲，根据党的十九大提出的对承包地和宅基地的“三权分置”要求，必须对土地面积做精准的测量，保证将产权不明晰的土地确认到每一个人头上，使得财产增值的功能实现。其次，配套相应的制度，并逐步进行完善，如土地流转制度、土地征收补偿制度等。当确权工作落实之后，在产权规范的基础上，农村的承包地和宅基地就能得到有效发挥从而实现其价值。

（三）加大农村教育投入以培养农民投资理财意识，强化农民财产性收入增长的人力资本

农民财产性收入的提高需要农民的主观意识，因此应加大对农民的教育，提升教育质量，挖掘农村科技文化水平的潜力。现今农村的受教育水平仍然很低，不了解财产性收入的概念，对理财的知识、理财收入的来源和产品也知之甚微，而且大多数农民都属于风险规避型，对风险的恐惧成了增加农民财产性收入的障碍，政府需加大对农村教育的支持力度，需要有一定的倾斜政策。一方面，加强新型职业农

民的培训以及加大农村的人力资本投入，不仅是技术、管理等方面的培训，而且还包括金融理财知识；另一方面，鼓励社会金融机构在农村设立咨询中心和指导顾问，拓展农民科学文化知识面，引导农民树立正确的、健康的投资理财观念，提高农民规避投资风险的能力。

参考文献

［1］张荣. 农民收入结构变动与收入增长之间的实证研究［J］. 经济研究导刊，2019（15）：15-18.

［2］申朝霞. 浅析农村集体经济下增加农民财产性收入的办法［J］. 山西农经，2019（3）：69，71.

［3］金丽馥，史叶婷. 乡村振兴进程中农民财产性收入增长的瓶颈制约和政策优化［J］. 青海社会科学，2019（3）：87-93.

［4］苏浩然. 我国居民财产性收入比重偏低的原因：基于国民核算口径的国际比较［J］. 商业研究，2019（4）：51-59.

乡村振兴进程中农村污染防治所面临的问题及对策建议

——以四川省为例

关文晋[①] 陈 敬[②] 徐 静[③] 涂 青[④]

摘要： 近年来，农村生态环境保护工作扎实推进，绿色发展理念日益深入人心，作为乡村振兴战略20字方针总要求之一的生态宜居重要性日益凸显，四川省作为一个农业大省，农村污染防治任务繁重，具有典型性、代表性，破解四川农村污染防治难题，有利于为其他各省市提供一条具有借鉴意义的四川道路，本文从四川省农村污染防治所面临问题及表象入手，提出了相应的对策建议。

关键词： 乡村振兴 污染防治

一、引言

党的十九大提出实施乡村振兴战略，这在我国“三农”发展进程中具有划时代的里程碑意义。2018年1月，《中共中央 国务院关于实施乡村振兴战略的意见》指出，实施乡村振兴战略，是党的十九大作出的重大决策部署，是决胜全面建成小康社会、全面建设社会主义现代化国家的重大历史任务，是新时代“三农”工作的总抓手。2018年，四川省勾勒了污染防治攻坚战的时间表和路线图，确保2020年生态环境质量总体改善。污染防治，城市是重点，乡村是难点。农业农村污染治理，不仅影响污染防治攻坚战成效，更事关全面小康社会的建成，事关乡村振兴战略的推进。目前，四川省尽管在农业农村污染治理取得了一定成效，但依然存在不少的问题，值得高度重视，并采取相应的突破措施。

二、四川省农村污染防治存在的问题

四川省是中国西南内陆的一个农业大省，2017年乡村人口5 997.1万人，城镇

① 关文晋，中共四川省委党校。
② 陈敬，中共四川省委党校。
③ 徐静，中共四川省委党校。
④ 涂青，成都信息工程大学银杏酒店管理学院。

人口 3 116.3 万人，农村人口占比高达 65.8%，四川省农村污染防治工作量大，防治困难，突出表现在以下两大方面：

（一）农村基层污染防治存在责、权、能不对等的问题

农业农村污染防治，作为和担当要依靠乡镇这级基层政府。农村基层干部处在污染防治的最前线，但基层干部在污染防治方面有责无权的现象在四川部分地区仍有出现。一方面，农村基层干部属于农村污染防治的直接责任人，面对环保督察以及其他各类环保检查，出现问题由基层干部直接负责。另一方面，基层政府无实质环境执法权，无法对企业和个人形成有效约束，面对制造污染或是有造污风险的企业和个人，农村基层干部仅能采取警告、教育、断水、断电等“间接”的污染防治处理办法。这又造成了另一类风险：由于缺乏相应的法律权利，基层干部部分管理行为无法可依，易与当地企业和个人产生冲突；同时基层政府大多不具备污染防治的能力。一是体现在在职人手方面的缺乏，一人身兼数职、“按需挂职”的现象较为普遍，在农业农村污染防治方面，也只能应付基本检查，而“无人无力无心”进行污染治理创新。二是体现在基层干部大多不具备污染辨识防治的能力，例如在污水防治方面，农村基层干部较为常见的方式是采取“凭直觉”判断水体受污情况——水清则没受污染，水浊则受污严重。受限于基层干部在污染防治方面的学识技能，大多数地区无法有效辨别是否属于污染、污染治理成果是否符合要求，也不知该如何处理，直接导致不符合环保标准的产业持续对生态造成损害，为日后埋下隐患。

（二）农村污染防治存在缺乏合理审查、考核机制的问题

我国几十年经济高速发展，对自然环境造成了极大破坏，短时间内很难解决，而在环保领域各类要求指标很高，考核机制落实较差，影响污染治理成效。一是乡镇政府对村干部缺乏直接的约束力。村干部是各项政策落地的执行者，他们政策执行情况的好坏，直接决定乡村环境治理成效，但由于村干部是自治组织成员，并不在政府序列内，针对行政部门的考核手段对村干部缺乏约束力。在乡镇政府缺“利剑”、村干部缺“动能”的情况下，乡村污染治理成效很难显现。二是环保评价缺乏统一执行标准。现行环保评价，省、市、县由于认识不同，要求也就不同，导致乡村环保工作处于反复无序的状态，各级政府对于环保没有一个统一的标准，基层常做“无用功”，既加重了基层干部工作负担，又未见污染防治的成效。

三、打赢农村污染防治攻坚战的对策建议

推进乡村绿色发展，改善乡村生态环境，是乡村振兴的必然之义；让乡村生态宜居，增强村民的获得感、幸福感，着力解决农业农村突出生态问题，需要打赢农业农村污染治理攻坚战。

（一）创新农业农村污染治理制度，完善乡村环境保护法律体系，加大乡村环境治理人才注入力度

制度的创新和完善，有助于规范主体行为，化解行为偏差。一是积极引导农民自主治污，打造特色旅游景点及开放相关产业权限。在符合环保及相关部门规定的

前提下，积极引导农民绿色创业，如开发部分受污景点或自主打造特色产业，完成景区的开发后，当地政府可授予开发者一定年限的特许经营权，既能使开发者收获相应的利润，使农民增收，又能为对应乡镇带来一定收入。二是下放执法权限。在乡镇设置环境综合治理小组，由县级政府直接管理，赋予处罚权等执法权限；乡镇一级政府相关职能部门横向协助，构筑矩阵式环境治理职能机构，及时发现、处理农村环境污染问题，增强农村环境治理力度。三是完善乡村环境保护法律体系，补充耕地、污水、垃圾污染等农村环境治理、资源保护等方面法律体系；加大对农村环境监管执法失职、执法不严行为的惩罚力度，追究造成严重后果的刑事责任，让基层干部有法可依，依法办事。

（二）分层次设定农业农村污染防治目标，完善基层干部相关考核体系

污染防治“步伐”可适当放缓，急于求成反而会适得其反，环保问题是我国一大难点、痛点，涉及大量历史遗留问题，并非一朝一夕就能恢复，因此在短期治理目标设定上面，不宜操之过急，适当放缓步伐从长远来看有利于整体污染防止事业。

一是提高村级干部在职和卸任后待遇。对农业农村污染防治和乡村振兴其他方面干得好的优秀村级干部，按比例纳入镇一级公务员编制，在退休后即可享受公务员退休待遇，以便激发村基层干部在农业农村污染防治和生态环境建设方面的工作热情和干劲。同时，对在职基层干部实行“物质奖惩制”，对于污染治理干得好的乡镇干部给予一定物质奖励，形成多劳多得的良性循环，减少基层出现“干多干少一个样，干和不干一个样”的惰性思维。二是制定全省统一的环保评定标准，个别情况特殊的地方可酌情放宽标准，减少环保评定的不确定性，让基层有规可依，为基层干部减负。在政策制定过程中，吸纳基层具体实施代表人员入内，明文规定在政策制定时，必须有达到一定比例的基层人员代表出席，并且每一位代表需结合自身所在乡镇特点提出出台政策的优势与不足，充分吸纳基层实施者意见。

参考文献

[1] 辛向阳. 当代中国伟大社会变革的性质［J］. 理论探讨，2019（1）：11-15.

[2] 马九杰，崔恒瑜. 农村自然资源价值实现和乡村振兴投融资创新［J］. 农村金融研究，2018（12）：7-13.

[3] 王芳，孙庆刚，白增博. 以绿色发展引领乡村振兴：来自日本的经验借鉴［J］. 世界农业，2018（12）：45-48，75.

[4] 王莹. 以“六进”助推乡村振兴［J］. 上海农村经济，2018（11）：33-36.

[5] 刘晓雪. 新时代乡村振兴战略的新要求：2018 年中央一号文件解读［J］. 毛泽东邓小平理论研究，2018（3）：13-20，107.

[6] 王亦晴. 我国“三农”问题专家温铁军：农旅结合加快海南乡村振兴［J］. 今日海南，2018（3）：59-60.

壮大农村集体经济撬动乡村振兴的对策研究

——以四川省成都市郫都区战旗村为例

徐 静[①] 陈 敬[②] 涂 青[③]

摘要：农村集体经济的发展壮大，对于聚集分散资源，带动小农发展具有十分重要的作用。成都市郫都区战旗村以问题为导向，创新改革。其壮大集体经济的改革和创新实践对四川省乡村振兴具有重大意义。

关键词：农村 乡村振兴 集体经济

一、战旗村农村集体经济发展历程

1965 年，战旗村逐步大力兴修水利，进行改土改田活动。到 1978 年，村委会筹备人力、物力和财力，将村上一个旧土窑改建成机砖厂，创新了集体经济营收。2003 年、2006 年和 2007 年，战旗村抓住“农村新型社区建设示范点”和“土地增减挂钩试点”机遇，三次实行土地整理集中。2007 年战旗村整理出 440.8 亩（1 亩=0.066 7 公顷，下同）建设用地。

2008 年，战旗村以土地入股、年底保底分红的方式引入具有成都小普罗旺斯之称的妈妈农庄。2010 年，战旗村开始实践集体经济股份制量化改革。对土地进行权属调整，完成土地确权颁证；开展资源、资产、资金“三资”摸排清理。2014 年，战旗村为践行绿色发展理念，关闭了高消耗、高污染的村集体企业。

2015 年，战旗村进行集体经营性建设用地入市改革试点。除了传统的农产业，战旗村也十分关注互联网的快速发展。在全国消费方式快速转变的同时，战旗村主动升级农村产业经济。2017 年，战旗村逐渐运用大数据、物联网等新技术，与“京东云创”“猪八戒网”“天下星农”等知名品牌营销公司合作，搭建“人人耘”种养平台。2018 年，战旗村开始发展乡村旅游，设计打造乡村十八坊。2019 年，战旗村进一步招商引进天府酒店、战旗酒店、电影院、战旗美食街等新项目，深化农商文旅融合发展。

---

① 徐静，中共四川省委党校。

② 陈敬，中共四川省委党校。

③ 涂青，成都信息工程大学银杏酒店管理学院。

二、乡村振兴的战旗经验

战旗村依靠花卉、都市现代农业、生态人文、非遗传承等资源，实现了勤劳致富，是乡村振兴的一个样本，走在振兴农村的前列。

（一）产权量化活农业

战旗村一直有集体经济的底子。村“两委”班子和村民以集体化为资源整合目标，又进一步通过经营承包权的市场化将集体经济的所有权利益最大化。2001 年，战旗村首先推行农村集体产权制度改革，将全村的农用地、宅基地全部平均确权。在这次确权过程中，村、社的资产资源以及村民个人的资产等全部确权到村委会，由村委会出资购买，然后成立战旗资产管理有限公司。村资产管理公司提取 80%的资金用于扩大再生产和再发展，20%资金以现金的形式分发给老百姓作为红利。通过股东代表大会提出收益分配草案，再经三分之二以上的村民代表和户代表表决通过，形成了净收益提取 50%的公积金、30%的公益金、20%货币分配到每个股东（集体经济组织成员）的分配方案。同时，每一位村民免费享受村集体统一为大家购买的农村医疗保险，年满 60 岁、80 岁、100 岁的村民分别享受 50 元/月、100 元/月、300 元/月的养老福利。

（二）企业改制创营收

由于机砖厂集体经济效益越来越好，战旗村先后建起了酿造厂、豆瓣厂、复合肥厂、面粉厂等企业，村集体资产就像雪球一样越滚越大。战旗村积极探索创新集体经济组织运营管理模式，重新构架集体经济组织结构。成立村民代表大会，代表村民进行集体抉择；通过村民代表民主协商决定集体经营性建设用地入市方案；民主科学分配土地收益金和流转金。同时，战旗村通过多种方式吸引企业和项目落户。其中妈妈农庄围绕花卉的观赏交易、旅游观光形成了一个完整的产业链条，提供给战旗村 120 多人的就业岗位。村民人均纯年收入由 2005 年的 3 000 余元增长到 2018 年的 28 400 余元。2018 年，战旗村村集体资产达到 5 700 万元，村民人均可支配收入同比增长 10%。2019 年，战旗村村集体资产 7 010 万元，村集体收入 621 万元，村民人均收入 31 460 元，分别比 2016 年增长 53%、比 2017 年增长 35%、比 2018 年增长 21%。村委员会以每月 6.5 元/平方米的价格租用了 1 队村民闲置房屋，打造战旗美食街，租期 20 年，村民既可选择获得租金，也可选择自己入驻商铺。

（三）土地改革增价值

战旗村整理出的 440.8 亩建设用地，其中 215 亩用于安置村民及基础设施，鼓励 9 个村民小组全部参与“拆院并院”；另外 225.8 亩用于置换资金，挂钩到城市使用。其中 208 亩建设用地实现土地出让收益 1.3 亿元，除偿还融资本息 1.15 亿元外，剩余的 1 500 万元专项用于战旗村现代农业产业园基础设施配套建设，并建成 9.1 万平方米的战旗新型社区。2009 年通过对新户环境治理和基础设施配套完善，所有居民入住新居。

（四）本土风情凝文化

战旗村利用本镇工匠技术资源和原旧时作坊生产方式，通过打造乡村 18 坊景点，发展乡村旅游，弘扬传统农耕文化。18 坊保留了川西民居的风格和传统手工艺作坊。通过几十年的发展和市场竞争，其产业结构进行了巨大的调整，全村现有 13 家企业，其中 7 家集体企业、6 家民营企业，主要扎根于乡土资源，以农副产品加工、郫县豆瓣及调味品生产、食用菌生产和旅游业为主。目前，战旗村通过乡村旅游、食品加工、集体经济股份制等方式，带动农户就近就业 3 000 余人，年均游客量 58 万人次。文旅产业总值达到 4 600 万元，年人均收入 3 万元。其村域经济总产值近 3 亿元，集体资产达 5 700 万元，集体经济收入达 450 万元。

战旗村主动握住农村体制改革的政策红利，灵活实践探索流转、入股和自主经营三种方式，盘活土地资源和集体经济，优化农业农村土地、资金、信息、渠道、人才等有形及无形资源。

三、壮大农村集体经济的对策建议

在四川省集体经济十分薄弱的现实背景下，仅仅依靠集体经济组织的原始积累很难有效调动集体资源并在带动农民、农村及农业方面发挥应有的积极作用，因此，必须更大力度强化政策支持，在发展壮大农村集体经济上实现重大突破。

（一）完善农村产业

调整优化农业产业结构，完善乡村生产生活方式。改变传统的孤立的农业种植方式，加深农副产品三大产业融合，树立品牌效应。学习战旗经验，通过市场化运作和竞争，形成有机融合的利益联结机制，充分发挥龙头企业带动、股份合作、深加工、互联网大数据等巨大潜能。盘活乡村的本土材料、果林、菜园等资源，将有限的农村资源与先进的管理运营有机结合。

深入推进农业农村绿色、特色、优质发展。结合本村农产品特色，创建现代化农业生产园区，普及现代农业机械。培育一些区域性的农产品品牌，弘扬地理标志农产品，加强本地地理标志性农产品品牌保护及知识产权。加强农产品形象设计、营销宣传、仓储物流等供应链环节。

（二）加强人才支撑

加强农村人才队伍建设。鼓励更多农业科技技术人才回归乡村，滋养有文化、爱技术、善管理的乡土文化。定向培育发展乡村人才，支持鼓励优秀回乡个体扎根农村，回乡创业，培养大量适应数字农业发展的人才，赋予农民更多的数字化工具。加强农业经营主体信贷可获得性。

从本村青年人才中选拔培养农村订单式定向医学生、师范生，酌情增加和优待分配到各乡镇卫生院和乡镇小学工作的人才。充分调动农村生产能人积极性，有意识有选择地培养农业农村领头人，引导其带动村民致富。

（三）保障金融服务

协调统一城乡基本公共服务标准。充分发挥金融在农村的积极作用，积极鼓励推进宅基地、集体建设用地和流转用地试点试行，引导规范土地经营权流转，鼓励创新新型经营方式，盘活土地资源，优化自身造血机制，避免重输血轻造血现象。

加强支农惠农资金。大力支持“集体经济+龙头企业”产业联盟项目，加快发展劳动密集型、就业带动型、优势资源开发型产业。用好县财政和上级政策项目已经给予的集体经济支持资金，在确保资金资产安全、保底分红兑现的前提下，进一步研究政策资金按资产化配置的方式扶持壮大集体经济；对县内水利渠道、扶贫渠道、农林渠道、发改渠道支持集体经济发展的政策项目，进行合理统筹，规范资金管理与保底分红的标准，把各行各业支持集体经济的好事办得更好。

（四）夯实基层组织

优先配备一支素质过硬、能力过强的村委领导班子。务必保证农村的基层干部优秀、力量精锐。切实鼓励激发“精农业”“懂农村”“爱农民”的地方党政干部主动投入农村工作。明确农村工作领导责任，建立乡村振兴实际考核制度，推动乡村建立起有效的基层自治机制。

借鉴创新党建工作机制。基层领导干部能够因地制宜、因问施策，主动定期联系服务农户，推进农村不断发展。

参考文献

［1］陈寒冰. 农村集体经营性建设用地入市：进展、困境与破解路径［J］. 现代经济探讨，2019（7）：112-117.

［2］杨红，罗明. 农村集体经营性建设用地入市试点调查与思考［J］. 中国土地，2019（5）：44-46.

［3］何立猛，王理. 创新土地流转机制 推进城乡要素融合：农村集体经营性建设用地使用权作价出资（入股）有限责任公司的郫都实践［J］. 农村经济与科技，2018，29（3）：29-32.

［4］岳永兵，刘向敏. 集体经营性建设用地入市增值收益分配探讨：以农村土地制度改革试点为例［J］. 当代经济管理，2018，40（3）：41-45.

四川省城乡收入不平衡及对策研究

严　涵①

摘要： 缩小城乡收入差距，是我国现代化新征程的应然之义，然而四川近年来城乡收入差距绝对值却在拉大。本文根据四川省城乡收入差距的现状，从社会保障和财政支出方面进行分析，并提出改善建议。

关键词： 城乡收入　不平衡　对策研究

一、四川省城乡收入的现状

2018 年四川省地区 GDP 突破 4 万亿元，其中城、乡居民人均可支配收入分别为 33 216、13 331 元，比 2017 年增加 2 489 元、1 104 元，名义增长 8.1%、9.0%，见图 1。

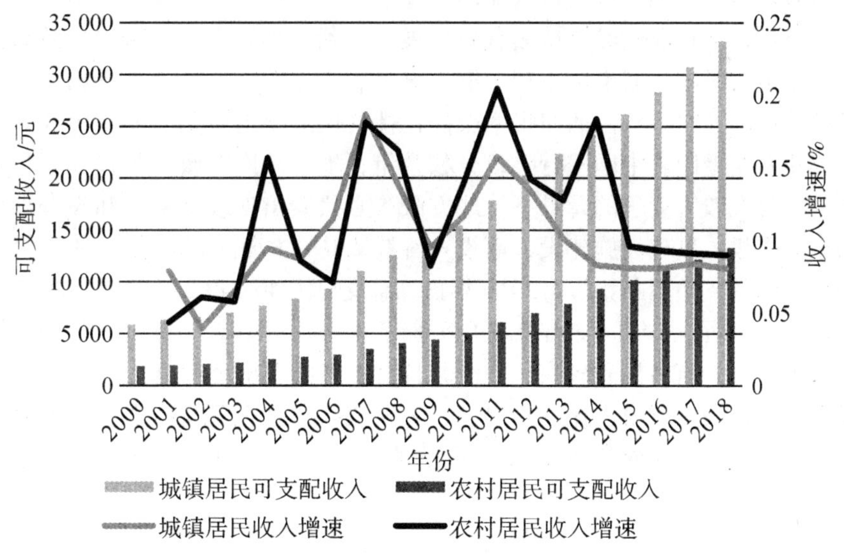

图 1　2000—2018 年四川省城乡居民人均可支配收入

如图 1 所示，四川省城镇和农村居民人均可支配收入增速，虽然后者高于前者，但城镇和乡村居民收入水平的绝对值差距却在不断拉大。收入差距过大，会导致经

① 严涵，中共四川省委党校。

济结构失衡，对国民收入水平的长期稳定提高造成严重影响。为此，政府采取了一系列政策措施来解决城乡收入悬殊问题，并将农民的富裕作为战略实施的追求目标之一。

二、四川省城乡收入不平衡的成因

（一）社会保障体系完善程度差异

一是城镇职工与农民工就业存在显性不平等。当前户籍制度虽对劳动力的流动无明显阻碍，但由于户籍身份的不同，农民工在就业准入与就业待遇方面遭遇诸多限制。在许多城镇仍实行优先保障城镇居民就业的潜规则，农民工受限于招工比例、务工领域等要求，只能从事一些作业环境差、福利待遇低的工作；薪资待遇方面，农民工没有博弈能力保障自己获得同城镇职工平等的收入，农民工同城镇职工或许工作内容相同，但获得的报酬可能不同；由于城乡劳动力就业服务体系不健全，农民工在就业方面，无法通过可靠渠道，及时获取准确的信息，因而无法正常流动并有效配置①。

二是城乡社会保障存在隐性不平等。户籍管理的初衷是收集公民人口的基本信息，而特殊的城乡二元化下户籍制度就意味着资源与权力分配的不平等。城镇户口所包含的医疗、养老、教育、失业保障等隐性福利使得城乡收入差距日益扩大。

（二）城乡财政支持力度差异

财政政策是政府调节收入再分配的重要手段。一般而言，农业支出能改善农村基础生产条件，支持农业经济持续有效发展，起到缩小城乡收入差距的效果；基本建设支出一般会倾向于城市，不利于缩小城乡收入差距；科教文卫支出中，由于农村水平很低，因此财政支出的回报率较高；社会保障支出原则上能减缓收入和财产差距，缩小贫富差距。中国实行财政分权政策，地方政府财政自主权如果扩大，在地区间经济存在较大竞争的背景下，地方政策必然会出现政策引导和投资导向的偏向，资金更多投入基础设施建设，而投入科教文卫等方面的相对较少。②

四川省财政支出不断增加，2011 年预算总支出为 46 749 243 万元，2017 年增长到 86 861 018 万元，6 年间支出总额几乎翻了一番。从图 2 可看出，基础建设支出和科教文卫支出一直占据着较高比例，并且对二者的支出金额有持平趋势；从 2012 年开始，社会保障性支出占比逐年提高，表明政府对社会贫富状态、收入分配公平程度的重视和努力；而农业支出占比并无显著变化，在 2017 年甚至有一定幅度的下降。

---

① 辜毅，李学军. 四川农民工融入城镇的制度障碍及其政策创新［J］. 理论与改革，2014（3）：68-71.

② 尤丽君. 我国财政支农资金优化问题研究［D］. 北京：首都经济贸易大学，2018.

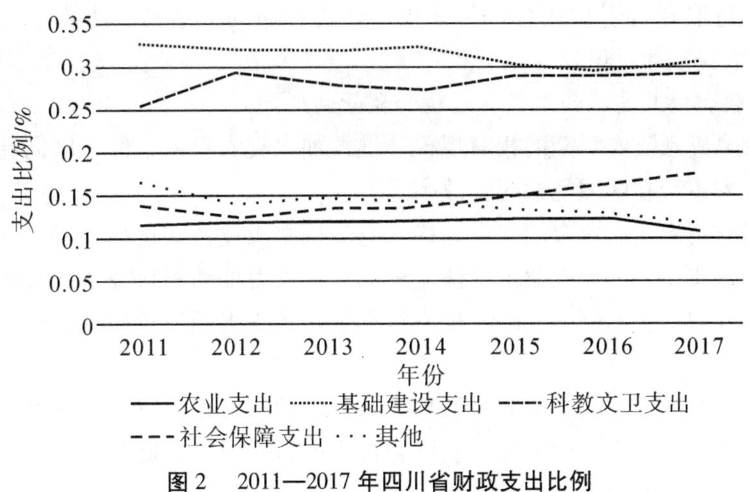

图2　2011—2017年四川省财政支出比例

三、改善城乡收入不平衡的对策建议

（一）分层分级逐步完善四川农村社保体系

完善社会保障体系，是一项巨大工程，尤其是要实现社会保障的城乡一体和城乡统筹，更是难上加难，需要长期调整、积累。当前，四川省还处于经济的急速上升和扩张期，对农村社会福利保障难以在短期内实现全面升级，但是可以有重点的分层分级逐步完善。

一是健全农村养老服务体系。伴随着人口老龄化和大量农民工外出，农村孤寡老人成为不容忽视的群体。加快建设农村区域性养老服务中心，将单纯生活保障性服务拓展为涵盖医疗护理、精神慰藉、文体娱乐的综合性养老服务体系。根据养老对象的个人和家庭情况确定有偿、低偿和无偿入住养老服务中心。提高农村养老服务质量，详细制定养老服务中心建设标准和设施配套标准，组织各地开展服务质量自查、互查和省级抽查，并进行奖优惩劣；由政府引导、培养一批养老服务工作者，提高待遇；鼓励学校、企业到养老院组织关怀活动。①

二是提高农村教育福利保障。教育是发展的根本，提高农村教育质量和水平是实现农村可持续发展的关键。科学预估政府的投入成本和农村家庭的教育成本，优化调整农村教育布局，不可盲目并校；大力提升乡村教师包括薪酬收入、学习培训机会、社会地位等各方面的待遇，至少要使得乡村教师与城市教师福利待遇一致②；对义务教育中的学生进行多方面培养，提升农村学生科学和文化知识积累，提高农村学生艺术赏鉴才能，提高他们的体能素质等，缩小农村学生和城市学生素养差距；根据乡村产业发展需求状况，对农民进行种养技术和技能方面培训，提供各方面技

---

① 郭颋，何兆政. 四川：扎实推进农村养老服务体系建设［J］. 社会福利，2018（4）：31-32.

② 黄倩蓉. 新农村建设背景下农村教育的困境与对策［J］. 现代化农业，2019（3）：56-57.

术支持；促进农村各层次教育统筹发展，使之在布局、结构、功能上发挥整体效益①；强化农民法律意识教育。

（二）优化财政支农的规模、结构和监管制度

一是提高财政支农资金的相对规模。继续加大支农投入；健全横向转移支付政策，提高支农资金在区域间的配置效率。

二是调整财政支农资金的支出结构。有效调整农业行政机构设置，提高办事效率，精简费用支出，加大农业生产性支出比重；大力推动农科技术的创新和应用水平，通过构建农业技术创新团队、推广机构、财政支出倾斜等措施，提升乡村农业技术水平。

三是强化财政支农资金的监督管理。通过有效、有力监管，提升财政支农资金使用效率和效果。首先，对财政支农资金投入政策、项目、资金、程序进行"四公开"；其次，出台支农资金整合细则，由基层部门统筹整合使用各项支农资金，根据乡村实际，有重点、有长期计划地使用资金。

（三）深化农业科学技术的引进和交流

当前，四川农村发展的对外开放程度很低，相较于城市，与世界市场的联系与交往极少。应把握国家"一带一路"的发展机遇，获取乡村发展迫切需求的知识与技术，促进农产品质量的提升以及先进农业经营理念的传播，并且在亚洲和非洲寻找出口贸易的潜在市场。

一是加大农业项目"引智"力度。结合实际情况，引进适宜的农业科技资源及技术，利用或者创办各项平台，加强农业科技、农业发展思想、农产品等的国际交流和合作。"引智"包括引进先进的农业技术、先进的农业生产发展管理技能、先进的农产品营销经验、先进的农业发展理念，等等，这些"智慧"凝于人才身上，因此四川要通过切实措施，引进国内外农业"智慧人才"。

二是提升农产品国际贸易水平。实施农产品优质化战略，并积极申请国际品牌认证；实施四川农产品提质升级工程，精准定制农产品品质标准，加快农产品出口标准化基地建设，在国际贸易中强化"以质赢市"；② 推动四川发展农业对外贸易，以需求定制出口供给，着力发挥产业比较优势，构建四川农业出口合理结构，鼓励扩大优势农产品出口。③

参考文献

［1］辜毅，李学军．四川农民工融入城镇的制度障碍及其政策创新［J］．理论与改革，2014（3）：68-71.

① 丁哲学．乡村振兴战略需要大力发展农村职业教育［N］．黑龙江日报，2018-01-02（7）．

② 刘登才，程支中．对农产品质量标准体系建设的思考［C］．中国青年农业科学学术年报，2002：513-516.

③ 重庆市农委专题调研课题组．扩大农业对外开放 促进重庆农业现代化［J］．南方农业，2014（26）：16-18.

［2］尤丽君. 我国财政支农资金优化问题研究［D］. 北京：首都经济贸易大学，2018.

［3］郭颋，何兆政. 四川：扎实推进农村养老服务体系建设［J］. 社会福利，2018（4）：31-32.

［4］黄倩蓉. 新农村建设背景下农村教育的困境与对策［J］. 现代化农业，2019（3）：56-57.

［5］丁哲学. 乡村振兴战略需要大力发展农村职业教育［N］. 黑龙江日报，2018-01-02（7）.

［6］刘登才，程支中. 对农产品质量标准体系建设的思考［C］. 中国青年农业科学学术年报，2002：513-516.

［7］重庆市农委专题调研课题组. 扩大农业对外开放 促进重庆农业现代化［J］. 南方农业，2014（26）：16-18.

乡村振兴背景下郫都区农业品牌建设的经验及启示

严　红[①] 朱倩芸[②]

摘要：党的十九大报告提出了实施乡村振兴战略，农业品牌建设是实现我国乡村产业振兴的重要途径。本文通过总结郫都区农业品牌建设的成效，提炼郫都区农业品牌建设的经验，并进一步总结了郫都区农业品牌建设的启示，以期为我国其他地区农业品牌建设提供借鉴。

关键词：农业品牌建设　郫都区　经验　启示

2018年2月12日，习近平总书记到郫都区战旗村视察，赋予了郫都区乡村振兴“走在前列、起好示范”的新时代新使命。近年来，郫都区在省委、市委领导下认真落实中央和省委、市委战略部署，沿着历年来中央规划的发展路径，大力实施乡村振兴战略，奋力建设全国乡村振兴示范区，农业品牌建设取得显著成效，也给我们带来了成功经验和启示。

一、郫都区农业品牌建设的成效

郫都区采取“政府推动、部门联动、企业主动、农民参与”联动机制，鼓励创建高端农业品牌，培育了一批竞争力强和附加值高的农业区域品牌和农产品品牌，全区现有优质农产品品牌34个，中国驰名商标5个、四川省著名商标16个、成都市著名商标31个。郫都区立足资源优势，实施优势特色农业提质增效行动，大力发展“特色农业+名品名标”区域特色产品，通过发展“一村一品”特色产业，把区内小产品做成大品牌。郫县豆瓣、唐元韭黄、云桥圆根萝卜、新民场生菜、安靖蜀绣等被评为国家地理标志保护产品，特别是郫县豆瓣品牌价值达649.84亿元，位列“加工食品类地理标志产品”全国第一名。

郫都区大力实施品牌提升工程，着力打造农业文化遗产、“天府水源地”绿色有机农产品、农产品精深加工三大品牌，“郫都灌区轮作系统与川西林盘景观”成功申报全球重要农业文化遗产，“三品一标”认证基地达到19个，取得认证产品265个，绿色有机农业面达60%以上。

---

① 严红，中共四川省委党校。
② 朱倩芸，中共四川省委党校。

二、郫都区农业品牌建设的经验

（一）突出特色创品牌

一是实施品牌“一干多支”战略。做好郫都区“水文章”，差异化开展品牌塑造，凸显成都市饮用水源保护地的“唯一性”特点，发扬郫县豆瓣“川菜之魂”的“历史性”优势，以“天府水源地”农产品公用品牌、“郫县豆瓣”区域公共品牌为主干，发展各级企业自主品牌近60个，初步构建起现代农业品牌体系。二是农业品牌集成多元要素。郫都区将农业品牌打造与生态、文化、旅游、创意等元素有机结合，打造彰显郫都特色的农业品牌。

（二）科技创新强品牌

一是健全农业科技创新体系。针对特色优势产业，深入实施农业科技创新引领行动，搭建研究中心，开展科技攻关项目，研发新品种、新材料、新成果，为生产优质放心农产品提供了有效的技术支撑。二是运用现代物资装备和信息化手段。以大数据、云计算和物联网等现代信息技术为支撑，为传统农业发展注入现代技术和“互联网+”基因。三是创新科技合作机制。按照“园区+院校+企业+产业”运行机制，探索形成院地农业科技实体化合作、制度化运行、无缝化对接联动的郫都“三化”模式。

（三）基地建设优品牌

一是大力推进绿色基地建设。为保障产品品质，坚守生态红线，通过优化“大气、土壤、水”三大环境，郫都区建成无公害农产品基地 10 万亩（1 亩 = 0.066 7 公顷，下同）、绿色食品原料标准化基地 10 万亩、有机农产品生产基地 1.07 万亩。二是打造基地集群。郫都区将农村区域划分为国家级农业产业化功能区等 5 大功能区和乡村振兴博览园，建设 10 万亩绿色有机农业基地、8 万亩水稻功能区、3 万亩赏花观叶基地，优化出口加工基地、港澳特供基地、集团专供基地，有效提高农业生产规模化、标准化、集约化程度。

（四）融合发展促品牌

一是推动食品加工业集群发展。依托川菜产业园区，引进培育了新希望乳业、新华西乳业、丹丹豆瓣、高福记等一批知名企业，推动郫县豆瓣、川菜产业资本化、规模化、集群化发展。二是加大乡村旅游业开发力度。借助郫都区中国农家乐旅游发源地品牌影响力，开发了一批乡村旅游精品线路，举办“郫都美食旅游节”“川菜文化旅游节”等特色节会，打造农科村、青杠树村等 15 个乡村旅游示范村、8 个现代农业观光旅游特色园区、17 家星级农家乐、13 家规模乡村酒店。

（五）安全监管铸品牌

一是推进农产品贯标。突出产地认定和产品认证，开展无公害农产品、绿色食品和有机农产品认证，鼓励企业申报认证。目前，郫都区“三品一标”认证农产品、认证企业和认证基地数量排名成都市第一。二是加强溯源体系建设。实施产地证明、检测准入制度和准出管理。实行农产品“身份证”式标识管理，消费者扫描农产品二维码，便能方便快捷地对农产品进行追溯查询。三是突出抓好质量监督。实现农质安全监管、农质检测和农业投入品监管全覆盖，在抽检中合格率超过98%，成功创建全国农产品质量安全区。

三、郫都区农业品牌建设的启示

（一）特色产业是农业品牌建设的基本出发点

郫都区从突破品牌打造方式单一、品牌形象类似、品牌内涵同质等瓶颈入手，借助第三方平台，着力打造彰显郫都特色的郫县豆瓣、云桥圆根萝卜等农业品牌，立足特色创品牌取得显著成效。发展具有特色的农业品牌首先要立足自身实际，充分利用自己的资源优势、地理优势、产业优势形成独具特色的农业品牌，因势利导，放大区域特色，提升经济效益。只有立足自身优势创建特色农业品牌才能与其他地区形成差异化品牌，才能在农业品牌竞争中立于不败之地。

（二）现代科技是农业品牌建设的强大支撑力

郫都区坚持向创新要动力、向科技要红利，把科技创新作为生产优质产品的强大支撑力。科技是提高产业市场竞争力和永续发展的关键，没有技术支撑，特色农业品牌很难做强做大做久。围绕区域优势特色产业，加快建设技术创新中心、产业技术研究院、产业技术创新联盟等科技创新平台，组织实施一批农业科技创新项目。依托现代农业科研机构，联合特色产业龙头企业科技人员，组建覆盖全产业链的产业创新团队，对关键技术进行攻关，开发一批新品种、新技术、新工艺。

（三）基地载体是农业品牌建设的品质助推器

郫都区以基地建设为载体，通过完善基础设施、改良土壤环境、促进有机转换等方式，不断优化产业环境，为优质产品提供载体。优质的农业品牌建设以保障农产品质量为基础，生态红线是其基本约束，同时还必须大力开展“大气、土壤、水”三大环境优化行动，打造低污染高环保的绿色基地。围绕优势特色产业建设一批标准化、集约化、规模化的现代农业科技示范基地，引进转化一批农业高新技术成果，促进区域优势特色产业优化升级。

（四）三产融合是农业品牌建设的有力催化剂

郫都区着力发展农村新产业新业态，促进三大产业交叉互融，实现农业品牌的全环节升级、全链条升值。发展特色农业不能只关注特色农产品生产，还应关注产业关联性和地域聚集性。坚持全产业链发展导向，突出重点龙头企业引领带动作用，引导特色产业从生产环节向前后链条延伸，形成产前、产中、产后无缝衔接、种养加销一体的产业链条。坚持集群化发展理念，引导农业企业向现代农业产业园区集中，与特色小镇建设相结合，加大乡村旅游开发力度，打造乡村振兴新经济增长点。

（五）质量管控是农业品牌建设的安全保护伞

郫都区通过构建农产品质量安全保障机制，成功打造了具有“身份证”的品牌农产品。农业品牌建设必须从以下三方面加强质量管控。一是推进监管全覆盖。实现农资安全监管、农业投入品监管、农业执法等全地域全环节覆盖。二是推进检测全覆盖。建立农产品质量安全监督检验站并全面完成能力验证，每年开展农产品监督抽检。三是推进追溯全覆盖。自主入驻国家农产品质量安全溯源平台，同步建设农产品准入、标识、查询体系。

参考文献

[1] 陈建伟. 大力发展特色农业 推动乡村产业振兴 [N]. 河北日报，2019-05-15 (007).

[2] 唐娟. 乡村振兴背景下品牌农业发展探究 [J]. 山西农经，2019 (5)：12-13.

[3] 仰叶齐. 积极放大品牌效应 做强安徽农业品牌 [N]. 江淮时报，2019-05-21 (003).

[4] 王中，卢昆. 高端特色品牌农业的基本内涵及其经验启示：以平度“马家沟芹菜”品牌培育为例 [J]. 农业经济问题，2009，30 (12)：42-46.

[5] 何传新，时海燕. 农业品牌建设问题研究：以山东省泰安市为例 [J]. 农业经济，2018 (8)：3-5.

[6] 杨恺，尚旭东，贾志军，等. 产业视角下环京津山区贫困县农业品牌建设路径研究：以张家口市崇礼区为例 [J]. 中国农业资源与区划，2019，40 (4)：28-33.

乡村振兴战略下农文旅产业融合发展研究

——以巴州区界牌村为例

杨富兰①

摘要：巴州区大和乡界牌村是四川省历史文化名村，自然生态良好，地理位置优越，文化底蕴深厚，历史名人辈出，旅游市场客源众多，跨县区联建的沙廻坪联合党委在资源整合、统筹协调、优化服务方面发挥着重要作用，具有强大的组织保障能力。本文对界牌村农文旅产业融合发展进行了条件分析、问题分析和模式探索，提出界牌村要抓住乡村振兴的战略机遇，将农文旅产业融合发展作为实现乡村振兴的一条有效途径，实现巴中市乡村振兴示范村、秦巴文化走廊上的重要节点的总体目标。

关键词：乡村振兴战略　农文旅产业融合发展　界牌村

界牌村正赶上全国实施乡村振兴战略的大好机遇，利用自身的优势，走出一条以历史文化、红色文化、农耕文化为主题，绿色生态农业为依托，以红色文化游、传统古村游、农耕体验游、森林康养游为特点的农文旅产业融合发展之路，实现传统种养殖向农旅文融合转变，单一业态向多元复合功能发展，生态资源向生态价值转换，农民向成为有吸引力的职业转变，农村向优美宜居的幸福家园转变。

一、界牌村农文旅产业融合发展的条件分析

（一）外部条件

一是面临乡村振兴战略机遇。党的十九大报告中提出实施乡村振兴战略，是新时代“三农”工作的重要指导思想。实施乡村振兴战略，促进农村三大产业融合发展，为农村新产业新业态的发展提供了非常大的空间，为企业家提供了新的舞台。界牌村要充分把握和利用好机遇，不仅自身能取得一个很好的发展，也会成为企业投资发展的一片沃土。二是不断日益增长的市场需求。人类回归大自然、回归乡村是社会发展的必然趋势。随着信息化的不断推进，互联网极大地改变了城乡的空间距离，为新兴产业在乡村的发展开辟了广阔的道路。而乡村的生态、文化、社会的价值优势对满足人民的美好生活需要发挥着越来越重大的作用。农文旅产业融合发

① 杨富兰，中共巴中市委党校。

展的现实意义就表现在为经济转型提供新的增长点、为旅游产业发展提供新的增长极、为社会主义文化发展大繁荣提供新的活力、为满足人民美好生活需要提供新的实践路径。因此，不断日益增长的市场需求为界牌村加快农文旅产业融合发展提供了外在动力。

（二）基础条件

一是自然生态良好。界牌村山清水秀，自然风光独特，村民世世代代在此生活，休养生息，过着“世外桃源”般的生活。新鲜的空气、迷人的自然风景、热情好客的老百姓、生态新鲜的放心食材等，成了众多游客的“憩息地”。二是农业资源丰富。界牌村以传统种、养殖为主，种植业以棉花、水稻、小麦、玉米、薯类、油菜、豆科植物为主，养殖业以牛、猪、羊、鸡、鸭、兔、鱼等为主。家家户户弹花纺线、织布印染、煮酒熬糖，家庭小作坊随处可见，客栈、行商、传统手艺等兼而有之，生计基本自给自足，日子悠闲舒适。

（三）优势条件

一是文化底蕴深厚。界牌村历史悠久，文化积淀厚重，有近五千年人类文明史，有灿烂的巴文化、三国文化、农耕文化、红色文化、石刻文化等，还有新石器时代文化遗址、古人类文化遗迹、战争遗址遗存等，全村保存不可移动文物多处，如摩崖造像 20 窟、历代碑刻 326 硐、新石器时代遗址 1 处、明清古建筑 24 套。可移动文物，如石器、古籍图书、历代钱币、手工刺绣等文物 1 960 件，建立了巴中市第一个村级博物馆——沙廻坪博物馆。2016 年年底，该村成功申报“四川省历史文化名村”，已经成为省级重要的文化资源集聚区。二是组织保障优势。界牌村因地处巴州区与通江县交界处而得名，与通江县杨柏镇沙泥坪村一路之隔，均属典型“三边村”（边远、边角、边界），为了实现联动发展的共同梦想，在市区县组织部的指导下，正式选举成立了巴中市巴州区通江县沙廻坪联合委员会，为两村抱团发展夯实了组织基础，也为农文旅产业融合发展提供了坚强的战斗堡垒。

二、界牌村农文旅产业融合发展存在的主要问题

（一）理解和重视有待进一步强化

其主要体现在对农文旅融合发展的理解不到位，片面要求以“资源”换“经济”。缺乏农文旅融合发展专门编制的发展规划，相关政府部门对农文旅融合不够重视，出现重农业产业发展，轻文化传承、文物保护、旅游滞后的现象，或者只是表面的简单组合，缺乏创新和发展活力。

（二）服务环境还有待进一步加强

一是硬环境，包括基础设施如水、电、网、路等还需加强。二是软环境，包括政策扶持、招商引资环境、运营管理模式、食宿接待能力及服务水平等远远跟不上投资者与消费者的需求。

（三）生产要素还不够集聚和优化

其具体表现在人、地、钱、技术等这些主要的生产要素上。在人力资源方面，

虽然很早就建立了村级人才库，但能成功招引回乡的人还是比较少的，产业发展带头人、专业技术人才、致富能人、青年才俊、年轻党员等都极为紧缺。在土地规划和利用方面，受产业发展需要规模效益的影响，留给招商引资来的业主用地面积大，而预留给本村村民或致富带头人甚至下一个业主的土地较少，缺乏一种长远谋划，只顾眼前和短期效益。在资金方面，基础设施的建设、产业的发展开支都很大，联合党委在对外积极争取相关资金还存在一定难度，另外，信贷及融资的渠道窄和平台小导致融资难度大。在技术方面，农村电商、互联网应用、制作宣传视频、种养殖等技术落后，导致研发设计、融合创新不够。

三、界牌村农文旅产业融合发展的模式探索

根据界牌村现有的农业、文化、旅游资源，市场的不同需求，生产要素的优化供给，可对界牌村农文旅产业融合发展模式进行以下探索和创新。

（一）农事体验+农耕文化+传统古村游

界牌村民居建筑群与自然地理、风水古木及古道相映成趣，依山而建，错落有致，建筑工艺精美，虚实布局考究，街坊类型多样，规模恢宏，传统村落特色鲜明。这种模式具有亲子关系和家庭教育性质，以农家乐、民宿、生态农场等形式居多，让游客吃农家饭、住农家院、干农家活，享受劳动果实。

（二）传统节庆日+历史文化+民俗风情游

界牌村腰鼓队、龙狮队、山歌队等社会组织，成了本地历史文化传承的生力军。该村民俗民风淳厚，保留了乡村治理（族群治理）完整的秩序及家规、家训、族谱数十本，匾额十多件，以及家族形成的土地、房屋、产权交易、契约及器物数百件，成为不可多得的文化遗传地。这种模式需要对民俗或传统手工艺等非物质文化遗产和历史文化脉络等进行打造升级。

（三）古道遗址+山水文化+生态康养游

界牌村是新石器时代文化遗址，境内有保存完好的古建筑、古墓葬、古遗址、摩崖造像、米仓古道等文物景点 50 余处，同时自然风光独特，山岭纵横交错，沟壑环抱，山清水秀，物种多样性丰富，动植物资源千余种。四季晨雾弥漫，山岚缥缈，民居星罗棋布，宛如仙境。又加之村内有中医药传人 27 人，遗存医学书籍近千册，还流传着中医世家刊刻的著作。这种模式对注重养生的客人有极大的吸引力，因为他们对医疗、康健等设施保障要求比较高。

（四）主题教育+红色文化+研学旅行

界牌村红色文化资源丰富，川陕苏区时期，发生了近代战争史上以少胜多的战例——杀牛坪阻击战，现已成功申报为省级文物保护单位。境内还有保存较为完好的战壕遗址、许世友将军的拴马树等，2015 年动工修建的红军烈士陵园载录着 5 000 余名革命烈士，现已成为巴中市红色教育基地，每年都有几千名各级干部、附近村民、中小学生前来参观瞻仰，接受红色文化的洗礼。通过这种模式，追寻着革命先辈足迹，沿途看革命老区的沧桑巨变，感受薪火相传的红军精神在巴中焕发

的强大动能，激励人们不忘初心、砥砺前行。

（五）记住乡愁+家族文化+探亲度假游

界牌村是程氏家族的世居地，是程氏宗族文化的重要发源地之一，汉昌县首任汉昌长程畿、蜀国尚书程琼等，程氏族人在此繁衍生息。兴学重教、诗书继世是界牌村千百年来的价值追求，也留下了可歌可泣的“忠勇仁义”的灿烂文化及根深蒂固的乡恋和乡愁。通过这种融合发展模式，可使程氏族人对界牌村有一种情感依托和精神寄托。

参考文献

[1] 刘晶. 乡村振兴战略下的文化旅游品牌建设研究［J］. 农村经济与科技，2019（22）：36-37.

[2] 谢珈，马晋文，朱莉. 乡村振兴背景下我国乡村文化旅游高质量发展的思考［J］. 企业经济，2019（11）：88-92.

[3] 曹莉丽. 金华市农文旅融合发展模式研究［J］. 乡村科技，2019（5）：36-37.

[4] 熊斯斯，冯斗. 乡村振兴战略背景下广西城乡融合发展路径研究［J］. 现代商贸工业，2020（5）：20-22.

成都市高标准扶贫开发进程中贫困村集体经济发展问题研究

李顺意①

摘要： 目前，成都市贫困村正处于高标准扶贫开发的三年巩固提升阶段，壮大集体经济是贫困村脱贫攻坚及未来乡村振兴的重要内容，是贫困村可持续发展的突破口。近年来，成都市特别重视农村集体经济发展，将贫困村产业发展，特别是集体经济发展作为建立稳定脱贫长效机制的关键，深入推进贫困村产业结构的调整，注重贫困村产业发展基础和造血功能，全面巩固提升脱贫攻坚成效。

关键词： 贫困村　集体经济　致富能手

发展壮大集体经济要正确把握方向，特别是要立足本村集体优势，坚持靠山吃山，靠水吃水，选准路子，引导各村立足资源发展壮大集体经济。村集体经济对于一个村来讲，就好比是“压舱石”。村集体经济强了，村级组织各项工作才能有力推进。发展壮大村级集体经济是乡村振兴的必要基础，是贫困村脱贫攻坚重要内容，也是贫困农户持续增收的关键途径。

一、成都市贫困村集体经济发展状况

近年来，成都市以提高脱贫质量为抓手，不断持续推进高标准扶贫开发工作，《中共成都市委 成都市人民政府关于实施三年巩固提升行动 进一步打好精准脱贫攻坚战的实施意见》各项政策落地见效。2016 年 5 月，简阳市正式划归成都代管。对此前已消除绝对贫困的成都来说，扶贫开发工作迎来新的脱贫任务。简阳市在 2017 年年底完成脱贫任务后，2018 年开始进入成都市高标准扶贫开发进程中，坚持脱贫不脱政策、脱贫不脱项目、脱贫不脱帮扶、脱贫不脱监管，全面落实产业发展政策，将产业发展作为建立稳定脱贫长效机制的关键，深入推进产业结构调整，注重产业扶贫提升造血功能，全面巩固提升脱贫攻坚成效。目前，成都市每年财政提供专项扶贫资金 2 800 万元用于全市 116 个贫困村和 35 个经济薄弱村壮大集体经济发展（含村集体产业配套基础设施建设），项目以每个村自主发展产业、入股优势企业合作社或合作经营方式进行产业发展，财政专项资金主要是对优良种子、苗木、种畜

① 李顺意，中共成都市委党校。

禽、农药、化肥、地膜、标准栽植以及农业设备等农业生产资料进行补助。同时，成都市有对口帮扶任务区（市）县也为每个贫困村提供20万元产业发展资金，简阳市在2017年也为每个省定贫困村提供了50万元壮大贫困村集体经济发展的资金，希望撬动社会资本支持贫困村集体经济发展。

二、贫困村集体产业发展途径

目前，成都市贫困村集体产业发展是通过提高村集体收入来使农村贫困人口受益。在实际操作层面，主要有以下两种方式：一种方式是将上级产业扶贫资金或者帮扶单位产业资金入股某企业一定年限，年终分红归集体。集体用收入中的部分来为村民提供福利或给贫困人口发放资助金。这种方法简单、见效快、风险低，但难产生造血功能，实际上并未壮大村集体经济。目前简阳市每个贫困村产业扶持基金至少有50万元，后续每年还会继续增加，产业扶持资金将重点加强贫困户精准脱贫产业发展和贫困村集体经济项目推进力度，该资金大都入股到企业或者合作社，每年约定一部分分红，用该部分分红作为集体收入，从而满足贫困村人均不低于6元的要求，但是这种方法很难产生造血功能，而且也存在一定的风险。根据有关数据，2017年简阳市116个贫困村集体经济收入185.9万元，人均10.69元。另一种方式是扶助村集体办企业，通常以种植业或养殖业居多。例如村集体投入50万元扶贫资金种植油茶树用以增加村集体收入并最终达到使村民获益的目的。选择油茶树在于其适合当地种植，易成活，种植过程中无须投入太多的劳动力。但是该种方式缺乏监督，容易滋生腐败，期满后会产生资金谁来监管、谁来保证收益、年度分红如何分配等问题。这些问题都亟待解决。

三、贫困村集体产业发展思考

（一）发展农村集体经济，人才是基础的保障

采取从本村致富能手、农民经纪人、合作社负责人等优秀人才中选拔的办法，着力把一批懂经营、善管理、发展壮大集体经济意识强的能人选为村干部。同时，坚持把有头脑、有眼光的外地务工人员请回来，用他们的先进理念，影响和带领群众致富强村。要注重培养青年农民和后备队伍，把青年农民中思想政治素质好的致富能手培养成党员，将有奉献精神、有管理能力、有经营头脑的年轻同志充实到村班子中。

（二）赋予农村集体经济组织合法的市场主体地位

2019年2月1日，成都市农业农村局向郫都区唐昌街道战旗村股份经济合作联合社颁发了全市第一个农村集体经济组织登记证书并揭牌，标志着成都市农村集体经济组织终于有了合法统一的“身份证”，获得了应有的市场主体地位。要发展壮大村级集体经济，就要把村级股份经济合作社当成一个真正的市场经营主体，赋予村集体经济组织合法的市场主体地位，通过集体经营来获取更多的经营性收入，并

进一步带动其他各类经济形式的发展。

（三）整合贫困村自身资源优势，因地制宜发展集体经济

通过引进龙头企业或合作社来将包括贫困户在内的农户整合到农业生产、经营和销售的链条中来，促进农业产业化，这种方式在拉动贫困村经济发展的同时也起到了扶助贫困户的目的，是近年来产业扶贫中最受重视的一种形式，目前政府对该类型的产业扶贫的财政支持力度非常大，地方政府在政策执行方面也不遗余力。

以简阳市其中一个省定贫困村——龙溪村为例，2014 年，该村引进“蜀丰种植专业合作社”，种植“尤力克”柠檬树 5 万株，通过流转土地 800 亩（1 亩＝0. 066 7 公顷，下同），其中合作社有股东 123 户，龙溪村入股农户 116 户（其中贫困户 31 户），采用“合作社+社员+农户”的产业化运作模式。村集体入股资金 20 万元，村民通过土地租金（每亩 730 元，每五年递增 10%），合作社保底分红（股份的 10%），务工（每天 70~240 元）等方式增加收入。该合作社为龙溪村带来收益的同时，自身也收获满满的荣誉，被成都市评选为优秀农民合作社。2018 年该合作社已向本村农户支付土地承包费 280 万元，吸收当地及附近资源就业人数 200 人左右，长期就业人员 60 人左右，发放资金 220 余万元，向本村的贫困户发放慰问金 3 万余元。为充分发挥土地效益，该合作社在种植柠檬的基础上，积极发展林下养殖，苗木间种，打造立体、生态农业，并且积极运用农业技术，建立全方位的监控设施，充分观察柠檬树的生长情况。

参考文献

［1］孔祥智，高强. 改革开放以来我国农村集体经济的变迁与当前亟需解决的问题［J］. 理论探索，2017（1）：116-122.

［2］楚娟. 精准扶贫视角下乡村振兴战略研究［J］. 社会科学，2017（11）：241-242.

大力发展新经济
加快推动乡村振兴的成都实践

李　彦①

摘要：发展新经济已成为中国经济转型升级、新旧动能转换的重要路径。新经济的发展过程同时也是将信息动能注入传统领域，推动传统企业、传统行业、传统产业与新经济融合发展的过程。发展不平衡不充分的现状在乡村尤其突出，而乡村却恰恰是新经济发展最薄弱的区域。本文重点探讨新经济对乡村振兴的作用以及提出如何进行成都实践的对策建议。

关键词：新经济　乡村振兴　成都

一、乡村发展新经济的必要性

（一）“新经济”的概念

“新经济”这一概念最早出现于1996年美国的《商业周刊》，用来描述美国在全球化和信息化推动下进入一种新的低失业、低通胀、低赤字、高增长并存的新的经济状态。

“新经济”的定义并没有统一的概念，但对其主要内涵有几点达成了共识。第一，以互联网为代表的新技术是新经济发展的技术支撑；第二，在新技术的推动下，产生了新业态、新模式、新产业、新产品等直接面向消费者的经济表征；第三，发展新经济有助于帮助中国将经济增长的动力从原来的依靠资本和低成本劳动力等要素的投入转变到创新驱动上来，实现新旧动能的转换。

2017年11月，成都市新经济发展大会召开，把新经济的主要内容定义为“五新”，包括主要发挥驱动力作用的“新技术”“新组织”，以及以表现形式存在的“新业态”“新产业”“新模式”，并提出推动“新经济”发展的五大路径、六大形态和七大应用场景，从“新经济”的主要内容、主要分类、实现路径到具体实施进行了翔实的战略部署，在经济结构调整、新旧动能转换的特殊时期，通过大力发展新经济，为成都经济发展注入新的动能。

（二）发展乡村新经济的重要性

经过几十年的高速增长，中国经济取得了巨大成就，从站起来走向了富起来，

① 李彦，中共成都市委党校。

但我们的发展却是不平衡不充分的。党的十九大报告指出，中国社会的主要矛盾已转化为“人民日益增长的美好生活需要同不平衡不充分的发展之间的矛盾”，其中，不平衡就包括城乡之间发展的不平衡。新修订的党章中以经济建设为中心提出七大战略，“乡村振兴战略”位列第四，足见其重要性。成都一直以来走在城乡统筹领域前列，但城乡差距依然显著。如何实现乡村的全面振兴，通过新经济的发展实现乡村新旧动能的转换尤为重要，主要原因如下：

发展不平衡不充分的问题在乡村表现尤为突出，新经济的发展可解决部分问题。从经济层面看，主要问题包括：第一，农产品供过于求与供给不足并存，主要原因是无法准确判断市场需求以调整供给；第二，农产品质量参差不齐，导致大量消费能力外流，不利于中国农业的长远发展；第三，三大产业融合发展程度不足，乡村发展缺乏足够的产业支撑；第四，资源要素流动受阻，乡村振兴缺乏必要的要素支持。而这些问题或通过新技术的推广应用或通过新业态如共享经济、电子商务、互联网金融等的渗透可以在一定程度上得以解决。

新技术、新业态、新模式等新经济的主要内容在乡村的发展远远落后于城市，应尽快补上“新经济”这一课，缩小“新经济”发展的城乡差距。2018 年，《中共中央 国务院关于实施乡村振兴战略的意见》中就明确提出要鼓励支持各类市场主体创新发展基于互联网的新型农业产业模式。

新经济的发展不仅可以帮助乡村实现产业兴旺，也是乡村全面振兴的基础。新技术、新业态和新模式等新经济的主要内容在乡村的应用将带来从产业到基础设施、公共服务、文化生活、治理方式、生态保护甚至是人居方式等全方位的改变，真正实现以互联网为代表的新技术为基础进而实现全方位的乡村经济社会的一系列变化。

二、新经济作用于乡村振兴的主要路径

政府与企业都有对新经济不同内容的应用方式。对政府而言，主要从整个农业发展的角度入手，主要方式有：将土地信息录入数据平台，借助物联网的发展建立可追溯系统，以保障食品安全；通过大数据的分析，准确把握市场需求，合理安排农作物种植和禽畜类养殖，等等。企业应用方式更加丰富，主要有：

（一）智能农业

智能农业有以下几方面的重要作用：第一，生产效率提高，成本降低；第二，减少对劳动力的依赖，为中国农业在劳动力缺乏的现状下开拓新的农业发展路径；第三，提升农产品质量，通过对每一个生产环节的精准把控实现农产品质量的提升，以及通过可追溯系统的建立更好地完善农产品安全责任制度，实现农产品的放心消费，将外流的消费能力转移回国内。

（二）电商

农产品电商是近年发展非常迅速的一个领域。2018 年，淘宝村网店销售额达到 2 200 亿元，在全国农村网络零售额占比超过 10%，进一步带动了超过 180 万个就业机会。电商还带动了制造业的发展，进而带动当地基础设施、文化、旅游等全方

位的发展和进步。但东西部发展不平衡，淘宝村主要集中在浙江、山东、江苏，广东、福建等发达地区，然后再逐渐向中部和西部渗透。2018 年，浙江农产品网络零售额为 667.6 亿元，而四川作为农业大省，仅为 167.75 亿元。

（三）共享经济

共享经济英文原文为“share economy”，在刚进入中国时，翻译为分享经济。在农业领域，也出现了大量的共享经济，主要有共享农场、共享牧场、共享果园、共享农机、共享仓储等，其本质是资源的整合和优化配置，进一步提升农业的生产效率、促进生产成本降低，并有助于市场空间的拓展。

（四）互联网金融

互联网金融作为普惠金融的重要组成部分，助力于个人和中小微企业的资金需求的满足。传统的金融体系难以满足农村电子商务以及三大产业融合发展等乡村产业迅速发展的资金需求，需要新的金融方式作为有效补充。农村电子商务如雨后春笋般迅速发展，互联网金融借机跟随进入农村市场。

三、发展新经济、培育成都乡村振兴新动能的对策建议

（一）加强大数据、物联网和人工智能等新技术的应用

政府自行建立或委托第三方机构建立农业发展大数据平台，应用大数据分析准确把握市场需求，为成都范围内农产品供给提供市场咨询服务，帮助本地企业和农民更好地应对市场变化风险；加快物联网应用，建立和完善农产品可追溯系统，增强本地农产品竞争力，打造农产品安全消费、放心消费环境；依托丰富的高校资源，加快人工智能技术在农业中的应用，提升农业效率，在此基础上打造人工智能农业产业园区，进一步延伸三大产业融合发展的产业链条，着重发展以人工智能为主题的乡村旅游。

（二）加快进行智能物流建设

鼓励菜鸟网络、京东等互联网企业加快在成都的智能物流网络布局，加强智能仓储、智能运输、智能配送等各环节的智能化建设，通过成本的降低和配送时间的压缩缩小成都与东部沿海发达地区的物流服务水平差距，提升农产品电商发展竞争优势；减少农产品从生产到消费的中间环节，尤其大力发展智能物流终端配送环节，鼓励本地产品本地消费，增强本地产品的市场竞争力。

（三）鼓励和支持新模式和新业态在乡村的创新、应用和发展

鼓励和支持共享经济、电子商务、互联网金融等新业态、新模式在乡村的应用和发展，尤其鼓励农业领域未得到应用的商业模式和业态的创新；鼓励新经济企业涉足农业，将新技术、新业态、新模式等新经济的主要内容与传统产业融合起来，推动乡村产业向新经济转型。

（四）引进和培育互联网相关专业人才助力乡村产业发展

引进和培育互联网相关专业人才，建立新型职业农民队伍，为乡村经济向新经济的转型提供足够的人才支撑；加快推进城乡教育资源和医疗资源的一体化，在重

点发展的特色小镇加强教育和医疗以及其他重要的公共服务配套，实现人才吸引力的大幅提升，让留在乡村发展的人才消除后顾之忧；制定人才引进政策，加强对乡村新经济的发展；加强本地培育，吸引人才返乡发展。

参考文献

[1] 文昌. 对话经济学家黄群慧：从战略视角看中国发展新经济 [J]. 新经济导刊，2016 (12)：30-34.

[2] 仲崇高，张勇. 分享经济：逻辑、模式与边界 [J]. 科技进步与对策，2017 (23)：42-47.

推动成都乡村人才振兴的思考与建议

林德萍[①] 徐苑琳[②]

摘要： 乡村人才振兴是实现乡村振兴的关键和重要支撑。当前成都乡村振兴面临着严峻的人才建设问题，劳动力适龄人口匮乏等问题比较突出，可以从加大激活工匠技艺、培育新型职业农民等六方面深层次推进乡村振兴战略实施，强化乡村振兴人才支撑。

关键词： 乡村 人才振兴 策略

实施乡村振兴战略是一篇大文章，习近平总书记强调，要推动乡村产业振兴、人才振兴、文化振兴、生态振兴、组织振兴。乡村人才振兴是核心之一，也是实现乡村振兴的关键和重要支撑。人才兴，则产业兴；人才兴，则文化兴；人才兴，则生态兴；人才兴，则组织兴。一句话，人才振兴，就能带动乡村走向全面振兴。

随着中国的现代化进程和城乡发展的不断深入，乡村经济社会环境和结构发生了巨大变化，当前乡村振兴面临着严峻的人才建设问题，既存在留守老人、留守儿童、留守妇女的现实，又存在乡村人才外流严重、人力资本匮乏的突出瓶颈，人才振兴已成为乡村振兴战略成败的关键之一。据《中国城乡建设统计年鉴》发布的数据显示，2010 年中国农村自然村数量为 2 729 820 个，到 2015 年减少为 2 644 620 个。尤其是 200 人以下的自然村消失速度最快。1995—2018 年，中国城镇化率从 29%上升到了近 60%，农村人口从 8.6 亿下降到 5.6 亿。乡村人才发展的瓶颈不突破，人才供给跟不上，乡村振兴将举步维艰。乡村人才振兴，就是要面对问题导向，把农村人力资本开发放在首要位置，通过政策激励、投入保障、组织协调多管齐下，打破乡村人才匮乏这个瓶颈，形成一支以留得住、能“战斗”、带不走的本土人才为主体，数量足够、结构合理、分布适宜的乡村人才队伍，并激励他们用其所长、尽其所能，在乡村振兴大舞台上充分施展才华。通过乡村人才振兴，夯实人才支撑，推动农业全面升级、农村全面进步、农民全面发展。

与我国乡村发展大背景情况相似，成都乡村当前整体人口流失、劳动力适龄人口匮乏等问题也比较突出，人力资本的主要投资和培育方向也逐步从人口红利转向人才红利。2013—2017 年，成都全市户籍总人口从 1 187.99 万人增长到了 1 435.33 万人，但金堂县、彭州市、邛崃市、崇州市等乡村人口集中的区域却呈现出了下降

---

① 林德萍，中共成都市党校。

② 徐苑琳，中共成都市党校。

趋势。其中崇州市的人口从668 000人下降到了663 600人，下降率为0.7%。2017年，大邑县、浦江县、简阳市、都江堰市、彭州市、邛崃市、崇州市自然增长率都为负数，以崇州市最为突出，达到了-8.74%。结合社会建设来看，成都乡村持续推进保障和改善民生的工作也有待完善，基本公共服务体系建设和公共交通体系建设有不均衡的状况。对此，成都亟需加大人力资本开发，强化乡村振兴人才支撑，加快培育新型农业经营主体，激励各类人才在乡村发展，打造强大的乡村振兴人才队伍，在乡村形成人才、土地、资金、产业汇聚的良性循环。

应当看到，乡村人才振兴绝非一日之功。据舒尔茨等经济学家的理论表述，人力资本是突破物质资本局限、实现经济健康持续增长的关键。结合时代背景和成都发展来看，成都要深入推进乡村振兴战略，现实而紧迫的选择是：围绕产业振兴、文化振兴、生态振兴、组织振兴，念好用、育、强、招、请、借“六字经”，实实在在解决好眼下乡村振兴中的人才饥渴症。

“用”：抓紧把能工巧匠用起来。农村中的能工巧匠泛指木匠、瓦匠、石匠、铁匠、铜匠、漆匠、皮匠、钟表匠、染坊匠，等等，现在一些地方评选的各种文化传人、手工艺大师正是他们中的典型代表。这些人不仅有一技之长，而且有一种工匠精神，有的身怀绝技，一辈子做一门手艺，凭借一种绝技闯荡天涯。

近年来，成都非常注重对工匠精神的弘扬。2019年，成都市委组织部、成都市总工会针对成都重点发展的五大先进制造业、五大现代服务业和新经济一线涌现出的能工巧匠进行评选，对评选产生的502名工匠进行了表彰。人们对美好生活的向往，以及多样化、个性化、体验化的追求，使那些积淀深厚的民族文化、代表着独特民间艺术的传统工艺弥足珍贵。因此，应加大摸底、抢救、保护、传承，弘扬工匠精神，把乡村能工巧匠们的工匠技艺挖掘出来，加大培育本地人才，提高人力资本，全面促进乡村人口人才协调发展，进而转化为乡村振兴的文化资源和产业优势，利用优厚的本土资源升级乡村人力资本的积累和配置，依靠乡村支柱产业和特色产业来吸引人才，提高乡村人力资本回报指数，加大健全农村市场基础设施，用优秀文化和技艺锻铸乡村产业经济之魂。

“育”：抓紧把职业农民育起来。农民职业化是农业现代化的内在要求和重要标志，在一些发达国家当农民是要经过专门的职业教育并获得资格证书的。乡村振兴必须顺应农业农村现代化的要求，大力培育爱农业、懂技术、善经营的新型职业农民，逐步实现农民由身份向职业的转变。

成都市培育农业职业经理人、内江市培养农村家庭能人、德阳市创办乡村振兴农民大学，都是有益的探索创新，已经见到实效。应当总结行之有效的做法，支持各地从实际出发，围绕乡村振兴特别是产业振兴大力发展，整合资源，创造更多的就业机会，进而吸引更多的人才返乡就业，培育能够在市场经济大海中搏击的各种乡村创业之星和技术能手，让他们在乡村振兴实践中成长，并发挥示范带动作用。要科学引入现代企业管理方式，加大与技术人才和推广人才的合作，运用新知识和新方法，改进乡村民众在经济与社会中的生活。

“强”：抓紧把乡村干部强起来。实现“人才振兴”助力乡村治理，必须坚持党管人才原则，加强乡村党支部建设，搭好乡村振兴党管人才班底。乡村干部是最基层、最直接的乡村振兴组织者、指挥员、带头人，他们的素质、能力和实干精神越来越重要，一个优秀的村支部书记不仅带领一村发展，还会影响带动一方走上致富之路。乡村人才振兴，必须在强素质上下功夫，采取多种形式培养和造就千千万万适应乡村振兴要求的乡村干部。

应当根据乡村干部的实际情况，由党员领导干部带头提振乡村人才队伍建设，通过良好的人才体制机制为乡村人才振兴提供指导、协调和服务，制定和组织实施乡村人才发展规划，健全完善人才政策体系；分片区、分层次、分类别，大规模组织乡村干部素质教育和能力培训，深入学习贯彻习近平新时代中国特色社会主义思想；革新乡村人才建设陈旧观，创新提升人才建设工作方式。鼓励支持年轻乡村干部参加学历教育，学习专业知识，成为乡村发展的行家里手。努力实现人尽其才、才为所用，制定激励政策、完善考评机制，鼓励乡村干部大胆实践，在乡村振兴的大舞台上积累经验，增长才干，大显身手。

“招”：抓紧把新乡贤们招回来。长期以来，乡村人才和农村青壮年劳动力不断外流，如一批又一批年轻人通过上学、参军、打工、经商等多种途径离开农村，成为公务员、教师、医生、研究人员、管理人员、商界成功人士。但是近年来，一部分已经陆续退休。他们带着家乡情怀，关心家乡建设，或出谋献策，或协助治理，或参与项目，发挥了特殊作用，引起社会关注，他们就是新乡贤。新乡贤是心系乡土、有公益心的社会贤达。对乡村发展而言，既能使村庄精英回流又能焕发村庄活力，能更好地稳定村庄秩序、推进乡村治理，促进乡村经济社会均衡合理化发展状态，满足村民更高层次的物质精神需求，应想方设法把新乡贤引入回乡村，制定人才引入机制，鼓励支持他们传播新思想、新文化、新知识，以各种方式参与家乡建设和治理，在乡村振兴中发挥引领作用。

“请”：抓紧把城市精英请进来。城市凭借其商业发达、科技进步、文化繁荣等优势，聚集着各路精英。但是，城市也有其弊端，如人口拥挤、交通堵塞、空气污染等。乡村则因田园风光、诗意山水、乡土文化、民俗民情、农家美食，在经济、生态、社会、文化等方面有着城市不可替代的独特价值。随着城市化发展和乡村复兴，有相当一批有识之士和各界精英愿意到乡村去创新创业，分享田园生活，实现人生价值。而当传统农业呈现衰落，要激发农业的潜力、农村的活力、农民的动力，注入优秀城市的人才力量也不失为有益的选择之一。因此，应在充分发挥农民主体作用的同时，制定规则、打开通道，如采取参照现代企业管理制度激励人才，允许和鼓励为乡村振兴事业做出重大贡献的乡村人才持有集体经济股权等方式，以此来吸引和留住乡村人才，真正把立志乡村振兴的城市精英集聚到乡村发展中，让他们与村民共建共享，带动村民共同发展。

“借”：抓紧把专家大脑借过来。高等院校、科研单位人才济济、成果累累，是乡村振兴的智慧之源、科学之源、技术之源、人才之源。近年来，涉农类高等院校、科研单位主动下乡，积极支持农村建设发展，创造了巨大的经济效益和社会效益，深受地方党委政府、乡村干部和农民群众的欢迎。

应根据乡村振兴的实际需要，在法律允许的范围内，放宽政策，鼓励支持高校和科研单位发挥知识、技术、人才优势，组织各相关专业的专家学者，采取灵活多样的形式，开展决策咨询、规划设计、技术攻关、业务指导和人才培训，把智慧、知识、技术推广应用到乡村去，转化为乡村振兴的精神财富和技术资本，进一步促进产业发展，带动人力资本的流动与开发，同时更好地解决乡村养老、教育资源缺乏等衍生问题，全面推动乡村振兴。

总之，乡村人才振兴是一个长期的过程，需要共同发挥各社会单位的作用，注重“用、育、强、招、请、借”这一乡村人才振兴的现实选择，把这六方面用好，从而使乡村人才振兴迈出坚实的步伐，为乡村全面振兴积累人力资本，提供有力的人才支撑，全面促进乡村生产发展、生活改善、卫生进步、教育普及、政治稳定，从深层次实施乡村振兴战略。

参考文献

［1］葛燕林. 破解乡村振兴的人才瓶颈［N］. 学习时报，2019-06-16（A7）.

［2］毛利，叶惠娟. 乡村振兴战略下的乡土人才价值再认识［J］. 农村经济与科技，2018（22）：207-209.

［3］卞文忠. 别让“人才短板”制约乡村振兴［J］. 人民论坛，2019（1）：76-77.

［4］吴肇光，刘祖军，陈泽镕. 强化乡村振兴制度性供给研究［J］. 福建论坛（人文社会科学版），2018（4）：195-200.

［5］刘永昌. 乡村振兴战略中的队伍建设问题探究［J］. 智库时代，2019（26）：13，18.

关于欠发达地区壮大乡村集体经济加快贫困村脱贫的思考

丁登林[①]

摘要：欠发达地区壮大乡村集体经济是实现乡村振兴和农村贫困人口全部脱贫目标的重要手段和保障。发展贫困村集体经济对于促进农民增收、振兴乡村产业和乡村社会事业等方面起着十分积极的作用。随着我国农业生产力的不断发展，欠发达地区壮大乡村集体经济有很大的发展前景。本文对欠发达地区在发展乡村集体经济过程中存在的问题进行了分析和总结，并提出了针对性较强的对策，以期对欠发达地区发展乡村集体经济提供借鉴。

关键词：欠发达地区　乡村集体经济　问题

实现乡村振兴和农村贫困人口全部脱贫的目标，发展贫困村村级集体经济、增加贫困村村级集体收入是重要手段和保障。近几年，笔者对欠发达地区中的四川省达州市一些贫困村发展集体经济脱贫的调查表明，其取得了积极成效，但也存在着不少困难和问题。所以，在实施乡村振兴战略和脱贫攻坚中对发展贫困村集体经济要高度重视。本文就我国欠发达地区在发展乡村集体经济加快贫困村脱贫存在的困难和问题以及如何进一步采取有力措施壮大贫困村集体经济加快贫困村脱贫提出浅见。

一、欠发达地区壮大乡村集体经济加快贫困村脱贫面临的困难和问题

（一）对村级集体经济发展信心不足

在欠发达地区，部分贫困村“两委”干部对发展村级集体经济思想顾虑多，对目标信心不足，畏难情绪大。他们认为，投资经营存在很多风险因素，担心所做的项目因经营不善造成村级集体经济亏损而受到追责。大多数贫困村“两委”干部倾向于保本分红投资，从而规避风险。部分贫困村，特别是土地少、资源缺乏、交通不便的偏远山区贫困村，对于发展什么项目来支撑集体经济仍举棋不定。

（二）村级集体经济发展形式单一

近几年，我们对达州市部分贫困村进行调查，发现部分贫困村经济发展形式单

① 丁登林，中共达州市委党校。

一，不能立足本村的资源禀赋和群众的传统种养习惯，创新和拓宽本村集体经济发展道路，发展方式主要集中在保本分红投资、发展传统农产品、出租现有资产（资源）等方面。

（三）村级集体经济的资产管理比较混乱

村级集体经济的资产管理比较混乱主要表现为：一是处置决定混乱。对村集体资产的经营、处置和收益的管理使用，大部分贫困村没有依照《中华人民共和国村民委员会组织法》规定程序召开民村会议进行民主决定。二是经营管理混乱。由于历史原因，部分贫困村对原有村集体资源资产的经营管理状况不清楚。三是合同管理混乱。部分贫困村原合同签订后执行有缺陷，管理不规范。四是收入管理混乱。部分贫困村对原属于村集体资源资产的收入去向不明，收支情况不公示、不公开。

（四）村级集体经济项目落地缓慢

受资源、地域等因素影响，目前仍有部分贫困村对发展村集体经济思路不清，有部分项目也仅仅是“题目”，还没有实质性进展。从我们对达州市部分贫困村的调查情况来看，正在实施的脱贫项目中，前期准备工作不够充分，项目规划评审、公示公开、报批报建等尚未完善，导致项目落地和推进比较缓慢。

（五）社员投资意识淡薄和承担风险的能力有限

社员投资意识淡薄和承担风险的能力有限主要表现为：一是大部分贫困村对保本分红投资名为投资实为借贷的法律属性及法律后果不知晓。当前达州市贫困村保本分红投资合同中均无相关抵押、质押担保条款约定，存在投资风险和纠纷隐患。二是有的贫困村不切实际跟风同质化发展，对于一些建立在不确定性等因素的国家补贴政策项目上存在的投资风险认识不足。三是部分贫困村开发利用的资产权属不明确，存在经营纠纷风险。四是个别贫困村对项目运营评估不充分，对项目运营方式和效益预期等情况把握不全面，对投资风险认识不清或没有分析评估。

（六）村级集体经济经营管理人才严重不足

调查发现，达州市贫困村大多数村“两委”干部年龄结构老化、文化程度偏低、发展经济能力不强，在发展集体经济上办法不多、能力不足。农村集体经济所处的地理位置和受传统观念及现实社会问题的影响，导致农村集体经济很难吸引人才。绝大多数有管理才能和科技知识的人才不愿离开大城市到人才亟需的农村施展才能是一个现实问题。甚至，有想法、懂经济、善管理、有技术的本土能人流失严重，就连家乡在农村的科技和管理人才在学成后也不愿回到农村，为农村服务。村集体经济组织发展缺少带头人，人才引进成为农村集体经济面临的一大难题。

二、欠发达地区壮大乡村集体经济加快贫困村脱贫的举措

（一）因地制宜，多元化发展村集体经济

1. 充分挖掘优势，培育特色产业

借力知名特色企业发展特色产业，挂靠各类种植基地。各贫困村要充分挖掘本村的优势，借助知名品牌和特色产业的辐射带动，促进村集体经济发展。

2. 立足资源禀赋，盘活集体资产

对符合土地利用总体规划的集体土地、林地、荒地、荒坡、水面等资源，通过自主经营或招标出租、股份合作等多种形式，开发利用，引导村集体走资源转化为资产、资产转化为资本、资本转化为资金的发展道路，不断壮大村集体经济。

3. 植入现代理念，发展新兴业态

积极探索推进电商扶贫模式，建立村级电商服务社，开展肥料、种子、农药等生产资料电子商务服务。鼓励领办创办服务实体，组建劳务合作社，开展代种代收、统防统治、农机作业、粮食加工、运输服务等业务；组建农民建筑服务队，承接村居建设、旧房改造、农田水利、村耕道路等工程，增加集体经济收入。

（二）加强引导，提高村级集体经济发展组织化程度

1. 强化市场主体带动发展

一方面，立足各贫困村实际，以国家重点扶持并给予补贴的农业项目为导向，引进企业、合作社，并让其与贫困村村民开展合作社合股经营；另一方面，对参与、带动贫困村集体经济和贫困户产业发展的市场主体，政府给予用水、用电、政策补贴等扶持。积极探索三方共同体共谋发展路径，形成“公司（农民专业合作社）+村民合作社+贫困户”“龙头企业+村民合作社+基地+贫困户+农民专业合作社”等经营模式，促进市场主体、贫困村、贫困户建立良好的利益联结机制。

2. 依法指导投资入股经营

一方面，结合各贫困村投资、入股实际，有关部门牵头制定规范的相关合同文本，避免贫困村投资、入股合同不规范。另一方面，各乡镇、各有关部门要引导贫困村选择经营稳健、信誉良好的龙头企业、农民专业合作社投资、入股，最大限度降低投资、入股风险，实现互惠共利。

（三）强化管理，促进村级集体经济规范化可持续发展

1. 选好配强村级领导班子

积极培育事业心强、懂经营、会管理、善发展、富有开拓创新精神的村“两委”班子，不断促使村级干部进一步更新观念，提高村级集体经济经营管理水平，确保在交叉任职时能胜任村民合作社管理委员会工作。

2. 完善村民合作社

在现有各村已成立村民合作社基础之上，做好备案、登记、发证，进一步完善村民合作社的管理职能、经营职能。建立、完善民主管理和民主监督制度，增加群众对发展村级集体经济的可信度、满意度，全力支持发展村级集体经济。

3. 开展“三资”清产核资

抓紧时间组织开展贫困村村级集体的“三资”清理工作，对村级集体“三资”情况进行逐项逐笔核实。通过清产核资，进一步摸清总量、理清结构、明晰产权、建立台账、分类盘活，为发展村级集体经济打好基础。

4. 完善资金使用和项目管理制度

严格按照财政专项扶贫资金管理办法有关规定，充分发挥村务监督委员会作用，保障村级集体经济公开、透明、合法、合规。认真贯彻落实精准扶贫项目管理办法

（规则）有关规定，简化审批手续，缩短审批时限；村一级要建立健全全体村民通过村民代表会议参与集体经济发展项目决策的机制，保障村民民主权利。

5. 健全考核激励机制

建立贫困村村级集体经济发展考核激励机制，将发展村级集体经济工作与乡镇、村干部绩效考核挂钩。对工作成效明显的村及有突出贡献的人员给予表彰奖励，对工作不力、进度滞后的进行通报批评，直至问责。建立容错纠错机制，形成大力发展村级集体经济的干事创业氛围。

（四）大力推进人才振兴，激发各类人才创新创造活力

1. 大力实施“能人回乡”计划

返乡创业人员是实施乡村振兴战略的一支重要力量。制定务实措施，激励外出务工人员、大学生、退伍军人等回乡创业，建设一批“返乡创业基地”，培养一支爱农业、懂技术、善经营的新型职业农民队伍。

2. 积极扩大“业主兴乡”范畴

鼓励新型农业经营主体开展“企村对接”，促进贫困村村级集体经济多元化、农民就业就近化。要继续深化“岗编适度分离”机制，支持农业科技人员到贫困村领办实体经济，带领贫困群众创新创业、发家致富。

3. 不断探索“市民下乡”路径

对农村有宅基地的市民，允许其在不扩大规模的前提下，按统一规划改造住房、投资农村；改革户籍制度，有计划地打开“非转农”闸门，允许符合条件的“市民当农民”。

参考文献

[1] 张静. 中国特色经济合作理论研究［D］. 长春：吉林大学，2018.

[2] 赵月星. 农村集体经营性资产股份化改革法律问题研究［D］. 蚌埠：安徽财经大学，2017.

[3] 杨巨良. 固原市农村集体经济发展现状及建议［J］. 现代农业科技，2017（19）：271，273.

[4] 郭志永. 如何发展贫困地区农村集体经济［J］. 魅力中国，2014（3）：48.

[5] 吴海江. 村级集体经济总收入影响因素分析：基于浙江省197个村的调查数据［J］. 云南社会科学，2014（1）：65-69.

新乡贤助推乡村振兴的实践与思考

蒲小勇①

摘要：新乡贤是新时代乡村社会的精英群体，为推进实施乡村振兴战略增添了强大的新活力、新动能。然而，在现实生活中，乡村依然存在着对新乡贤的作用认识不到位，对新乡贤的政策支持体系不完善以及农村发展环境不优等制约因素。因此，提高思想认识、完善政策支持体系、优化农村发展环境以及避免新乡贤的负面作用，是思考新乡贤助推乡村振兴的实践选择。

关键词：新乡贤　乡村振兴　新乡贤文化

党的十九大报告明确提出要大力实施乡村振兴战略。乡村振兴战略目标的实现，离不开乡村重要的精英群体——新乡贤的参与。新乡贤是乡村社会的精英，指在经济、人文、社会、科技等领域取得突出业绩，具有一定影响力，愿意为农村建设尽力的人。与历史上的“乡贤”相比，新乡贤承载了更多新时代的价值，是接续传统、连接现代、照亮乡村的文化之光，将在乡村振兴中焕发出全新的活力。

新时代背景下，新乡贤不再受家世出身、籍贯居所的限制，只要个人在经济、人文、社会、科技等领域取得突出业绩，德高望重、为人正派、做事公道，有一定影响力都可认定为新乡贤；只要凭借自己的人格魅力、学识修养、名人效应、创意点子吸引大量的资源造福乡邻都可成为新乡贤。

一、新乡贤在乡村振兴中的作用

在新时代，新乡贤为乡村振兴增添了强大的新活力、新动能，新乡贤在乡村振兴中的作用主要表现在以下几个方面。

（一）弘扬乡贤文化，塑造文明乡风

乡贤文化是一个地域的精神文化标记，是连接故土、维系乡情的精神纽带，也是促进经济社会发展的“软实力”。新乡贤来自农村，跟群众具有天然的联系，他们最熟悉农村社会的人文底蕴，最了解农村的传统文化，也最清楚如何把现代的文明理念嵌入民风民俗。通过他们的身体力行和带头作为，在润物无声中影响群众的观念和看法，塑造文明乡风。

（二）参与乡村治理，促进民主善治

新时代的新乡贤，是乡村的德行贤达，他们特殊的社会地位，充当着政府和群

① 蒲小勇，中共达州市委党校。

众的沟通纽带，他们参与乡村治理，是我国乡村基层自治、法治、德治“三治合一”的特色善治新模式，是对中国传统善治文化以及乡贤治理经验的继承与革新，是新时代基层民主善治的典范。

（三）推动乡村发展，建设美好家园

新乡贤视野开阔、洞察敏锐，在乡村社会威望高，组织能力和交际能力强，他们出于对家乡的关爱和感恩之心，愿意为家乡贡献自己的力量，为地方发展建言献策。他们可以运用其拥有和掌握的技术、资本、市场和人脉等资源，以项目、资金、信息、智力等形式创业兴业，推动乡村发展，建设幸福美丽家乡。

（四）助力脱贫攻坚，扶弱济贫奔小康

新乡贤懂得政策，又了解乡情民意，能够和谐地推动农村低保、危房改造、医疗救助、教育资助等政策落地落实。新乡贤品德高尚、家乡情怀浓重，又有一定经济能力，能够自觉践行“先富带后富、我富带共富”，带头发展产业，帮助贫困群众创收增收，扶弱济贫携手奔小康。

（五）化解基层矛盾，维护和谐稳定

目前，正经历着历史上前所未有的深刻变化的中国乡村，也同时面临着一些矛盾和问题，既有邻里纠纷、土地流转等老问题，也有征地拆迁、环境污染等新问题，并且新旧问题交织在一起，解决起来比较困难。实践证明：由经济文化能人、老党员、老教师、老干部、企业家等组成的新乡贤群体，在协调基层事务中，能够得到认可，很好地化解基层矛盾，维护乡村的和谐稳定。

二、影响新乡贤作用发挥的制约因素

（一）对新乡贤在乡村振兴中的作用认识不到位

1. 农村基层干部认识不到位

一方面，受传统的行政主导思想影响，一些基层干部官本位、权本位意识比较强。在他们看来，新乡贤一旦做出成绩，与群众走得近，可能会居功自重，威胁自身在基层的话语权与号召力。另一方面，一些地方政府，尤其是脱贫攻坚任务压力大的贫困地区，一味追求经济上的脱贫摘帽，往往较为重视“富乡贤”，相对忽视“文乡贤”“德乡贤”。殊不知，乡村振兴，不仅需要贫困群众经济富起来，而且在乡风文明、乡村文化方面，同样需要“富”起来。

2. 农村基层群众认识不到位

由于农村相对落后闭塞，加之农村空心化日益严重，农村原有的传统乡贤文化逐步解体，富有现代气息的新乡贤文化尚未形成，农村社会文明和公民思想道德建设滞后，普通群众出于现实需要，“一切向钱看”的心态较重。新乡贤只有在农村能干出一番成绩，否则很难得到普遍的认同。

（二）对新乡贤的政策支持体系不完善

1. 农村发展政策对新乡贤的作用重视不够

政府在制定农村发展政策之初，对新乡贤在乡村振兴中的作用重视不够，强调政府主导，政府包办一切。农村发展政策在执行中亦过度行政化，忽视新乡贤作为政府与群众之间的联系纽带作用，单纯依靠政府的力量来推动落实。

2. 对新乡贤的配套激励政策不完善

一是引才用才机制不完善。农村本土人才流失严重，外地引才亦困难重重。二是阵地建设不完善。缺少办公场所，缺少人文关怀。三是保障政策不完善。在住房方面，本土返乡人才老宅年久失修，外地引进人才无房可住；在医疗保险方面，无法办理对接转移；在生活设施等其他方面，难以保障基本需要。四是资金支持不够。政府适度的资金补助必不可少，否则，单凭新乡贤一股热情不可持续。

3. 对新乡贤的培育机制缺位

基层地方政府应该看到农村的现实条件，引才固然重要，但更应该清醒思考自主培育新乡贤的路径方法。然而，据笔者调研，目前农村在培育新乡贤方面，尚处于起步阶段，培育方式方法需要加强创新，培育机构和资金还需要更多完善和支持。

（三）支撑新乡贤作用发挥的农村发展环境不优

1. 农村空心化严重

改革开放以来，农村大量年轻劳动力外流，加之城乡二元结构的影响，人口几乎是由农村向城市单向流动，农村空心化严重，留守人群多为老人、妇女和儿童，这就导致农村青壮年劳动力不足且分散，素质下降，乡村社会的融洽氛围缺失，价值观念发生变化，社区治理水平不高。如此，本土新乡贤的生长土壤退化，外来新乡贤的引进环境恶化，现有新乡贤发挥作用的空间越来越窄。

2. 农村产业发展体系不完善

一方面，农村传统产业逐步瓦解。由于农村日益空心化，农村劳动力严重缺乏，大片土地撂荒，原有的精耕细作不复存在，自给自足小农经济被打破。另一方面，现代产业发展体系尚不完善。农村产业结构调整尚未完成，第一产业日趋萎缩，第二产业还未充分发展，第三产业刚刚起步，第一、第二、第三产业融合发展还面临诸多困难。现代产业发展体系不完善，乡村振兴就难以实现，新乡贤的作用就没有充分发挥的平台。

3. 农村新乡贤文化难以形成

新乡贤文化是乡村振兴的重要载体，培育新乡贤文化是乡村振兴的重要内容。但当下的基层农村，新乡贤文化建设问题颇多。一是乡土观念淡化。无论是传统乡贤文化，还是新乡贤文化，本身都是建立在熟人社会基础上的文化现象，但是现代社会本质上是陌生人社会，安土重迁、落叶归根的乡土观念大为淡化。二是农村日益空心化。农村精英大量流向城市，留守人口素质下降，对文化交流的需求和兴趣不浓。三是农村经济发展落后。城乡二元结构导致城乡发展不平衡，农村的基础设施和生活设施还存在许多薄弱环节，这在一定程度上束缚了新乡贤流向农村的脚步。

三、充分发挥新乡贤作用的对策思考

（一）提高对新乡贤在乡村振兴中的作用的认识

新乡贤是改革开放后逐步产生形成的一个农村新群体，要充分发挥新乡贤在乡村振兴中的作用，首要就是解决思想认识上的问题。一是政府要强化正确认识，只有政府观念转变了，能够下大力气引导和推动，新乡贤才有足够发挥作用的有利环境。二是基层干部要摒弃传统的官本位、权本位思想，敞开胸怀，不嫉贤不妒能，放手新乡贤施展才华。三是广大基层干部和群众，不能“一切向钱看”，要深刻认识到，乡贤之“贤”，不仅是物质发展上的“贤”，更应该是道德人格上的“贤”，不仅是有钱有势的“贤”，更应该是有名望的“贤”、有德行的“贤”。因此，不仅要重视“富乡贤”，还要重视德高望重的“文化乡贤”。

（二）健全对新乡贤的政策支持体系

1. 政策设计注重新乡贤的作用

首先，农村发展政策在制定之初，注重考虑新乡贤的作用。精神文明方面，新乡贤是道德楷模，要注重新乡贤的示范引领作用；物质资源方面，整合包括新乡贤在内的多方面多层次社会资源，优化配置，提高物质资源的利用效率。其次，农村发展政策在执行过程中，注重发挥新乡贤的作用。在广大基层农村，新乡贤是政府和普通群众之间的连接纽带，于政府，新乡贤是落地执行政务的好助手；于群众，新乡贤是民意诉求表达的好代表。充分发挥新乡贤的作用，政策贯彻可以事半功倍。

2. 健全对新乡贤的配套支持政策

乡村振兴，新乡贤群体大有可为，而要让这些乡村贤达们充分发挥其作用，需要搭建好他们的用武平台和解决好他们的后顾之忧。一是健全新乡贤阵地建设，协调各方资源，完善乡镇和村级新乡贤办公场所。二是完善新乡贤生产生活保障政策，提高经济补助，鼓励自主创业。三是重视人文关怀，让新乡贤们感受到党和政府的温暖，群众的爱戴和尊重。

（三）优化农村发展环境

俗语有云：巧妇难为无米之炊。要充分发挥新乡贤在乡村振兴中的作用，需要有供其施展才华的平台，尤其是助推经济发展的新乡贤，需要有完善的基础设施和产业发展大环境。要下大力气，千方百计地加强基础设施建设，保证有畅通的道路，保证水电气网的基本供给，保证科教文卫的基本需求。要大刀阔斧调整产业结构，逐步完善现代产业发展体系，优化农村产业发展环境。现代农村，不能只充当城市的粮食和蔬菜生产基地，农村发展定位上要转变观念，不仅要发展好第一产业，还要发展好第二产业和第三产业，走产业融合发展的振兴之路。

（四）完善新乡贤人才机制

乡村振兴离不开新乡贤人才群体的推动，完善新乡贤人才机制，培育壮大新乡贤群体，是实现乡村振兴的重要路径之一。一是建立新乡贤引进机制，吸纳人才。鼓励离退休官员、知识分子和工商界人士“告老还乡”，形成回乡光荣氛围。二是强化乡土情怀，留住人才。最是乡音解乡愁，可以通过亲情、友情、乡情留人，让新乡贤能够在乡村找到归属感，增强他们回到农村、留在农村、建设农村的自信心和自豪感。三是完善新乡贤培育机制，培养人才。新乡贤不仅要靠引进，更要靠农村立足自身情况，通过创新性的措施使现有的乡村能人快速成长成新乡贤。

（五）加强新乡贤文化建设

国家“十三五”规划纲要明确提出，要培育新乡贤文化，建设美丽宜居乡村。加强新乡贤文化建设，一是要转变观念，培育新乡贤文化发展的土壤。激发新乡贤的乡村认同感，在乡村社会中营造尊重乡贤、重视乡贤、爱护乡贤、信任乡贤的文化氛围。二是要完善激励机制。给予新乡贤精神和物质的双重激励，调动其积极性，树立优秀典范，鼓励更多新乡贤参与到乡村振兴中去。三是要注入时代新内涵。摒弃过时消极的封建因素，传承“古乡贤”回报乡梓的精神特质，提炼符合时代要求的、与社会主义核心价值观相契合的文化内涵。

四、保持对新乡贤负面作用的清醒认识

诚然，新乡贤能够在乡村振兴中发挥积极推动作用，在乡村社会传递正能量。然而，人非圣贤，孰能无过，新乡贤是否也可能“贤人不贤”？因此，应当加强对新乡贤的教育引导，加强对新乡贤的监督管理，时刻保持对新乡贤负面作用的清醒认识。

（一）加强引导，端正定位

加强对新乡贤的教育引导，端正其角色定位，让新乡贤始终做群众眼中的“自己人”，无论曾经地位多高，现在经济状况多好，新时代的新乡贤，都是人民群众的一分子，都应践行群众路线；始终做乡村事务的“协调人”，积极充当政府和群众之间的沟通纽带，但不可越俎代庖，利用自身影响力架空党委和政府的村级事务决策权；始终做基层法治的“明白人”，新乡贤文化是对传统乡绅文化的继承与发展，现代新乡贤在乡村治理上，仍然需要借助传统的文化心理，但新乡贤应当学会运用现代法治思维，在处理乡村事务时，切忌“以人代法”“以情代法”“以德代法”。

（二）加强监管，科学规范

科学制定对新乡贤的规范制度，加强对新乡贤的监督和管理，建立新乡贤动态评估体系，提升新乡贤在乡村振兴中拒腐防变的能力。一是避免变为“村霸劣绅”。新乡贤在乡村振兴中价值作用非凡，为培育新乡贤，党和政府投入大量资源，可以说，新乡贤在基层农村，可谓名利双收，而这其中，不乏少数道德短板的“假乡贤”，他们披着新乡贤的合法外衣，公然圈占资源，仗势欺人、假公济私，带坏社会风气，滋生腐败问题。因此，应科学规范和评估，防止新乡贤群体里出现村霸劣绅。二是避免变为“宗族代言人”。部分新乡贤因为其“能人”效应掌握着乡村公共资源的配置权。由于延续上千年的宗法制度使得家族观念在中国农村根深蒂固，一定程度上影响着新乡贤的桑梓之情和行为逻辑。因此，应加强对新乡贤的监督和管理，防止新乡贤变为“宗族代言人”，甚至黑社会性质头目，危害一方。

参考文献

[1] 李承明. 时代呼唤新乡贤 [J]. 西部大开发，2016 (6)：4-5.

[2] 姜方炳. “乡贤回归”：城乡循环修复与精英结构再造：以改革开放40年的城乡关系变迁为分析背景 [J]. 浙江社会科学，2018 (10)：71-78.

[3] 梁新莉. 新乡贤反哺：乡村治理的文化路径选择 [J]. 齐齐哈尔大学学报（哲学社会科学版)，2018 (3)：47-49.

[4] 夏红莉. 新乡贤与新时代乡村振兴 [J]. 内蒙古电大学刊，2018 (2)：50-53.

[5] 张雯婧. 新乡贤文化：乡村治理的时代选择 [N]. 光明日报，2017-06-02 (11).

[6] 周丽云. 乡村“振兴”离不开乡贤“复兴” [EB/OL]. [2018-03-14]. http://www.sohu.com/a/225509268_583363.

[7] 谭野. 让乡贤文化照亮美丽乡村 [EB/OL]. [2018-10-15]. http://zjzs.wenming.cn/wmpl/201810/t20181022_5503083.htm.

当前农村电商发展存在的主要问题及其改进对策

张国平[①]

摘要：本文就目前我国农村电子商务存在的主要问题进行了归纳和分析，针对如何通过有效的手段和措施来改进农村电商未来的发展，提出了自己的见解与思考。

关键词：农村电商　发展　问题　对策

随着互联网在国内的不断发展，电商市场已经从城市延伸到大部分农村。“互联网+”的提出和广泛应用，使农村电商得到了飞速发展，在一定程度上带动了农村经济的发展。习近平总书记在党的十九大报告中多次强调“乡村振兴战略”，并将该战略列为全面建成小康社会的七大战略之一，为农村电商的发展提供了宏观环境。乡村振兴的根本乃至“三农”问题的完全解决有赖于农业产业化在未来的充分发展。农村电商的发展有利于农业产业化的进步，是其将来发展不可或缺的工具甚至组成部分，是推动“乡村振兴战略”的有力技术手段。可以说，农村电商的产生与发展是应运而生的时代新潮流，对我国农村经济社会发展具有重要的意义。

2016年12月，《国务院关于印发“十三五”脱贫攻坚规划的通知》中明确提出了对于电商扶贫的脱贫策略，把农村电商作为精准扶贫的重要载体，同时把电商纳入扶贫开发工作体系；2017年12月，国务院办公厅印发的《关于加强贫困村驻村工作队选拔管理工作的指导意见》对贫困村精准扶贫人才的选举提出了意见和要求；2018年1月，在中共中央国务院关于实施乡村振兴战略的意见中，重点提出加强农村电商基础设施建设，鼓励支持基于互联网的新型农村产业模式，加快推进农村流通现代化的指导意见，就农村电商发展作出相关部署，为电商推动农村经济社会跨越式发展、城乡融合发展和乡村振兴带来历史性机遇。这些战略导向性政策的支持为农村电商的兴起与繁荣奠定了良好的发展氛围。目前，不少贫困偏远乡村在苏宁、阿里、腾讯、汇通达、京东、拼多多等国内电商巨头加大对农村脱贫扶贫力度的情况下，与之联手都有了自己的线下电商布点。农村电商进一步加速了农村经济的繁荣，截至2018年，农村电商网店数超过1 200万家，带动就业3 500万人，网络零售总额已突破1.6万亿元，不断向涵盖全国农村的方向发展壮大。进入2019年，农村电商仍保持较高的发展势头，但快速增长的过程中也不可避免地出现了相

① 张国平，中共达州市委党校。

当多的问题，对这些问题如何认识理解，并通过实证分析找到应对解决之道，以更好地促进农村电商稳步良好发展，正是本文所要分析和研讨的主要内容。

一、目前农村电商存在的主要问题

1. 观念传统老旧

农村人口特别是中老年农民普遍受教育程度低，大多数农民的思想观念趋向保守，习惯于传统的现钱现货交易，加之网络存在的一定风险，因此对于新型的网商方式接受度较低，某种程度上阻滞了农村电商发展。

2. 农村电商人才缺乏

农村人口普遍处于文化水平低，学习能力弱，互联网接触少，信息技术不足的窘境。加之大部分农村年轻人外出打工或向城市流动定居，使得相关人才非常不足，许多已建立的网店效率低下，未能发挥应有的效用。

3. 物流体系难以健全

我国农村地区和人口分布较泛散，大多数农村地区处于偏远山区，基础设施落后，交通不便，普通快递难以“进村到户”，即使道路可以通达，但农副产品零单价值较小、很少批量卖出，导致运输成本高企，实际交易比较困难，由此阻碍了农村电商网店的生存发展。

4. 知名品牌不易打响

由于网络销售存在假冒伪劣现象，消费者对通过电商售卖的产品信任度普遍不高，加之农产品的天然属性受自然条件限制，尤其是时鲜的果蔬、活禽水产等在大规模生产、销售和运输上仍存在较大困难。随着市场规模逐渐扩大，众多农副产品同质化竞争日趋激烈，诸多农村电商的产品往往因缺少品牌效应而导致发展前景不明。

5. 电商服务网点缺乏运营

有些地方政府没有把当地优势农副产品与市场很好整合联结，只注重网店的硬件建设，缺乏后续的维护和升级保障，对电商网点没有进行推广和运营，以致不少网点功用渐失、形同虚设。

6. 发展环境亟待优化

我国在社会信用体系上没有完善的制度保障，信用风险较高，没有健康良好的信用环境，小微企业在融资方面困难、成本高，这对于农村电商发展来说也是一大弊端。

二、改进农村电商发展的对策思考

1. 提高广大农民的思想意识，转变落后观念与方式

随着农村合作组织的普遍兴起，产业化发展不断加深，从种养殖到加工生产以及市场营销都积极开展大量的培训和宣传，使得越来越多的见识丰富、专业素质强、

知识全面的新型农民参与到农村电商的发展中来。

2. 完善中心职能，健全公共服务体系

完善电商公共服务中心职能，发挥农村淘宝、京东、安徽上街去等县级运营服务中心功能，借助农村淘宝、京东、神州买卖提、安徽上街去、邮乐农品等平台资源优势，为电商经销商提供优质服务。经济发达程度不一的农村地区应当根据当地的具体情况开展电商，而非采用“齐步走”方式用行政手段盲目推行。

3. 实现资源共享，打通“最后一公里”

发挥电商物流配送中心作用，成立物流协会，建立物流信息服务平台和数据共享平台，整合配送路径，实现资源共享，降低配送成本，促进邮政及“四通一达”等重点物流快递企业的快递业务直接通达到中心站、代办覆盖到村站，打通“最后一公里”。

4. 支持做大做强，凸显产业集聚效应

加快电商实体化进程，支持电商企业采取“公司+农户”的方式建立自己的生产加工基地，开展质量认证，注册品牌商标，保障质量信誉，逐步实现实体化发展。支持电商做大做强，形成电商发展的集聚效应，积极争创省级乃至全国电子商务示范园区。

5. 加快农特产品上行，提升村级站点效益

强化村级电商网点的建设和运营，对现有网点植入保险等增值服务，引入农村淘宝、京东等平台资源，将村站负责人发展成为京东推广员、农村淘宝帮手，多渠道提高农村网点收入。协调菜鸟网络物流和京东自营物流与所有村级电商网点对接，对与农村淘宝网点或京东配送线路有重叠或相临近的网点，实现快递的代运代送。围绕农业主导产业和旅游产业，立足“一村一品”，选择资源特色显著的村，明确电商龙头企业一对一联系帮扶，着力打造电商专业村，扩大电商规模效应，带动贫困户发展特色产业增收脱贫。引导和帮助村级电商网点、传统企业或个体上线营销本地农产品。利用农村淘宝、京东、邮乐农品、安徽上街去等知名电商平台，开展网上销售活动，帮助贫困户提高收入。督促县域营销特色馆承办企业加大网上营销力度。完善农产品质量安全监管和二维码溯源体系平台，引导企业植入并培育网销农产品，加快推进农产品上行。

6. 加大对农村电商的金融支持和政策优惠

建议制定一些激励政策，减免税收、简化流程，设立农村电商发展基金，对农村电商企业进行奖励与风险投资。

总之，农村电商的发展对于提升农村经济社会的发展有着十分积极的意义，也符合时代发展的大趋势。只要我们在实践的过程中不断摸索和总结经验，相信农村电商一定能形成联结城乡市场的成熟的新营商模式，将具有广阔的发展前景。

乡村振兴战略下川东北地区农村集体经济发展的困境与治理

周海兵[①]

摘要：发展壮大农村集体经济，是实现全面建成小康社会的重要基础。川东北地区农村集体经济发展虽然有了一定的基础，但是，整体实力还比较薄弱，发展中还面临着很多困难和问题。加快农村集体经济发展，需要在加大政策支持力度、强化农村集体“三资”管理、防范经营风险和培养引进人才等方面做好工作。

关键词：农村集体经济　困境　对策

党的十九大报告指出，深化农村集体产权制度改革，保障农民财产权益，壮大集体经济。积极稳妥地推进农村集体产权制度改革是以习近平同志为核心的党中央作出的一项重大部署，也是实施乡村振兴战略的重要出发点。实施好这项工作，对完善村级治理、保障农民权益、探索形成农村集体经济新的实现形式和运行机制都具有重要意义。

一、当前川东北地区农村集体经济发展的总体状况

近年来，四川加快了推进农村集体产权制度改革，通过成员认定、清产核资和股权量化等程序，在川东北地区建立了农村集体经济股份合作社（或农村集体经济资产管理有限公司），农村集体经济得到了一定程度的发展。

（一）培育产业发展集体经济

有的村集体结合产业发展优势，依托大中型涉农企业和农产品物流市场，以土地流转、入股分红等方式参与合作经营，建设高效种养基地，发展现代农业、特色农业和品牌农业，按成交额分红提成，增加村集体收入。

（二）提供服务发展集体经济

有的村按照“股权平等、利益共享、风险共担、积累共有”的原则，由村“两委”牵头成立各类专业协会、农资销售点和产业服务公司等合作组织，通过服务群众的生产生活，以有偿、微利的方式来增加农村集体经济收入。

（三）招商引资发展集体经济

有的村积极引进业主发展当地特色优势产业，并以此为平台带动创办领办专业

① 周海兵，中共达州市委党校。

协会、专业合作社、家庭农场、微小加工作坊等经济实体，村集体参与管理和分红，在提高生产经营组织化水平的同时，获取稳定的集体经济收益。

（四）依托资源发展集体经济

有的村在符合土地利用总体规划的前提下，合理开发村集体所有的土地、山林、荒地、滩涂、水面等资产性资源，依法建设农业生产、加工、经营、服务等设施，发展现代设施农业、林下经济、水产养殖、乡村旅游、交易市场等产业，通过自主经营或租赁等方式，获取集体经济收益。

二、川东北地区农村集体经济发展面临的突出问题

川东北地区农村集体经济发展虽然有了一定的基础，但是，整体实力还比较薄弱，发展中还面临着很多困难和问题。

（一）发展基础薄弱

一是基础条件较差。有的村远离城镇，基础配套设施较差，资产资源价值低，经济效益转化成本较高。二是集体资产资源较少。在实行家庭联产承包责任制的过程中，许多村已将集体土地、山林等资产包产包干到组到户，村集体可利用的资产资源存量不足。三是主体地位不明确。部分村还没有建立集体经济组织和相应治理机构，资产权属不明晰，成员身份不确定，集体经济经营方式粗放，管理存在缺位现象。

（二）发展思路不清

一是思想认识不足。许多村集体对发展农村集体经济的重要性和紧迫性认识不足，未将集体经济发展纳入重要议事日程。二是探索创新不够。有的村一定程度上存在“等、靠、要”思想，没有系统谋划和积极探索农村集体经济发展。三是产业支撑乏力。有的村有产业但还没有形成规模，缺乏新型农业经营主体带动或者利益联结机制不紧密；有的村单纯依靠发展种养业，第二、第三产业融合度不高，集体经济很难做大做强。

（三）发展后劲不足

一是收入总量不大。据初步统计，川东北地区农村集体经营性收入在 5 万元以下的占比 30%左右。二是收入来源单一。集体经济收入的主要来源是资产资源租赁和收取新型经营主体服务费，甚至一些地方农村集体经济收入主要依靠财政产业扶持基金的投资分红，独立生产经营、股份合作经营、社会化服务收入较少。

（四）体制机制不全

一是配套政策不完善。虽然中共中央、四川省委均出台了深化集体产权制度改革的意见，但是集体经济组织法人登记、经营管理、创办实体、建设用地等系列配套政策不健全，仍需各地积极探索。二是风险防控机制不完善。部分村没有按股份经济合作社的要求进行运作，办公场地、无办公设施，运行机制不健全，董事会和监事会没有发挥作用。村级集体资产管理制度不完善，容易发生集体资产流失。三是监管机构不完善。基层管理机构职能弱化，一些地方没有明确监管部门，或者有

监管部门但监管不到位等问题较突出，导致集体经济管理不规范。

（五）村集体经济人才不足

农村有想法、懂经济、善管理、有技术的本土能人流失严重，村集体经济组织发展缺少带头人。村“两委”干部年龄普遍偏大，素质不高，基本只能应付日常工作，满足不了村集体经济发展的需要。部分村干部思想保守、观念落后，认为现在农村实行的是家庭联产承包责任制，有无集体经济无关紧要。

三、川东北地区发展壮大农村集体经济的对策措施

（一）加大对农村集体经济发展的支持力度

一是加强政策支持。加快建立和完善促进农村集体经济发展的相关政策和制度，制定出台操作性强的方法和措施。二是加强资金支持。政府购买农村社会化服务项目应倾向于集体经济组织，支农惠农资金应向村集体经济发展项目倾斜，将财政支农投入形成的资产折股量化到集体经济组织成员，对村集体发展项目实行税费减免和优惠。三是加强信贷支持。充分发挥农业发展公司和农业担保公司的作用，加大对农村集体经济发展项目的信贷支持，吸引带动社会资金参与支持农村集体经济发展。

（二）加强对农村集体经济发展实践的探索

一是加快农村集体产权制度改革。加快推进农村集体产权制度改革，主要内容为明确成员范围、赋予财产权利、完善法人治理、创新资产运营、健全制度体系，将农村集体经营性资产折股量化到集体经济组织成员，把农民对集体资产股份的占有权和收益权落实到位。二是加强集体资产资源开发利用。盘活现有的资产和资源，鼓励村集体经济组织对闲置或低效使用的办公用房、老校舍、仓库等各类集体资产通过拍卖、整修、租赁或入股经营等方式提高使用效益。支持村集体经济组织牵头对村集体的耕地、荒山、荒地、养殖水面进行统一开发利用，提高资产经营效益。三是创新集体经济发展模式。通过对传统集体经济实施股份制改造、新办经济实体，优化生产结构，壮大农村集体经济实力。发展新型合作经济，引导村集体与基层农技组织、龙头企业、专业大户开展合作，发展技术指导、物资供应、产品加工、市场营销等类型的专业合作社，确保集体经济发展健康可持续。四是强化农村集体“三资”管理。加强村级财务管理，严格村务公开，强化民主监督和审计监督，不断提高村集体经济经营管理水平，防止集体资产流失。加大农村违纪违法案件查处力度，确保集体资金、资产、资源安全。五是防范经营风险。建立投资风险评估机制，及时分析评估业务内容、业务模式和运营状况，农村集体经济组织开展市场活动时，必须通过合同或协议的方式控制其经营风险。集体所有的资源性资产和非经营性资产的所有权不得用于承担经营风险，也不得用于持股、抵押或担保。

（三）强化农村集体经济发展的人才支撑

一是选优配强带头人。从能人、大户和致富带头人中选配村干部，将有商业头脑、管理能力和奉献精神的年轻同志充实到村级班子里，提高村级班子发展集体经

济的能力。二是提升发展信心。做好村集体经济带头人的培训和教育，增强发展集体经济的信心和能力。建立健全激励机制，从政治、经济、上升空间等多方面制定奖励措施，提高其发展集体经济的积极性。三是探索以市场为基础的选人用人机制。吸引外出务工人员、高校毕业生、科技人员和退伍军人中的优秀人才到村集体经济组织及集体企业中任职，探索聘请职业经理人参与经营管理。四是加强基层农村集体经济体系建设。在乡镇充实一批熟悉农村政策、热心为民办事的农村集体经济专业人员，为农村集体经济发展提供专业指导和技术支持。

参考文献

［1］马塾滨. 新阶段天津市东丽区村级集体经济发展之路的思考［J］. 天津经济，2011（5）：10-13.

［2］汉源县人民政府. 汉源县人民政府印发汉源县扶持村级集体经济发展试点实施方案的通知［EB/OL］.［2018-06-14］. http://www.hanyuan.gov.cn/htm.

［3］重庆市北碚区人民政府. 重庆市北碚区农业委员会关于区政协十五届二次会议第 8 号提案的复函［EB/OL］.［2018-07-27］. http://www.beibei.gov.cn/htm.

融合、共享、改革

——德阳市城乡融合发展的探索与思考

杨晓军①

摘要： 德阳市在突破城乡融合发展的体制机制障碍中进行了卓有成效的实践与探索，为打造城乡融合发展、绿色现代农业、生态宜居乡村和农村综合改革示范区，还必须进一步全面深化改革，在农民主体地位、促进城乡融合发展和搭建城乡要素双向融合的平台等体制机制方面寻求突破。

关键词： 融合　共享　改革　探索

习近平指出："没有农业农村现代化，就没有整个国家现代化。在现代化进程中，如何处理好工农关系和城乡关系，在一定程度上决定着现代化的成败"。在未来中国特色社会主义现代化新征程中，城乡共生共存是一个必然的客观存在，突破城乡融合发展的体制和机制障碍成为实施乡村振兴战略的根本要求。

一、德阳市推进城乡融合发展的具体举措

（一）改革创新，激发市场主体活力

一是农村集体土地所有权证、宅基地使用权证和集体林权使用权证的确权颁证工作基本完成。二是推行承包地"三权分置"改革，引导农村土地经营权规范有序流转。全市 119 个乡（镇）均建立了土地流转服务中心，建成土地流转合作社 150 个，土地流转面积 107 万亩（1 亩=0. 066 7 公顷，下同），占全市耕地面积 42. 4%。三是部分镇、村开展农村宅基地有偿使用和退出机制试点，创造了闲置农房流转的"三书"模式，对自愿退出原有宅基地的农户，按"双挂"标准进行补助，得到群众广泛支持，试点工作稳步推进。

德阳市广汉市三水镇友谊村率先启动农村集体产权股份合作制度改革试点，通过清产核资、股份改造，对经营性资产进行量化，采取村集体持股 29. 11%、成员持股 70. 89%的比例方式进行划分，每名村民都变成"股民"，享有 3 000 元的股份。之后，友谊村集体经济和村民收入大幅度增长，打造的水产、垂钓、渔家游等为特色的易家河坝风景区，被农业部评为全国"最美渔村"之一，也是国家 3A 级风景

① 杨晓军，中共德阳市委党校。

旅游区。

（二）政务服务，助力城乡要素双向流动

2017年12月12日，德阳市成立了全省首个市（州）级农村产权交易有限公司（成都农交所德阳农村产权交易有限公司），并成立了德阳市农村产权交易监督管理委员会，在市农业农村局增设了农村产权监管科，出台了《德阳市农村产权流转交易市场体系建设实施方案》等一系列规范化运作文件，全面建成了覆盖全市、联网全省的市、县、乡、村四级农村产权流动交易市场体系。

成都农交所德阳所及所属县级交易服务中心按政府补助、独立核算、自负盈亏的模式运行。2018年，成都农交所德阳所流转农村土地经营权538宗，流转面积10.47万亩，交易金额7.76亿元；流转林权14宗，流转面积4 543.07亩，交易金额710.59万元；涉农项目交易53宗，交易金额3.59亿元。耕地占补平衡指标交易4宗，面积2 380.71亩，交易金额5 834.5万元。

（三）社会服务，架设小农户与大市场衔接桥梁

一是建立了“技术人员直接到户、科技成果直接到田、技术要领直接到人”的农技推广新体制。建成基层农技服务中心140个，农业专家大院15个，培育农业投入品供应等各类社会化专业服务组织380个。二是推进农业生产机械化。全市组建农机专业合作社126个，农业机械化水平达72%，实现了全市粮食人均占有量、粮食平均单产和油菜平均单产居全省第一。三是创立新型农民合作联合社（简称“农联”）。2018年，两家“农联”与10家企业签订水稻、蔬菜、青花椒等生产订单3.3万亩，羊肚菌甚至销售到欧洲；通过政府购买服务方式，承担了3 000亩绿色防控、1.2万亩农机化服务和农业保险等公益性事务；靠农资统供、农机服务、信用合作利息收入、劳务及代办保险等多元化服务，分别实现收入70余万元和40余万元，除去提取部分盈余公积，解决“农联”的可持续发展问题外，略坪镇“农联”分红总额为21.62万元，蟠龙镇“农联”分红总额为22.1万元。2018年，加入“农联”的农民收入整体提升了20%~30%，每户平均增收2 000~3 000元。

（四）产业引导，三大产业融合发展

一是推进农业供给侧结构性改革。德阳市稳定发展优质粮油、生猪2个主导产业，积极发展中药材、花卉水果、蔬菜、食用菌、蚕桑5大特色产业，建设现代农业示范区。比如：中江丹参、白芍亩均产值可达5 000~10 000元。广汉市向阳镇江南村的牛市已经建成为川西北最有影响力的单一牲畜交易市场之一，年交易额超过2亿元。大力推广“蜀道”区域公用品牌，创立企业品牌、产品品牌，塑造园区品牌，积极打造农产品品牌宣传、展示、交易平台，新增“三品一标”农产品20个。二是以全域旅游引领城乡全面发展。德阳市拥有三星堆、德孝城、白马关等世界级古蜀文化IP，高起点谋划全域旅游，以区县为单位进行特色定位，培育“旅游+”，打造低空、工业、乡村、文创、康养、红色旅游“新业态”，推出罗江柚子节、中江芍药观赏节、广汉大型农旅产业园、什邡皇菊展、雪茄风情、红白豆腐等第一、第三产业农旅融合项目。

（五）诗意栖居，文化先行助力四好新村建设

德阳市因“三线建设”而立市，有独特的古蜀文化、农耕文化、农禅文化和移

民文化等九大传统文化传承，三星堆、红豆村、雪茄风情小镇、德孝文化城、仓山大乐、白马关、继光馆、绵竹年画村等扬名海内外。德阳市把传承优秀农耕文化纳入经济、社会发展规划，加大公共资源投入，引导社会资金向乡村文化建设中配置，形成多样性、多元化和差异性的乡村康养旅游综合体，既达到弘扬传统农业耕读文化，展示乡村建设的美丽风貌，又强化乡村魅力，吸引城市人到乡村旅居、创业等。

（六）三生三世，打造城乡融合的美好家园

天府生态智谷是德阳市在健康中国和绿色发展的两大战略考量下，对接成都市东进战略，规划面积约466平方千米，目标是打造成德绵经济带1小时生活圈核心区域，辐射、服务于成渝地区3 500万人口。以教育小镇、文娱小镇、田园小镇、康养小镇等最美小镇、最美乡村为载体，聚焦教育、康养、文化等特色产业，构建生产空间低碳高效、生活空间绿色宜居、生态空间山清水秀诗意栖居的世界“慢城”，形成“乡村成为都市的花园、都市成为乡村的客厅”的城乡融合发展格局。为此，德阳市在人才、资金、土地等要素和政策方面全力保障，吸引了德阳绿地成外教育园区项目、多色田园农庄项目等中外合作科教项目入驻，交通等基础设施建设推进顺利。

二、德阳市推进城乡融合发展的思考

（一）坚持农民的主体地位

一是平等解决农民的身份认同问题。乡村劳动群众应该既包括从事农业的生产者，还包括返乡、下乡、参与经营管理和投资的人员，农民只是一种职业身份，不应成为社会身份。二是在分配上向乡村倾斜。将基础设施和公共服务优先向乡村配置，加快推动乡村基础设施提档升级，回应农民的住房、就业、子女上学、退休养老、医疗卫生、环境污染等重大现实问题上的关切，关注农民的政治权利、精神文化、社会保障等方面的权益是否满足，不断提高他们的获得感、满意度和幸福指数。三是坚持公平正义的原则。完善相关的法律和规章制度，为农民提供平等参与社会发展的权利和机会，消除各种对“三农”的限制性规定，特别是作为市场主体有自主决定资源配置和公平参与市场竞争的权利，为他们在城乡融合发展中创造建功立业，共享与时代一起成长与进步的机会。

（二）以共享发展理念促进城乡融合发展

共享是中国特色社会主义的本质要求。首先，盘活乡村大量的闲置资源，让资源变成资产，使之成为农民真正的财产权利。其次，尊重市场经济规律，让资源在市场中平等、自由交易，使城乡居民共享稀缺的乡村资源，才能实现乡村资源应有的价值。再次，建立城乡共享的经营模式，通过直接营运、间接营运和第三方认证等，将城乡居民联结起来，搭建食品安全、利益共享、风险共担的城乡产业协同发展平台。最后，必须正视当前农村产业发展水平低，要素资源短缺，市场机制不健全的现状，在政策制度设计时更加理性和切合实际，有序推进城乡融合发展的进程。

（三）发展新型集体经济搭建城乡要素合理配置的平台

通过农村“三变改革”，构建新型集体经济组织。劳动群众拥有生产、供销、信用、消费等各种形式的合作经济组织的股份，行使股东的管理、收益、处置等权利和义务；合作经济组织以法人财产权形式来履行集体资产所有者的职责，承担其占有、使用、收益和处分的全部职责，按照社会主义市场经济的原则进行运作。这样，理清长期困扰农村集体资产产权的体制和机制问题，建立城乡一制的现代产权制度，搭建起促进工商资本下乡的投资平台，保证劳动群众集体所有的产权和农民利益得到平等保护。这样，确立政社分开的农村组织管理新体制，才能实现发展壮大集体经济，实现乡村振兴、城乡融合发展的目标。

家风建设引领乡风文明　助推乡村文化振兴

——以德阳市什邡市元石镇“和睦家园”建设为例

杨秀平①

摘要： 乡风文明作为乡村振兴五大要求之一，新时代优良家风是在保护和传承优秀传统文化的同时紧密结合社会主义核心价值观，对于推进乡村公共文化建设、改善和提高乡风村貌、助力乡村振兴起着举足轻重的作用。

关键词： 家风　乡风　文化振兴

孟子说：“天下之本在国，国之本在家”。2015 年 2 月 17 日，习近平总书记在春节团拜会上说道：家庭是社会的基本细胞，是人生的第一所学校。不论时代发生多大变化，不论生活格局发生多大变化，我们都要重视家庭建设，注重家庭、注重家教、注重家风。德阳市什邡市元石镇深刻认识到家风的重要性，以箭台村为试点，积极探索家乡引领乡风，助力乡村文化振兴之路。

一、背景

元石镇地处德阳市什邡市西部，辖区面积 20 平方千米，约有 1/5 面积属于城市规划区。辖区有 5 村 2 社区 83 个村（居）民小组，总人口 1. 7 万人，其中农业人口约 1. 4 万人，党员 766 人，经济发展良好，享有“川西明珠”的美誉。然而，随着城镇经济发展、社会转型，一系列社会问题和矛盾日益凸显。

首先，征地拆迁所导致的干群关系紧张。征地拆迁、分房安置，每一项都关系到广大群众的切身利益，群众对征迁期望高，在追求利益最大化的同时受限于淡薄的法制观念，许多村民通过抢种、抢栽、抢建等方式增加被征地地面上的附着物、附属物、建筑物、构筑物的数量或面积，增加了村组干部的工作难度，激化了村民和村组干部之间的矛盾。

其次，经济发展与道德建设失衡问题。城乡统筹发展导致村民由传统的分散居住生活方式转变为集中居住，从而衍生出众多社会问题。村民缺乏公共意识，不愿主动承担公共服务，不服从公共管理；婚丧嫁娶大操大办、相互攀比，赌博、迷信屡禁不止，垃圾乱堆乱倒等时有发生；外出务工人员较多，空巢老人、留守儿童增

① 杨秀平，中共德阳市委党校。

多导致养老育子问题日益严峻；部分有技术、有文化、有胆识的村民率先致富，致使其他发展受限的村民产生较大心理落差，仇富、炫富不良习气蔓延；儿女不孝、婆媳不和、邻里不睦等现实问题日益严峻。

最后，乡村陋俗屡禁不止。传统的利用广播、宣传栏等形式宣传倡导乡风文明的方法很难达到实质性效果，却又难以用法律法规来硬性约束。因此，元石镇箭台村以问题为导向，以家庭为基本单位，以家风引领为抓手，以“四和”（身心和睦、家庭和睦、邻里和睦、乡村和睦）为目标，着力建设“和睦家园”，积极探索乡风文明实践新路径，通过弘扬传统文化，传承家风文明带动乡风文明建设，助力乡村文化振兴。

二、主要做法

（一）评选“和睦家庭”，弘扬德孝文化

（1）每年定期举行“和睦家庭”评选活动。在活动启动仪式上，倡议全镇干部群众积极参与。通过村民推荐、集体评定、张榜公示等环节，从 1 400 余户村民中评选出首批 20 户群众基础好、示范作用强的“和睦家庭”，组织文化专家整理、撰写新时代家规家训，邀请书法家书写家训并精心装裱、制作牌匾，由各级领导将家训牌匾送到“和睦家庭”家中。村民将“和睦家庭”称号视作荣誉，在看得见、学得着的榜样家庭的感染、号召下，自觉传承、践行优良家风家训。

（2）为“九旬老人”举行寿诞庆典。志愿者为老人齐唱《公民道德歌》，朗诵诗歌《百行德为先 百善孝为先》，现场讲述“四川省道德模范”廖成菊孝老爱亲先进事迹，将传统德孝文化融入新时期“三农”建设中，以身边事教育身边人，从而影响带动大批村民孝老爱亲、尊老爱幼，形成独特乡风。

（3）开展公益讲堂。利用周末为村民开展免费公益培训，举办“和睦家园”大讲堂，定期邀请专家学者讲授家风家教等传统文化。

箭台文驿传统文化公益培训自 2014 年开办以来，累计举办各类传统文化培训 140 余场（次），受益群众、儿童达 3 600 余人。

（二）过好传统节日，培育文化氛围

元石镇积极响应国家关于“过好传统节日”的号召，鼓励广大群众按照川西民俗举行庆典，对传统节日、仪式回根溯源。春节，组织领导干部参加“迎新春、送春联、写家训”活动，邀请著名书法家为村民免费撰写春联，增添了节日喜庆气氛，拉近了干群关系。清明节，动员村民开展传统祭祀活动，引导广大群众积极参与传统节日文体活动，培育传统节日氛围。举办“清明踏春·绿道健步走”活动，市级机关部门、职业院校、跑客团等多家单位及当地村民共同参与，反响巨大。热心村民为参加活动的运动健将、志愿者们烹煎爱心“艾馍馍”，参与者在绿林小道间品尝传统美食的同时进行双向情感交流，拉近彼此的心理距离。端午节，开展诗歌诵读活动，系五彩丝、斗菖蒲。七夕节，举办“爱友七夕”“囍”字剪纸活动。中秋节，举办戏剧晚会。

此外，元石镇不定期在箭台村乡村艺术馆开展多种形式的乡村艺术展，丰富“和睦家园”建设内容，把文化“下”乡变成实实在在的文化“在”乡，激“活”乡村文化。

（三）构建家风档案馆，留存乡村记忆

箭台村设置了专门的乡村家风馆及“和睦家园”数字档案室，将村民集体评议出的“和睦家庭”的家训篆写在竹简上，并悬挂在展厅里。村里的好人好事、孝子贤婿、古今中外好家风故事等均以图片、证书、书信、视频资料等形式记录在陈列室。物虽小而义无价，家训牌匾虽不能立即转化成物质财富，但其积累、蕴藏的家庭精神财富是真正的传家瑰宝。

（四）制定村规村训，完善村民自治与法治

村规村训是历史文明传承中的重要一环，是提升村民社会主义核心价值观的一种重要形式。箭台村以“孝德修身俭持家，团结睦邻共治兴村”为村训，号召村民自觉形成文明乡风。此外，箭台村通过将“法律进乡村”与“民主法治示范村”创建相结合，召开支部大会、村民代表大会，讨论制定《箭台村村民公约》《箭台村村民自治守则》《箭台村村民自治章程》及《箭台村村规民约》，初步形成村民自治体系。实行村务公开、民主管理，完善村级各项制度，规范村级组织各项工作，化解基层各类矛盾，减少基层政府压力，推进基层民主法治建设。不仅如此，箭台村积极引入城市小区管理模式。在村民集中居住小区建成后，选举成立箭台村业主委员会，制定小区公约，运用城市小区管理方法管理农村院落，逐渐完成了从单家独户到小区住户的身份转变，村民居住环境、邻里关系得到极大改善。箭台村通过建立村规村训，倡导修身正心、和顺齐家，从法治、德治、自治三重角度构建文明乡风。

三、成效

（一）乡村风貌焕然一新

元石镇箭台村充分发挥乡风对家风的引领功能，激发村民树立家风、维护乡风的主动性、积极性，村民成为乡风文明的参与者、维护者。“和睦家园”推广以前，村民持着各人自扫门前雪的态度，仅对自家屋内外进行整理、打扫，随地倾倒生活建筑垃圾、排放污水废水、破坏公物等行为时有发生。自“和睦家园”建设以来，不少人意识到创建干净、整洁的人居环境的重要性，主动承担起打扫公共区域，良好生活卫生习惯、爱护公物等良好风气逐步形成。村容村貌有了明显转变，村民告别“脏乱差”的生活环境，生产生活条件得到明显改善。

（二）引领孝老爱亲新风尚

传承德孝文化，弘扬和谐互助的社会风尚既符合传统文化的根本要求，又有利于深入践行社会主义核心价值观。改革开放以来，社会结构转型和经济结构调整，城市化进程日益加快，导致众多农村青年男女外出打工谋生，留守儿童、空巢老人数量不断增多。年轻人多以工作忙、压力大、节省开支等为借口，过年过节很少回家看望父母、孩子，传统的家庭养老育子模式受到了前所未有的挑战。老人缺乏精神抚慰，孩子隔代抚养问题凸显。箭台村“和睦家庭”的评选以“孝”“和”为重要标准，将村里自觉遵守村规村训、家庭和睦、热心公益、邻里融洽的家庭作为参评对象，通过评比推广“和睦家庭”，调动了村民争做文明公民、构建和睦乡风的积极性，家庭婆媳关系、亲子关系、邻里关系得到有效改善，孝老爱亲、邻里和睦新风尚正在形成。

（三）养成淳朴文明新风气

（1）红白喜事简单办。以往村里婚丧嫁娶喜欢相互攀比，比档次、比费用、比排场，邻里关系相对紧张。“和睦家园”建设以来，政府引导村民开展科学合理的现代方式生活，文明新风气得到逐步推广。村民用节余的资金创业谋事，共同发展致富，共同营造“美德互传、坏事互管、歪风互纠”的浓厚氛围，较好地抑止了封建迷信、黄赌毒等不良社会风气，乡风民风越来越淳朴。

（2）邻里和谐，守望相助。箭台村集中居住小区建成后，村民逐渐完成了从单家独户到小区住户的转变，村民之间的房屋距离越来越近。村民在小区公约、村训的监督下，以箭台绿道徒步、做艾馍馍、邻里交流会等形式为载体，打破“高楼无邻居”的心理壁垒，邻里关系得到极大改善，形成了房前屋后、花园菜园、邻里之间守望相助的良好氛围。

四、经验与启示

（一）留存乡村记忆，推进文化寻“根”之旅

农耕文明是几千年历史积淀的产物，是一种立足于土地、植根于地缘和血缘的乡村文化，剪纸、雕刻、竹编工艺等都是其重要组成部分。然而，伴随着工业化、城市化进程，传统的耕作方式、孝悌文化、民俗风情等逐步退出人们的视野，传统生活方式、传统工艺受到前所未有的挑战，道德滑坡、行为失范、村民失“根”等现象屡见不鲜。迫于生活、工作等众多压力，农民外出务工创业、学子背井离乡求学，但不管离家多远多久，落叶归根的传统观念依然根植人心。传承传统技艺、留存乡村记忆，既有利于为村民铸就一扇访古寻“根”之窗，又有利于保护传统乡村文明，建立本土文化自信。建立乡村档案馆、编写家谱、教授传统工艺、过好地方传统节日等众多形式成了乡村文化的“活字典”。充分调动村民的积极性、创造性，让村民主动参与到弘扬传统文化、留存乡村记忆活动中，使乡村历史文化的根和魂得以存续，才能真正助力乡村振兴。

（二）培育新乡贤，榜样引领新风尚

乡风文明的关键是每个家庭的家风文明，不同的家风对乡风、社风的影响力截然不同。榜样人物的一言一行是乡风文明的风向标，引领着民众的认知水平与行为动机。“十三五”规划就明确提出“以优秀基层干部、道德模范、身边好人的嘉言懿行为示范引领，推进新乡贤文化建设，有利于延续农耕文明、培育新型农民、涵育文明乡风、促进共同富裕，也有利于中华传统文化创造性转化、创新性发展。”新时代乡村振兴背景下，新乡贤在维持乡村自治和实现礼俗教化的基础上，表现出新

的功能，有助于带动全村社会主义物质文明、精神文明、政治文明、社会文明和生态文明建设全面发展。培育新乡贤文化，鼓励具有乡土情怀、品行高洁、热衷于乡村建设的能人志士返乡助力乡村振兴，既可以起到思想道德引领的作用，又有助于传播传统诗书礼义及新思想、新观念，还有利于协调、化解左邻右里之间的矛盾，引导村民明辨是非、凝心聚力。因此，激发新乡贤热爱乡梓、服务乡邻的乡土情怀，发挥其在乡村基层文化治理及经济发展的榜样示范效应，才能有效推动乡村经济、文化的繁荣发展和长足进步。

深入推进乡风文明创建活动，大力弘扬新时代好家风、好家训、好家规，定期、不定期举行好人好事、五好家庭、和睦家庭等评选活动，广泛宣传获奖家庭的家风故事，通过看得见、学得着的榜样力量感染、带动村民自觉尊崇德、孝、礼、仪文化，自发培育有知识、有技能、讲文明的“新型农民”，从而使乡村文化焕发活力。

（三）以文明乡风带动乡村经济发展

党的十九大报告提出乡村振兴战略的总要求是“产业兴旺、生态宜居、乡风文明、治理有效、生活富裕”，着力解决城乡发展不平衡问题，加快推进农业农村现代化。乡风文明作为乡村振兴的五大要求之一，在保护和传承乡村优秀传统文化的同时，紧密结合社会主义核心价值观，有利于改善和提高乡村公共文化建设、乡风村貌。乡风文明既是乡村振兴的重要内容，也是乡村振兴的重要推动力量。乡风文明有利于形成生态宜居、和睦共生的乡村环境，从而吸引城市有利资源向乡村转移，进而促进农业全面升级、农村全面进步、农民全面发展。

（四）家风与乡风建设要抓小抓细、抓常抓长

乡村振兴需要弘扬传承农耕文明，兴盛优秀的农村传统文化。建设良好家风、文明乡风、淳朴民风是一个塑性铸魂的过程，能够振奋农民精气神，增强乡村凝聚力，涵养好乡风。老子说：“图难于其易，为大于其细。天下难事，必作于易；天下大事，必作于细。”家风与乡风事关百姓福祉，任务重、事情多，需要从小处着手，向细处实处发力，步步深入、稳步推进。此外，不论是家风还是乡风的形成并非一蹴而就，需要在潜移默化中改变乡村的陈规陋习，从而转化为群众自觉自愿的行动，持之以恒、常抓不懈，才能使家风、乡风文明源远流长。

文化是乡村振兴的“软实力”，以家风促乡风，以文明促发展，既要体现对乡村记忆、传统节日、传统技艺的传承与守护，更要体现对乡村文化资源的有效开发利用和锻铸塑造。因此，我们要深入发掘、培育家风文化精髓，构建移风易俗新风尚，从而建成产业兴旺、人才聚集、幸福和睦、人人艳羡的新农村。

参考文献

［1］李鎏. 国学基本教材：孟子大学中庸卷［M］. 北京：新华出版社，2008.

［2］赵亚楠. 乡村振兴背景下新乡贤参与农村基层治理研究述评［J］. 河南科技学院学报，2019，39（7）：8-14.

［3］张华伟. 乡风文明：乡村振兴之“魂”［N］. 学习时报，2018-09-14（04）.

［4］王帮雄. 老子《道德经》的现代解读［M］. 吉林：吉林出版集团有限责任公司，2011.

乡村振兴背景下新型农业经营主体融资问题的思考
——以德阳市为例

朱淑君[①]

摘要：发展壮大新型农业经营主体、推进农业发展现代化是落实党的十九大精神、实现乡村振兴战略的重要举措。当前，融资难问题已经成为新型农业主体的发展瓶颈。本文对德阳市新型农业经营主体融资存在的问题、产生的原因进行了分析，并在此基础上提出相应对策建议。

关键词：德阳市　新型农业经营主体　融资

党的十九大作出了实施乡村振兴战略的重大决策部署，并将产业兴旺列在乡村振兴战略20字总要求中的第一条。可见，农业产业兴旺是乡村振兴的关键。新型农业经营主体是农业产业发展的重要力量。因此，在当前全面贯彻落实党的十九大精神、大力实施乡村振兴战略、加快传统农业向现代农业转型升级的关键时期，认真研究新型农业经营主体的发展问题，对促进乡村产业振兴具有重要意义。

德阳市作为我国农村改革的发源地之一，经过40多年的改革与发展，农业取得了巨大成就。特别是随着农业现代化建设不断深入，以农业合作社、农业龙头企业和家庭农场为代表的新型农业经营主体快速发展，形成了较好的发展势头。截至2018年，全市经工商登记注册的农民合作社3 591家，其中农民合作社示范社339家；家庭农场987家，其中家庭农场示范场133家。但是，融资难问题正成为困扰德阳市新型农业经营主体持续健康发展的瓶颈。

一、德阳市新型农业经营主体融资现状

笔者对德阳市6个县（市、区）新型农业经营主体发展情况进行了随机问卷调查，共收回问卷145份。调查发现，德阳市新型农业经营主体融资方面现状如下：

（一）自有资金是新型农业经营主体初始资金的主要来源

参与本次调查的主体，初始资金来源渠道主要有四个：自有资金、金融机构借款、民间借贷和国家项目资金。其中，自有资金是新型农业经营主体资金的最主要

① 朱淑君，中共德阳市委党校。

来源，并且有77%左右的调查对象的自有资金在投资总额中的比重超过50%，其次依次是金融机构借款、国家项目资金、民间借贷资金。

（二）融资需求额较大

调查发现，虽然参与调查的新型农业经营主体的融资需求额最少的仅为1.5万元，但最多的达到了5 000万元。德阳市新型农业经营主体融资需求在10万~50万元的占调查样本总数的比重达到47%，融资需求超过100万的占比达34%。

（三）不同类型的新型农业经营主体融资需求差异明显

从融资需求规模来看，农业龙头企业的资金需求量最大，平均需求为1 575万元；其次为农民专业合作社，平均需求为210万元；专业大户的平均资金需求相对最低，为31万元。从资金需求率（此处的资金需求率指有资金需求的新型农业经营主体数占参与调查的同类型经营主体总数的比例）来看，农民专业合作社的资金需求最高，资金需求率达71%；其次为龙头企业，资金需求率为57%；专业大户最低，资金需求率为37.5%。

二、德阳市新型农业经营主体融资难的原因分析

（一）新型农业经营主体融资难的内因

1. 生产水平不够高

以农民专业合作社为例，据2017年数据，被主管部门认定为示范社的在合作社中占比仅为9.3%；实施标准化生产的合作社占比仅为8.7%；拥有注册商标的合作社数占比仅为6.7%；通过农产品质量认证的合作社占比更低，为5.2%。

2. 新型农业经营主体经营骨干能力偏低

经营骨干的水平直接影响新型农业经营主体的现状和未来发展空间，而德阳市新型农业经营主体的骨干力量主要以农民为主。以农民专业合作社为例，据2018年数据，牵头人身份为农民的合作社有2 987个，占合作社总数的比例高达83.3%。

3. 缺乏有效的抵押物

大多数新型农业经营主体向金融机构申请贷款时，能提供的抵押物除了价值有限的房屋等固定资产以及通过流转拥有经营权的土地外，只剩自己生产的农产品。但由于这些抵押物变现难、抵押价值难以准确估算使得银行等金融机构因规避风险而一般不愿意接受其作为抵押物。调查发现，在新型农业经营主体列出的融资难的原因中，出现频次排在第二位的就是缺乏抵押物。

（二）新型农业经营主体融资难的外因

1. 银行等金融机构提供的金融产品和服务滞后

由于缺乏有效的抵押物、融资额相对较小以及政府对涉农贷款利率的有关限制性规定，涉农贷款给银行等金融机构带来的收益较低且风险较大。因此相对于其他客户而言，新型农业经营主体并不是金融机构的优质客户。从而导致金融机构缺乏创新涉农信贷产品的积极性和主动性，使得当前信贷产品创新滞后，且在数额、贷款期限等方面难以满足新型农村经营主体的需求。

2. 融资成本较高

新型农业经营主体的融资成本除了贷款利息外，还包括担保费用和附加费用。新型农业经营主体在办理贷款过程中，需要支付的担保费用和附加费用包括银行、担保机构等收取的管理费、公证费、评估费等。以上原因使得新型农业经营主体融资成本较高。调查发现，在新型农业经营主体列出的融资难的原因中，排在第一位的就是融资成本过高。

3. 财政贴息政策有待完善

一是财政贴息未惠及所有新型农业经营主体，扶持范围有待拓宽。二是财政贴息对融资成本的覆盖率不高，当前的财政贴息主要针对银行贷款利息进行补贴，对担保费用等附加费用的贴息尚未涉及或贴息力度较小。

三、德阳市新型农业经营主体融资问题的建议

（一）培育壮大新型农业经营主体

一是积极组织开展示范创建活动。由市、县两级农业行政主管部门牵头，按期进行评选，并对示范性经营主体优先给予资金、项目、金融、保险、培训、指导等方面的支持和服务，培育一批特色鲜明、优势突出、效益良好的经营主体。二是大力促进农业龙头企业发展。支持农业龙头企业建立原料生产基地，发展农产品加工业，建设仓储物流设施。三是努力促进经营主体生产观念转变。通过大力推广种养循环、优良品种种植、搭建绿色有机农产品销售平台等方式提高经营主体绿色生产意识，促进生产观念从追求数量的增长向追求质量的提高转变。四是积极支持经营主体延伸产业链。支持新型农业经营主体发展加工流通、直供直销、冷链物流、休闲农业、乡村旅游、康养农业等新业态，提高农业生产效益。

（二）加强新型农业经营主体从业人员引进和培训

一是加强新型农业经营主体从业人员引进。通过创业补贴等方式鼓励新型职业农民、农业职业经理人、高校毕业生、退役军人、返乡农民工以及农业科技人员从事农业、畜牧业、水产业、旅游业、文化业等。二是加强新型农业经营主体培训。依托四川乡村振兴农民大学、县级农业广播电视学校（农民教育培训中心）、农业社会化服务机构等，对新型农业经营主体从业人员特别是新型农业经营主体负责人进行生产技术、农产品营销等培训，提高从业人员生产经营管理水平。

（三）完善信贷担保体系、创新抵押担保方式

一是建立风险补偿基金。由政府出资建立农业信贷风险补偿基金，对从事农业信贷的金融机构和担保机构进行贷款损失补偿，提高商业性金融资本支持新型农业经营主体发展的意愿。二是推动银行、保险公司、担保机构联合。促进三方加强合作，整合资源，探索建立信贷、保险、担保风险管理联动模式，共同开发设计金融产品，形成风险共担、利益共享的联合体，提高风险防控水平。三是支持龙头企业为其带动的农户、家庭农场和农民合作社提供贷款担保。四是探索并推广基于土地承包经营权、宅基地使用权、住房财产权、林权、农田水利设施产权、农机具、生

产订单、应收账款等抵押质押手段的涉农信贷产品，破解涉农信贷领域长期缺乏有效抵押物、担保物的难题。

（四）完善财政贴息制度，降低融资成本

1. 通过税收优惠政策引导金融机构合理降低贷款利率

一是对农村金融机构实行定向补助。对符合条件的村镇银行、贷款公司、农村资金互助社等新型农村金融机构，按照涉农贷款平均余额的一定比例给予补贴。二是减免农村金融机构税收。对金融机构向新型经营主体发放涉农贷款的贷款利息收入、农业信贷担保公司担保费收入和保险公司农业保险保费收入免征营业税，减征所得税，以及实行低增值税率。

2. 拓宽财政贴息范围，加大财政贴息力度

一是拓宽财政贴息支持范围。在重点扶持规模较大、发展较好的新型经营主体的同时，对专业大户等贷款额度小、规模较小的经营主体也适度进行贷款贴息。二是适当调整按照基准利率贴息的方式，根据实际贷款利息的一定比例进行贴息。三是差别化制定贴息政策，突出财政资金的引导和杠杆作用。

3. 探索涉农贷款隐性融资成本补贴制度

当前，政府对新型农业经营主体融资成本的补贴，主要是围绕贷款利息进行的。而实际上，新型农业经营主体在办理贷款过程中，还需要支付银行、担保机构等收取的管理费、公证费、评估费等费用。因此，应采取相应举措切实降低新型农业经营主体的管理费、评估费等隐性融资成本。

参考文献

［1］洪名勇，林梦婷. 新型农业经营主体融资矛盾问题研究［J］. 中国集体经济，2019（9）：72-73.

乡村振兴战略背景下农村土地流转问题研究

——以德阳市为例

朱颖秋①

摘要：激活农村土地要素，推进土地流转和适度规模经营是实施乡村振兴战略的重要任务。因此，本文以农村土地流转问题为焦点，以德阳市为样本，以土地流转过程中的主要需求方为切入点，通过发放问卷和访谈等方式了解德阳市土地流转现状，浅析存在的问题，并提出相应对策。

关键词：乡村振兴　土地流转　德阳市

一、德阳市农村土地流转基本情况

当前，德阳市农村土地流转工作有序推进。全市土地承包经营权确权颁证工作基本完成，承包地“三权分置”改革加快推进，截至2018年年底，德阳市农村土地流转面积达114.4万亩（1亩=0.066 7公顷，下同），土地流转率达45.38%，在四川省排名第五。在四川省率先建成覆盖全市、联网全省的市、县、乡、村四级农村产权交易市场体系，2018年市级组建成立的成都农村产权交易所德阳所流转农村土地经营权538宗，流转面积达10.47万亩，交易金额达7.76亿元。全市有序推进了农村产权抵押融资贷款、农村土地流转收益保证贷款等试点工作，探索建立了流入方资格审查制度和以乡镇为基础的土地流转动态监测制度，建立了土地流转风险保障金制度和土地流转履约保证保险制度，基本形成了乡村调解、县级仲裁和司法保障的农村土地承包经营权纠纷调处机制。

为进一步了解德阳市土地流转的具体情况，2018年，笔者对德阳市6个县（市、区）的专业大户、家庭农场、合作社等新型农业经营主体的土地流转情况进行调研，获得有效问卷116份。调查问卷分析显示，在转入土地面积方面，平均转入土地面积约为549亩，其中，100~299亩比重最大，为33%，1 000~2 999亩、300~499亩、50亩以下占比分别为16%、15%、14%，超过3 000亩的比重很小；在流转方式方面，以租赁和转包为主，比重分别为56%、32%，入股和转让方式占比很小；在流转期限方面，以短期为主，平均流转期限为11年，其中，流转期限

① 朱颖秋，中共德阳市委党校。

3~5 年为 39%，11~20 年为 33%，6~10 年为 18%，3 年以下和 20 年以上的比重很小；在流转价格方面，经统一换算，租金最高为 1 500 元/亩，最低为 100 元/亩，其中，800~1 000 元/亩为 38%，500~799 元/亩为 31%，1 000 元/亩以上为 19%；在转入土地收益方面，2015 年以来，各经营主体的销售收入和利润总额大体呈上升趋势，但每亩土地平均纯收益略有下降，其中，2017 年各经营主体平均销售收入为 264 万元，平均纯收益为 23 万元，每亩土地平均纯收益为 936 元/亩，其中，粮食种植每亩土地平均纯收益为 462 元/亩，盈利最高和亏损最多均出现在畜禽养殖行业。

二、德阳市农村土地流转存在的问题

（一）转入地块分散，影响土地规模效益提高

40%的新型农业经营主体反映，当前转入土地块数少则几块，多则几十块，转入土地分散。当前，德阳市确权颁证农户 81 万户，承包地有 541.48 万块，面积 307.86 万亩，平均约 7 块/户、0.57 亩/块，分散化、碎片化明显。大部分新型农业经营主体缺乏足够的信息和能力对流转土地进行集中，而对村组干部又缺乏有效激励机制，加上土地流转中介组织发挥作用有限，因此，大部分流转土地不集中连片，既增加了土地整合及管理成本，也难以实现机械化操作，导致土地规模效应发挥不明显。

（二）流转租金偏高，影响经营主体转入土地积极性

38%的新型农业经营主体反映，土地租金偏高，导致生产经营成本偏高。调查问卷显示，租金最高为 1 500 元/亩，其中，500~1 000 元/亩占 69%，然而各经营主体的每亩土地纯收益并不高，平均纯收益约为 936 元/亩，其中，粮食种植平均纯收益为 462 元/亩。流转租金偏高与当前少部分农户刻意抬高租金，流转的土地分散，机械化程度低，规模效应弱，加上各经营主体产业链没有延伸，各经营主体纯收益增长缓慢有关。

（三）土地流转不规范，影响土地流转的有序推进

目前，预付租金和征收土地流转保证金增加了各经营主体的压力，而大部分保险公司针对土地流转的产品设计忽略了对业主利益的保护，因此，实际进行操作的很少。2017—2018 年，德阳市相关部门受理的土地流转纠纷数就有 100 多件。调查问卷显示，16%的新型农业经营主体反映种植和收割时当地农户有意刁难和不配合，农户反复情况时有发生。这与当前土地产权制度不完善，缺乏权威中介组织，流转双方签订和尊重合同意识不强且未形成有效的利益分配机制有关。

（四）农业基础设施薄弱，影响转入土地收益增加

农业基础设施是提高农业综合效益的保障，但有 14%的新型农业经营主体反映农业基础设施薄弱。这主要表现为：一是存在沟渠不通、年久失修和机井不够问题；二是农用电不配套，田间电网不足，用电高峰期无保障；三是存在机耕路不足，道路未硬化等问题。例如，某新型农业经营主体在流转土地后投入 18 万元对设施、道

路进行修缮，导致生产成本大量增加。这与当前农村地域广，基础设施建设投入严重不足，管理体制改革滞后和未形成合理的农业水、电、气价格机制有关。

（五）政策支持力度不够，影响土地流转进程提速

调查问卷中少部分新型农业经营主体反映政府政策支持力度不够，主要表现为：一是金融政策支撑不足，调查问卷中约有43%的新型农业经营主体在生产过程中需要向金融机构借款，但面临高利息、无抵押物、无担保、高门槛问题；二是部分新型农业经营主体需要投资一些固定性建筑物用于农业生产，如工具棚、烘干房等，但与国土、建设上的政策相抵触；三是对如何办理生产设施设备等所有权证并盘活其价值等创新政策支持不足。

三、德阳市加快推进农村土地流转的建议

（一）大力培育土地流转服务中介组织

一要鼓励全市场化运作的中介组织发展。大力培育农村产权交易所、土地投资经营公司、土地保险公司、土地银行、农地托管公司等中介组织，鼓励拓展和整合服务项目，鼓励中介组织从事土地整合成片流转服务。二要适当培育村委会和政府主导的中介组织。要充分发挥成都农村产权交易所德阳所的中介组织作用，推进综合功能建设，加大对村组干部的政策激励，并加大农户代表对村干部的行为监督，明晰和规范政府与土地流转中介组织的关系。

（二）加强对农村土地流转的引导、规范和监督

一要规范土地流转程序。推进签订规范的书面流转合同，完善乡、县、市三级对不同规模土地流转的组织审查工作，建立健全土地流转动态监测制度，尤其要加大工商资本租赁农地的监管，防范流转土地的非粮化、非农化。二要加强土地流转风险防范。鼓励更多地区以黄谷、小麦等实物约定租金，并完善预收租金和土地流转风险保障金的支付形式；鼓励保险公司完善土地流转保险的产品设计；鼓励流转双方建立多种利益分配方式，形成“风险共担、利益共享”的利益共同体；建立健全农村土地承包经营权纠纷调处机制，充分发挥村委会调解处理土地流转矛盾纠纷的重要作用。

（三）不断完善农业基础设施建设

一要多举措增加农业基础设施建设投入。政府应加大农田水利设施、道路、电网等专项拨款，要创新融资举措，鼓励个人对农业基础设施进行投资，并允诺投资者获得一定的收益回报。二要创新管理理念和管理方式。推进农业基础设施的所有权、使用权和管理权、收益权等权利的分离，允许农民有偿经营和有偿服务；引进项目管理方式，让专业人士负责农业基础设施尤其是农田水利基础设施的管理。

（四）保持土地流转政策的稳定性、连续性和多样性

一要继续推进农村土地产权制度改革。巩固农村土地“确权、颁证、登记”工作成果，加快推进承包地“三权分置”改革。二要构建金融支持政策体系。政府通过对土地流转提供财政补贴、给予税收减免、降低贷款利率、调整监管政策等举措，

形成农业普惠式金融支持政策体系；继续有序推广农村产权抵押融资贷款、农村土地流转收益保证贷款等试点，积极探索大型农业生产设施设备抵押贷款，推进政策性农业信贷担保机构发展。三是完善农村社会保障制度体系。不断完善户籍管理、社会保障以及住房等相关配套制度，从而解除农民顾虑，有效推动土地流转。

参考文献

[1] 张亮，江庆勇. 引导农村土地经营权有序流转的政策建议 [J]. 经济纵横，2019 (1)：99-106.

[2] 曾福生，蔡保忠. 农村基础设施是实现乡村振兴战略的基础 [J]. 农业经济问题，2018 (7)：88-95.

人才振兴是民族地区实施乡村振兴战略的根本

成　飞[①]

摘要：甘孜藏族自治州（以下简称甘孜州）作为少数民族地区，要抓住乡村振兴战略实施契机，始终坚持以高质量发展为引领，坚定产业富民战略不动摇，找准着力重点，明确主攻方向，走出一条具有甘孜州特色的现代农牧产业发展新路径。当然，人才振兴是我们民族地区实施乡村振兴战略的根本。

关键词：人才振兴　民族地区　根本

大力实施乡村振兴战略，是党的十九大审时度势提出的重大战略部署，是全面建设中国特色社会主义强国的重大历史任务，也是全面建成小康社会的关键任务，更是中国特色社会主义新农村建设的重要落脚点。习近平总书记强调：实施乡村振兴战略，迫切需要造就一支懂农业、爱农村、爱农民的农村工作队伍。四川省委书记彭清华到甘孜州调研时也指出，甘孜州是个好地方，水能、光热、旅游、文化、农特产品等资源丰富。要求甘孜州要大力践行新发展理念，从藏区实际出发，推进实现科学发展、可持续发展和高质量发展。那么，甘孜州作为少数民族地区，更要全面把握中央的重大战略部署，深刻领会习近平总书记的重要指示精神，抓住乡村振兴战略实施契机，始终坚持以高质量发展为引领，坚定产业富民战略不动摇，找准着力重点，明确主攻方向，走出一条具有甘孜州特色的现代农牧产业发展新路径。当然，人才振兴是我们民族地区实施乡村振兴战略的根本。

一、人才资源对甘孜州实施乡村振兴战略的重要意义

当今时代，任何社会领域的发展离不开人才的智力支撑。乡村作为国家重点发展的领域，在技术、资金、资源、人力等方面都处于相对落后的处境，人才资源制约了乡村各领域的发展。甘孜州作为“川西北生态建设示范区的重要组成部分”，如何担好“筑牢生态屏障”的使命职责，融入四川省区域发展新格局？甘孜州委牢固践行新理念，精准研判州情，认为甘孜州融入四川省区域发展新格局，必须坚定不移实施城乡提升战略，积极探索乡村振兴的实践。实现乡村振兴是一项内涵丰富、影响深远的“综合工程”且尚无成熟的经验可循，必须稳扎稳打，在探索中稳步推进。所以，打造乡村振兴示范区，为甘孜州实施乡村振兴战略积累经验势在必行。

---

① 成飞，中共甘孜州委党校。

根据自然条件、社会发展和发展前景等方面考虑，甘孜州委、州府决定，将大渡河流域作为甘孜州打造乡村振兴示范区的首选之地。围绕“成都后花园、康养加休闲”定位，高质量、高标准打造大渡河流域乡村振兴示范区，但是，必须依靠人才，特别是康养产业发展方面的人才，才能为甘孜州乡村振兴探索经验、提供样板，因为人才是乡村发展的桥梁和纽带。乡村是一个复杂多变的地域，每一个乡村发展的层次、水平、程度都不同，其发展的模式也不同。比如说，甘孜州的东路、北路和南路发展不一样，东路主要是农业，发展较快；北路和南路牧业偏重，发展相对较慢。因此，在实践中成功发展起来的乡村，其积累的经验，不仅为各类人才的培养提供了实际的环境条件，发展起来的区域，也调动了人才的积极性和工作热情，同时也为甘孜州乡村发展提供了人才保障。

二、甘孜州在实施乡村振兴战略中存在的人才问题

（一）人才资源匮乏

由于甘孜州广大农牧区处于边远落后的地带，自然条件差，生产力水平低下，发展的条件短缺，制约了农牧区的发展。一方面，落后的发展环境满足不了外来人才发展的需求，许多学有所成的人才只能望而止步。另一方面，当地的教育水平质量低下，人才培养的数量满足不了当地发展的程度；同时，高质量的人才培养极为匮乏，一些本土人才留不住，受教育水平高的知识分子不肯留在乡村，希望依靠自己的学识在大城市寻找条件优越的环境发展，导致当地人才流失。

（二）人才外流严重

国家重视高校人才扎根于乡村发展，培养和磨炼一批国家发展的后备人才队伍，鼓励高校毕业生以“三支一扶”“大学生村官”“特岗教师”等形式参加乡村发展，并且提供了优厚的待遇条件，在甘孜州各地方政府的积极配合下，引起了众多毕业生的积极响应，每一年为农牧区输送了大量的人才。另外，通过公务员考试，也为农牧区基层送去了不少人才，但是当服务日期满，由于生活需求、个人家庭事业、晋升职位、收入水平等方面原因，大部分基层大学生工作队伍选择离开乡村，甚至有的服务日期未满，也选择了辞职，离开了乡村，这就造成了人才的流失。

（三）人才教育缺失

乡村振兴发展的人才资源主要是当地年轻一代，他们能够扎根于本地发展，了解当地的民风习俗以及社会实情，因此只有把当地的教育水平提高，增加高素质人才数量，提高本地人发展家乡的意识和意愿，重点扶持和鼓励本地人参与本地振兴发展，才能为本地发展提供坚实的人才基础。自国家实行九年义务教育以来，乡村教育的普及度提高，基础教育发展的程度有所发展，但是人才数量和质量远远达不到要求，接受过中等教育和高等教育的人仍存在巨大的缺口，一方面是当地的基础教育硬件、师资力量得不到满足，无法提高本地人的教育质量，让不少学生到条件好的地方求学；另一方面，学习环境氛围低下，不仅家庭不重视，而且学生厌学弃学现象严重。

三、对甘孜州实施乡村振兴战略的人才建议

（一）引进人才

乡村振兴需要当地政府的参与和领导，政府要发挥带头作用，创造有利的政策环境，改善当地发展条件，为人才引进奠定基础。一是要注重对乡村的谋篇布局，规划好发展的区域，确定管理型、技术型的岗位，做好人才引进的标准，合理配置人才岗位，充分调动人才队伍的工作积极性。二是要注重当地的形象宣传，给外界提供一个求发展、能发展、发展好的良好环境，引进一批掌握多元文化、懂农业技术和信息化农副产品营销的复合型人才。使社会各界人才关注乡村振兴，努力参与推动乡村发展的进程，从而激发人才的无限活力，建设新时代的大美乡村。三是注重人才引进的条件，保障人才的基本生活条件，解决他们的后顾之忧，稳定他们的心理预期。

（二）保住人才

一个地方的发展水平体现人才资源的丰富程度。人才需要培养，人才需要平台，人才也需要呵护，要让想干事的人有机会，会干事的人有平台，能干事的人有地位、有待遇。乡村振兴发展引进人才的同时，要做好保住人才的措施，而一个人才是否愿意继续留下，关键是当地是否满足他们的需求。根据马斯洛需求层次理论，分为生理需求、安全需求、社交需求、尊重需求和自我实现需求。这些需求是每一个人所需要解决的心理需求，作为一个社会人，对家庭、事业都富有责任心，而这正是乡村振兴发展过程中能否留住人才的关键。一方面，政府应该大力支持人才队伍的建设，提供优惠政策重点扶持；另一方面，各事业单位要改善工作环境，创造条件提高人才队伍的工作积极性，把人才的工作能力和工作岗位相结合，使人才尽其所能，尽显其才，真正把保住人才作为重点工作来抓。

（三）培育人才

乡村振兴要把培养人才放在突出位置，重视人才的培养。一是要重视培育农畜产品深加工业、农牧区旅游、电子商务等农牧区新型产业方面的人才，努力实现农牧业与第二、第三产业融合发展。二是要加强培育乡村治理方面的人才，努力构建法治、德治、自治的乡村治理体系。甘孜州的乡村治理工作要坚持以各族群众为中心的原则，发挥农牧民的主体作用，充分保障群众的决策权、知情权、参与权和监督权，努力构建法治、德治、自治相融合的治理体系。三是加强培育农牧区精神文明建设方面的人才。各级政府要加大财政投入，逐步完善农牧区文化基础设施，不断加强农牧区文化产品供给，努力彰显农牧区文化个性。四是要注重培养选拔组织振兴方面的人才。各级党委、政府要以习近平新时代中国特色社会主义思想为指导，牢固树立“四个意识”，坚定“四个自信”，坚持抓党建促脱贫攻坚。另外，要强化农牧区村“两委”班子建设，努力造就一支爱岗敬业、业务精良、勇于担当的“三农”工作队伍。

总之，农村是广阔天地，乡村振兴是一个大舞台，我们要让有志于振兴乡村的人才脱颖而出、奋发有为，绽放人生精彩，谱写甘孜州乡村振兴的壮丽诗篇。

立足实际　发挥优势
——着力推进甘孜藏族自治州集体牧场高质量发展

代文辉[①]

摘要：本文立足甘孜藏族自治州（以下简称甘孜州）实际，分析了在高寒牧区加快集体牧场发展的紧迫性，并着重从突出股份合作导向，优化利益联结机制，加快转产转业进程，增强牧场风险防控和资金保障等方面探讨了甘孜州集体牧场高质量发展的对策措施。

关键词：高寒牧区　集体牧场　高质量发展

甘孜州是川西北高寒牧区的核心区域。全州拥有天然草地 14 149 万亩（1 亩 = 0.066 7 公顷，下同）（可利用 12 478 万亩），占四川省草地总面积的 46.5%。近年来，传统游牧方式严重破坏了草场生态，妨碍了牧民增收和牧区发展。实践证明，发展壮大集体牧场是中央土地承包“三权分置”在牧区的灵活运用和发展，是新时代家庭农场经营在高寒牧区的创新实践，走出了一条引导牧区生态良好、产业发展、乡村振兴、牧民致富的高质量发展之路。

一、加快发展集体牧场的紧迫性

据统计，甘孜州承包到户、联户和村组的草地面积为 10 340 万亩，占可利用草地的 82.8%。事实表明，一家一户的分散牧业经营与地广人稀、生态脆弱、灾害频繁、生产落后、草畜矛盾突出、抗灾能力低下的现实状况越来越不适应。

（一）分散游牧加大了草场资源环境约束

甘孜州草地“三化”严重，画地为牢式的一家一户分散放牧加大了一定区域内草场载牧的比重，加大了草场承受的压力，数学上的“牛吃草”问题更加凸显。

（二）脆弱的畜草生态折损了牧户的抗灾能力

单家独户经营，牛羊圈舍改造、暖棚养育、储草基地建设等投入严重不足，畜牧标准化程度不高、良种化水平低，抗灾抗风险能力极为低下，始终不能走出“夏饱、秋肥、冬瘦、春死亡”的困境。

（三）落后的生产方式制约了畜牧产业振兴

一是受制于落后的饲养方式，分散游牧无法进行有效的疫病防控和畜产品安全

① 代文辉，中共甘孜州委党校。

监督检测。二是气候失调、草场退化，鼠害加剧、牧草物种结构失衡，异类甚至有害有毒草类大量生长，抑制了有用可食牧草的正常生长，严重危及畜牧业生产安全。三是牧区本身边远，市场化和社会发育程度偏低，若没有一个统领性的市场主体，现有的单家独户更没有机会、手段、能力对接和融入畜牧产业发展的大市场和大环境。

（四）保守的思想理念妨碍畜牧生产方式的转变

农牧民生产生活方式传统，惜售戒杀思想严重，出栏出售干扰因素多，需要在政府主导下努力培育适应畜牧产业市场环境且具有一定规模性、竞争性的市场主体，推行集体牧场股份制改革。

二、集体牧场比较优势分析

2017年以石渠县西区达拢股份制牧业合作社的建立为起点，揭开了甘孜州集体牧场改革试点探索的序幕。推行集体牧场经营顺应了建立全国生态文明示范州和全域旅游示范州的发展要求，具有明显的科学性和现实合理性。

（一）集体牧场更利于牛羊品种的优化

采用集体牧场方式，整合全村的草场集体放牧，大大拓展扩大了牛羊的活动空间和种群繁育选择余地，更大程度上减少近亲繁殖，延缓了品种退化的进程。

（二）集体牧场更利于牛羊的成长

牛羊群体性越大，类群之间更有一种吃食和择佳的竞争性，更利于驯化牛羊性情，促进其健康成长和繁育。集体牧场方式贴近牛羊的生长规律，是一种科学合理的畜牧管理模式。

（三）集体牧场更利于劳动力的转移

村集体有序合理安排人员放牧或牧户轮流放牧更利于避免简单重复劳动，让更多的牧民从苦寒孤寂的游牧生产方式中解放出来，加快牧区剩余劳动力转移，带动牧民生产方式的转变。

（四）集体牧场更利于第三产业的发展

空余出来的剩余劳动力通过一些技能性培训，可以从事放牧方式以外的更多劳动，如建筑、绘画、民间手工艺和畜产品加工，还可以发展牧区以藏式餐饮、体验旅游为特色的乡村旅游，有效拓宽牧民增收渠道，带动和促进牧区乡村的全面振兴。

三、推进集体牧场高质量发展的对策建议

近年来，全州共建设集体牧场52个，其中：理塘县13个、甘孜县22个、石渠县5个、其他县12个。推进集体牧场发展必须以深化传统牧业改革为切入点，以实施精准扶贫和乡村振兴战略为契机，采用因地制宜、以点带面的方式有序推进。

（一）激发集体牧场高质量发展的有效动力

1. 充分尊重和发挥牧民的主观能动性

牧民是集体牧场建设者，同时也是管理者和受益者，因此必须要尊重牧民的意愿。各县（市）党委政府要加大对集体牧场建设的前期宣传和动员，切实打消牧民在思想上的顾虑，坚决打击干扰建设和散布谣言的行为，让更多的牧民知晓发展集体牧场的目的和意义，充分调动牧民的内生动力。

2. 推动形成集体牧场高质量发展的有效合力

股份制集体牧场除了牧业生产外还涉及加工、商贸和旅游等建设内容，因此需要农牧、财政、工商、旅游、交通、水利多部门形成合力共同推进。建立州县科技合作机制，切实解决集体牧场在组建时技术缺乏、组建乏力等问题，推动集体牧场试点示范工作有序开展。

（二）找准集体牧场高质量发展的着力点

1. 严格把握集体牧场的标准条件

一是集体牧场的建设地点不得选址在禁养区以内，应选择在放牧草地相对集中连片，能够开展草地流转，实现集体牧场独立使用草地资源的区域开展建设。二是集体牧场建设应以村为单位开展建设，重点选择无畜户和少畜户比例较高、发展愿望较为强烈的贫困村优先开展建设。三是集体牧场饲养品种以牦牛、羊为主，养殖方式主要采用放牧加补饲。四是集体牧场养殖规模由农牧部门按照集体牧场拥有的草地承载能力进行测算和核定，牧区集体牧场养殖规模牛不低于500头，半农半牧区养殖规模牛控制在200头以内，以异地育肥出栏商品为主。

2. 突出股份制为特点的市场运行导向

以整村、整乡或片区为单位，借鉴理塘县吉祥集体牧场模式，将全村贫困户和牧民以牦牛入股的方式组建股份制集体牧场，用产业扶贫资金购买良种牦牛入股合作社，这样贫困户就能依托集体牧场，除了承担集体牧群放养获得放牧工资收入外，还可以享有成员分红和贫困户所持产业扶贫资金量化股份分红，实现了稳定持续脱贫，实现了牦牛养殖从分散游牧到科学饲养、有序出栏的转变。

3. 优化集体牧场发展的利益联结机制

一是切实做好利益联结。按照“公司+集体牧场+牧户”三位一体的方式，以生态牦牛产业园区为引领，采取公司联结集体牧场、集体牧场联结牧户，形成一体化经营，有效带动牧户出栏。二是切实做好利益分配。在市场不利的情况下，还可将贫困村产业再发展基金的50%作为保护收购价的补贴资金，抵御市场风险。三是按照贫困户优先原则，对财政支农资金形成的集体牧场资产进行股权量化，创新投资收益扶贫新模式。

4. 加快集体牧场转产转业进程

各县市要结合集体牧场的区位优势、自然条件积极培育牧区发展的新业态和新产业，如牧民在集体牧场参与牧业生产和经营；又如，牧民转移到与集体牧场产业链发展有关的产品加工、营销活动；再如，牧民从事民族手工艺品生产等旅游服务和外出务工等多种经营，并获取劳动收入。

（三）强化集体牧场高质量发展的有效保障

1. 建立确保畜牧业高质量发展的风险防范体系

针对甘孜州畜牧业自然灾害、动物疫病影响严重的情况，一要加大牧业保险支持力度，鼓励保险机构启动开展特色优势牲畜及畜产品保险。二要探索建立农村信贷与农牧业保险相结合的农保互动体系。三要加大对防灾草料基地和动物疫病防控的地方配套投入力度，将炭疽、犊牛副伤寒等常规疫苗的购置经费全额纳入州县财政预算。四要提高牧业防灾减灾能力，落实应急草料储备资金，完善抗灾保畜长效机制，建立森林草原防火联动机制。

2. 强化集体牧场发展的资金保障

开展集体牧场试点示范资金保障是核心。一是认真落实目标、任务、资金、权责“四到县”要求，统筹整合好国家、省、州、县产业扶贫、园区建设、对口援建、草牧业试点、退牧还草等涉农资金用于集体牧场建设。二是充分发挥农业担保公司的融资担保作用，不断创新农村金融产品和服务方式，全力支持集体牧场建设。三是加大财政资金投入，按照先建后补、以奖代补、一次性奖补的方式进行扶持。

总之，我们要立足高寒牧区自然历史和社会生产实际，以集体牧场创新为突破口，全面提升高寒牧区畜牧业综合生产能力，在践行脱贫奔康的初心使命中闯出一条积极推动高寒牧区规模化现代化的高质量发展之路。

刍议甘孜藏族自治州乡村文化振兴

高素芬①

摘要：我国历来高度重视基层文化建设工作。党的十九大明确提出了乡村振兴战略，乡村振兴离不开文化的引领，乡村文化振兴既是乡村振兴之魂，也是新时期社会主义现代化精神文明建设的内在要求。要推动农业农村优先发展，乡村的文化繁荣显得尤为重要。因此，实施乡村振兴战略，必须带头振兴乡村文化，激发农牧民的内生动力和活力，推进乡村文化繁荣兴盛。本文拟就甘孜藏族自治州（以下简称甘孜州）特有的乡风文明、乡村文化在助力乡村振兴战略中的重要性及作用谈谈自己的看法。

关键词：甘孜州　乡村文化　振兴　思考

甘孜州地处四川盆地和青藏高原的过渡地带，是康巴地区的核心区，也是我国第二大藏区，由于地处横断山域，甘孜州成了历史上民族迁徙、交流、融合的走廊地带。特殊的高原地貌、汉藏贸易的枢纽、民族融合的走廊、藏传佛教的传播等原因造就了甘孜州特有的地域文化和民俗文化。这些带有浓郁地域特色和民族特色的传统文化、红色文化、情歌文化、锅庄文化以及语言、服饰、歌舞、民居、宗教是我国文化宝库中的瑰宝，更是我们要好好继承、挖掘和传承的资源。

一、甘孜州乡村文化振兴是乡村振兴的铸魂工程

（一）甘孜州乡村文化是中华文化中一颗璀璨的明珠

乡村是民俗、礼仪、农耕和游牧文化的重要载体，是优秀传统文化的发源地。民间信仰是和谐甘孜建设重要的文化资源，民间信仰构成了和谐甘孜生态文化建设的生态智慧。乡村文化是农牧民赖以生存的精神依托和意义所在，也是农牧民生活的主要组成部分。乡村文化是传统文化的家园，是农牧民群众的精神原乡，是乡村社会得以延续的核心，农牧区文化是甘孜优秀传统文化的发源地，是中华文化的重要组成部分，是甘孜州农牧区乡村文化的发展动力。文化是一个民族的根和魂，是最深层、最持久的力量。甘孜州乡村文化积蓄着一股股奋进向上的力量，这为甘孜州农牧区发展带来了生机与活力，更为乡村振兴提供源源不绝的精神动力，激励广大农牧民群众不断朝着全面小康阔步迈进。

（二）甘孜州乡村文化振兴是社会发展的必然趋势

乡村文化振兴，是现实的需要，历史的使命，时代的呼唤，故乡村文化必须与

① 高素芬，中共甘孜州委党校。

统筹城乡发展相匹配，必须与文化大繁荣、大发展相适应。乡村文化振兴是全面建设社会主义现代化强国、决胜全面建成小康社会的重大历史任务，是做好新时代乡村精神文明建设的总抓手。

（三）乡村振兴离不开文化振兴，文化力量不可缺位

甘孜州特色村寨、传统村落文化中的优秀成分，是维系中华文明生生不息的灵魂，农牧区的人文精神，在民风淳朴、伦理维系及激发乡土情感、维系集体认同感等方面起着无可替代的作用。尤其是尊老爱幼等道德品质，充实丰富了传统文化，并影响至今，研究这部分道德伦理思想，在我国稳藏安康中的战略地位不可取代。

（四）甘孜州乡村文化闪耀着色彩斑斓的独特魅力

甘孜州的地域文化、红色文化、佛教文化和生态文化对我们这个民族、国家和个人增强文化自信都有着重要作用。甘孜州乡村文化赋予人奋发昂扬的正能量，使人们的精神生活更加多姿多彩，并帮助人们形成科学的世界观、健康的人生观、正确的价值观，从而对每个人的成长有着十分关键的作用。

（五）甘孜州乡村文化孕育守护着康巴文化的精髓

在悠久的历史长河中，甘孜州乡村文化中一系列的优秀价值观念都是中华民族的传统美德，不仅维护着甘孜州良好的社会秩序，还具有坚韧而持久的生命力。甘孜州民俗文化体现了天人合一、人与自然和谐相处、顺应天时的理念，在新时代将焕发出更强大的生命力。甘孜州农牧区的每个节日都有着不同的意义，比如跑马节、旺果节、白色灌礼节、蒙乖节、嘉绒风情节等，在人们庆祝这些节日的过程中，人与人、人与自然、人与社会成为联系密切的共同体。

（六）甘孜州的乡村文化涵养呵护着宝贵的文化遗产

千百年来，甘孜州的先民们创造了灿烂多彩、底蕴深厚的康巴文化。无论民居服饰、宗教建筑，还是表演艺术、藏医药等，无论民俗活动、礼仪节庆，还是口头传统、传统手工艺等一系列非物质文化遗产，都是宝贵的文化遗产。

二、甘孜州乡村文化的现状及问题

（一）甘孜州乡村文化的现状

1. 推动移风易俗、树立文明新风

树推典型，榜样引领，文明新风吹拂在雪域高原的每个角落，政府深入实施 3 100 余场次以激发群众脱贫攻坚内生动力为主要目的的“润育工程”，群众自治组织依法组建 560 余个红白理事会、道德评议会，修订完善 1 700 余个《村规民约》，持续壮大 35 个“幸福美丽生态文明示范村”新风培育阵地，使甘孜州农牧民靠勤劳的双手过上幸福美好生活。

2. 深化文明创建，涵养新风正气

美化乡村环境，培育乡风文明，开展结对帮扶，建好惠民项目，深化志愿服务，农牧民群众获得感、幸福感不断提升，文明的种子撒遍甘孜大地，文明之花竞相绽放。418 个州级以上“文明村镇”、23 户州级以上“文明家庭”、农家书屋、文化院坝等，绘就了一幅文明甘孜的美丽画卷。

3. 深入实施文化惠民工程

2018 年，甘孜州举办“送文化下乡”活动 2 092 场，创作文艺精品 300 余件，

6件获国家和省级表彰，5项“非遗”技艺纳入国家传统工艺振兴目录。建成县级应急广播平台6个、广播“村村响”382个、村文化室463个。大力开展的“送文化下乡”活动，以优秀文化鼓舞人、激励人，着力夯实长治久安的思想基础。

（二）甘孜州乡村文化振兴面临的问题

随着社会进步、城乡提升、幸福美丽新村建设，质朴的优良传统、乡风民俗苏醒，但是一些文化问题是当前许多社会问题的根源。甘孜州乡村文化主要存在以下几方面的问题：①文化规划缺位，理念滞后；文化设施重建轻管，效能不高；文化资源挖掘不深，业态不新；文旅融合不深；文化机制创新不够，政策不匹配。②重视不够，投入低；缺乏文化自信，道德滑坡、涉农犯罪、陈规陋习依然存在。③重物质轻精神文化。急功近利，忽略了农牧业的生态价值；原本密切的邻里关系、温暖诚信、守望相助、疾病相扶的美德正被一些冷漠猜忌、情感疏远等现象所侵害；丰富的节庆活动逐渐消失，传承千百年的传统技艺濒临失传。④近代以来，在文化上进退失据，既没有很好地传承自己的文化，也没看到其他文化的优点。⑤“一懂两爱”的乡村文化人才和领导缺乏。

三、甘孜州乡村文化振兴的路径思考

只有站在时代前沿，涵养新风正气，精神文明建设才能发挥更大威力。要加大扶持力度，教育培训农牧民群众，重建基础秩序，坚持顶层设计与基层探索良性互动，做到全面动员与有序推进、政府主导与农牧民主体相结合、文化事业与文化产业相结合。甘孜州乡村文化振兴要做好以下方面：一是充分发挥乡村文化阵地作用，提升公共文化服务效能。二是用优秀传统文化反哺乡村振兴。三是继承和发扬红色文化和康巴文化。四是增强文体活动凝聚力，提振精气神。五是融合提升，大力发展乡村文化旅游。六是保护乡村的传统风貌、文物古迹、历史建筑、传统建筑等历史文化资源并提升到战略高度。七是创新乡村文化建设，发挥引领作用，创意生活。

甘孜州的乡村文化充分展示了甘孜州农牧民的情感、道德、理想、信念和追求，反映了农牧民的价值追求、交往方式、文化理念，体现了劳动人民的智慧和无限的生命力，是民族精神的集中反映。乡村文化是中华文化的活水之源，随着城镇化的推进，“城市病”日趋凸显，人们的精神家园迷失。大美甘孜充满诗情画意的田园风光和神秘奥妙的宗教文化成了生活节奏紧张的“城市人”向往的香巴拉。

农耕文明和游牧文明是甘孜州乃至中国传统文化的本源与属性，是经典文化形成的根基。甘孜州乡村文化振兴有利于增强乡村振兴的凝聚力、向心力和创造力，并加强中国共产党在甘孜州的乡村思想文化阵地建设，提高农牧民科学文化和思想道德水平，满足农牧民群众精神文化需求，为乡村振兴提供精神动力和智力支持。

参考文献

［1］周轩. 筑牢基石聚心力：2018年甘孜州精神文明建设工作综述［N］. 甘孜日报，2019-01-30（03）.

［2］杨豪中，李媛，杨思然. 保护文化传承的新农村建设［M］. 北京：中国建筑出版社，2015.

发展农村集体经济
助力甘孜藏族自治州乡村振兴

龚　燕[①]

摘要：新时期我国社会的主要矛盾发生变化，转化为人民日益增长的美好生活需要和不平衡不充分发展之间的矛盾。其中，最大不平衡是城乡发展不平衡，最大不充分是农村发展不充分，为此，国家作出了实施乡村振兴的决策部署。乡村振兴的实质就是要推动乡村社会政治、经济、文化、社会、生态文明建设，农村经济高质量发展是其关键环节。经济高质量发展就是要实现产业的转型升级，而在市场经济日益成熟的今天，仅依赖农户个体参与市场竞争，其力量较薄弱，对大市场有诸多的不适应，因而在乡村振兴的过程中，要实现产业转型升级，必须发展农村集体经济，实现集体资产的保值增值和公平公正的收益分配。

关键词：乡村振兴　农村集体经济　经营主体

随着我国现代化建设的推进，我们党对农村集体经济的认识在不断深化，多次在党的重要会议中对发展农村集体经济提出了具体要求。在实施乡村振兴战略的过程中，我们一定要清楚地认识到发展农村集体经济对甘孜藏族自治州（以下简称甘孜州）的重要作用，并且在实践中不断促进农村集体经济的发展。

一、甘孜州农村集体经济的发展现状

近年来，甘孜州发展农村集体经济的意识有所加强，不断创新模式加强农村集体经济的发展，农村集体经济实力逐步增强。但由于历史原因和区位劣势，农村集体经济发展较落后，2017 年全州 2 679 个村中，有收益的村为 1 725 个，无收益的村为 954 个，无收益的村占比接近 36%。虽然对农民合作社、家庭农场、种养大户等新型经营主体培育加强，其数量不断增多，农村集体经济有了赖以发展的组织基础，但农村集体经济组织规模较小，经营方式单一。现有的农村集体经济多数仅依赖于村集体统一管理的集体资产，通过出让使用权、租赁经营的方式获取集体经济收入，对与市场接轨的生产、销售不能很好地把握，不能产生较好的经济效益，集体经济的收益在农村经济收入中所占的比例较低、总收益少。

---

① 龚燕，中共甘孜州委党校。

二、甘孜州发展农村集体经济的重要性

（一）发展甘孜州农村集体经济，有助于实现农业现代化

目前，甘孜州农牧区大部分还是以家庭承包为主的分散经营，分散经营使农业生产存在一背篼装不下，一拖拉机拉不满的局面，还处于传统农业的发展状态，这样不利于形成适度规模经营，也不利于与市场接轨，更不利于生产效益提高和农牧民收入增加。发展农村集体经济，有助于把分散的农民组织起来形成较大规模的产业基础，并把他们与市场化农业生产有效地联系起来，推动农业规模化、市场化、集约化发展，从而逐步实现甘孜州农牧业的现代化。

（二）发展甘孜州农村集体经济，有助于农牧业生产发展

由于甘孜州经济水平不高，用于农牧业生产的资金相对短缺，甘孜州乡镇大部分为高寒、高山峡谷地区，农牧业生产条件很差，如农牧区水、电、路、农田水利设施的历史欠账多，仅靠国家的财政投入难以解决农业基础建设的困境，甘孜州农牧区一定要增加自身的造血功能，大力发展村集体经济，逐步加大村集体资金的积累，以便有能力改善农牧业生产条件，为农牧业生产发展助力添瓦。

（三）发展甘孜州农村集体经济，有助于提高农牧民的获得感和幸福感

目前，甘孜州农牧民的收入与全省和甘孜州城镇居民的收入相比较，差距较大，2018 年甘孜州农牧民人均可支配收入为 11 555 元，是四川省的最后一名，且与甘孜州的城镇人均可支配收入 31 972 元相比差距也较大，多年处于低水平的状态。发展农村集体经济，不仅可以提高农牧民的收入，而且集体也有更多的资金来为农民提供更多更好的公共服务，从而多方位提高农牧民的获得感和幸福感。

（四）发展甘孜州农村集体经济，有助于促进精准脱贫和乡村振兴

甘孜州是全国的深度贫困地区，许多贫困户自身没有能力改变贫困的状态，只有靠外力来使其改变，因此，要发展壮大集体经济，形成合理的利益联结机制，从而增加贫困人群的收入。同时，还可以通过参与集体经济的劳动，用先进的经营理念和劳作方式带动贫困户提升能力，最终使甘孜州在 2020 年顺利实现精准脱贫。另外，乡村振兴的首要任务是实现乡村的经济发展，农村集体经济是乡村经济的重要组成部分，通过发展农村集体经济可以有效促进农村的经济发展，进而促进乡村振兴战略的实施。

三、甘孜州发展农村集体经济的路径探讨

（一）发挥政府作用，引领集体经济发展

由于甘孜州农村集体经济处于弱势地位，而且许多村在区位、人才等方面也处于劣势，要在这种状态下发展农村集体经济，一定要加强政府对农村集体经济发展的引导，必须统筹各级、各部门的力量，落实责任，切实发挥州、县、乡三级的主导作用，形成合力。政府应从以下几方面发挥作用：为每一个村制定好切实可行的

农村集体经济的发展规划；在金融、税收、农业、土地、科技等方面出台支持农村集体经济发展的优惠政策；注重非贫困村集体经济的发展；承担好提供优质服务的责任。

（二）加强班子建设，培育集体经济发展带头人

一是优选、配强村级领导班子，打破用人的限制，把优秀的人员选拔到村“两委”班子的主要领导岗位上来，真正让每一个村有1~2名带头人带领发展农村集体经济。二是加强对班子成员的培训和管理，利用多种形式开展农村经济相关知识的培训，学习别人的先进经验，提升发展村集体经济的能力。三是对班子成员发展集体经济的工作要加以考核，按考核结果奖优、促改。

（三）释放改革红利，创造集体经济发展条件

甘孜州扎实推进农村土地承包经营权确权登记，大力推动集体产权制度改革，为农村集体经济的发展创造了条件。但随着农村集体经济进一步发展的需要，我们更应该加强农村土地制度改革落地落实，创新性地提高甘孜州农村集体资源的利用率，通过流转、招商引资等方式吸引外来企业入驻本土，从而促进农村集体经济的保值、增值。

（四）创新发展模式，促进集体经济发展

一是必须坚持新型农业经营主体的数量和质量同步提高。通过出台完善的扶持政策，大力培育各类新型农业经营主体，增加新型农业经营主体的数量，为发展集体经济储备力量；通过制定和严格执行管理制度，推行民主管理和监督来规范新型农业经营主体；通过发展规模化的生产和市场化的竞争，来不断提升新型农业经营主体的能力。二是整合各类农牧业发展资金，发展农村集体经济。甘孜州各个村都有各类农牧业资金，如果单独使用这些资金，不能达到预期的目的，我们应该创新思路，把这些资金打捆使用，做大做强集体经济。三是采取飞地模式发展集体经济。甘孜州与其他区域不同，许多乡都处在自然条件恶劣、基础设施落后的区域，发展农村集体经济较困难，应创新思维，借鸡生蛋，在政府的统筹下，选择自然条件较好的区域，将各村纳入产业发展范围，固化形成村的集体资产，并参与入股分红，以壮大集体经济。四是借力对口援建地区、单位和第一书记，发展集体经济。充分利用对口援建地区、单位和第一书记拥有的资源优势，发展集体经济。

（五）探索发展途径，增加集体经济收入

甘孜州每个村的资源禀赋、经济基础、人才资源都不一样，发展农村集体经济最主要的是立足资源，尊重市场经济规律，选择适合自己的发展途径。一是以适度规模经营，发展特色产业。结合全州两个百万亩（1亩=0.066 7公顷，下同）和脱贫攻坚百公里（1公里=1千米）绿色生态产业带建设，加大土地流转的力度，引导农牧民以土地承包经营权折股入社或交给集体经济组织统一经营等形式，引导土地承包经营权向种养大户、专业合作社、企业等转移，发展高原特色差异化农牧业产业。二是兴办服务业，以资源、资金、技术、人才等成立专业合作社，发展农村服务经济。利用乡政府所在地或旅游小镇，组织开展农资供应、农机农技、劳务用工、仓储运输等农业社会化服务。三是发展休闲、乡村旅游、森林康养等新业态。

依托甘孜州的生态、独特文化、旅游资源，积极发展特色“农家乐”、生态休闲、康养、民俗文化等旅游项目。四是发展集体物业经济。利用闲置办公用房、校舍、广场等开展租赁经营；有条件的地方利用集体资金置办商铺店面、仓储设施、厂房等物业，开展租赁经营，增加集体经济收入。

参考文献

［1］李怀印. 乡村中国纪事：集体化和改革的微观历程［M］. 北京：法律出版社，2010.

［2］张晓山，李固. 中国农村发展道路［M］. 北京：经济管理出版社，2013.

［3］方志权. 农村集体经济组织产权制度改革若干问题［J］. 中国农村经济，2014（7）：4-14.

［4］胡勇. 加快贫困地区脱贫致富的基本思路和对策建议. 宏观经济管理，2011（8）：27-29.

［5］田琛，王习农. 发展壮大农村集体经济的现状、问题与对策建议：以新疆新和县为例［J］. 中国集体经济，2014（34）：1-3.

浅谈甘孜藏族自治州乡村产业振兴问题

李琼英[①]

摘要：乡村振兴战略是新时期做好“三农”工作的总纲领。当前，乡村普遍面临发展滞后的严峻形势，甘孜藏族自治州（以下简称甘孜州）显得更为突出。习近平总书记指出“小康不小康，关键看老乡”，实施乡村振兴战略，首要任务是产业兴旺。甘孜州随着雅康高速贯通，全州通乡柏油路和通村硬化路建设基本实现“两个100%”，为甘孜州乡村振兴带来前所未有的契机。本文就甘孜州乡村振兴的现状和问题、发展路径谈谈自己的看法。

关键词：甘孜州　乡村　产业振兴　现状　路径

一、概述中国乡村产业振兴

（一）中国实施乡村产业振兴的战略背景

习近平总书记指出：“小康不小康，关键看老乡”。实施乡村振兴战略，首要任务是产业兴旺，只有坚持产业引领，激活乡村振兴的一池春水，才能确保农民增收致富。中国是一个农业大国，最艰巨最繁重的任务在农村，最大的潜力和后劲在农村。党的十八大以来，党中央坚持把“三农”问题作为全党工作的重中之重，进行农业供给侧结构性改革。随着农业供给侧结构性改革的推进，农业呈现出新产业、新业态、新模式等特点，开创了新局面。党的十九大站在新的历史起点上，提出坚持农业农村优先发展，提出了“产业兴旺、生态宜居、乡风文明、治理有效、生活富裕”20字总要求，并写入党章。因此，没有产业兴旺的乡村振兴，无异于无源之水、无本之木。

（二）实施乡村产业振兴的战略价值

1. 乡村富庶，重现盛世历史

历史上，乡村的富庶是我国盛世历史的标志，而我国现今乡村面临着凋敝和衰落的客观事实。乡村振兴战略的提出，旨在以此来激发乡村发展活力，增强乡村吸引力，是对乡村地位和作用的肯定，也体现了我国农村在实现中国伟大征程中历史与现实的统一。

2. 为建设美丽中国提供基础

中国要美，农村必须美。农业是生态产品的重要供给者，乡村是生态涵养的主

① 李琼英，中共甘孜州委党校。

体区。农村环境不美，食品安全很难得到有效保障。农业强不强，农村美不美，农民富不富，关乎亿万农民的获得感、幸福感、安全感，关乎全面建成小康社会全局。

3. 守护中华“文化之根”

农村是我国传统文化的发源地，中国传统的农耕文化绵延几千年，这是我国实施乡村振兴战略的灵魂，也是乡村振兴的根。中华文明根植于农耕文化，乡土文化的根不能断，农村不能成为荒芜的农村、留守的农村、记忆中的故园。乡村振兴战略为繁荣中华文化提供了前所未有的契机。

4. 保障社会主义现代化的实现

当前农业农村基础差、底子薄、发展滞后的状况尚未根本改变，农民仍然很多、仍然不富裕、仍然很辛苦。目前，在农村三大产业融合发展深度不够，农业供给质量和效益亟待提高等问题比较突出，没有乡村振兴和现代化，就不会有国家的现代化。

二、甘孜州乡村产业振兴的现状和问题

（一）甘孜州乡村产业振兴建设现状

甘孜藏族自治州，位于四川省西部，总面积 15.3 万平方千米，辖 325 个乡（镇），2 679 个行政村。其地貌具有地势高亢、山川平行相间、地域差异明显等特征。甘孜州地域辽阔、风景优美、资源富集，是世界人文生态旅游的理想圣地。随着雅康高速、甘孜格萨尔机场的建设贯通，通乡柏油路和通村硬化路建设基本实现“两个 100%”，为甘孜州乡村振兴带来前所未有的契机。

甘孜州委州政府，根据甘孜州偏僻的地理位置和相对落后的经济发展现状，紧紧围绕乡村振兴战略 20 字总要求，2017 年在大渡河流域的康定、泸定、丹巴三县（市）率先开展乡村振兴示范区建设，围绕“一轴三线三片+西山东水中名城”的空间布局，涉及大渡河康养谷“一核七园”的 124 个村开展建设，取得了比较好的成效。如康定章古村通过流转土地，发展现代农业产业综合示范园。项目建成后，高原特色食用菌及蔬菜大棚喷灌区年产值 250 万元、特色农林果木产业种植区年产值 300 万元、高原特色中藏药材种植区年产值 800 万元、农产品加工园年产值 300 万元、休闲观光旅游区年产值 350 万元，取得很好的示范作用。泸定县着力加快小康、活力、红色、康养泸定建设确定了“两桥三山一带多点”空间布局，涉及 95 个村，发展核桃、水果特色产业。如杵坭乡杵坭村村民借着乡村旅游发展的东风，借助电商和乡村旅游，通过示范区建设，短短几年，从一个贫穷落后，变成了现在“赏花品果、修身养性”就到杵坭的乡村旅游名片。年人均纯收入由 2011 年的 4 008 元上升到 2018 年的 12 000 元，从传统农业为主发展成生态、高效观光立体农业。

（二）甘孜州产业振兴存在的问题

甘孜州特殊的地理位置，导致全州主要是以超小农户为主要农牧经营主体。据调查显示，甘孜州乡村人口 90.81 万人，绝大多数都是小农经营，农户户均承包耕地 6 亩左右，这种小农户的经营缺陷与我国农业供给侧结构性改革、满足消费升级

需要等不相适应，存在着一些亟待解决的问题。

1. 市场竞争激烈，中小农户经营成为牺牲品

甘孜州小农户生产和经营面对庞大的市场和复杂的自然环境处于被动地位，以至于农产品滞销或者价格不能弥补成本，导致农业生产经营陷入困境，甚至演化为贫困。加之目前工商资本凭借资金、渠道等优势进入农业农村，小农户作为单个生产主体对农产品交易的大市场获得信息的能力也弱，小农户生存与经营必然竞争不过产销大户和涉农企业，从而引起农产品供给和需求不平衡，给农牧民带来一定的损失。

2. 生产规模小，不能满足市场的需求

我国居民消费升级，对高质量农产品的需求增大。但小农户由于规模小、分散经营，不能实现标准化生产、品牌化经营、批量性供应，很难满足城市对食品安全的需要。同时，小农户被挤压在收益低的种植业环节使经营收益低，更多的小农户从事农业生产的积极性不高，导致甘孜州农牧民增收主要来自非农收入。

3. 缺乏先进技术，经营风险过大

现代农业是建立在先进技术的基础上，需要不断更新品种、使用新型种养殖技术。对甘孜州兼营、老人、自给经营的小农户来说，即没有引进的实力，也没有掌握的能力，科技入户的“最后一公里”问题，始终困扰着小农户参与现代农业发展。同时，由于现在的小农户多为传承主辈的耕作经验，面对现代品种的种植存在技术的不完善或者缺失，给农户带来一定损失。

三、甘孜州乡村产业振兴路径

2018—2022 年，是实施乡村振兴战略的第一个五年，甘孜州作为经济发展相对落后的民族地区，如何依托丰富的自然资源，借助大渡河乡村振兴示范区经验，念好“山字经”，做好“水文章”，唱好“林中曲”，成片成带成规模发展特色产业，有力推动群众致富和乡村振兴，是值得思考的问题，笔者就甘孜州产业振兴的路径提出几点建议：

（一）依托“龙头企业”带动小农经营

由于甘孜州地域辽阔，乡村资源禀赋、发展水平、地理条件等存在巨大差异，必须根据自身产业基础和人文历史、地域特色资源优势，按照“宜农则农、宜旅则旅、成片打造、统筹整合”原则搞好规划，因地制宜设计乡村振兴路径，通过试点先行、示范带动，集中力量优先打造一批特色产业基地、特色小镇和特色村落。“产业兴旺”逐渐从点状向面式铺开，不搞一刀切和齐步走，依托新型农业经营主体龙头和现代产业园区聚集效应带动小农户致富增收。

（二）遵循市场化契约规则，创新利益联结机制

农业产业化经营的基本原则应该是强调让利农民，将农户纳入农业产业化经营链条的每个环节，从而实现经营主体与农牧民双赢目标，因此必须创新利益联结机制。甘孜州应以农牧民赖以生存的村庄为主战场，瞄准外地市场，打造国际乡村旅

游目的地和藏区，坚持“资源、内涵更丰富、准备更充分”，利用“公司（景区）+合作社+农户”等模式，将三大产业完美融合，提供优质产品，解决小农一家一户干不了、干不好的事情，提高农业生产的组织化程度，从而带动、提升、保护小农户，让农牧民有参与、能分享，不断融入产业，让农牧民真正成为产业发展的最大受益者，为农牧民打造“铁饭碗”。

（三）发挥政府作用，开展“开放式平台型”小农户衔接模式

乡村生产空间是以提供农产品为主的国土空间，兼具生态功能，政府应围绕保障国家粮食安全和重要农产品供给充分发挥各地比较优势，同时发挥政府“整合”和“撬动”两种作用，统筹推进农业产业园、科技园、创业园等各类园区的建设，让返乡农民和大学生真正找到用武之地。通过农牧民将资源入股专业合作社，变资源为资产，变资产为资本，让人看得见山、望得见水，践行新发展理念和高质量发展产业的要求，从而有力地实现助农增收。

（四）强化基层党建引领作用，推广“党建领动聚合型”小农户衔接模式

新时代走好乡村振兴之路，党建引领是根本，发挥驻村“第一书记”帮扶指导作用，积极探索发展新型合作农场新模式。选优配强支部书记，发挥“小郎中”作用。建强一个支部，通过党支部引领、党员垂范、重点突破，把脱贫攻坚与乡村产业振兴相结合，大力宣传圣洁甘孜品牌，展现圣洁甘孜良好形象。

参考文献

［1］周洪双，李晓东．大渡河畔产业兴［N］．光明日报，2019-06-11（04）．

推进生态产业融合发展
助力甘孜藏族自治州乡村振兴

汤红蒂①

摘要：乡村振兴战略核心就是要构建农业与第二、第三产业交叉融合的现代产业体系，形成城乡一体化的农村发展新格局，促进农业增效、农民增收和农村繁荣。根据甘孜藏族自治州（以下简称甘孜州）州情，旅游资源和特色农牧资源优势突出，随着全域旅游战略的深入实施，农旅融合的空间十分巨大，但由于经济基础差、起步晚，甘孜州农村三大产业融合还仅仅处于初级发展阶段，融合程度低、层次浅，新型经营主体发育较慢，产业之间互联互通性不强，需要与时俱进，不断改革，探索新的体制和政策安排，加强生态农牧业与三大产业的深度融合，与精准脱贫相结合，拓宽增收渠道，进一步增加农牧民收入。

关键词：乡村振兴　产业融合　甘孜州

党的十九大报告提出要实施乡村振兴战略。促进农村三大产业融合发展，支持和鼓励农民就业创业，拓宽增收渠道，坚决打赢脱贫攻坚战，核心就是要构建农业与第二、第三产业交叉融合的现代产业体系，形成城乡一体化的农村发展新格局，促进农业增效、农民增收和农村繁荣。

甘孜州特殊的地理位置孕育了优越的自然资源和旅游资源，但长期以来，由于自然环境限制，全州资源开发程度较低，经济社会发展相对缓慢，加之处于国家限制开发地带，甘孜州经济发展一直滞后，农牧业现代化程度低。由于可耕种土地稀缺，推广和平原地区一样的发展模式肯定是不可行的，只能大力发展高效农业、生态农业、观光农业，坚持打生态牌、走特色路，用特色打造品牌、用品牌打造精品、用精品占领市场，走产出高效、产品安全、资源节约、环境友好的现代农业发展道路，通过不断推动三大产业融合，实现农业向全链条增值和品牌化发展转型。随着甘孜州“三创联动”战略实施，创建国家全域旅游示范区、国家生态建设示范区、全国民族团结进步示范州目标深入人心，特色农牧产品、观光农牧业将越来越受到旅游消费者青睐，发展生态产业，促进融合发展是甘孜州实现乡村振兴战略的不二选择。

为贯彻落实乡村振兴战略，甘孜州已编制完成州、县两级乡村振兴规划，突出

① 汤红蒂，中共甘孜州委党校。

"成都后花园·康养加休闲"定位，建设大渡河流域乡村振兴示范区，确定重点打造示范村282个，首批39个已全面开工，成为四川藏区乡村振兴示范工程，取得了初步成效。目前甘孜州州内农村三大产业融合仅仅处于初级发展阶段，融合程度低、层次浅，新型经营主体发育较慢，产业之间互联互通性不强，需要与时俱进，不断改革，探索新的体制和政策安排，在今后的工作中，还需要从以下几方面推动产业融合：

一、加大资金投入，探索体制创新

一是财政部门应积极向上级部门争取财政支农资金，整合项目资金，统筹整合涉农项目资金向同一区域、同一项目群、同一项目链集中，切实改变各自为政、分散投入的状况。二是继续深化农村金融体制改革，在确保政策性金融供给的同时，积极开展金融制度创新，引导金融系统加大对从事特色农产品生产、加工、储藏、保鲜、运销的企业和农民专业合作经济组织的支持力度，不断增强产业开发后劲。建立多方投入机制，采取担保贴息、以奖代补、民办公助、风险补偿等方式，让财政资金撬动金融资本、工商资本、社会资本共同投向农业农村，改变农业产业投入本身不足、资金力量薄弱、发展推力不够的困境。三是创新融资方式，以农旅互动、美丽新村建设为载体，推进农民房屋、生产要素为主的产权流转改革试点，研究探索农房、宅基地等资产以转让、合作、出租等形式进行流转，让这些资产变成商品、变成股份、变成资本，发挥更大的效益，创造更大的价值，促进农牧民增收致富。

二、以全域旅游带领加强三大产业融合

以全域旅游为指引，农区重点发展精准效益农业、半农半牧区重点发展特色种养业、牧区重点发展生态畜牧业、旅游环线重点发展休闲观光农业和乡村旅游业。力争把特色产业打造成景观，把产业基地打造成景点，把特色农产品打造成旅游商品，把国道318线、317线和重点旅游景区打造成休闲观光农业产业带和中国最美景观大道。大力发展特色农作物种植、农产品产地加工、农村电子商务、农村健康养老服务、文化创意等农牧区新兴产业和新型业态，培育打造一批具有高原藏区民族风情的农业主题公园、休闲农庄、民族风情村，打造"成都后花园·康养加休闲"的旅游目的地，在不断为市场提供有民族特色、有地域特点、有文化内涵和品位的多元化产品的同时，多渠道增加农牧民收入。

三、培育多元化产业融合主体

进一步加大对外开放力度，制定优惠政策，引进外部资金、技术和项目，特别是具有较强实力的国家级、省级重点龙头企业，扩大合作领域，坚持互利互惠，共同发展。根据甘孜州州内各地实际，不拘泥于形式，不管是龙头企业、专业大户、

专业协会，只要与农民有比较稳定合理的利益联结，能够带动农户和生产基地，使农民从产业化经营中真正得到实惠，就应该一视同仁地给予扶持。鼓励现有国有企业、乡镇企业充分利用自身优势和现有基础，积极兴办农副产品加工和流通，从农牧产品初加工向深加工、精加工发展，提高产品附加值。加快打造“圣洁甘孜”品牌发展战略，推进特色农牧产业规模化、集约化、商品化、市场化发展。鼓励新型经营主体探索融合模式，创新商业模式，培育知名品牌。政府在工商登记、土地利用、品牌认证、融资租赁、税费政策等方面给予优惠。

四、大力支持发展多种类型的产业新业态

在现在这个科技作用越来越大，发展日新月异的时代，不重视新兴的科学技术就意味着落后吃亏。目前，在甘孜州交通设施等硬件还不是很完善的情况下，绕开短板，更多利用网络、手机、媒体等新兴技术手段来宣传推销自己，探索“互联网+现代农业”的业态形式，支持发展农村电子商务，鼓励新型经营主体利用互联网、物联网技术，扩大农牧产品销路，打造优质品牌。搭建网商交易平台，拓展新的市场，增加农牧民收入。充分利用甘孜州得天独厚的历史、文化、民族以及现代元素，对传统农业种养殖方式、村庄生活设施面貌等进行特色化的改造，鼓励发展多种形式的创意农业、景观农业、休闲农业、农业文化主体公园、农家乐、特色旅游村镇。

五、建立产业融合发展的利益协调机制

建立互惠共赢、风险共担的紧密型利益联结机制，保障农民和经营组织能够公平分享三大产业融合中的“红利”。完善订单农业，进一步规范合同内容，严格合同管理，鼓励支持新型经营主体与普通农民签订保护价合同，并按收购量进行利润返还或二次结算。支持农户与新型经营主体开展股份制或股份合作制，确定利益联结分配协定，并不折不扣予以执行。鼓励有条件地区开展土地和集体资产股份制改革，将农村集体建设用地、承包地和集体资产确权分股到户，鼓励农商双向合作，强化“农超对接”；支持新型经营主体和农民利用“互联网+”、金融创新建立利益共同体，最终实现创收增收。

六、强化资源要素保障

一是人才队伍建设。结合行政事业单位机构改革，推进人才激励机制的建立，为科技人员发挥知识技能创造良好的外部环境。从大专院校、科研院所等长期或短期引进高级专业人才，充实到农技服务队伍，为产业发展提供智力支撑。每年通过职业教育培训、职业农民培训，培育出专业技术人才和一批新型职业农民队伍。二是完善现有的农产品交易市场，在此基础上，建立甘孜州统一的大规模农牧新产品市场，同时，注意配套的通讯、金融、仓储等设施的完善，为农民及相关公司及时

提供信息，对市场进行建设和有效管理。三是通过政府号召，树立典型、鼓励创新，营造良好的创业氛围，积极引导和支持返乡农民工、大学毕业生、专业技术人员等各类“创客”投身乡村发展，围绕特色种养业及其加工业、现代服务业、休闲农业、农村电子商务、特色生态旅游业、“互联网+扶贫”等产业开展创业。引导返乡人员与精准扶贫项目有效对接，吃上“旅游饭”，摘掉“贫困帽”。

参考文献

［1］甘孜藏族自治州统计局. 甘孜藏族自治州 2018 年国民经济和社会发展统计公报［N］. 甘孜日报，2019-03-11（02）.

［2］甘孜州政府办公室. 甘孜州“五个一批”推动农业产业发展提档升级［EB/OL］.［2019-02-25］. www.gzz.gov.cn/gzzrmzf/c100031/201902/81e696002e96464a9ed2824be29bafee.shtml.

［3］肖友才. 甘孜藏族自治州政府工作报告［EB/OL］.（2019-01-07）［2019-01-22］. www.gzz.gov.cn/gzzrmzf/c100024/201901/cb61c287f47f4d479952d99959594822.shtml.

乡村振兴战略广安实践的调查研究

潘福兴[①] 杨 湖[②]

摘要：乡村振兴作为一个国家战略，每个地方在贯彻执行的过程中遇到的情况肯定会有差异。只有结合地方实际，找到困难的根源，制订适合本地条件的科学方案，才能将国家政策对接落地，才能找到乡村振兴的活力和源泉。基于此，本课题组通过调研基本摸清了广安市在实施乡村振兴战略中遇到的具体困难，为下一步广安市实施乡村振兴战略把脉开方提供了基本遵循。

关键词：乡村振兴 广安实践 因地制宜 调查研究

为了全面贯彻落实党的十九大和中央农村工作会议精神，推动广安市县域经济发展，促进广安市农村繁荣发展，广安市委市政府在2018年年初颁发了《中共广安市委 广安市人民政府关于实施乡村振兴战略 加快推进农业农村现代化的意见》(征求意见稿)。该文件按照“产业兴旺、生态宜居、乡风文明、治理有效、生活富裕”的总要求全面铺开，内容非常丰富，但是美中不足是没有很好地结合广安市的实际情况，指明广安市在实施乡村振兴战略具体有哪些困难，针对性不强。众所周知，乡村振兴作为一个国家战略，每个地方在贯彻执行的过程中遇到的情况肯定会有差异。只有结合地方实际，找到困难的根源，制订适合本地条件的科学方案，才能将国家政策对接落地，才能找到乡村振兴的活力和源泉。基于这样的考虑，本课题组通过发放问卷、深入基层走访、个别座谈和查询文献资料等方法，获得了广泛真实的数据，基本摸清了广安市在实施乡村振兴战略中遇到的具体困难，为下一步广安市实施乡村振兴战略把脉开方提供了基本遵循。

一、调研数据基本情况

为了摸清楚广安市实施乡村振兴战略到底遇到了哪些具体困难，本课题组对广安市管辖的“两区一市三县”的151位乡镇长进行了问卷调查，另外还走访了6个乡镇，访谈了3位乡（镇）长，获取了一批数据，具体情况为：在问卷中，课题组围绕“广安市目前乡村振兴战略面临的突出问题”设计了两道选择题：“您认为你所在的乡（镇）乡村振兴的关键有哪些”“您认为你所在的乡（镇）影响乡村振兴

---

① 潘福兴，中共广安市委党校。

② 杨湖，中共广安市委宣传部。

的因素有哪些”和一道主观题：“您所在的乡（镇）在实施乡村振兴战略中遇到的具体困难有哪些”。通过对这些答案的统计，151 位乡（镇）长给出了规划不合理、政策不配套、人口结构失衡、资金严重不足、农村产业单一、农村资源有限、村民素质低下、基层干部动力不足、制度朝令夕改、乡风文明落后等答案。其中排在前四位是：农村产业单一，占比为 100%；资金严重不足，占比为 98%；人口结构失衡，占比为 92.7%；乡风文明落后，占比为 89.4%。

二、广安市实施乡村振兴战略面临的突出问题

通过对 151 份问卷的统计分析，广安市实施乡村振兴战略面临的突出问题主要体现为农业产业单一、资金缺乏、人才结构失衡和乡风文明落后四个方面。

（一）农村产业依然以农业为主

党的十九大报告提出，要坚持农业农村优先发展，按照“产业兴旺、生态宜居、乡风文明、治理有效、生活富裕”的总要求，建立健全城乡融合发展体制机制和政策体系，加快推进农业农村现代化。既然把“产业兴旺”作为乡村振兴战略的首要任务，那么乡村振兴让经济发展起来，必须首先实现产业兴旺发达、百花齐放，然而广安市农村产业依然是以农业为主，第二、第三产业比例非常低且相互融合程度不高。

广安市农村的第二产业主要以农产品加工为主，但是农产品加工业发展明显不足。广安市目前除了白酒、稻米、菜籽等传统加工业外，能提升农产品附加值的精深加工只有蚕桑、花椒、中药材和柑橘等农产品，范围非常有限，与农业发达地区相比差距很大，与广安市作为国家现代农业示范区的地位也很不相匹配，严重影响了广安市农产品的竞争力，进而直接影响了广大农民群众的“钱袋子”和乡村振兴的实现。广安市作为一个农业大市，空气质量较好，农村的自然风光也非常美丽，完全可以大力发展休闲观光、养生养老、民间工艺等第三产业，这样就可以实现三大产业融合。

在问卷中，课题组设计了一道“您所在的乡（镇）的产业比例情况是?”通过对问卷结果的统计，发现第一产业超过 50%的乡（镇）有 143 个，占总乡（镇）数的 94.7%；第二、第三产业超过 50% 的乡（镇）只有 8 个，占总乡（镇）数的 5.3%。这 8 个乡（镇）都有一个特点，就是靠近县城附近，交通区位优势非常明显。总之，以农业为主导产业成为广安市实施乡村振兴战略的一大瓶颈。

（二）乡村振兴项目资金不足

乡村振兴战略重点工程整体推进还需要大量资金支撑，但乡村基层组织底子薄、欠账多、债务积累大，导致经费不足、设施落后等问题仍然存在，发展集体经济、吸引外资和社会融资难度大。

在与三位乡（镇）长的座谈中，他们告诉我们：乡村振兴需要大量资金的投入来带动项目的开发，从而拉动经济的增长和农民收入的增加。然而他们乡（镇）的经济现状是主要靠上级调拨，缺造血功能，再加上基层没有专项的乡村振兴项目资

金，所以干起事情来特别被动。其中，华蓥市禄市镇镇长给我们举了一个例子：他们镇有一个几万亩的黄花梨基地，该梨的口感极好，市场销路不用愁，但是由于没有统一的销售渠道，梨的销售价格不高，一定程度上影响了农民收入的增加。为此，他们镇上领导准备建立一个冷库和华蓥蜜梨加工厂，通过换季销售和深加工来增加黄花梨的附加值，但是苦于资金不到位，所以一直都没有启动该项目。

不仅如此，课题组还走访了两家乡镇企业，通过与企业老板交流，他们说，企业整体运行还比较好，带动了附近很多农民就业，正准备扩大规模生产，但是由于资金欠缺，只好不了了之。企业老板遗憾地说："如果资金充足，就能扩大生产规模，还可以带动更多的农民就业增收，为乡村振兴贡献自己的一份力量。"

（三）农村人口结构失衡

通过对岳池县苟角镇镇长进行座谈，他告诉我们，他们乡（镇）在实施乡村振兴战略遇到的最大困难就是农村人口结构失衡。这里的"人口结构"主要包含四个方面，即人口数量结构、人口年龄结构、人口性别结构和人口学历结构。在人口数量结构方面，随着近几年城镇化建设速度的加快，苟角镇大量人口涌入了岳池县等周边县市，常住人口不到 30 000 人。在人口年龄结构方面，现在常住人口中的 30% 左右为留守儿童，40%左右为 60 岁以上的老人，20%左右为留守中年妇女，10%左右为中年男性（很大一部分都还患有疾病）。总之，大量农村青壮年劳动力转移到了城里。在人口性别结构方面，通过初步统计，男女比例大概为 4∶6。其中，男性、女性占多数的又是儿童和老人。在人口学历结构方面，除开儿童，常住人口的绝大多数学历比较低，一般只有小学和初中文化。很多稍微有点文化水平的青壮年通过考学、参军等途径进入城市，更多的人通过打工的形式离开农村，以摆脱贫苦，提高家庭收入。农村人才严重不足，无形中就形成了"精兵强将走四方，老弱病残务农忙"的局面。

不仅如此，课题组在对华蓥市中和乡、前锋区小井乡进行走访调研中，也发现行走在村上的几乎都是老人和小孩，很少见到青壮年劳动力。苟角镇人口结构失衡的四个方面在广安市所有乡镇都有不同程度的存在，这极大阻碍了乡村振兴的发展。

（四）乡风文明落后

乡村振兴离不开乡村文化的繁荣发展，离不开乡风文明建设。乡风文明不仅是乡村振兴的外在体现，而且还是实施乡村振兴战略的铸魂工程。在一定程度上讲，乡风文明就是农村精神文明建设问题。随着全面建成小康社会的时间节点越来越近，农民的物质生活水平发生了很大的变化，精神文化生活质量还需要进一步提升。总之，与丰富的物质生活相比，农村精神文明建设明显落后，乡风文明落后成为乡村振兴中又一个突出的问题。

在问卷中，课题组设计了"您所在的乡镇文化建设存在哪些问题"一题，通过对问卷的统计，发现道德观念淡化、封建迷信屡禁不止、赌博现象习以为常和婚丧嫁娶大操大办四个问题特别突出。第一，道德观念淡化。其主要表现为宗派家族意识明显，乡村民主选举、重大事务决策和管理等方面要受到这些力量的干扰；利己主义明显，把个人利益看得太重要，集体观念弱化；人际关系冷淡，邻里之间相互猜忌，矛盾纠纷较多，特别是在扶贫名额和资金上相互举报。第二，封建迷信屡禁不止。迷信思想和活动在农村普遍存在，每逢一些特定节日，很多农民都要到寺庙烧香拜佛，无法禁止。此外，重男轻女的观念在农村仍然非常流行。第三，赌博现象习以为常。在农闲时节，农民的娱乐活动以打麻将为主，很少参与健康向上的娱乐活动。第四，婚丧嫁娶大操大办。随着农民家庭收入的增多，有些农民开始显排场，遇有红白喜事，就大操大办。甚至有些家庭经济条件并不是很好，完全不顾自己实际情况，相互攀比，造成严重浪费。

三、广安实施乡村振兴战略的对策建议

（一）整合多方力量

乡村振兴是一项复杂的系统工程，单靠某一方面的力量是很难达到的，必须要整合社会各方面的力量，尤其是充分利用改革、市场、科技、党政和群众“五大力量”。

第一，要坚持依靠改革的力量来激发活力，深入推进土地产权制度改革，推动资源变资产、资金变股金、农民变股东，通过改革盘活农村生产要素，促进农民增收，搞活农村经济，让农村创造财富的源泉充分涌流。

第二，要充分发挥市场在资源配置中的决定性作用。由市场决定资源配置是市场经济的一般规律。用好市场这只无形的手，能促进各类城乡生产要素的有效配置，激活乡村发展的内生动力。一方面，要在市场需求的引导下，加速弥补现代农业体系的弊端。要创新农业生产经营体制和机制，促进市场规范化、产业化，促进农业升级，增加农民收入和农村繁荣，不断提高农业综合效益和竞争力。另一方面，根据市场供需变化，调整农业结构。大力推进农业供给侧结构性改革，推进种植业、畜牧业、渔业结构调整，将结构调优、调高、调精，更好适应市场。

第三，要依靠科学技术，充分发挥科技引领作用。这样可以快速实现农村社会经济的发展，缩小城乡差距。首先，要整合科技创新资源的各个方面，完善国家农业科技创新体系、现代农业产业技术体系和农业科技推广服务体系，依靠科技创新来激发农村和农业的新生命力。其次，要扩大现代科技成果在广大农村的广泛应用，切实提高农村科技在各个领域的应用效率和效果。最后，要促进互联网技术、智能化技术和物联网技术等现代科学技术与农业农村的生产生活各方面密切融合，让农民充分享受现代科技成果，从而运用现代科技成果实现乡村振兴。

第四，要发挥党政干部的带头作用，切实加强农村基层党组织建设。“火车跑得快，全靠车头带”，农村要发展肯定离不开基层党员干部这支“领头雁”队伍。对于村社和贫困村的第一书记，要选优、配强、用活，让第一书记及党员在基层工作中唱主角、挑重担，引导广大党员干部在基层建功业。尤其是重点帮扶村、软弱涣散村、集体经济薄弱村，要实现村第一书记和农村工作指导员派驻全覆盖。

第五，要充分调动群众的积极性、主动性和创造性。农民是乡村振兴的主体，所以一定要强化广大农民的主动参与和责任意识。一方面，要提高农民的认识水平。农民的积极性没有得到充分调动的一个重要原因就是思想观念没有转变，对乡村振

兴认识不到位，可以下派干部对他们进行教育。另一方面，要切实提高农民收入水平。增加农民收入是调动农民积极性的关键，同时也是衡量改革成败的最重要标尺，也是检验乡村振兴与否的最核心的要素。

（二）创新农村产业发展

实施乡村振兴战略，产业兴旺是重中之重。

第一，要加强顶层设计，转变思维，统一规划。实现产业兴旺，一定要弄清楚所在乡村的资源优势、区位优势和发展过程中积累的其他比较优势，从而确定该乡村的主导产业。另外，还要加快形成能够充分利用自身资源并符合市场需要的产业结构，着重发展特色产业。这就需要进一步转变思维方式，明确乡村产业形态不是千篇一律的，突破“乡村的产业就是农业”“农业的功能就是提供农产品”的传统思维模式。

第二，要大力提升农产品加工业水平。要把弱势农业转变为强势农业，必须大力发展农产品加工业。优化区域布局，大力推进农产品加工业向重点领域发展，促进加工与生产、加工与销售、加工与园区一体化的结合。大力支持各类企业的发展壮大，特别是加强龙头企业的培育，鼓励工商资本投入，支持大型养殖户、家庭农场和合作社等新型农村企业的发展。

第三，要大力发展农业新产业、新业态、新模式。积极培育“互联网+”“旅游+”“生态+”等农业新产业新业态，推进农村“双新双创”，让农民获得更多实惠。依托农村绿水青山、田园风光、地方文化等资源，大力发展休闲度假、旅游、康养、创意农业，农耕体验，农村手工艺等第三产业，促进农村休闲农业的多元化、个性化发展。

（三）加大资金投入

财政部原副部长胡静林说：“乡村振兴离不开真金白银的投入。”① 实施乡村振兴战略，必须解决钱从哪里来的问题。这就需要从财政、金融、社会资本等多个渠道筹集乡村振兴所需资金。

第一，要加大财政支农投入力度。坚持把农业农村作为财政支出的优先领域，确保农业农村投入持续增加。另外，还要创新财政投入资金的使用方式，提高支农效能。这就既要发挥规划的统筹引领作用，把各类涉农资金尽可能打捆使用，形成合力，又要通过以奖代补、贴息、担保等方式，发挥财政资金的杠杆作用，引导金融和社会资本更多地投向农业农村。

第二，要推动农村金融回归本源。农村资金有一个突出问题就是农村存款相当部分不能在农村转化为投资，而是通过金融机构的虹吸效应快速流入城市，这在很大程度上制约了农村资金的利用。解决这个问题需要从两个方面发力：一方面，建立健全涉农贷款增量奖励政策。对已达到一定比例的农业相关业务的金融机构实行差异化监督评估方法，适当下放县级分支机构审批权限，解决投资“三农”热情不

---

① 李国龙. 财政部：乡村振兴离不开真金白银的投入［EB/OL］.［2018-03-08］. http://rmfp.people.com.cn/n1/2018/0308/c406725-29855008.html.

足的问题。另一方面，优化村镇银行设立模式。完善县市覆盖面，开展农民合作社内部信用合作，支持现有大型金融机构增加县级网点，解决“三农”贷款市场供给不足的问题。

第三，要拓宽乡村振兴资金筹集渠道。鼓励社会资本到农村发展适合企业化经营的现代种养业、农业服务业、农产品加工业，以及休闲旅游养老等产业。比如，根据广安的实际情况，围绕农业农村优势产业进行科学布局，落实支持农业龙头企业发展政策，引导工商资本进入农业农村第二、第三产业，大力推广“公司+合作社+专业农户”现代农业产业发展模式。再比如，推广一事一议、以奖代补等方式，鼓励农民对直接受益的乡村基础设施建设投资等。

（四）加强乡村人才培育和引进力度

第一，要打破城乡二元结构体制，让更多的农村人自愿回到农村，提升农村的人气。有“人”才有“人才”。一个没有人的地方，肯定是没有朝气，也就不会有人才来。实行多年的城乡二元结构体制，使城乡之间的差距越来越大，大量的农村人口为了追求好的医疗、教育等优质资源而涌入城市，导致农村空心化现象非常严重，甚至一些自然村开始有不断消失的迹象。当下中央提出乡村振兴，就首先要打破城乡二元结构体制，有意识地把一些优质资源向农村倾斜，吸引更多的城中人回归农村，提升农村朝气。

第二，提高农村现有人才水平。广安市作为一个农业大市，目前在农村的人口总量还是比较大的，这其中不免会有一些懂农业农村的各类人才。基于此，广安市可以充分利用农村现有的人力资源和各类人才，提高他们的知识、文化、能力水平，造就新时代的农业人才。首先，要造就一支高素质农村干部队伍。乡村振兴战略的落地落实，关键还是靠基层干部，选好乡村党支部、村委会的领头人，提高他们驾驭农业和农村工作全局的水平。其次，要培育新型职业农民。实施新型职业农民培育项目，重点培养农村实用人才，提高农民工职业技能，建立政府主导，部门配合、产业带动的培训机制。全面建立职业农民制度，使农业成为一个有前途的产业，使农民成为一个有吸引力的职业。最后，要打造一支乡村专业人才队伍。广安市农业局、林业局等相关部门可以每个星期组织一批专业技术人才分散到各个乡镇对有这方面需求和能力的农民进行培训。

第三，引进有志于推进农村农业发展的各类人才。农村是大有作为的，再加上很多从农村走出来的大学生对农村还是有很深的感情，吸引这方面的人才回乡创业是大有可能的。鼓励和倡导城市各行各业人士，包括各级领导干部，工商企业界人士，文化、科技、教育、医疗等领域专家学者退休或退职回到家乡，为乡村振兴做出贡献。在广安市乡镇公务员考录中，在坚持公开、公平的原则下，适当提高本地参考青少年的录取比例，让更多优秀的爱家乡，愿意建设家乡的年轻人进入乡镇公务员，为实施农村振兴战略提供源源不断的优秀人才。

第四，创新留住人才的机制。培育、引进人才后，还要解决如何克服当前农村人才留不住的问题。这需要创新留住人才的体制机制。首先，全面落实事业单位离岗创业保留基本待遇制度。鼓励高等院校、科研院所等事业单位专业技术人员到乡村和企业挂职、兼职和离岗创新创业，发挥好各类农业科技人员的作用。其次，建立健全人才关爱机制。用优惠政策、优厚待遇吸引和留住专业技术人员，改善基层农业科技人才的工作环境、待遇。

（五）推进乡风文明建设

乡风文明是乡村振兴战略的重要组成部分，是乡村振兴之“魂”。实施乡村振兴战略，必须高度重视乡风文明建设。只有把乡村振兴与乡风文明建设有机统一，才会增强乡村振兴动力和活力，乡村振兴战略的实施才可能稳步推进。

第一，加强对社会正能量进行宣传报道。充分利用广安电视台、农村广播、宣传栏、宣讲栏、公开栏等农民群众喜闻乐见的形式，深入农村，向广大农村党员和群众宣传党和国家的各项强农惠农政策。以社会主义核心价值观为引领，大力弘扬民族精神和时代精神，加强爱国主义、集体主义教育，推进社会公德、职业道德、家庭美德、个人品德建设，强化农民的社会责任感、集体感，树立振兴乡村事业的信心和决心。

第二，积极主动营造文明的乡风。利用政府购买公共文化服务活动，将乡风文明建设的相关内容编成通俗易懂的节目表演或开展现场有奖知识竞赛，提升广大农民群众的乡风文明意识。利用农闲和民间传统节日，发动群众组织开展各种文艺比赛、体育健身、读书征文等丰富多彩的群众文化活动。组织开展“民间艺术之乡”“特色艺术之乡”“民间工艺大师”等评选活动，开展“广安文明乡村”“广安文明家庭”“广安好婆媳”“广安好丈夫”“广安好邻里”等评选表彰活动，在群众身边树典型、立标杆，让社会正能量融入群众生活。此外，还要遏制大操大办、厚葬薄养、人情攀比等陈规陋习，加强无神论的宣传教育，抵制封建迷信活动，加大农村科普工作力度，提高农民科学文化素养。

第三，大力发展农村教育事业。农村之所以普遍存在不文明乡风的现象，其中的一个重要原因就是农民接受的教育太少了，知识文化水平低。改变这一现状的筑基工程就是大力发展农村教育事业，改善农村办学条件，不能有一个农村孩子辍学。这就一方面需要加大财政的投入力度，提高乡村学校的办学水平，全面实行义务教育全免费，让农村的孩子也能够享用一流的教育教学设备；另一方面，采取政策倾斜、待遇补助等多种方式，吸引更多的优秀教师到乡村学校任教，提高乡村教师的师资水平。

新时代居民消费结构升级对广安经济社会发展的启示

谢 娜[①]

摘要：改革开放40多年来，我国经济社会飞速发展，居民收入持续增长，居民消费观念逐步发生变化，消费结构正在从生存型消费向发展型消费升级、传统型消费向新型消费升级、实用型消费向品质型消费升级、传统支付消费向移动支付消费升级。为进一步激发广安市居民消费潜力，扩大消费市场，发挥消费对经济发展的基础性作用，笔者从提高居民收入和社会保障水平、优化产业结构、培育新的消费热点、强化现代消费理念等方面提出对策建议。

关键词：居民消费结构　广安　启示

随着我国居民收入的不断增加，消费形态将会全面转型升级，健康消费、高端消费、个性化消费也将逐步取代低端消费和大众消费。消费结构将会出现生存型消费向发展型消费升级、传统型消费向新型消费升级、实用型消费向品质型消费升级、传统支付消费向移动支付消费升级的变化趋势。

一、新时代居民消费结构升级趋势

（一）生存型消费向发展型消费升级

随着居民消费水平的提高和消费结构的调整，居民消费的重点不再是生存型的物质商品消费，而是逐步转向非物质或借助物质产品使自身得到发展的发展型消费，居民消费结构正在从生存型消费向发展型消费过渡升级。一是生存型消费比重下降，发展型消费比重上升。虽然居民用于食品、衣着等生存型消费支出规模仍呈现上升态势，但占总消费的比重在不断下降；与此相对，居民用于交通通信、教育文化娱乐、医疗保健等发展型消费规模持续增长，占总消费的比重不断上升。二是生存型消费增长速度逐渐低于发展型消费增长速度。从2009年开始，以交通通信和教育文化娱乐为代表的发展型消费快速发展，其增长速度高于以食品、衣着为代表的生存型消费的增长速度。

（二）传统消费向新型消费升级

居民过去的消费主要集中在实物型商品消费，如今随着新的中产富裕阶层出现，

---

① 谢娜，中共广安市委党校。

对消费的选择也发生了很大变化，预计中产阶层以上的消费群体到2020年年底整体消费占比达57%，挤压中低消费者份额。消费需求层次正在从“吃饱穿暖”的传统消费向服务消费、网络消费、定制消费、体验消费、智能消费、时尚消费等新型消费转变，居民消费结构也将从传统消费向新型消费升级。

（三）实用型消费向品质型消费升级

在居民收入水平持续增长，求名求优消费心理、品质型消费行为等多种因素作用下，社会整体消费正在从实用型消费向品质型消费转变，居民消费结构也将从实用型消费向品质型消费升级。中国消费者协会2018年《品质消费与消费者认知调查报告》显示：当前居民消费更加理性，更加关注产品和服务的质量。随着居民收入的增加，人们开始更倾向于追求消费的多样性、体验性等品质。

（四）传统支付消费向移动支付消费升级

随着互联网技术的不断升级和配套服务的不断完善，移动端网络支付迅速发展，并逐步改变人们的消费支付习惯，居民消费正在从传统支付向移动支付转变，消费结构将从传统支付消费向移动支付消费升级。当前全市居民网络消费总额庞大、内容繁多，居民使用第三方支付（如微信、支付宝、快钱支付等）的频率比其他支付方式（如现金、网银、银行卡支付等）更多。

二、居民消费结构升级对广安经济社会发展的启示

近年来，我国在扩大消费规模、提高消费水平、改善消费结构等方面，虽然取得了显著成绩，但仍然存在多层次、多样性、多元化消费需求市场供给不足，新业态新模式消费监管缺位等诸多制约消费扩大升级的因素。为进一步激发广安市居民消费潜力，扩大消费需求，促进消费升级，发挥消费对经济发展的基础性作用，笔者提出以下建议。

（一）提高居民收入水平，增强居民消费能力

居民收入高低是决定居民消费能力的主要因素。因此，扩大居民消费需求，改善居民消费条件，提高居民消费能力，促进居民消费升级的关键在于增加居民收入。一是积极实施就业培训，提高居民就业能力。有针对性地做好下岗、失业、待岗居民的再教育和职业技能培训，提高他们的就业能力和就业信心，帮助其实现再就业，增强他们的消费能力。二是严格执行最低工资标准，保障居民最低收入水平。根据广安市经济社会发展情况，逐步提高最低工资标准水平，保障就业居民的最低收入。三是鼓励居民多方式多渠道兼职兼薪，拓宽居民收入途径。鼓励有能力有条件的居民，以多种方式多种渠道在党政机关、事业单位、科研院所、企业等单位兼职兼薪，拓宽增收渠道，增加家庭收入，进而提高居民消费能力。

（二）提高社会保障水平，减少居民消费后顾之忧

从多个角度促进建立更加公平、更加合理的可持续发展的社会保障制度，完善个人账户制度；健全多缴多得激励机制，确保参保人权益，实现基础养老金全国统筹，坚持精算平衡原则；整合居民基本养老保险制度、基本医疗保险制度，推进居

民最低生活保障制度统筹发展。只有社会保障水平提高了，发放赔偿制度完善了，居民生活才没有后顾之忧，才能真正放心大胆消费。

（三）优化产业结构和产品结构，提高消费供给能力

为适应新时代城乡居民多层次、多样性、多元化的消费需求，企业应积极调整产业结构和产品结构。在产业结构调整方面，应稳定发展第一产业、重点调整第二产业、加快发展第三产业，才能不断满足城乡居民消费需求和消费结构的变化。在产品结构调整方面，既要大力开发科技含量高的“高、精、尖”高端产品，又要开发物美价廉、经济实用的中低端产品。

（四）预测居民消费趋势，培育新的消费热点

根据我国居民近年来的消费行为和消费结构，结合国内产业发展趋势和居民消费升级趋势，可以预测以下三个行业将成为未来新一轮的消费热点。一是网络消费。我国互联网参透各行各业的势头不可逆转，伴随着居民购买力的不断增强，网络购物、电子商务、第三方支付、移动通信、物流配送等网络消费潜力还将持续释放，网络消费将成为未来支撑经济增长的持续动力。二是服务消费。随着居民生活水平的提高，居民消费结构层次逐步递增，以文化教育、技能培训、休闲娱乐、旅游、养生保健、体育健身、健康养老等为主要内容的服务消费需求和消费市场将会迅速扩张，未来发展潜力不可估量。三是时尚消费。从人口结构看，我国人口老龄化趋势越来越明显，年轻一代将逐步成为消费主力军，他们将更加偏好个性与时尚，追求美观、新颖、优质的时尚产品和服务，未来他们将带动时尚产业的加速发展，时尚消费潜力巨大。

（五）强化现代消费理念，提倡现代消费模式

一是建立绿色健康消费理念。绿色健康消费理念追求经济发展与环境保护的“双赢效应”，鼓励人们在追求科学、文明、健康、舒适生活的同时，注重节约资源、保护环境、治理污染，从而实现“可持续消费”，努力消除市场需求障碍、意识障碍、价格障碍、生产障碍、能力障碍、外部性障碍，完善相关法律，强化消协职能，维护绿色健康消费权益，培育优美的消费生态环境。二是提倡现代消费模式。进一步促进传统消费模式向现代消费模式转变，鼓励居民消费由自我积累型向信贷消费型发展，由现金消费向移动支付消费、信用支付消费、延期付款消费发展。相比传统消费模式，现代消费模式具有方便、快捷、高效、绿色环保等优势。

参考文献

［1］东部沿海地区消费趋势和对策研究课题组. 转型升级形势下的新消费热点及对策浅议［J］. 上海经济，2014（9）：23-24.

论乡村振兴战略背景下农民主体性的有效发挥

张丽丽①

摘要： 农业、农村、农民问题是关系国计民生的根本性问题。党的十九大报告提出实施乡村振兴战略，是新时代“三农”工作的总抓手。改革开放以来，随着城市化进程加快，城乡二元结构体制推行，农村出现人口结构不合理、体制机制不完善、农民心理趋向发生新变化，直接影响农民主体性的有效发挥。农民作为乡村建设的行动主体，应该成为乡村振兴的真正受益者。这就要求加快完善农村相关体制机制、完善农村组织体系、开展农民培训，培育农民主体意识和治理能力。

关键词： 乡村振兴战略　农民主体性　主体意识

中国是农业大国，农民的主体性地位问题是中央在“三农”工作中一直强调的问题。但在城市化进程中，随着农村人口外流，导致农民主体性没有得到有效发挥。党的十九大报告提出实施乡村振兴战略，《中共中央 国务院关于实施乡村振兴战略的意见》对实施乡村振兴战略进行了全面部署，提出坚持农民主体地位的基本原则。实施乡村振兴，为了农民，也要依靠农民。因此，积极探索如何有效发挥农民主体性作用，事关乡村振兴战略的实施成效，事关全面建成社会主义现代化强国目标的实现。

一、发挥农民在乡村振兴中主体性的时代内涵

主体性的发挥，关键在于主体意识的具备。主体意识的存在是人具有主观能动性的重要依据，也是人实现自由、全面发展的根本特征。农民作为乡村建设发展的主力，并不意味其主体意识的存在，也不意味着在其主体地位的具备。社会存在决定社会意识。意识的产生是随着社会实践的发展而产生和发展的。在乡村振兴实践中，农民的主体性应该包含两个层次的内涵。一是农民是实施乡村振兴战略的获益主体。实施乡村振兴战略，目的就是满足农民对美好生活的向往，维护广大农民的利益，与亿万农民分享改革发展成果。二是农民是实施乡村振兴战略的行动主体。实施乡村振兴战略，就是要激发农民的主人翁意识，动员广大农民主动参与到乡村建设发展的方方面面。第一，农民是乡村产业发展的主体，也是产业兴旺的利益主

① 张丽丽，中共广安市委党校。

体。在发展产业的过程中，从客观上要把握农民到底“需要不需要”，从主观上要把握农民到底“想要不想要”，让农民的需求成为产业发展的出发点和落脚点。第二，农民是乡村生态环境保护的主体。开展农村人居环境整治工作、实现生态宜居乡村要以转变农民生产方式、生活方式和消费方式为基础。第三，农民是乡风文明的建设主体。中国有着历史悠久的农耕文化，优秀农耕文化需要农民一代一代传承。第四，农民是乡村基层治理的主体。农民具有基层自治权，基层组织建设服务农民，更依赖农民。

二、发挥农民在乡村振兴中主体性的现实困境

改革开放40多年来，随着大量惠农政策的实施，我国农村得到快速发展。但是受到诸多因素的影响，在乡村发展中农民的主体性并没有得到充分发挥，主要体现在以下几个方面。

（一）农村人口结构不合理

农村人口结构不合理是农民主体性难以充分发挥的重要原因。在过去20多年中，农村大量青壮年劳动力外出务工，农村逐渐呈现出空心化特点。留守老人、妇女、儿童成为农村的主要力量。毋庸置疑，青壮年农民外出务工增加了非农收入，改善了生活水平。但是，多年来农村劳动力的过度流失导致乡村呈现空心化状态，乡村精英和青壮年等优质劳动力呈现出强烈的脱乡意愿，而留守乡村的老幼妇孺，则无法完全承担乡村振兴的重任。

（二）相关体制机制不完善

主体性的发挥，关键在于权力（权利）能否保障。在特殊的经济社会条件下，我国形成了城乡二元发展体制，成为制约农民主体性发挥的重要机制障碍。城乡发展格局二元分割，导致城乡间在公共服务、硬件设施等方面出现严重失衡，对农民市场权利、政治权利、社会权利的保障明显不足，出现农民政治参与热情不高、经济发展收益不均、土地产权收益缺失等问题，影响农民在乡村振兴中主体性的有效发挥。

（三）农民主体意识和能力素质欠缺

在中国历史发展的长河中，农民早已经形成了顺从的惯性，逐步放弃了对自身权利的诉求。一方面，改革开放后，随着工业化、城市化发展，伴随着多元文化的冲击，多数农民缺少批判精神和主体意识，通常希望以“搭便车”的方式实现自身利益。随之而来的是农民逐渐出现淡漠化、趋利化倾向，在价值观上出现城市中心主义价值取向，造成优秀的农耕文化逐渐走向没落。另一方面，农民整体素质普遍不高，缺乏社会治理的能力和发展现代化农业的技能，出现农民自身素质与乡村振兴战略实施对行为主体的能力需求不匹配的矛盾。

三、乡村振兴战略背景下有效发挥农民主体性思路

实施乡村振兴战略，关键在于有效激发农民内生动力，凸显农民的主体作用。这就需要健全制度保障、完善农村组织体系、提升农民素质。

（一）健全制度保障，确保农民主体地位

要实现农民主体地位，就要把农民的利益放在首位。要以问题为导向，完善农村产权制度，明晰产权归属、完善权能配置，赋予农民更多的财产权利，充分保障农民的经济政治权利，稳定农村土地承包关系，积极发展农民股份合作，创新探索农村宅基地、承包地股份合作形式和途径。同时，畅通农民需求表达和反馈渠道，着力化解乡村振兴中的人地关系冲突和人际关系矛盾，处理好坚持农村集体产权和保护农民财产权益的关系，处理好农业适度规模发展和小农户经营的关系，处理好保障国家粮食安全和实现农民增收的关系。

（二）完善农村组织体系，发挥农民主体作用

乡村振兴战略是“五位一体”总体布局在乡村发展中的具体体现，涉及多个领域，需要外部的支撑，更需要凝聚农民的共识，提高农民素质和市场竞争力，实现小农户和现代农业发展的有机衔接。一方面，要以维护农民利益为原则，完善乡村基层治理结构，提升基层治理水平，采取多种形式，健全农民民主协商和政治参与的程序，让农民有机会、有条件参与乡村振兴全过程。另一方面，要健全农村基层经济组织。遵循市场经济规律，结合乡村自身条件，建立农民合作社等，促进农村资源要素畅通流动。以经济组织为平台，提高农民参与市场竞争的意愿和能力，提升其在市场活动中的话语权。

（三）开展农民素质培训，激发农民主体意识

提升农民素质、培育农民治理能力、激发农民主体意识，是确保乡村振兴过程中农民有效发挥主体性的基础。尊重农民的首创精神，培养一支懂农业、爱农村、爱农民的“三农”工作队伍，就要优先培育新型职业农民，以此激发农民发展农村的内生动力，引领农民整体素质的提高。其一，开展现代化农业技能培训。针对乡村振兴要求，结合当前科技发展情况，在农村构筑有效的技能培训体系，借助农民夜校等平台对农民急需提升的各种技能进行培训。同时注意结合农民需求，分门别类培养，满足农民的个体化需求。其二，培养农民文化反思和吸纳能力。一方面，进一步加大政策宣讲力度和效度，保证农民及时有效了解中央政策，便于基层开展相关工作；另一方面，通过兴修村史馆或乡村礼堂，营造农村文化氛围，弘扬优秀农耕文化，培养农民文化吸纳能力。其三，培养农民社会治理与合作的能力。现代化农业要求适度规模化经营，要求发展村集体合作社，这就需要加强培育农民的合作意识和能力，凝聚力量，壮大队伍，才能争得话语权，才能有效发挥主体作用。

乡村振兴，农民是行动主体，也是受益主体。保障农民主体地位，有效发挥起主体性作用，不仅体现了以人民为中心的发展观，也是实现社会主义现代化强国的应有之义。

参考文献

［1］王慧娟. 当代中国农民主体意识探析［J］. 青海社会科学，2018（2）：134-137，159.

［2］王春光. 关于乡村振兴中的农民主体性问题的思考［J］. 社会发展研究，2018（1）：31-40.

［3］高昕，庄少峰. 发挥农民主体作用 服务乡村振兴战略［J］. 决策探索（下），2018（10）：70-72.

乡村振兴背景下的新型农村集体经济探究

——以广元市为例

田振宇[①] 王 勇[②] 徐光智[③] 李碧荣[④]

摘要：本文从新型农村集体经济的概念入手，讲述了改革开放前与改革开放后的集体经济类型及新型农村集体经济的主要特征。梳理了当下集体经济发展中的所有制与产权、组织管理、收益分配、经营类型和经营风险等主要问题。提出了清晰产权边界，构建高效的产权流转服务体系；延伸产业链提高附加值；探索集体经济多村联营机制；产业要向提供社会化服务方向定位；探索有效的集体经济内部激励体系；培养懂农业会经营的现代化人才等建议。

关键词：乡村振兴 新型集体经济 产权 社会化服务

一、新型农村集体经济的主要特征

集体经济是由若干分散的个体（农户）通过联合与合作实现共同发展的经济组织形态，可以是生产资料集体所有制为基础的集体组织形式，也可以是劳动者个人或农户以资产入股形成的产权清晰的合作制或股份合作制形式。

按此概念划分，我国农村集体经济的发展历程分可为两个阶段：一是建立在生产资料集体所有制基础上，实行统一经营、统一管理、统一分配的传统农村集体经济组织，主要是指改革开放前的农村集体经济模式，最为典型的代表是个人（家庭）生产资料（土地、农具、耕畜等）全部上交集体的“一大二公”的人民公社体制。二是以产权清晰为前提，通过出资、入股、股权量化等方式将生产资料集中起来实行集体经营的新型农村集体经济，其组织载体为合作社或股份合作社等农民合作经济组织。新型农村集体经济主要是指实行农村土地联产承包责任制以来，农村蓬勃兴起的多种形式的合作经济、股份合作经济等。

① 田振宇，中共广元市委党校。
② 王勇，中共广元市委党校。
③ 徐光智，中共广元市委党校。
④ 李碧荣，中共广元市委党校。

二、广元市新型农村集体经济发展中存在的问题

本文主要梳理了当下集体经济发展中的所有制与产权、组织管理、利益链接与收益分配、经营类型和经营风险等问题。

（一）所有制与产权问题

所有制是人们对生产资料的占有形式，产权是实现所有制的形式，广义的产权包括占有、使用、处置、收益等权能。集体所有制的实现形式多种多样，折射了当下集体经济发展的多样性与不平衡性。创新集体所有制的有效实现形式，必然要以产权清晰为前提，比较好的办法有股权量化。从走访调研的村来看，苍溪县三林村以“四折两保加分红”的模式，将集体资产量化为村集体股、公司发展股、扶贫股和产业发展股，产权量化较为清晰。利州区小岩村只设个股不设集体股，对土地股权化、集体资产股分化，对集体资产进行股份制改造。通过成员认定、清产核资、股权量化等程序，小岩村成立了全市首家集体经济股份合作社。这两个村较为有代表性，代表了两种产权量化模式：集体与个体。但仍然有一些村集体经济产权量化不太清晰，有的产权没量化存量或增量资产，却设定了固定的利益分配比例，易引起纠纷。

（二）内部管理问题

广元市大力培育“一司二社”的集体经济组织。“一司”是指村集体资产经营管理有限责任公司，其引入现代企业制度，发挥公司的市场经济主体作用。在内部管理方面，有些村仿照现代企业制度设立了理事会、监事会、理事长、股东（社员）大会等，但群众参与度普遍不高。群众参与度不高，就背离了集体经济发展的“初心”。很多村集体经济内部管理机制不健全，一般都是村“两委”干部说了算，生产经营过程中缺乏监督，这也是群众参与度不高的原因之一。另外，集体经济收益不高也是群众参与度不高的原因之一，小岩村集体经济做得比较好，人均分红也不过百元左右。因此，要考虑制度成本问题，现代的企业制度与其规模是相适应的，企业规模扩张本质是委托代理关系的扩展，需进一步探索适合农村集体经济的组织管理模式。

（三）收益分配问题

从利益分配层面看，各村利益分配较明确，但分配比例大不相同。所走访调研村的集体经济利益分配大都是有明确规定，但各村制定的分配比例大不相同。上马村按6∶3∶1分红，60%的收益归村集体所有，用于发展集体公益事业，30%平均分配给专业合作社和8个生产小组，10%用于贫困户脱贫。鲜家沟村的利益分配是2.5∶1∶1.5∶5，土地分红占25%，贫困户及残疾人分红占10%，集体注资分红占15%，产出分红占50%。还有些村集体经济种植猕猴桃、脆红李等，三年后挂果才有产出，当下谈利益分配群众关注度不高，只是口头约定。从根本上说，只有产权量化的清晰，利益分配才能公平公正。新型农村集体经济的实质就是“按股说话，按股分红”，不同于以往集体经济的“按人分配”。

（四）经营类型与经营风险问题

走访的村集体经济组织的经营类型主要是蔬菜、猕猴桃、中药材、脆红李、雪梨、枇杷、核桃、食用菌类、养猪养鸡、光伏发电、农业社会化服务等。从产业类型上看，第一产业多，第三产业少。大多是从事初级农产品生产，而且很多是猕猴桃、脆红李之类的项目，同质化严重，一般都是三年后才见收益，初级农产品需求缺乏弹性，市场价格风险较大。

三、新型集体经济可持续发展的建议

（一）清晰产权，构建完善的产权流转服务体系

产权既是激励也是约束，产权清晰是市场经济发展的前提。可以因地制宜的设置集体股或个人股，将增量资金如财政支农资金、专项扶贫资金等全部量化成股份，原则上按股分红，按股说话，让群众参与进来，有发言权，共同参与村集体经济发展。农村土地的“三权分置”改革已经推行，集体资源、资产和资金“清产核资”也基本完成，下一步需构建完善的产权流转服务体系，激活农村生产要素流动，让集体经济成为名副其实的市场法人主体。

（二）规模化发展与经营定位

同质化不可怕，同质化代表规模，要有延伸产业链，创品牌，搞深加工的整体构想，可探索集体经济多村联营制，如旺苍县各扶贫村栽种了很多脆红李等果树，可考虑以乡镇为龙头，就近整合资源，建冷库，创区域地理品牌。产业定位方面要向提供社会化服务方向发展，紧密联系群众，首要目的不是盈利，而是提供社会化服务，发挥集体经济组织的公益性属性。

（三）优化内部治理结构

贯彻民主制的原则，是健全农村集体经济组织法人治理结构的核心。重大事项实行民主决策、民主管理、民主监督。特别是在利益分配方面，制订经全体成员认可的分配方案，构建可持续的利益联结机制，确保农民群众真正成为发展集体经济的受益者。因农业生产的特殊性，主要激励约束方式还需要进一步借鉴、探索，主要激励方式可以考虑分红激励、福利激励、荣誉激励、股权激励等措施。

（四）重视人才

十年树木，百年树人，发展集体经济要立足于培养人才。第一，要加强现有集体经济组织相关负责人的培训力度，重点培训提高组织管理能力、防范运行风险能力和驾驭市场经济能力。第二，鼓励懂技术懂管理的“返乡创业”人员参与到集体经济的运行中来，就地取材，壮大集体经济人才队伍。第三，建立职业经理人队伍。职业经理人以其丰富的知识和经验，可以有效防止或减少各地在发展农村集体经济过程中的各种风险，同时也可以少受羁绊，但需要扎实做好有关薪酬方面的约定，以保证招得来、用得好、留得住。

参考文献

[1]. 黄延信. 发展农村集体经济的几个问题 [J]. 农业经济问题，2015 (7)：4-8.

[2]. 习近平. 摆脱贫困 [M]. 福州：福建人民出版社，2014.

[3]. 许彩霞. 山东省青州市村级集体经济研究 [D]. 北京：中国农业科学院，2010.

[4]. 方志权. 农村集体经济组织产权制度改革若干问题 [J]. 中国农村经济，2014 (7)：4-14.

[5]. 赵晓峰，邢成举. 农民合作社与精准扶贫协同发展机制构建：理论逻辑与实践路径 [J]. 农业经济问题，2016 (4)：23-29.

加快产业融合　助力乡村振兴

——以四川省乐山市为例

韩琼慧[①]

摘要：产业兴旺是支撑乐山市各区（市、县）农业农村现代化发展，不断开创乐山市农业农村经济发展新局面的重要保障。目前，乐山市在思想观念、产业结构、生产要素方面还难以适应乡村三大产业融合发展的需要。因此，要转变观念，科学合理编制乡村产业融合发展规划，因地制宜探索不同类型、各具特色的产业融合发展模式，通过“育引结合”补齐乡村人才短板，促进乡村产业融合发展。

关键词：乡村产业　新业态　融合发展

一、乡村产业融合发展的必要性分析

党的十九大报告明确指出了要加快三大产业融合发展。乡村产业的发展必须突破一直以来“乡村的产业就是农业”以及“农业就是提供农产品”的传统思维模式，通过推进乡村三大产业的融合发展来促进农村经济的发展，真正让农业强起来、农民富起来、农村美起来。因此，乡村三大产业融合发展是实现乡村产业振兴的有效抓手，是推进农业供给侧结构性改革、改善农产品供给、拓宽农民增收渠道的重要举措。

二、乐山市乡村产业融合发展的现状分析

乐山市作为四川省重要的农业经济区域之一，在乡村产业的发展上，始终坚持“旅游兴市、产业强市”为主线，以农业为基础，结合旅游业、传统文化产业等，加强产业融合，完善经营体系，培育优势产业。目前，乐山市已通过优化“一区六带”、用好“土壤地图”，加快粮食生产功能区和重要农产品保护区“两区”建设，总结推广井研“大园区+小农场”、夹江“家庭农场”等发展模式，采取“土地预流转+市场招商”、土地股份合作、土地转让等多种形式创新土地流转方式推动适度规模经营，实现了农业生产效率的提高；通过做优产品品质、塑造产品品相，着力

① 韩琼慧，中共乐山市委党校。

打造“乐字号”特色农产品知名品牌，推动了乐山特色资源优势有效转化为经济发展优势；通过加强农产品原产地初加工、做强产业龙头企业、大力发展“一村一品”、开发特色功能产品，推动了农产品产业链条的再延伸；通过加速农业与旅游融合、农业与康养融合、农业与电商融合，同时引导农民深度参与社会分工分业，初步实现了农业全产业链的价值增值。可以说，乐山市在推进乡村产业融合，助推乡村产业振兴上实现了良好开局。

三、乐山市加快乡村产业融合发展面临的问题

就目前而言，在乡村三大产业的深度融合发展上，乐山市仍处于起步和尝试阶段，主要还存在产业间融合程度低、农村经济发展总体水平不高、农产品结构单一、农业产业链短、产品附加值低、主导产业规模化产业化水平普遍不高等问题。

（一）乡村产业发展观念陈旧

从理论上来讲，乡村产业除了包括第一产业（农业）之外，还应该包括第二产业和第三产业。但是一直以来，乐山市多数乡村的产业基本上就只有第一产业，第二产业和第三产业发展均不理想。近年来，乐山市各区（市、县）乡村旅游虽有发展，但竞争优势不明显，核心竞争力也不强，乡村既有的产业间融合度非常低，同质化现象突出，导致乡村供给的产品难以满足消费者日益增长的需求。究其原因，主要是因为乐山市在发展乡村产业的过程中，一些乡镇甚至区县存在思想观念陈旧、故步自封的问题，仍处于“乡村的产业就是农业”“农业就是提供农产品”的传统思维模式。

（二）乡村产业结构不优

乐山市乡村产业还存在生产体系不健全、产业结构不优等问题。一方面，目前乐山市内的农业还无法衍生出相关的产业链，生产出来的农产品大多以原材料和初加工产品为主，缺乏精深加工的后续链条。继而导致产业特色不明显，农业仍处于产业链的最低端，产品的附加值较低，农业产业化发展水平整体偏低。另外，龙头企业少、小、散的情况突出，优质品牌少，知名度不高，抵御风险能力较差。另一方面，产品短缺与产品过剩并存，产业发展项目同质化现象严重。尤其是休闲农业、绿色农业等新型业态发展比较薄弱，三大产业融合发展程度低，农、文、旅融合发展结合不明显，同质化现象严重。特别是科技创新动能不足，科技成果应用、转化率低。

（三）乡村产业发展要素制约严重

在推进现代化进程的过程中，产业的转型升级能形成巨大的要素需求，从而吸引乡村劳动力、土地和资金等生产要素不断向城市聚集。农村大量生产要素的流出，严重制约了乡村产业的发展。一直以来，乐山市乡村产业发展中所需要的生产要素（如土地、资金、人才等）保障不足，尤其是土地使用限制大，财政资金投入力度不够，金融机构融资门槛较高，工商资本下乡束缚较多，懂农业、爱农村、爱农民的队伍建设任重道远。

（四）乡村人才严重短缺

当前乡村人才的缺失已成为乐山市乡村一个普遍的现象，严重制约了乡村产业的发展和乡村的振兴。总体来说，乐山市乡村人才无论从纵向看还是横向比，都还有较大差距，总量不足且结构不优，高学历人才大多集中在机关事业单位等非生产领域，林竹、畜牧、茶叶、中药材、蔬菜五大支柱产业人才严重缺乏；旅游类、文化类人才很少，且分布不均、层次较低、年龄老化；农村电商人才更是严重缺乏。除此以外，乡土人才比较分散，文化程度不高，思想观念落后，对农业发展的规模效益认识不充分，导致小富即安、“等、靠、要”思想严重。适度规模以上种养殖人才、农旅融合发展带头人、农民专业合作社带头人以及“土专家”“田秀才”等技能人才大多处于单打独斗阶段，带动作用不明显。

四、促进乐山市乡村产业融合发展的对策探讨

（一）转变观念

乐山市在推进乡村三大产业融合发展的过程中，应紧紧抓住当前我国正处于供给侧结构性改革加速、需求侧消费结构升级的有利契机，深入贯彻落实高质量发展的理念，充分认识到如今的乡村并非只适合搞农业，乡村产业已经走向多样化，乡村生产出来的产品除了满足自身的需要之外，应该充分考虑如何更好地适应城市居民新的需求。

（二）科学合理编制乡村产业融合发展规划

乐山市在推进乡村产业融合发展过程中，应坚持规划先行的原则，紧紧围绕当地区位优势和资源禀赋，在摸清现阶段各区（市、县）乡村三大产业发展情况、基础设施、环境气候等基础上，找准优势主导产业，并结合产业融合发展的规律，从产业融合发展方向、发展目标、主要任务、融合路径、参与主体、保障措施等方面科学合理地编制规划。另外，在规划的编制过程中，应避免高大上而无法落地落实规划的现象。

（三）因地制宜探索不同类型、各具特色的产业融合发展模式

乐山市在着力实施乡村振兴战略这一点，要求围绕“一区六带”做优特色产业、做强特色品牌、做实特色园区，各区（市、县）每年至少要打造10个以上的现代农业产业融合示范园区。农业产业融合示范园区可以是农业内部的融合，也可以是产品链条的延伸，还可以是与第二产业、第三产业的融合，又或者是与科技、互联网、物联网的融合打造农村电商、淘宝村等。任何一种形式就是要在这个过程中不断形成以茶叶、林竹、畜牧、蔬菜、中药材等种养、加工、商贸、物流及乡村旅游、休闲农业等完整的产业链条，不断催生多种新业态、新产品，最终实现区域整体价值增值，而不仅仅是传统生态旅游、城郊观光的单一产业融合发展模式。

（四）“育引结合”，补齐乡村人才短板

一是“育”，根据农业产业状况、农户创业需求、人才资源分布等情况，精准制订人才梯次培养计划。采取农民夜校普及化“训”、聘请外地专家“1+X”结对

“带”、选派优秀人才外出“学”、专业合作社定期交流技术“促”等方式，努力构建满足新型职业农民多层次、多形式、广覆盖、经常性、制度化的培训体系，重点培养现代农业、文化、旅游、电商等领域骨干队伍。二是“引”，目前从总体上来看城乡差距仍十分明显，乡村的工作环境和工资待遇普遍落后于城市，创业风险也依然较大。因此，短期内，乡村对于人才的吸引力仍然会较弱，这就需要政府出台相应的政策措施（如强化服务“三农”人才的晋升激励、待遇激励与责任等方式）来加以行政引导，以此激励人才向乡村流动，进而做到政府引导与市场机制的有机结合。

参考文献

［1］孙学立. 农村一二三产业融合组织模式及其路径创新［J］. 沈阳师范大学学报（社会科学版），2018（1）：57-63.

［2］周通. 推进农村产业融合发展实现乡村振兴［J］. 中国国情国力，2018（7）：55-57.

党建引领巴姑村走上乡村振兴路

李宇林[①] 周 燕[②]

摘要：美姑县乐约乡巴姑村通过建强战斗堡垒、防止再度返贫、积极发展产业、产业带动旅游，充分发挥基层党组织政治功能，培养振兴“头雁”、补齐振兴短板、夯实振兴基础、助推振兴加速，成效表现为党建引领不断增强、产业体系日趋健全、富民兴村日益显现。这启示我们：发挥基层党组织示范带动“乘法效应”，促进党建工作与农村经济社会发展互动双赢。

关键词：党建引领　巴姑村　乡村振兴

党的十九大提出实施乡村振兴战略，为新时代“三农”工作提供了总抓手。办好农村事，实现乡村振兴，关键在党。党建引领是根本，让百姓有获得感是核心。大小凉山彝区是脱贫攻坚和乡村振兴的重点、难点，越是困难的地方和艰巨的工作，越需要发挥基层党组织战斗堡垒作用和党建工作引领作用。2018 年 2 月，习近平总书记在凉山彝族自治州（以下简称凉山州）考察脱贫攻坚工作时强调，打赢脱贫攻坚战，特别要建强基层党支部。村第一书记和驻村工作队，要真抓实干、坚持不懈，真正把让人民群众过上好日子作为自己的奋斗目标。

一、基本情况

凉山州美姑县乐约乡巴姑村位于美姑、雷波、昭觉交界的大凉山深处，距乡政府 7.4 千米，与昭觉县支尔莫乡阿土勒尔村（以下称为悬崖村）隔河相望。巴姑村辖区面积 24 平方千米，地势陡斜，全村农户 235 户，总人口 1 218 人。曾经是凉山 11 个国家扶贫重点县中一个贫困村，贫困程度深，脱贫难度大。该村党支部把党建工作的内容方式、目标任务融合在精准扶贫和乡村振兴具体工作中，以党建助推发展，使该村在 2018 年实现脱贫，朝着村庄美、环境优、产业兴、农民富的目标奋进。

二、主要做法

（一）建强战斗堡垒，培养振兴“头雁”

1. 成立巴姑村党员夜校、干部夜校、农民夜校“三校合一”夜校

针对脱贫攻坚任务繁重、人员素质能力急需提升现状，巴姑村对党员夜校、干

① 李宇林，中共凉山州委党校。
② 周燕，中共凉山州委党校。

部夜校、农民夜校进行整合创新，形成“三校合一”新模式。“三校”各司其职，同时开展培训，使党员、干部、农民可以更好交流、融合，提升了巴姑村基层党组织的凝聚力和战斗力。

2. 建立联合党支部

巴姑村和悬崖村隔河相望，是两个世代通婚、交往的好邻居村，借悬崖村大力开发旅游之际，资源相对丰富的巴姑村积极融入悬崖村旅游辐射开发区，与 悬崖村互补，协调推进两村建立联合旅游发展党支部，为后期发展奠定了良好基础。

（二）防止再度返贫，补齐振兴短板

巴姑村于2018年年底脱贫，为防止贫困人口返贫，该村党组织实行“防止返贫两步棋”：首先，党员、干部示范带头。党员、干部为村民在脱贫后如何致富奔康提供新思路、新技术，让村民致富奔康的愿望更加坚定，干劲更足。其次，发挥养殖大户示范作用。养殖大户从技术、技能等方面示范带动，村民互助合作。巴姑村现有的合作社管理模式，已经成为该村农业生产发展和农民增收致富的重要途径。

（三）积极发展产业，夯实振兴基础

巴姑村实施以美姑山羊为支柱产业，核桃、马铃薯为重点产业，砂仁、青花椒、红椒为特色产业的“1+2+3”产业发展思路。

1. 美姑山羊产业

巴姑村村“两委”以“借羊还羊”模式，扶持村民发展美姑山羊产业。同时，解决农户山羊饲草来源，并成立养殖专业合作社，按照“合作社+农户”的模式，根据入股情况进行统一养殖、销售、分红。

2. 马铃薯、核桃产业

马铃薯、核桃产业作为重点产业，巴姑村村“两委”协调农技帮扶指导，提升重点产业产量，增加了农户收入，同时，也增强了巴姑村基层党组织在群众中的凝聚力和号召力。

3. 特色产业

巴姑村村“两委”充分意识到，发展特色产业，是巴姑村脱贫后致富奔康现的实选择和最佳战略。因此，在完成的800亩（1亩=0.066 7公顷，下同）改土上种植青花椒、砂仁、红椒和冬蜜桃，为村民增收、致富奔康开辟了新路子。

4. 其他产业

巴姑村村“两委”在实施“1+2+3”产业发展的同时，继续巩固南瓜、红苕、樱桃等传统产业，适度规模推进紫红苕和红椒基地建设，拓宽了百姓增收渠道。

（四）产业带动旅游，助推振兴加速

巴姑村依托与悬崖村隔河相望这一特殊地理优势，抓住悬崖村旅游打造机遇，精准锁定“发展旅游促小康”这一目标，借助“脱贫战”、借势“悬崖热”，积极融入其旅游开发圈，力争成为其旅游饮食后院、休闲驿站。村“两委”利用巴姑村的生态优势，以生态旅游发展为抓手，大力发展水果采摘+销售的休闲旅游，推进特色餐饮业开发，打造集吃、住、行、玩等为一体的“农家乐”。

三、主要成效

（一）党建引领不断增强

首先，党委高度重视，层层压紧落实抓建设。县、乡、村三级书记针对巴姑村发展现状成立工作小组，并担任小组负责人，按级分配和管制，进行督导检查。

其次，积极发挥村“两委”作用，党员、干部率先垂范。巴姑村发展培养了一批肯干事、党性意识强的党员、干部队伍，他们活跃在田间地头和农户家中，持续开展进村入户活动，带动村民致富奔康。

（二）产业体系日趋健全

1. 美姑山羊支柱产业

巴姑村实现2018年年底贫困户人均增收1 800元。同时，持续增加山羊饲草种植面积，不断壮大村集体经济，实现农户收入不断增加愿望，在致富奔康的道路上不断迈进。

2. 核桃、马铃薯重点产业

巴姑村脱贫前，每户贫困户仅能达到年人均收入1 500元左右。脱贫后，依据建设400亩马铃薯基地，每户贫困户能达到年人均增收1 850元以上；按照每户均有四百株左右核桃种植量，每户贫困户能达到人均增收2 580元以上。

3. 砂仁、青花椒、红椒特色产业

巴姑村脱贫前，特色产业有一定发展，但未形成规模，收益甚微。脱贫后，在完成的800亩土地进行砂仁基地建设，预计可收入800万元；建设的5亩红椒基地，与客户签订协议，以6元/千克收购，预计收入可达30万元。

（三）富民兴村日益显现

巴姑村脱贫后，利用现有村集体经济和特色产业发展，为本村新增了500个左右就业岗位，人均月收入2 000元。巴姑村积极融入“悬崖村”旅游开发圈，吸引游客约5 000人次，实现旅游收入超过10万元，在带动本村农家乐等经营业主增收的同时，也辐射带动农民利用自有宅基地经营停车场、农副产品零售等，让百姓得到了真正的利益和实惠，朝着富民兴村的目标不断前进。

四、思考启示

（一）发挥支部战斗堡垒作用

巴姑村村“两委”充分发挥党员、干部先锋模范带头作用，明确村级党支部、村委会工作职责，着力帮助农户解决生活矛盾和生产难题，实施支部、合作社、农户三方经营权合并的政策，为该村农业现代化奠定了发展方向和基础。巴姑村充分发挥支部战斗堡垒作用，以党建助推发展，在2018年年底实现脱贫，朝着村庄美、环境优、产业兴、农民富的目标奋进。

（二）因地制宜发展特色产业

巴姑村在四川添禾农投公司入住以后，以“公司+支部+合作社+农户”的形式开发 800 亩改土改田的田地，签订合同种植优质脐橙项目和收购合同。在继续本村“1+2+3”发展思路基础上，其他产业也稳步发展：接种车厘子、冬蜜桃、芒果、红苕、花生各产业均有发展。与此同时，该村正尝试通过反季蔬菜种植来促使农户进一步增收。

（三）抓住用好惠农政策机遇

改革开放之后，相关部门前后颁发了多种惠农政策，解决了很多经济性问题。就巴姑村所拥有的资源来看，要比其他地区的经济能力强大，但其发展却差强人意，经验告诉我们，结合自身特点，利用自身资源，提升惠农政策的执行力度和强度，并为其带来一定的经济效益是十分可行的。2015 年，美姑县领会上级精神，积极引导相关乡、村改土改田。巴姑村及时响应，率先在大石堆中改土改田 800 亩，提升周边产业的种植规模，利用体制改革的作用来提升农户和农村产业的活跃程度。

（四）良好生态凸显乡村魅力

望得见山、看得见水、记得住乡愁是人们对山美、水美、人美的故乡的深深眷恋，也是人们对生态宜居美丽乡村的深情向往，良好的生态环境是乡村的魅力所在。巴姑村大力实施生态保护工程，发展水果采摘+销售的休闲旅游，打造修建集农业观光、旅游度假等功能为一体的相关项目，走绿色发展之路。巴姑村将悬崖村旅游资源作为发展基础，将发展旅游促小康作为发展目标，将环境的保护、人员的配备等作为工作的核心，为该村后期旅游发展奠定了基础。巴姑村以“绿水青山就是金山银山”作为发展原则，大力提升对环境保护的力度，建设宜居环境。

泸县农村宅基地制度改革试点的思考

陈出新[①]

摘要：2015 年 3 月，泸县被确定为农村宅基地改革试点县，2017 年 9 月进一步确立为“三项制度”改革试点县。泸县紧紧围绕“地从哪里来”“钱从哪里来”“人到哪里去”等问题，着力实施“八破八立”的“宅改”工作实践，为农村宅基地制度改革开辟了一条可借鉴之路。

关键词：“八破八立” 城市资本 土地有偿使用制度 改革配套

泸县地处川南丘陵区域，面积 1 532 平方千米，总人口 109 万，农村人口 92.7 万，是农业大县。2015 年 3 月，泸县被确定为农村宅基地改革试点县，2017 年 9 月进一步确立为“三项制度”改革试点县。泸县紧紧围绕“地从哪里来”“钱从哪里来”“人到哪里去”等问题，着重从以下方面进行改革：①允许“跨区取得”，打破宅基地区域限制壁垒；②“有偿使用”，改变无偿占用传统；③实行“节约有奖”，填补宅基地使用激励空白；④“共建共享”，解决宅基地三权分置难题；⑤鼓励“有偿退出”，治理宅基地闲而不退顽疾；⑥畅通“调整入市”，调整宅基地腾退入市门槛；⑦开展抵押融资，打破宅基地资本化的金融禁锢；⑧开创层级管理，治理宅基地管控大包大揽现象。

一、宅基地制度改革势在必行

1. 从理论上分析

农村宅基地制度改革有其内在需求，具体体现为：①经济结构变化带来农民黏土情结下降，使宅基地保障性功能减退；②经济结构变化带来农民居住形态和集聚变化，农民不再需要生产生活紧密结合；③经济结构变化使原有制度的封闭性和现代农村振兴的开放性不能融合。

2. 从实践中分析

2018 年 8 月 17 日，泸县已全部完成宅基地确权颁证工作。现已腾退复垦宅基地 2 万亩（1 亩=0.066 7 公顷，下同），退出户户均收益达 4.2 万元，村集体经济组织平均收益突破 100 万元，收取各种有偿使用费 1 373 万元，成功实现 550 户跨区居住，同时发放宅基地使用权及住房所有权贷款 1 429 万元。实践证明其成功可行。

---

① 陈出新，中共泸州市委党校。

二、泸县经验可借鉴、可推广、可复制

通过与全国其他试点区县对比分析：

1. 泸县基本情况更具代表性

从自然条件来看，泸县是丘陵和低山地区，山区平坝特点皆能囊括。从人口来看，泸县是人口大县，90 多万农村人口，且 90%的农业劳动力进城务工，形成“老年者务农、中年农工兼顾、青年不务农事”的格局，所反映问题更具代表性。从经济发展来看，泸县经济发展水平中等，是典型的传统农耕区，“农”字色彩更浓厚。

2. 泸县改革设计体系更加完善，方法更切合实际

从理论上讲，泸县宅基地制度改革工作，从时代特点和区域具体情况入手，以经济结构变化和代际差异为指导，紧紧围绕“一户多宅”和闲置宅基地这一核心症结，选择以青年农民为突破口，通过以“法定内无偿、法定外有偿”的原则为核心制度安排，从而解决“地从哪里来”的问题。通过宅基地权能的扩大和指标交易以及调整入市等方法，实现宅基地的市场配置，从而解决好“钱从哪里来”的问题。通过“多规合一”和跨区有偿使用以及引导集中居住，从而解决“人往哪里去”的问题。这样，使土地资源的充分合理利用、耕地底线的确保、农民利益不受损、土地公有性质不改变、乡村美丽建设发展、农村多种产业发展活跃等问题皆能很好解决。

3. 从具体实践来看，泸县宅基地制度改革成效优于其他地方

全国 15 个宅基地制度改革地区共腾退零星、闲置宅基地 7.2 万亩。其中，泸县为 2 万亩，占总量的 27.78%，业绩优异。

三、年青一代农民是改革的突破口

受传统无偿占用宅基地思想的影响，宅基地制度改革之初，农民一般不愿退出宅基地。因此，分化工作对象，选准突破口成为工作的关键。通过调查，泸县 90%以上的农民外出打工，18~36 岁的青年农民外出打工人数占这个年龄段人口总数的 62.95%，在务农劳动者中，仅有 12.25%为 18~36 岁的青年农民，从而形成“老年者务农、中年农工兼顾、青年不务农事”的格局。受到城市的吸引，青年农民一般都不再愿意回到农村生活。因此，把突破口选在青年农民身上是合理的。

四、建立赏罚分明的土地有偿使用制度是宅基地制度改革的核心内容

宅基地制度改革面临的问题一方面是土地资源的稀缺，另一方面是农民超占、乱占和大量房屋闲置现象严重。宅基地制度改革的首要任务就是把大量闲置的房屋和宅基地先回收过来，然后通过合理安排盘活“死”资产，从而达到既合理利用土地资源，又使农民得到好处，同时还使村集体经济组织实力得到加强三全其美的目

的。但是受传统思想的制约，农民不会轻易放弃自身的权益，这需要“推”“拉”结合的工作方法，用“节约有赏”和“超占受罚”的政策双管齐下。全国宅基地制度改革试点区县几乎都采用了这一方式，只是效果各异。

五、打破部门分割界限，成立专项突击工作组，促使宅基地制度改革顺利进行

从事宅基地制度改革的工作人员普遍反映，宅基地制度改革最大的问题是部门间工作协调难度大。农村是一个复杂综合体，宅基地制度改革又是一个庞大的系统工程，涉及国家、集体、个人的不同利益，多个部门的工作协调，城乡融合发展和三大产业融合发展，以及农民的生产、生活转型问题。各自为政、条块分割的格局必定会阻碍工作的开展，因此，效仿“矩阵制”管理办法，成立以县区一把手为领导的、由各相关部门核心成员为骨干的专项突击工作组，将有助于宅基地制度改革工作的顺利进行。

六、宅基地制度改革需要其他政策配套，更需要相关法律保障

宅基地制度改革是一个庞大的系统工程，时间跨度大，利益复杂，工作范围广。单一的宅基地制度改革必然受到各种各样的掣肘，而且宅基地制度改革主要解决“地从哪里来”的问题，要全面综合解决乡村振兴问题，必少不了农村集体经营性建设用地入市和土地征收制度改革的配合。国家虽允许宅基地制度试点改革区县部分法律突破，但归根结底也离不开法律保障。仅就宅基地制度改革中积极性调动的问题来看，农民群众积极性的调动离不开法律保障，银行积极性的调动离不开法律保障，社会资本进入积极性的调动同样离不开法律保障。因此，积极呼吁国家层面修订相关法律条文，完善保障体系。

七、有条件地让城市资本进入农宅和宅基地使用权转让市场，彻底盘活农村闲置资产

宅基地是农民的一大福利，具有保障性功能。国家一直明令禁止城市资本进入，只允许农宅在村集体经济组织内部转让。然而，范围的狭窄和农民经济实力的欠缺，使这种转让基本仅存于纸面。随着经济发展，农宅不再是农民安身立命的唯一场所，城市资本的进入不会引起大面积的社会安定问题。同时，城市资本的注入能缓解农村发展建设缺少资金的“瓶颈”。因此，有条件地放开城市资本进入，必将盘活农村闲置资产。

八、加强干部业务培训，夯实宅基地制度改革工作基础

任何工作的开展，都离不开人的作用。宅基地制度改革工作既涉及专业能力，又涉及综合知识，要求工作人员对相关法律条文相当熟悉。“一问三不知”和“同一问题五花八门的解释”难免让群众怨气丛生，由此产生抵触情绪，影响工作的顺利进行。因此，加强干部业务培训，夯实宅基地制度改革工作基础日显重要。

九、建立宅基地制度改革工作村民理事会

思想问题的解决是解决一切问题的根本所在。再精心的理论设计，离开了农民群众的思想基础，其效果也是差强人意的。架起理想和现实的桥梁，建立和完善村民理事会应是理想的选择。实际工作中，泸县提出了“总量管控、底线保障、规划引领、村民自治、镇社县监管”的层级管理格局。这样的举措使宅基地制度改革的开展能更加充分了解农民群众的思想状况，能增强农民群众的话语权，能使改革更加柔性化。

十、“因地制宜”“因时制宜”是一切工作的永恒原则

自然条件、经济基础千差万别，想以一种模式“包打天下”是完全不可能的。因此，“因地制宜”“因时制宜”是一切工作的永恒原则。

参考文献

［1］陶思远.《关于农村土地征收、集体经营性建设用地入市、宅基地制度改革试点工作意见》政策解读［J］. 上海土地，2017（6）：32-37.

［2］蔡晓慧.【四川改革试点典型案例】泸县农村土地制度改革让“沉睡”的宅基地“流动”起来［EB/OL］.［2018-12-21］. scnews.newssc.org/system/20181221/000931606.html.

［3］刘守英，熊雪峰. 经济结构变革、村庄转型与宅基地制度变迁——四川省泸县宅基地制度改革案例研究［J］. 中国农村经济，2018（6）：2-20.

实施乡村振兴战略背景下人居环境整治研究

——基于四川省的实践

陈 强①

摘要： 实施乡村振兴战略背景下，四川省加强人居环境整治，突出垃圾、污水、厕所“三大革命”。首先，基于四川省的实践，污水排放整治、“厕所革命”、生活垃圾处理和安全饮用水等人居环境整治工作均存在不同程度的不足。其次，深刻分析后认为：资金缺口大、项目推进方法及参与主体单一、自由裁量导致项目不平衡推进等制约了人居环境整治的效果。最后，拟从整合政策资金、促进项目推进方法及参与主体多元化、严格落实监督机制助推项目均衡推进三个方面提出人居环境整治的创新路径。

关键词： 乡村振兴 “三大革命” 人居环境整治

一、实施乡村振兴战略背景下四川省人居环境整治的现状

在实施乡村振兴战略背景下，四川省将重点推进农村人居环境的“三清两改一提升”工作。当前，四川省人居环境整治的污水排放整治（平均处理率只有 20%）、“厕所革命”（公厕少、旱厕多、无厕可入、有厕难入和如厕难受等问题交织并存）、生活垃圾处理（人均垃圾产生量远远高于垃圾的处理能力）等主要任务，尽管在持续的推进中，但是其现状与人民群众对美好生活的向往还有距离，需要继续加大资金、人才、技术的投入力度和幅度（见表 1）。

表 1 四川省人居环境整治任务、典型特征及现状

整治任务	典型特征	现状
污水排放整治	污水排放系统缺乏统一的规划和设计；污水排放的管理薄弱	根据 2018 年住房和城乡建设部的最新数据统计，四川省农村生活污水平均处理率只有 20%
“厕所革命”	公厕数量少，旱厕数量多，缺乏公厕维护和管理人员	甘孜州、阿坝州、凉山州等高海拔、缺水地区时常面临“无厕可入”“有厕难入”“如厕难受”等难题
生活垃圾处理	垃圾池数量不够；未实现垃圾的分类处理；村民环境保护意识不足	根据相关的研究及数据显示，四川省农村居民人均日产生的生活垃圾大约为 0. 86 千克

① 陈强，中共泸州市委党校。

二、实施乡村振兴战略背景下四川省人居环境整治存在的问题

（一）资金缺口大导致长效维护困难

对于经济发达的地区，整治经费不成问题，但是在深度贫困地区和民族地区，资金缺口较大。以每个村人居环境改善经费 100 万元计算，阿坝藏族羌族自治州（以下简称阿坝州）有 1 354 个行政村、甘孜藏族自治州（以下简称甘孜州）有 2 679 个行政村，也就意味着阿坝州和甘孜州仅人居环境整治费用就需要 13.54 亿元和 26.79 亿元。在前期基础设施建成以后，每年的基础设施维护及运行管理费用大概是建设费用的 20%。因此，这就意味着阿坝州和甘孜州每年的维护和运营管理费用为 2.708 亿元和 5.358 亿元。较大的资金缺口，难以支付建设费用和长效维护费用，导致长效维护困难。

（二）项目推进方法及参与主体较单一

1. 项目推进方法较单一

村组干部为代表的一线政策执行者，有些存在过分依赖行政手段来推动农村人居环境整治。四川省农村情况各异，地形地貌、经济社会发展水平、风俗文化上的差异和影响是主要原因。以厕所革命为例，甘孜州和阿坝州因为海拔高、气温低的特点，农村户用厕所需要设计成耐低温的；而凉山州缺水的特征，就不太适宜使用冲水式厕所。然而，在推进农村人居环境整治工作中，有的地方存在运动式的人居环境整治，过分依赖行政手段，不顾当地实际，盲目地照抄照搬。

2. 项目推进参与主体较单一

传统的人居环境整治问题往往是由贫困导致的，缺少集体经济、人均纯收入较低，使得参与人居环境整治的主体较为单一，贫困人口无力支付人居环境整治中需要的支出，往往寄希望于政府。一方面，贫困群众由于其贫困特征，需要先集中精力脱贫，确实难以独自承担起人居环境整治和改善费用。另一方面，没有充分调动社会力量和有能力参与人居环境整治群众的积极性。有的地方甚至出现了大包大揽的现象，尽管政府有能力提供资金和技术指导，但完全抛开和绕过了有能力、有资金、有技术的社会力量和群众，容易出现需求与供给的不匹配。

（三）自由裁量导致项目不平衡推进

一方面，项目推进负责人的自由裁量权导致人居环境整治的侧重点不同。有的地方道路硬化、垃圾清运和运输比例为 90%；通自来水、装路灯、河道清淤比例为 80%；建污水收集官网、绿化工程比例分别为 65.6% 和 66.7%。另一方面，项目推进负责人的自由裁量权导致人居环境整治的资金投入力度和幅度也不同。据有关数据统计，以人均排水设施的财政性资金支出为例，存在区别对待现象，城市为 175 元/人、乡镇为 104 元/人、农村仅为 13.7 元/人。这都导致人居环境整治项目呈现不平衡推进。

三、实施乡村振兴战略背景下四川省人居环境整治的创新路径

新时代，有过城市生活的农民和新生代的农民对人居环境提出了更高的要求和品质，这就要求四川省创新人居环境整治路径，满足人民群众对美好人居环境的向往。笔者拟从以下几个方面进行探讨：

（一）整合政策资金助推项目长效维护管理

国务院和四川省都制定并出台了促进人居环境整治的政策和法规，以提供坚实的执行保障。各级党委和政府要整合政策资金，发挥资金的集聚效应，提高资金的使用效率，助推污水治理、生活垃圾处理、“厕所革命”等人居环境整治项目的前期建设，尤其是建成后的长效维护和管理。

（二）促进项目推进方法及参与主体多元化

一方面，促进人居环境整治项目推进方法的多样化。变运动式推进为引导式推进策略，促进人居环境整治项目推进方法的多元化。甘孜州白玉县在旅游厕所建成以后，选聘建档立卡贫困户，进行系统培训以后，上岗担任旅游厕所的管理员，每个月给予 1 000 元的工资标准，仅 2018 年，就解决了 10 名贫苦群众的就业和增收问题。另一方面，农民应该是农村人居环境整治的主要建设者和成果享受者。邓小平故居管理局将厕所外包运营，每年仅需支付 40 万元的厕所管理费，实现了人居环境整治项目参与主体的多元化。

（三）严格落实监督机制助推项目均衡推进

在监督机制的助推下，严格落实责任制，可以减少自由裁量权对人居环境整治项目推进的影响；可以保证四川省各地按照自身实际和人民群众的需求制定科学、合理的人居环境整治项目，避免出现“一刀切”、大拆大建、照抄照搬。同时，严格落实监督机制，可以提高人居环境整治项目均衡推进的效率。

参考文献

[1] 罗之飏. 我省印发农村人居环境整治三年行动实施方案［N］. 四川日报，2018-08-15(01).

[2] 杨艺茂. 一厕一景 旅游景区厕所内外兼修［N］. 四川日报，2018-06-27（15）.

[3] 于法稳，候效敏，郝信波. 新时代农村人居环境整治的现状与对策［J］. 郑州大学学报（哲学社会科学版），2018（3）：64-68.

[4] 鞠昌华，朱琳，宋洪标，等. 我国农村人居环境整治配套经济政策不足与对策［J］. 生态经济，2015（12）：155-158.

[5] 李江南. 我国开始整治农村人居环境［J］. 生态经济，2018（4）：10-13.

[6] 佚名. 实施乡村振兴战略 改善农村人居环境：四川省全面推进农村人居环境整治［J］. 四川畜牧兽医，2019（5）：6-8.

[7] 王波. “四坚持”探析激发村民参与环境整治内生动力［J］. 中国环境管理，2019（2）：27-30.

[8] 于法稳. 乡村振兴战略下农村人居环境整治［J］. 中国特色社会主义研究，2019（2）：80-85.

加强农村人居环境整治的对策建议

刁 培①

摘要： 乡村振兴，生态宜居是关键，而农村人居环境整治则是实现乡村生态振兴的重要抓手。因此，要坚持高位推动，落实主体责任；坚持因地制宜，注重规划先行；坚持以人为本，有序改善民生；坚持系统治理，健全管护机制；坚持多元投入，善用资金和资源，为实现乡村振兴目标、全面建成小康社会打下坚实基础。

关键词： 乡村振兴 农村人居环境整治 对策建议

改善农村人居环境是实施乡村振兴战略和建设美丽中国的重要组成部分。乡村振兴战略实施以来，各地着力推动“垃圾革命”“污水革命”“厕所革命”，农村人居环境悄然发生着可喜的变化。但是，农村人居环境整治工作仍处于起步阶段，存在重视程度不够、进展不平衡、内生动力激发不够、长效机制尚未形成、资金投入缺口较大等困难和问题。2019 年是决胜全面建成小康社会第一个百年奋斗目标的关键之年，是打赢脱贫攻坚战和实施乡村振兴战略的历史交汇期。站在历史的交汇点，做好“三农”工作，必须持续开展农村人居环境整治，建设新时代美丽乡村。

一、坚持高位推动，落实主体责任

农村人居环境整治成效，是衡量乡村振兴成功与否的一个重要标准。因此，各级党委和政府必须提高政治站位，把农村人居环境整治作为一项政治任务，落实好地方各级党委和政府的主体责任。一是要建立明确的“一把手”责任制。各级党委和政府要成立“一把手”挂帅的领导小组，由“一把手”亲自部署重要改革、亲自把关重大方案、亲自协调关键环节、亲自督察落实情况。二是要建立各司其职的工作推进机制。要注重发挥各级农办统筹协调作用，发展改革、财政、国土、环保、住建等部门相互配合，明确责任分工，集中力量办大事。同时，还要有“五级书记”一起抓，省负总责，市县抓落实，乡村结合实际把任务落实落细。三是要建立可考核、能检验的奖惩机制。要把农村人居环境整治纳入为群众办实事内容，纳入党政干部绩效考核和末位约谈制度，强化监督考核和奖惩激励。同时，要结合实际，建立健全一套科学有效的考核体系。这套考核体系既要有方向性、原则性和长远性目标，也要有具体化、可行性指标；既要有硬杠杠，又要有基础分。

---

① 刁培，中共泸州市委党校。

二、坚持因地制宜，注重规划先行

我国农村地域广博，不同地区气候条件、地形地貌、经济水平、风俗文化等千差万别。因此，农村人居环境整治必须坚持因地制宜、规划先行、分类指导、精准施策。一是要坚持规划引领、科学建设。各级政府要抓好村庄规划编制和管理，鼓励推行“多规合一”，实现村庄规划管理基本覆盖。要从实际出发，实用性与艺术性相统一，历史性与前瞻性相协调，一次性规划与量力而行建设相统筹。二是要坚持尊重实际、精准施策。我国农村的具体环境直接决定了不能搞“一刀切”，但各地农村人居环境整治的内容可以各有侧重。如：条件比较好的地区，建设整治内容可以丰富一些，建设标准也可以适当高一些；条件一般的地区要瞄准农民群众感受最强烈的问题，集中解决垃圾处理和改水改厕等突出短板；贫困地区要以干净整洁作为基本目标，做好环境整治这件惠民实事。三是要坚持遵循规律、突出特点。农村人居承担着传承中华农耕文明的使命，重在与自然的协调，既要考虑生活便利，也要考虑生产需要；既要突出地域和民族特点，本着对历史负责的态度，保护好历史文化村落，也要坚持保护建筑、保持肌理、保存风貌、保全文化、保有生活，发掘继承创新雅俗共赏、兼容并蓄的乡土文化，留住乡愁记忆。

三、坚持以人为本，有序改善民生

“天地之大，黎元为先。”建设生态宜居的美丽乡村，归根结底是为了更好地满足农民群众对美好生活的向往。全国各地农村经济发展程度不同，但是整洁、卫生、环保、美丽是所有农民的共同需求。因此，只有努力改善农村人居环境，才能持续增强农民群众的获得感、幸福感。这既是做好农村人居环境整治的出发点，也是方法论。因此，一方面要坚持先易后难，要从改善行路难、如厕难、环境脏、村容村貌差等方面做起，再到发展产业，完善公共设施，一步步让农民看见改变，一步步获得农民的支持，再一步步提升整治水平。同时，在环境整治中，必须要合理安排整治任务和建设时序，把握好整治力度、建设深度、推进速度、财力承受度以及农民接受度，才能让农村美起来、生活好起来。另一方面要坚持先点后面，要从创建示范村、整治村入手，将综合优势比较明显的村、乡镇、片区打造成示范点，以点串线、连线成片，再以星火燎原之势全域推进农村人居环境改善，探索农村人居环境整治新路子，实现从“千万工程”到美丽乡村再到乡村振兴的跃迁。

四、坚持系统治理，健全管护机制

改善农村人居环境是一个系统性、长期性工程。农村人居环境问题从根本上看是城乡发展不平衡和乡村发展不充分的体现，它涉及资金、技术、机制、设施和观念等许多方面，仅当下需要重点解决的，就涉及农村厕所改造、垃圾污水治理和村容村貌提升等领域。从长远看，若没有建立起行之有效的管护机制，若不能改变农村的一些不良生活习惯和落后观念，就难以达到治本之效。因此，推进农村人居环境整治必须始终坚持系统治理，久久为功。首先，应建立环保设施运营机制。在实施之初，政府可负责相应设施的运营与维护，再逐步过渡交给具有专业运营能力的第三方。其次，应建立评估与监督机制。可采取第三方参与模式，建立农村人居环境整治的评估与监督机制，对参与农村人居环境整治的利益相关者的行为、治理效果、满意度、存在的问题进行全面科学的评估，以寻求完善农村人居环境整治的途径与措施。最后，应建立有效的参与机制。通过提高农村居民的认知水平，使他们逐步产生相应的责任意识，进而提高农村居民的参与意识，使其积极、主动、全面参与农村人居环境整治的全过程。同时，通过宣传、表彰等方式，调动引导社会各界和农村先富起来的群体关心支持农村人居环境，广泛动员社会各界力量，形成全社会共同参与推动的大格局。

五、坚持多元投入，善用资金和资源

改善农村人居环境工作涉及农村经济社会事业的方方面面，无论是改水改厕、河道治理、村容改善等硬工程建设，还是垃圾清运、污水管网维护等软机制建立，都需要以资金为后盾。因此，要坚持量力而行、尽力而为，建立健全政府、农村集体和农民、社会力量多元投入机制，以有效解决投入不足的问题。一是要加大财政投入，做好整合的文章。改善农村人居环境是各级政府的重要责任和共同任务，要建立以各级财政资金投入为主的投入机制。省财政分配财力性转移支付时适当提高农村人居环境整治支出标准；市、县两级政府要调整优化支出结构，将支出农村人居环境治理资金纳入预算；县级财政可按有关规定整合农村水利、农村危房改造、农村环境综合整治等各类资金，集中用于农村人居环境整治。二是要拓宽资金渠道，形成多元的格局。在加大财政资金投入的同时，也要发挥好政府投资的撬动作用，加大资金的多渠道筹措力度，形成“本级财政奖补、上级单位争取、部分投入整合、受益群体自筹、集体经济补充、社会捐赠赞助”的多元化格局。着重鼓励社会力量积极参与，引导有条件的地区将农村环境基础设施与特色产业、休闲农业、乡村旅游等有机结合，实现农村产业融合发展与人居环境改善互促互进。

六、结语

农村人居环境改善是一个动态系统性工程，加快推进农村人居环境整治，只有统筹考虑乡村发展实际和农民关切的问题，科学确定目标任务，坚持多元投入，有序推进整治进度，建立长效管护机制，才能在这场大考中交出一份满意的答卷，真正让农村美起来、生活好起来。

参考文献

[1]《农民日报》评论员. 始终坚持党政“一把手”亲自抓［N］. 农民日报，2019-03-08(001).

[2]《农民日报》评论员. 始终坚持因地制宜分类指导［N］. 农民日报，2019-03-09（002).

[3]《农民日报》评论员. 始终坚持有序改善民生福祉［N］. 农民日报，2019-03-11（001).

[4]《农民日报》评论员. 始终坚持系统治理久久为功［N］. 农民日报，2019-03-12（001).

[5]《农民日报》评论员. 始终坚持真金白银投入［N］. 农民日报，2019-03-13（001).

[6]《农民日报》评论员. 始终坚持强化政府引导 调动农民主体和市场主体力量［N］. 农民日报，2019-03-14（001).

乡村文化振兴的功能与路径研究

韩　芳①

摘要： 乡村文化是祖祖辈辈生活在土地上的人们智慧的积淀，文化振兴是乡村振兴战略的内在要求和精神动力。乡村文化振兴的功能体现在两个方面，一方面向内生长增强乡村的活力和凝聚力，提升乡村的文明风貌；另一方面向外辐射增强乡村的吸引力，带来更多的资源和发展机遇。因而，振兴乡村文化需通过挖掘整合乡村文化资源来提高村民的文化自知，同时培育村民参与乡村公共文化服务的意识，提升乡村文化自觉，并在发展乡村文化产业的过程中树立文化自信。

关键词： 乡村文化振兴　功能　路径

一、引言

文化是一个过程而不是一个既定的产品，因此文化需要与时俱进的发展。乡村“空心化”和“老龄化”使乡村文化传承“难以为继”，人们对于乡村的认知固化以及追求现代文明和流行文化的社会心理导致乡村文化在市场经济和现代化趋势下陷于衰落的境地。乡村振兴战略为我国“三农”发展带来了新的机遇。乡村是传统文化生长的土壤，中华文明的根在于乡村，因此乡村文化不仅是支撑乡村振兴的动力，也是中华民族发展的力量之源。振兴乡村文化并不意味着要全盘复兴传统，而是指将那些顺应时代发展的优秀文化予以保护和传承，并将传统与现代进行创新融合，使乡村文化焕发新的生机。

二、乡村文化振兴的功能

（一）内向性功能：增强乡村内部凝聚力

乡村文化是在乡村地区生长和形成的一种区域性文化，反映了乡村居民的生活样态，涵盖了思想观念、行为方式、价值体系以及道德规范等各个方面。乡村文化是一种共同体文化，对生活在这个共同体内的人产生影响，同时人又在生产和生活过程中创造和改变着文化。中国传统乡村是熟人社会，正如费孝通笔下的乡土中国，附着在土地上的人们靠着强大的乡土文化维系着共同的精神世界和人际往来。因此

---

① 韩芳，中共泸州市委党校。

传统乡村文化本身就具有强大的向心力，在其影响下的乡村是一个高度凝聚的同质化社会。而随着现代化的推进，传统乡村共同体在市场经济发展大潮的强势冲击下逐渐瓦解，外来文化和城市文化向乡村地区传播和蔓延，并迅速抢占了乡村的文化高地，相比之下传统乡村文化逐渐式微，甚至走向衰落。改革开放以来，以乡村外出务工人员为主体的大量人口流动不仅打破了“生于斯，长于斯”的乡土社会结构，而且加速了现代文化和城市文化的传播。人们不再依赖和遵守乡村文化及其共同的行为规范，而乡村又未能完全接受和内化现代文化，因此造成乡村地区传统与现代的文化断裂。振兴乡村文化有利于增强乡村内部的凝聚力，不仅指乡村文化本身所具有的黏合力，还在于乡村文化振兴的过程和方式，只有合理有效的、符合村民需要的措施才能收到好的效果；反之，“行政化”的、“一刀切”的文化振兴只能是浮于形式的，而不可能是“触及心灵”的。

（二）外向型功能：提升乡村对外吸引力

实施乡村振兴战略的目的就是满足人民日益增长的对美好生活的向往，乡村不仅可以生产绿色健康的粮食蔬菜，而且具有重要的生态涵养功能，也是中国人寻根溯源、安放心灵的精神家园。近年来，乡村旅游和乡村康养产业逐渐兴起，带动了经济发展。城市人口密集，生态环境受到污染加上快节奏的生活方式，使人们越来越向往休闲舒适的田园生活，但乡村旅游不能只囿于游山玩水，更应该充分发挥乡土文化的独特魅力，将乡村文化振兴与产业发展有效结合，实现乡村文化的创造性转化，从而增强对外吸引力。随着互联网、计算机、手机等现代信息技术的普及使乡村现代化的步伐逐渐加快，乡村文化在现代化的潮流中显现出独特的价值，立足于乡土文化的独立性和主体性，融合现代文明和时代精神，树立文明乡风，打造美丽田园，使乡村成为人们留得住、愿意来的地方。

三、乡村文化振兴的路径

（一）增强文化自知，充分挖掘整合乡村文化资源

乡村文化振兴首先应做到文化自知，明白要振兴的文化是什么。只有充分认识了自己的文化，在此基础上理解并接触多元文化，才能找到自己的发展方向。挖掘文化资源需要遵循实事求是的原则，不能无中生有，牵强附会，要有所甄别，并不是所有的传统文化都能被继承，应摒弃落后腐朽的文化。乡村文化资源大致可分为三类：一是乡村历史文化资源，例如历史文化名镇、传统村落、农耕文明、红色文化等；二是乡村人文资源，包括乡风民俗、传统技艺、饮食文化等；三是乡村生态文化资源。村史馆、乡村博物馆和地方志等对于挖掘和保护乡村历史文化资源具有促进作用，鼓励村民主动参与提供、收集相关的资料和物件，以教育和引导村民提高对乡村文化的认知。随着乡村人口流失，乡村民俗和传统技艺等面临着消逝的危险，应采取申请非物质文化遗产保护、拍摄纪录片以及运用现代传媒为民俗文化赋予新的内涵等多样化措施去保护和传承。良好的生态环境就是乡村最大的财富，因此必须强化生态文化意识，深刻理解生态文化的内涵。重视乡村生态文化的培养和

宣传，是建设生态文明和乡风文明的双重要求。

（二）促进文化自觉，调动村民参与公共文化服务

文化自觉是费孝通先生提出的观点，他指出：人对自己所生活在其中的文化要有“自知之明”，并主动担当起文化发展的历史责任。这一观点包含了本文上述的“文化自知”论点，本文认为文化自觉以文化自知为前提，其重心应在于主动作为。乡村公共文化服务虽然也属于政府公共服务的范畴，具有较强的外部性，但乡村特殊的社会结构决定了在其对公共文化服务的需求上存在较大的差异性，如果只由政府来统一提供难免会陷入“标准化”和“形式化”。因此，乡村公共文化服务应该向“村民自助式”转化，调动村民参与乡村公共文化服务的提供，增强村民自身与乡村文化之间的关联感，从而增强认同，愿意维护、保持和发扬乡村文化。通过组建乡村文化人才队伍发挥乡村文化精英的作用，能够有效带动村民参与乡村公共文化服务建设。政府在乡村公共文化服务中应担负起基础设施建设、价值引导和监管等方面的任务，为村民参与乡村公共文化服务搭建“舞台”，引导村民传承发扬传统文化，积极开展文化活动。

（三）提升文化自信，创新乡村文化产业发展模式

文化自信体现了乡村的独特价值，树立村民的文化自信要着力转变长期以来形成的“文化偏见”，即认为乡村文化是落后的、保守的文化，而忽视乡村文化中所包含的人类智慧和先进性因素。当前很多地方依然存在偏重外在形式而忽视文化的内在作用、偏重文化的经济效益而忽视社会效益的问题，忽视了村民的文化主体性，没有真正从思想上提升村民的文化自信，反而使得村民变成了乡村文化振兴的“他者”，这样便失去了其本质意义，难以获得长远的发展。发展乡村文化产业能够产生乡村文化自信建立和提升的外部推动力，即通过挖掘乡土文化元素，推动农业文明与文化创意产业融合发展，打造具有地域性特色的乡村文化产业发展模式，从而让当地村民意识到自我文化的独特性，提升村民的文化归属感和自豪感，激发创造活力，发展各具特色的乡村文化产业模式。

四、结语

繁荣的乡村文化对生活在乡村内的人具有正向的价值引导和行为规范作用，有利于增强乡村内部凝聚力，乡村文化振兴又能通过改变乡村贫穷落后、脏乱差的旧面貌，来提升乡村的对外吸引力。文化自知是文化振兴的前提，充分挖掘，整合文化资源才能有的放矢地对乡村文化进行保护、利用和开发。提升乡村文化自觉，不仅指要对当地文化有“自知之明”，而且还要主动作为，通过主动参与公共文化服务，增强文化主体性。发展乡村文化产业应避免陷入“功利化”和“同质化”，只有在认识自身文化的基础上，明确本文化特色和发展方向才能在多元文化交融的现代化进程中保持发展定力。

参考文献

[1] 加芬芬. 传统文化复兴与村庄文化功能优化 [J]. 探索，2019 (2)：181-192.

[2] 费孝通. 文化的生与死 [M]. 上海：上海人民出版社，2009.

[3] 程玥. 文化振兴与乡村公共文化自觉路径分析 [J]. 东南学术，2019 (2)：100-108.

[4] 吕宾，俞睿. 乡村文化自信培养困境与路径选择 [J]. 学习论坛，2018 (4)：66-73.

[5] 雷家军. “四自”：从经验到目标：以浙江临安村级文化礼堂建设为重心的调查与思考 [J]. 中华文化论坛，2015 (12)：21-26.

论乡村迎法视角下四川引法下乡的现实路径

——以红岩镇、武德乡、芭蕉镇为例

聂亚平①

摘要：本文选取红岩镇、武德乡、芭蕉镇三地考察四川引法下乡现状，发现乡村存在缺乏专门普法队伍、缺乏外部力量支持、普法频率低等问题，同时还发现乡村主动迎法趋势。本文以乡村迎法为视角，建议由当地政府主导构建“引法”“迎法”双重渠道，通过组建乡镇普法队伍、构建“聚散型”人才库、组织现场案例观摩普及法律知识，设置法律调解专员、优化落实“一村一法律顾问”制度、搭建乡村法律咨询平台等方式满足村民用法需求，化解村民矛盾，塑造文明乡风。

关键词：引法下乡　普法　迎法　乡政府

一、引法现状：对红岩镇、武德乡、芭蕉镇三地的实证考察

相较于法律制度的废立，法律观念尤其是乡村法律观念的转型更为复杂和艰难。为深入了解我国引法下乡的真实情况，笔者特意选取了位于四川省成都市彭州市的红岩镇、宜宾市筠连县的武德乡、达州市宣汉县的芭蕉镇进行实证考察，兼顾了成都地区和非成都地区。在具体考察内容上，着重对乡镇普法、用法情况进行调查。

（一）红岩镇、武德乡、芭蕉镇三地普法情况解析

由表1可知，在普法队伍建设上，三地乡镇均未成立专门的普法队伍，在进行普法活动时，具体的工作均是由当地乡政府或镇政府工作人员负责。在普法活动的队伍组成上，三地乡镇均呈不稳定、不固定状态。

表1　红岩镇、武德乡、芭蕉镇普法情况

普法情况	红岩镇	武德乡	芭蕉镇
普法队伍	无	无	无

① 聂亚平，中共泸州市委党校。

表1(续)

普法情况	红岩镇	武德乡	芭蕉镇
普法形式	发放宣传资料、贴海报、拉横幅、上街摆点宣传以及现场答疑、各类文化活动现场摆点宣传及答疑、公众号推送信息、网络化走访宣传、召开村民会议、坝坝会	宣传资料、贴海报、拉横幅、现场答疑、召开村民会议，去街道、村上宣传	发放宣传资料、贴海报、拉横幅、上街摆点宣传以及现场答疑、滚动播放广告
普法频率	应上级要求开展，或镇政府工作人员在日常工作相对少时抽空开展	应上级要求在普法日开展，平时主动开展的较少	应上级要求在普法日开展，平时主动开展的较少

在普法形式上，三地乡镇都采取多样化宣传方式。红岩镇特有的各类文化活动现场摆点宣传及答疑是将普法活动嵌入其他文化宣传内容中。网格化走访宣传是采取网格化管理方式进行普法宣传，红岩镇政府将普法人员作为网格化普法的联络员，为每位联络员分配了由其负责联络的村民，定点宣传。芭蕉镇注重多媒体手段的使用，以滚动播放普法广告的方式扩大受众范围。

在普法频率上，三地乡镇的普法频率均不高。但红岩镇政府实行主动与被动相结合的普法形式，会适时主动安排开展普法活动。

（二）红岩镇、武德乡、芭蕉镇三地用法情况解析

红岩镇在长期的调解工作中探索出了适合村级调解的固定模式。村民产生纠纷，先由村小组长调解，调解不成再由村干部调解，如果还是没能调解成功，则去所属镇上的调解室调解。此外，红岩镇包片领导有时也会对其分管村村民的矛盾进行调解。芭蕉镇在进行调解时，应当事人双方要求，有时会邀请当地居民参与主持调解，但该类调解案件只是个例。红岩镇、武德乡、芭蕉镇用法情况见表2。

表2　红岩镇、武德乡、芭蕉镇用法情况

用法情况	红岩镇	武德乡	芭蕉镇
人民调解室设置情况	每个乡镇、村委均设有	每个乡镇、村委均设有	每个乡镇、村委均设有
主持调解人员情况	乡镇调解员主要是以司法所工作人员为主，有时会邀请上级或者法律方面专家讲解；村一级调解员由村小组长、村干部、驻村干部及包片领导组成	乡镇的调解员主要是司法所人员和综合治理维稳人员；村一级调解员以村干部为主，驻村干部为辅	乡镇调解员主要是以司法所工作人员为主；村一级调解员主要是村干部、第一书记和驻村干部等
调解时是否吸收当地村民	否	否	是
是否每个村均配有法律顾问	是	是	是
法律顾问工作情况	在村上时间不定，一般情况下电话咨询	在村上时间不定，一般情况下电话咨询	通过微信、电话联系咨询

2015 年 4 月，四川省依法治省领导小组办公室、省委宣传部、省司法厅、省民政厅联合下发《关于深入推进“法律进乡村、进社区”的实施意见》和《深入推进“法律进乡村、进社区”工作方案》，明确提出推进乡村、社区“六个一”工程①。为每个村（社区）配备一名法律顾问的“一村一法律顾问”便是任务之一。红岩镇、武德乡、芭蕉镇三地虽已为每个村配备了法律顾问，但这些法律顾问并未常驻村上，现场接访次数太少，发挥效果有限。

二、引法问题与迎法趋势：对红岩镇、武德乡、芭蕉镇三地的考察分析

三地乡镇存在共同的问题，在普法方面，没有专门队伍，缺乏外部力量参与，限制了普法的力度和深度。在用法方面，武德乡、芭蕉镇均反映当地村民习惯以“信访”方式反映自身诉求，多数调解案件根据当时情景就地解决，导致武德乡、芭蕉镇的调解室经常门可罗雀，难以形成系统的调解方法。

虽然三地乡镇均存在不同程度的问题，但在调查中三地乡镇反映出的主动引法趋势也让人欣喜。政府层面，红岩镇政府在普法工作中根据本单位人力积极主动安排普法活动，增加普法次数，上报普法信息。村民方面，三地乡镇政府工作人员表示，法律顾问开展现场咨询时村民很多，许多村民建议政府多开展法律咨询活动，全民迎法热情高涨。

三、现实路径：迎法视角下的理论与实践补强

作为现代乡村管理者，乡政府应顺应乡村迎法趋势，作为法律知识普及和纠纷解决的主导者，借助自身管理角色和本土特征的双重优势，主导法律在乡村的普及和适用工作。

（一）理论补强：引资源普法律

1. 组建乡镇普法队伍，探索固定普法模式

临时性、任务式的普法人员不利于形成系统的普法情报收集和效果评估，经常更换人员也不利于村民定点反馈有关法律意见和建议。鉴于乡镇人员相对充足，故笔者建议出台文件规定组建乡镇专门普法队伍，将具有一定法律基础的工作人员作为专门的乡村普法队员，由其负责乡村所有的普法、用法等相关法律工作。实行专人专事、专岗专责的工作方式，以主动结合被动，积极吸取其他乡镇成熟的普法方式和模式。博采众长，探索形成适合本乡镇实际情况的普法工作模式后，便可以专门的制度性文件将该模式固定下来。

2. 深挖本土人才资源，构建“聚散型”人才库

当今乡村的普法力量还比较薄弱，笔者建议挖掘本土资源，建立“聚散型”人

① “六个一”工程具体指每个村（社区）制定一部村规民约、建立一支法宣小分队、配备一名法律顾问、建设一个法治宣传栏和图书室、培养一名法律明白人、每户发放一张法律服务联系卡。

才库。人才库由“聚”“散”两类人才组成。“聚”型人才是指距离乡村较近的，平时工作生活就在当地的法律人才，具体可从当地司法所、派出所、法院等法律机构吸收。“散”型人才是指平时在外工作，仅在节假日还乡的相关法律人才。这类法律人才往往在法律水平和业务能力上处于较高水平，能为乡村普法队伍注入新的活力。可邀请其在节假期回乡期间为村民进行法律知识培训。

3. 聚合本地司法资源，组织现场案例观摩

最高人民法院印发《关于为实施乡村振兴战略提供司法服务和保障的意见》第32条明确载明“充分发挥人民法庭靠近乡村、贴近群众的优势，切实开展好人民法庭工作”。第33条规定“积极开展法治宣传、开庭审判进村入校活动，对于具有‘审理一案、教育一片’效果的案件，积极开展巡回审理”。法院系统已针对乡村法律普及提供了便利条件，乡政府应当主动建立与法院、检察院系统的信息互换机制，便于获知将在当地开展巡回审判的案件信息，提前安排村民进行现场观看，让其了解案件的具体审判流程及法律条文在实践中的具体适用方式，起到警示教育和法律宣传作用。

（二）实践补强：以法律定纷争

1. 以法律助调解，设置法律调解专员

尽管乡村已经普遍设有调解室，但以传统道德进行的说服教育效果欠佳。因此，笔者建议在保留传统调解中谈道德、讲道理方式的同时，还应注重以相关法律规定为依据向矛盾双方阐释事实对错和相关责任，将法院对此事件可能得出的最后结果及其中可能耗费的时间、精力等向双方说明。因此，可考虑配备法律调解专员主持调解。法律调解专员可来源于以下三处：一是从乡镇设置的普法队伍中吸收，二是从人才库中选取在当地生活的法律工作者，二是从本村法律能人中选取。

2. 优化落实“一村一法律顾问”，提高现场接访次数

目前，“一村一法律顾问”工程已经在贫困村实现了全覆盖，四川省村（社区）共配备法律顾问4.3万余人。仅贫困村实现覆盖还不足以解决广大村民的法律需求。非贫困村的法律资源同样有限，需要继续贯彻落实“一村一法律顾问”制度，提高法律顾问现场接受村民咨询的次数，至少每周应有2天时间在村上现场接访，最大限度发挥乡村法律顾问的价值。尚未配备法律顾问的村镇也应该积极与司法局等机构联系，争取早日配备法律顾问，提高自身的法律实力。

3. 引入外部法律资源，搭建乡村法律咨询平台

有针对性地寻找法律专业人士咨询是村民的迫切需求。“一村一法律顾问”虽能起到作用，但势单力薄，难免独木难支。随着企业对社会责任的重视，现在已经有很多律所自主下乡为村民提供法律咨询服务，且部分地方司法局也会举行法律援助下乡活动。但该类活动的举办多具有单向性，未形成长效机制。因此，建议当地政府积极与律所和司法局法律援助中心对接，力争引入更多的优质外部法律资源，搭建起乡村法律咨询平台，切实为村民提供能解决其法律困惑的渠道。

参考文献

[1] 唐华彭. 新法律观念在乡村的强力塑造：以 1952 年司法改革运动为例 [J]. 当代世界社会主义问题，2017（2）：35-44.

[2] 吴忧，刘宏顺. 四川省多地探索“一村（社区）一法律顾客”制度，作用明显但遭遇瓶颈：法律顾问到田间如何留得住？[EB/OL]. [2018-02-28]. http://ex.cssn.cn/gd/gd_rwxn/201802/t20180228_3861840.shtml.

[3] 屯溪区司法局. 屯溪区司法局开展法律援助“三下乡”活动 [EB/OL]. [2019-01-25]. http://www.ahtxq.gov.cn/BranchOpennessContent/show/1271562.html.

乡村文化的回归与重塑

孙晓阳①

摘要： 如何在乡村振兴的视野下繁荣发展乡村文化？本文通过重塑对乡村文化的认知，强调乡村文化的发展核心在乡村，但不能局限于乡村范围发展乡村文化。本文对乡村文化发展提出了回归乡土原生原态、增强群众对乡村文化的依存度和获得感、以产品和体验整合乡村文化资源、以匠人精神进行文化演绎重构四个方面的对策建议。

关键词： 回归　重塑　乡村文化　演绎

乡村振兴战略中的“乡村”更强调乡村是一个“社会、文化、生活体”。繁荣乡村文化，需要我们用历史和现代相结合的视野回溯乡村文化的内涵，在当代语境下重塑对乡村文化内涵的认知。

一、对乡村文化内涵的挖掘

乡村文化形成的基础包含自然因素和人的因素，以及人与自然相互作用下形成的乡村（村落）因素，乡村文化中有着不同于城市的乡村自然环境、依据乡村自然环境而形成的乡村（村落），以及活动于其中的人（不一定是农民）。在此基础上孕育出不同的乡村稳定而独特的文化，村民既是乡村文化的传承者也是乡村文化的表达者和创造者。

在长期的乡村文化发展过程中，各具特色的乡村文化可演绎和衍生的文化内涵具有一定的共同性，而且其成为中国传统文化和中国人价值追求中的重要支柱：如大自然中时节变化的自然机理作用、耕耘收获的人与自然互动交往规则、守望相助的人际共生互联支持网络、中国传统哲学中天人合一的理念。在传统乡村发展变迁中，乡村文化也经历了传承、呈现和再造的统一。

二、重塑对乡村文化的认知

如今我们在乡村振兴的背景下思考乡村文化发展，不可回避的是随着现代化进程中社会流动和网络时代的发展，我们必须正视乡村文化发展中的现实挑战，坚守

① 孙晓阳，中共泸州市委党校。

乡村文化的核心：自然、乡村、人。因此，我们需要认识到：

第一，乡村文化与现代化并不冲突。乡村文化的内核与我们当前的发展理念、价值导向具有高度的一致性，在现代发展中对乡村文化可演绎和衍生赋予新的意义。除了以上提到的乡村文化可演绎和衍生的四个方面，在当前的时代背景中还需要完善乡村与城市相互影响依存的共同体观，从而形成大自然中时节变化的自然机理作用、耕耘收获的人与自然互动交往规则、守望相助的人际共生互联支持网络、中国传统哲学中天人合一的理念、乡村与城市相互影响依存的共同体观的统一。

第二，乡村文化并不是城市文化的补充。随着城市的发展，产品的丰富，智能时代的来临，带给人类的并不仅仅是丰富的产品、便捷和高效，随之而来的还有巨大的压力与焦虑。随着现代化的发展，城市中的人越加需要来自自然和乡村文化的滋养，重新与自然、乡土建立连接，在自然状态中感受平静、放松身心，体验不同的生活节奏和方式。

第三，乡村文化的生产在乡村，输出在城市。乡村文化的发展必须固守乡村，回归乡土；否则，将丧失所有的文化内涵。在挖掘乡村文化、呈现文化亮点、制造文化产品和体验的过程中，却没有乡村和城市的界限，可以借助乡村本土之外的视野、工具、媒介和力量。村民既是乡村文化的生产者也是享受者和消费者，乡村文化应该让村民在乡村文化生产创造的过程中有更多物质和精神上的获得感，乡村文化产品输出绝不仅仅是在乡村，而是输出到城市。

第四，乡村文化的重塑需要“人”的不断支持。乡村文化的挖掘、呈现不仅需要依托本地的文化和人才，同时也需要借鉴世界和城市中文化发展的经验来操作和运营。因此，乡村文化并不是建几个建筑、搞几次演出、做几场活动就可以带动起来的，而是需要有人，城市、来自其他乡村、国外的人源源不断地进入和参与，不断输出新的文化产品、打造新的体验，乡村文化才能不断延续、创新和发展。

因此，对乡村文化的把握离不开历史和现代、城市与乡村、生产与输出、产品和体验几个方面相结合的视角，立足乡村、回归乡土、丰富乡村、对外输出，从而去探讨乡村文化的发展。

三、当前乡村文化发展的思考

（一）回归乡土原生原态

乡村文化作为与城市相对独立的社会、文化、生活体，就需要保存它相对独立的社会、文化、生活风貌。“让乡村更像乡村”这或许是很长一段时间乡村文化要走的回归之路。

“让乡村更像乡村”需要发动村民去追溯乡村历史和文化风貌，增加村民对乡村文化与自己之间的关联感，从而更加认同乡村文化，愿意维护、保持和发扬乡村文化。

（二）增强群众对乡村文化的依存感和获得感

文化最顽强的生命力在于它凝结在风俗习惯、生活方式、语言文字、思想观念中，因此，让乡村文化成为一种生活方式，只有不断焕发出不同于城市文化的“社会、文化、生活”特质才能在城市化不可逆的趋势下不断吸引人群进入到乡村或旅游或居住，由此产生的依存和获得感可以支持不断地持续进行文化体验和消费。

在持续的文化体验和消费中，对于乡村本地村民而言也是增加获得感的过程，一个影响和重塑的过程，他们在这个过程中也会增加对乡村文化的认同感、自豪感和依存度。

（三）整合推动乡村文化发展的资源

乡村文化的发展需要抓住两大输出：产品输出与体验输出。产品输出对接的人群与体验输出对接的人群就是乡村文化的需求群体和潜在消费群体，也是需要链接的资源。

在众多文化发达的领域，以体验带动消费和产品销售是目前市场消费的主流，也是线下线上消费最大的区别，因此，需要准确定位哪些对象是乡村文化产品和乡村文化体验的消费群体及其特点，对乡村文化的体验和产品进行精准营销。

（四）以匠人精神进行文化演绎重构

乡村文化的演绎与重构同样需要有清晰的定位、明确的特点，既能讲得出源，也能拓得出流。其中，年轻人的参与不仅可以让发展乡村文化的力量传承有序，充满活力，同时也具有让年轻人走进乡村文化，传承乡村文化的重要价值。

除了内容的演绎重构，还需要形式的打造，因为怎么去呈现和表达决定了大众的接受程度。注重运用新媒体进行及时有效的宣传、整合媒介资源进行不同重点突出的宣传，对于发展乡村文化也是非常必要的。

参考文献

[1] 高静，王志章. 改革开放40年：中国乡村文化的变迁逻辑、振兴路径与制度构建［J］. 农业经济问题，2019（3）：49-60.

[2] 嘉丹. 乡村旅游发展中乡村文化生态建设的实现路径［J］. 农业经济，2019（3）：37-38.

[3] 刘洋，肖远平. 乡村文化建设的四维建构与振兴策略：基于贵州的典型经验［J］. 湖北民族学院学报（哲学社会科学版），2019（2）：17-25.

[4] 索晓霞. 乡村振兴战略下的乡土文化价值再认识［J］. 贵州社会科学，2018（1）：4-10.

[5] 纪德奎，赵晓丹. 文化认同视域下乡土文化教育的失落与重建［J］. 教育发展研究，2018（2）：22-27.

乡村产业振兴路径探索

罗志军①

摘要：乡村产业振兴是乡村振兴的核心与重要内容，是乡村农业农村现代化发展的重要基础，是乡村经济发展的重要保障。乡村产业发展以收入效应为主导、拉动宜居环境及其局部基础设施改善，影响教育文化、素质素养及其乡村文明提升；同时，乡村产业面临着产业持续发展的技术制约、基础设施改造升级制约、健全社会保障体系及其社会激励机制问题。推进乡村产业振兴发展，需要以技术创新为核心，产业兴旺发展为途径，强化基础设施建设和加强社会保障机制建设。

关键词：乡村发展　产业振兴　产业兴旺

乡村产业振兴是乡村振兴的核心与重要内容，是乡村农业农村现代化发展的重要基础，是乡村经济发展的重要保障。

一、乡村产业振兴的意义

乡村产业振兴具有以下几方面的意义：一是政治意义。党的十九大提出实施乡村振兴战略，将产业兴旺列为乡村振兴战略的重要内容，赋予实现产业兴旺、产业振兴成为实施乡村振兴战略首要的政治责任、政治任务。二是社会意义。乡村社会的演进与发展重在乡村产业兴衰、更替与递进。产业振兴成为见证乡村社会繁荣发展、兴衰发展的重要标志。三是经济意义。乡村产业发展决定着乡村民众经济收入状况，承担着改善乡村经济发展，并对乡村经济发展起着基础性作用。四是理论意义。乡村振兴战略的提出，赋予乡村振兴战略理论的形成，也同时赋予乡村产业理论的发展，并且为研究产业兴旺、产业振兴和丰富产业理论内涵时，增添理论认识。

二、乡村产业发展现状与问题

（一）乡村产业发展现状

一是乡村产业发展收入效应明显。首先，乡村产业发展直接引发产业收入。乡村产业发展直接以产业成果进入市场取得经济收入，赋予乡村产业发展最重要的经济意义，即产业收入意义。其次，乡村产业发展间接引发产业收入。乡村产业发展

① 罗志军，中共眉山市委党校。

过程中通过发展农家乐，发展其他种养殖业引发间接产业收入。最后，乡村产业发展辐射效应引发产业收入。产业辐射效应体现在主导产业区对非主导产业区的扩散效应，其结果引发被辐射地区参与辐射产业发展，增加辐射产业收入。二是乡村产业发展拉动效应明显。产业发展拉动效应主要体现在拉动相关产业发展，如拉动包装产业发展和拉动配套产业发展，再如在深加工方面和上下游产业链方面及其引发的经济效应。三是乡村产业发展影响效应明显。产业发展从规范种植、科学管理、合理布局等方面影响和改变环境发展、基础设施，使环境变得优美、越来越宜居，构建了观光旅游发展基础，使观光旅游、农家休闲娱乐旅游逐渐兴起。受之影响，会使乡村文明文风和乡村民众的素质素养在潜移默化中升华与提升。

（二）乡村产业发展面临的问题

一是乡村产业发展面临技术制约问题。技术创新不足，发展无力，导致乡村产业发展的持续力减弱、后劲力不够，逐渐被其他产业代替失去市场竞争活力，从而淡出市场。二是乡村产业发展面临公共基础设施问题。其包括公路不通或通而狭窄、陡险等，蓄水不足与缺乏，供电、通信网络水平低，以及其他公共服务设施诸如为产业发展服务的生产技术服务中心、市场服务中心、原料供给中心、游客服务中心、产业成品零售中心等缺乏。三是乡村产业发展面临社会保障体系滞后制约问题。在现有土地制度安排下，虽然鼓励农户将土地供给出来进行产业发展，但是为农户建立健全相关的诸如医疗保险、养老保险等社会保障体系还不到位。四是乡村产业发展面临社会激励机制问题。乡村产业发展在产代销方面缺乏较好的环链体系和社会供给的激励机制，体现为运输销售有障碍，生产环节缺乏社会保障等激励措施，收购销售缺乏银行贷款支持，人力技术支撑缺乏有效的社会保障建设。五是乡村产业集约化发展不足问题。乡村产业发展缺乏集约化，企业化生产经营影响产业发展的龙头作用和在技术创新、技术支撑发展方面领导一方产业发展的优势作用。

三、乡村产业振兴路径与建议

（一）乡村产业振兴路径

1. 以技术创新为核心

技术创新是一切产业发展、产业兴旺的核心与基础。其具体表现在以下几方面：一是产业发展的创新。在乡村产业发展中推进一种新型产业发展，可以演变形成新的产业创新。如在偏远乡村引进一种热带水果并经过打造、培育成偏远乡村发展的新型产业，即可成为乡村发展的一种产业创新。二是相关产业链的创新。推进与打造现有相关产业深加工发展和推进产业发展相关的精包装产业，能够延伸相关产业链的生产创新、产业创新。三是产业成果的创新。国内日益呈现的有机农业产品、生态无污染农业产品和新型产品开发，以及美国科学家正在将西红柿、苹果等蔬菜、水果和大米培育成具有抗疾病的新型药用蔬菜产品、食品等，都是产业成果创新。

2. 以产业兴旺发展为途径

一是实现乡村产业集约化的兴旺发展。推进乡村产业集约化发展，第一方面是整合乡村的土地资源。通过土地流转、土地租赁、土地资本入股等多种多样形式盘活乡村土地，实现土地的最大化生产与运用，除了可以直接将整合的土地进行改造达到机械化生产以实现土地最大化产业生产外，还可以将整合的土地修建观光公路、道路与基础设施等，以辅助推进乡村产业的兴旺发展实现乡村产业振兴发展。第二方面是整合生产规模。将乡村农户的零散生产整合成规模化生产、标准化生产，有利于从规模化、标准化生产过程中做大做强乡村产业，达到产业的兴旺发展，从而实现乡村产业振兴发展。第三方面是整合生产资源。其包括整合生产技术、人力资源、物质资源等。以统一的生产资源保障产业的生产质量，降低生产成本，有利于维持产业持续的竞争优势和兴旺发展，实现乡村产业振兴发展。二是实现乡村产业产业化的兴旺发展。推进乡村产业的产前、产中、产后及其相关联产业链的发展，这种以主导产业带动相关联产业形成的产业化发展，产生的产业兴旺发展能够确保乡村产业振兴达到有效发展。

（二）乡村产业振兴建议

1. 强化基础设施建设

一是建设优越的基础设施才能有力保障乡村产业振兴发展。农村的致富名言：要想富，先修路。推进乡村产业振兴发展不仅是修路，更需要修建宽敞、安全的公路；需要围绕农业现代化、机械化生产改造标准化土地、土地设施，修建蓄水、浇灌设施；需要修建生产产品储存的辅助设施，诸如加温烘干、冷藏储存、包装设施等；围绕乡村宜居、观光旅游修建辅助设施等；配建强大的网络和电力资源；推进环保设施建设；构建技术服务、生产资料、销售、医疗、教育、娱乐等中心，有利于辅助推进乡村产业振兴发展。二是建设强大的现代化设施才能有力支持乡村产业现代化生产。比如对偏远、交通不便但产业资源丰富的乡村，适时开辟偏远乡村的空中运输渠道，这是确保未来偏远乡村产业振兴发展的有力支持。建设直升机、无人机空中运输工具用于乡村产业生产和产品运输，利用现代智能化、机械化设备设施参与生产与耕作，有利于推进乡村产业的现代化生产与发展。

2. 加强社会保障机制建设

加强人力资源建设助推乡村产业振兴。一是加强经营管理人才建设。为乡村产业发展、经营管理建设一支人才队伍，确保乡村产业发展有主导力。二是加强专业技术人员建设。乡村产业发展需要专业专长的各类技术人员，要围绕产业发展建设一支具有专业专长的技术人员队伍。三是加强技能型人员建设。要为乡村产业发展培养建立一支能干事、会干事的技能型人员队伍。四是加强社会保障体系建设。一方面要盘活土地供给；另一方面要留住人、吸引人到乡村进行产业发展，需要按照产业工人福利待遇要求，为各类从事乡村产业工作的乡村产业人员构建养老、医疗、教育、住房、失业等社会保险体系，消除其后顾之忧。

加强投资机制建设助推乡村产业振兴。一是建立城市金融资本进入乡村开发产业发展机制。鼓励城市金融资本投入到乡村进行乡村产业发展，或进入乡村进行产业开发。二是建立乡村土地资本的投资机制。以盘活土地供给、使用，创造最大化资本为目标，以土地作为资本构建投资机制，盘活土地投资经营体系建设，以实现灵活的土地资源整合，为推进乡村产业振兴奠定扎实基础。三是推进乡村产业产品投资经营体系建设。利用现代技术和交通工具，推进电子商务网络体系、物流体系、加工包装仓储构建新型营销渠道建设，加快拓展乡村产业产品的多元化营销。同时，要出台机制消除各种制约产业产品营销发展的不利因素。

参考文献

[1] 傅光明，付博文. 乡村振兴离不开产业兴旺［N］. 经济日报，2017-11-01（009）.

[2] 李国祥. 实现乡村产业兴旺必须正确认识和处理的若干重大关系［J］. 中州学刊，2018（1）：32-38.

乡村振兴的图景分析

林劲松[①]

摘要：本文借鉴“等值化”思想对乡村振兴图景进行了思考，这有助于理解中央出台的一系列相关政策以及加深对“二十字”总要求的理解。

关键词：乡村振兴　社会保障　关爱体系　青山绿水

未来的农村，中央给全国人民勾勒出一幅美丽的画卷：“到2050年，乡村全面振兴，农业强，农村美，农民富裕”。具体来讲就是“产业兴旺、生态宜居、乡风文明、治理有效、生活富裕”。这相当于告诉全国人民，未来的农民与市民虽处在不同地域，但过的是等值化的生活。

一、未来的农村一定是以产业作为支撑

现在，农村年轻人特别少，老年化很严重。为什么农村的年轻人要背井离乡到城市去？答案显而易见，城市的收入远远高于农村。2018年，城市居民人均可支配收入是39 251元，农村居民人均可支配收入是14 617元，绝对差距是24 634元，相对差距是2.69∶1，巨大的收入差距导致农村的年轻人大量涌入城市。城乡收入差距必须缩小，根据发达国家的经验，农村居民的收入只有达到城市居民收入80%左右，年轻人才会大量回流农村，并稳定在农村。

要提高农民收入，就必须让农民充分就业。目前，城市劳动者的正常工作时间是每天8小时，但是农民的有效工作时间却达不到这一标准，据专家测算，农民劳动生产力约占城市工人的1/4。马克思早就告诉我们，随着市场的竞争，行业平均利润率是趋同的，劳动力市场是一个竞争性市场，所以农民的收入也只能是城市居民收入的1/3左右，是合乎逻辑的。

要让农民长期达到或接近城市居民的收入水准，只有创造足够多的就业机会。这光靠种植业是不行的，还必须有第二、第三产业。未来能够持续发展的乡村，一定是农、工、商相结合的地方，也就是三大产业融合发展做得比较好的地方。

国务院在2019年6月发布的《国务院关于促进乡村产业振兴的指导意见》中明确提出，要将依托于农业农村资源发展起来的第二、第三产业尽可能地留在农村内，这有助于为农村创造更多的就业岗位。

---

① 林劲松，中共绵阳市委党校。

未来的农村和城市一样，发展好的地方也是以产业作为支撑。

二、未来的农村一定会有更高的社会保障体系

当前城市居民人人有着参加社会保障的权利，随着社会的进步，我国虽然把过去被排斥在外的农民群众也纳入了这一体系，但是农民与城市居民相比，在保障水平上有着较大的差别。

城市居民靠退休金可以活得非常体面。对比城市居民，虽然当前农民已经不同程度地进入了社会保障体系，但是层次水平较低，所以必须要提高农民的社会保障水平。

国家现在也在这方面进行一些积极探索，比如鼓励职业农民购买保险，一些职业农民已经被称为农业工人，还一些地方在推行土地换社保以及试点农民自己给自己购买保险。未来的农村，农村居民一定也会被纳入全国的社会保障体系。到了晚年，通过自己年轻时候的努力，也可以过上体面的生活，这也是农村新一代年轻人的共同期盼。

未来在社会保障上农村将与城市接轨。

三、未来的农村一定会提供更高质量的教育

寒门难出贵子，曾经在社会上引起了巨大的争论。据统计，现在贫困家庭能够考上全国一流大学的学生占比是非常低的，原因之一在于农村与城市教育资源上的差距。

为子女的未来考虑，也是农村年轻人的普遍关切，未来的农村一定也是教育做得比较好的地方。中央也顺应时代发展需要明确提出："要优先发展农村教育事业。高度重视发展农村义务教育，推动建立以城带乡、整体推进、城乡一体、均衡发展的义务教育发展机制。全面改善薄弱学校基本办学条件，加强寄宿制学校建设。"另外，国家也提出在乡镇建普惠制幼儿园，到2020年，这一比例要达到85%。

未来农村的教育质量也会有一个全面的提升。

四、未来的农村一定会有良好的居住软环境

农村与城市相比环境卫生上有巨大的差距。经过多年文明卫生城市的创建，干净卫生已经成为城市居民的生活习惯。但是农村依然是当年的农村，甚至比当年的农村情况还糟糕，"垃圾靠风刮、污水靠蒸发"还是部分农村的真实写照。中央提出来在农村推动"厕所革命"，开展农村人居环境整治，这有助于农村的环境卫生向城市看齐。

农村与城市相比社会秩序上有着较大的差距。城市有着良好的社会治理体系，例如城市出现了治安事件，有充足的警力，同时还有监控作为证据。农村却不是如

此，农村是熟人社会，正在农村开展“扫黑除恶”“雪亮工程”有助于农村居民也获得一个平安的生活秩序。

农村与城市相比在关爱体系上有着较大的差距。城市无论是单位，还是社区对老人、弱势群体都时常通过组织的方式体现出各种关爱，城市居民不需要刻意去维持一些社会关系，或者说可以选择性的维护一些社会关系。但是在农村却不行，农村没有很好的关爱体系，导致最贫困的农民也需要去维护一些社会关系，以期望在他的困难的时候有人能够帮助他。中央提出来要对农村弱势群体开展更多关怀，尤其对“三留守”人员给予更多的关怀很有现实针对性。

未来农村与城市一样，在环境、秩序、关爱等软环境上做到以人为本。

五、未来的农村一定会是青山绿水与满满乡愁

习近平总书记曾经说我们的城镇化发展也要“看得到山、望得见水，记得住乡愁”。“看得见山、望得见水，记得住乡愁”就是市民所惦记的。周末、节假日很多市民会到农村去呼吸新鲜的空气，去大自然放飞自我。

山与水是自然景色，景美会让人们心情愉快放松。现在城市居民多在高楼大厦、厂房工作，一天的心情是比较压抑的，由此得抑郁症的现象越来越多。城市为了“看得见山、望得见水”，建设了很多公园，周末、节假日，人山人海，也反映了市民对美景的需求，但显然供给不足。农村与城市相比，处处是美景，一片稻田、一片油菜花，这些美景均可打造成公园。

“记得住乡愁”记得的是美好的过去，那是触动心灵的文化。习近平总书记曾讲，你离开一个地方会怀念的东西就是乡愁。特色小吃是乡愁，农村的建筑是乡愁，小时候玩的游戏是乡愁，乡愁分很多种，有些可以教育人的，比喻村规民约，有些可以令人好奇，尤其是一些少数民族的独特文化。“乡愁是对家乡的感情，是可以留住人的”。

未来的乡村，一定是乡村特色保持比较好的地方，与城市相比各具魅力。

参考文献

[1] 马晓河. 构建优先发展机制推进农业农村全面现代化［J］. 经济纵横，2019（2）：1-7.

[2] 党国英. 关于乡村振兴的若干重大导向性问题［J］. 社会科学战线，2019（2）：172-180.

推动现代农业园区高质量发展的研究与建议

——以绵阳市为例

涂海霞①

摘要：本文以绵阳市为例，对现代农业园区的发展现状、存在的主要问题进行调研，并结合调研情况，提出了推动现代农业园区向高质量发展的建议。

关键词：“三品一标” 经营主体 结构调整 虚拟确权

现代农业园区是我国当前代表农业发展水平的农业发展模式，也是乡村振兴中产业振兴和农民增收的重要途径和主要抓手，其地位和作用十分突出。

一、绵阳市现代农业园区发展的现状

近年来，绵阳市委市政府坚持按照“建基地、创品牌、搞加工”“做大规模、做优品质、做响品牌”的发展思路，强力推进农业园区发展，取得了良好效果。截至2018年年底，绵阳市建成现代农业园区31个。绵阳市现代农业园区的发展体现在以下几方面：

1. 快速推动了农业集约化经营

做大规模的理念已经深入到相关部门领导的思想并成为行动自觉，千亩基地、万亩基地已成为绵阳市现代农业发展较为普遍的现象，各区县都有一些典型基地。在农业园区发展的带动下，农村土地承包经营权流转规范有序，截至2018年年底，绵阳市累计流转农村土地157.7万亩（1亩=0.066 7公顷，下同），流转率达到38.2%，与全国土地流转平均水平基本一致。

2. 绵阳本土农业品牌效应渐显

在政策的引导和支持下，各园区注重走品牌兴园之路，着力加强现代农业园区硬件建设，完善现代农业园区品质形象。突出发展安全、优质、高效的现代农业目标，强化农产品质量监管，深化“三品一标”认证，打造了“光友粉丝”“圣迪乐”“中坝酱油”“丰谷酒业”等一批中国驰名商标、四川著名商标，培养了“黑溜宝”“天虹丝绸”“涪城麦冬”“平武天麻”等一批市场信誉度高、影响力大、有特色的区域公用品牌、企业品牌和产品品牌。

---

① 涂海霞，中共绵阳市委党校。

3. 园区内的农民收入增长更快

围绕农民增收这条主线，各园区积极探索建立土地流转、承包地作价入股、政策资金入股、反租倒包、二次返利等多元互动的利益联动机制。鼓励农民就近就地转化为农业产业工人，参与企业生产、采摘、销售各个环节，推动了产业发展和农民增收的同步实现。据调查，绵阳市现代农业园区惠及的农民年人均纯收入要比园区外的农民人均纯收入高。

二、绵阳市现代农业园区发展中存在的主要问题

1. 园区经营主体融资普遍困难

绵阳市虽然在农村产权抵押贷款等方面进行了积极的试点、探索和推广，但是受益面和受益程度有限。有企业反映农户配合办理承包权转让的积极性不高，导致办不了证，贷不了款，即使办了证，贷款的抵押比例也偏低，起不了实质性作用。由于农业项目的特殊性，投资难以转化为资产，向银行等渠道融资不畅，渴望政策上能够有新的突破。

2. 土地流转与建设用地使用存障碍

一是土地整片流转缺乏主动作为。绵阳市土地流转率虽在稳步提升，但普遍存在自发性、随意性、分散性特点，整村大片流转有一定占比，但还不是主流，大规模流转难度较大。另外，土地流转后部分园区经营主体由于经营不善不能及时兑付土地租金与农户也时常发生一些摩擦。二是园区建设用地缺乏影响项目落地。根据相关政策，园区耕地只能匹配少量的建设用地指标，这满足不了园区发展的现实需要。

3. 科技人员短缺园区缺乏技术含量

只有极少的园区有专门的技术队伍，多数园区技术方面的问题主要依赖于临时外聘专家或与第三方合作来解决，园区的产品更新及设计技术常年停滞不前，新的科技成果运用缓慢，引进农业高新技术，加强技术消化吸收的能力弱，产品科技含量低，园区机械化、自动化装备水平不高。

4. 市场含金量高的农业品牌较少

绵阳市近些年来大力推动“三品一标”以及地理标志建设，也鼓励园区内企业创立自己的品牌，效果明显，品牌的数量出现爆发式增长，但多数品牌知名度低，“量多而不响”的现象十分突出，部分园区沦为他人的农产品代工厂。

5. 产业融合的条件层次需要改善

绵阳市现代农业园区已经慢慢认识到第二产业的重要性，甚至有的也逐步引进了一些加工型企业，但由于多种原因，尤其是缺乏加工企业所需的配套设施而难以实施。当前绵阳市一些第一、第三产业融合的园区发展的层次还处在初级阶段，园区经营的乡村旅游产品主要是钓鱼、打牌、喝茶、聊天、吃农家饭，可体验的农产品很少，严重缺乏可驻留性。

三、推动绵阳市现代农业园区高质量发展的建议

1. 完善现代农业园区发展的骨干力量

（1）加强村支部书记的选拔和激励。一名好的村支部书记，自身要有发展的能力，同时又有带领全村人民致富的初心，发挥“领头雁”的作用，成为时代的需要。因此，对为促进园区发展做出巨大贡献的优秀村支部书记，要给予更多的政治和物质激励。

（2）加快职业农民的培育进程。全面落实四川省委省政府关于培育职业农民的要求，为职业农民提供学习、购买社保、评职称的通道和平台，为职业农民营造出成为有吸引力职业的氛围，培养更多的农村实用人才和乡村本土人才。

2. 破解农业园区发展的土地制约

（1）尝试推广更主动的土地流转方式。借鉴一些地方对土地进行主动流转的方式。例如：重庆市九龙区等地按照市场价回收在城镇有稳定工作、稳定居所的农民土地；“虚拟确权、三权分离、二次流转”的方式也可供借鉴；成都市崇州市农业共营制也具有推广价值。

（2）根据发展现实调剂好建设用地指标。加快落实中央的政策：对利用收储农村闲置建设用地发展农村新产业新业态的，给予新增建设用地指标奖励。在具体操作过程中，配套设施要服务于园区企业发展，建设用地指标要优先保障企业项目的落地。

3. 多渠道为农业园区发展筹措资金

（1）发挥财政资金“四两拨千斤”的作用。一是财政牵头，多方合作，由企业指导农户生产经营，银行给予无抵押贷款，保险公司作担保，财政资金给予保费补贴，共同促进农民发展产业；二是创新农产品价格指数保险，为种植户和合作社提供价格保险，财政资金给予保费补贴；三是为园区发展的企业融资提供贴息，降低企业融资成本。

（2）为社会资本下乡搭建更多的平台。一是建立涉农的专业产业发展基金。按照有关规定和程序筹建由政府、企业、民间、合伙人共同出资的专业基金，注入符合条件的园区产业发展；二是通过政府购买服务、PPP 等模式，鼓励社会资本投入到农业农村。

4. 提升绵阳市现代农业园区的品牌价值

（1）推动园区农产品的质量提升。鼓励引导现代农业园区与高等院校、科研院所深度合作，加快新品种、新技术的引进和应用，大力推进现代农业园区统一生产、管理、销售，建立健全农产品可追溯制度，进一步完善配套设施，为农业园区三大产业融合创造必要的条件。

（2）加大农业园区的宣传推介力度。积极依托“一带一路”和西博会、农博会、科博会、电商峰会等国内、省内重大展会活动，将“绵阳造”农产品推向国际

国内市场，以“老干妈”“安岳柠檬”“郫县豆瓣”为学习对象，让更多绵阳农产品品牌蜚声海内外，畅销海内外。

参考文献

［1］陈文胜．以产业兴旺为根本实施乡村振兴战略［J］．中国乡村发现，2018（2）：92-94.

［2］林劲松．从稳定与发展的视角看农村土地流转［J］．中共太原市委党校学报，2016（3）：19-20.

浅谈中西部丘陵地区乡村产业发展的三个关键点

——对绵阳丘陵地区乡村产业振兴实践的思考

王显强[①]

摘要：习近平总书记在十九大报告中提出了乡村振兴战略，产业振兴则是这一战略的主要内容，中西部丘陵地区乡村经济发展滞后是整个乡村振兴战略的难点所在。本文着重对绵阳丘陵地区乡村产业振兴的实践进行了总结分析，积极探索了符合中西部丘陵地区乡村产业发展的三个关键点，以此希望打开整个中西部丘陵地区乡村产业振兴的思路。

关键词：中西部　丘陵地区　乡村振兴　特色产业

与东部的广大农村地区相比，中西部地区乡村经济发展相对滞后，乡村振兴战略实施的关键主要在产业振兴，产业兴则乡村兴，如果没有产业振兴，乡村振兴战略是很难实现的。而中西部乡村产业振兴难度最大的区域又主要是集中在欠发达的广大丘陵地区，本文重点通过对绵阳丘陵地区乡村产业振兴实践的思考，希望找到对中西部丘陵地区乡村产业发展的有益思路。

一、镇(乡)党委政府、村社基层组织是推动乡村产业发展的核心

多地实践证明，中西部农村地区镇（乡）政府与村社基层组织在推动乡村振兴战略实施过程中起着至关重要的作用，也是乡村产业发展的组织保障。其根本原因有三点：

第一，各级党和政府的政策和规划落实、项目引进、资金投入、群众工作、产业规划等最终还是要靠镇（乡）政府与村社基层组织来组织实施，如果没有镇（乡）政府与村基层组织的参与，是不可能在中西部农村丘陵地区实施乡村振兴战略的。从绵阳丘陵地区乡村产业振兴的实践看，无论是三台县的综改区乡村产业发展、梓潼县许州乡的特色种养殖业发展，还是北川县桃龙乡发展中药材产业等，无一例外的都是镇（乡）政府与村基层组织推动实施的。

第二，中西部丘陵地区农村基础差、底子薄、发展滞后、农民发展乡村产业的

① 王显强，中共绵阳市委党校。

观念落后，大多数青壮年都在外地打工，留守在家的多为老人和小孩，留守老人和小孩没有条件和能力发展乡村产业，完全靠他们去推动乡村产业发展是不可能的。

第三，很多引进的乡村产业资金和项目由于涉及各方利益，如果没有当地镇（乡）政府与村基层组织积极推动参与，土地流转、基础设施建设等都会无法推进。因此，镇（乡）政府与村基层组织就成为联结乡村产业发展资金项目与广大农民群众的核心枢纽。

归根到底，中西部农村产业振兴的核心需要有一支懂农业、爱农村、爱农民、肯实干的干部和人才队伍，需要镇（乡）党委政府的强力支持，需要村社基层组织充当“主心骨”，团结广大留乡农民群众积极参与。

二、因地制宜，发挥优势资源，紧紧扭住发展特色产业不放松

丘陵地区乡村情况千差万别，虽然普遍存在基础设施差，交通、通信落后，劳动力人才严重短缺等问题，但也同时存在很多优势资源，特别是自然资源丰富，闲置便宜的土地多，工业污染较少等优势，这些都是发展特色产业的核心要素。丘陵地区乡村产业发展要紧紧围绕这些核心要素来发展特色产业。

（一）充分调研分析相对优势因素，做好产业发展规划

做好丘陵地区乡村产业发展规划的关键是摸清各种优势资源和有利条件，既要全面调研分析山林、河流、空气等绿色生态环境资源优势，又要深度调研分析矿产资源、农业资源、特色资源等自然资源优势，还要深入分析资金项目、政策规划、人脉关系、传统文化等各种社会资源优势。既要分析研究现实资源优势，也要分析研究潜在资源优势，同时还要分析近期和未来产业发展的有利条件。

在分析研究好相对优势的资源要素的基础上，尊重农村基层干部、农业科技人员和广大群众的意见，坚持实行适应自身地区特点的发展策略，做出合理科学的产业发展规划，最终找到符合当地实际情况的特色产业发展道路。

（二）科学定位，种养结合，重点发展生态循环农业

中西部丘陵地区乡村最大的优势是工业污染少，生态环境好，在发展乡村特色产业过程中应该充分利用这一优势，顺应农业供给侧结构性改革这一产业升级趋势，把建设山清水秀、绿色低碳的种养循环、种养一体化的生态循环农业作为发展目标，逐步走上一条可持续发展乡村产业的发展道路。

充分分析本地的生态环境条件，以新型农业经营主体为龙头，以家庭微循环为重点，逐步实现家庭微型化循环、合作循环、园场循环、市场循环等主要循环生产模式，打牢生态农业根基，以此推进特色农业产业化发展。

三、以乡村土地制度创新为抓手，积极探索符合丘陵地区乡村产业发展的新模式

党的十九大报告与2019年的政府工作报告明确提出了农村土地制度改革，绵阳

丘陵地区的乡村在农村土地制度方面做出了很多积极有益的探索，比如三台县综改区的土地经营权流转、农民土地经营权入股，游仙区街子镇农村集体建设用地与宅基地集中使用等。笔者认为，丘陵地区土地情况千差万别，乡村土地制度创新应该始终围绕乡村产业发展模式来探索，即乡村土地制度的创新应当有利于乡村产业发展的需要，把乡村土地制度创新与乡村产业发展紧密地关联在一起。

在总结绵阳丘陵地区农村土地制度改革探索实践的基础上笔者提出：

（一）实行村镇集体供给土地制

农村集体土地的性质是镇村社三级所有社为基础，农民拥有土地承包权。集体土地的这一性质决定了单个农民不宜直接参与土地流转，而应该是镇村社集体组织先根据需要集中单个农民家庭的土地承包权，再进入农村土地流转市场按照规划要求统筹供地公开流转。农村土地流转的主体应该是镇村社集体组织，由集体组织与新业态、新产业的业主进行土地流转。这样农村集体土地的供给者就由现在的单个农户家庭变为镇村社集体组织了，镇村社集体组织对农户负责，而不是新业态、新产业的业主直接面对单个农户家庭。这种方式避免了单个农户与新业态、新产业的业主的利益纠纷，有利于保证农户、镇村社集体组织和新业态、新产业的业主各自的利益。从绵阳各地的实践看效果很好。

（二）镇村社集体组织根据产业规划统筹供地

镇村社集体组织要根据不同乡村产业发展模式的性质，实施统筹安排土地。

农业与乡村旅游模式占地少，很多丘陵地区能够实现特色农业与乡村旅游一体化，这种模式的特色农业部分可以使用基本农田和普通农田，乡村旅游可以安排其他非基本农田，特别是荒地、荒滩、荒坡等。通过利用这类综合用地，减少用地指标的束缚。

公司+农户、农副产品种养基地+农产品粗深加工一体化、协会+农户等种养殖业特色产业，这也是丘陵地区乡村产业发展的重点和主要模式。这种种养殖业特色产业用地镇村社集体组织应该严格按照产业规划要求统筹安排供地，把村庄规划和村土地利用规划充分衔接，通过各种方式重点保证。公司+农户的模式也可以通过镇村社集体组织以土地入股的思路保证用地需求，充分照顾到公司企业、镇村社集体组织和农户的利益诉求。

参考文献

[1] 邵海鹏. 乡村新产业倒逼土地制度改革［EB/OL］.［2019-02-21］. https://www.yicai.com/news/100122167.html.

农村土地流转现状及对策建议

——以绵阳市为例

杨 艳[①]

摘要：本文以绵阳市农村土地流转为例，通过分析当地农村土地流转的现状、取得的成效以及存在的问题，进而找出促进绵阳市农村土地有序流转的对策，以期为各地推动农村土地流转提供参考。

关键词：农村土地流转 现状 问题 对策

一、绵阳市农村土地流转现状调查

（一）整体概况

最近几年，绵阳市各县（区）的土地流转呈现蓬勃发展势头，截至 2018 年年底，绵阳市家庭承包经营的耕地面积为 415.31 万亩（1 亩 = 0.066 7 公顷，下同），家庭承包经营的农户数为 119.51 万户，依法推进农村家庭承包耕地流转总面积为 145.64 万亩，比 2017 年增加了 3.57 万亩，占绵阳市耕地面积的 35.06%。从绵阳市土地流转的情况来看，土地流转主要以转包和出租为主。绵阳市全面展开了农村产权流转交易市场建设工作，已经建成农村产权流转交易平台，基本建成了市服务、区交易、镇审核及村收集的四级农村土地流转交易市场体系，形成了对接全省、统一联网、互联互通、资源共享的农村土地流转交易信息平台。随着农村经济快速发展和扶持"三农"政策力度加大，适度规模经营有多种形式，既有土地有序流转形成的土地适度规模经营，也有通过股份合作、联合、订单农业和社会化服务提供等方式实现的适度规模经营。绵阳市建立农业生产托管服务组织 431 个，"耕、种、防、收"托管服务面积达 54.41 万亩，托管率 13.1%。

（二）已取得的成效

绵阳市农村土地经营权流转工作严格按照农业部对试点工作的总体要求，遵循农村土地流转"产权明晰、形式多样、管理规范、流转顺畅"的总体原则，大力宣传并鼓励支持农民按照"依法、有偿、自愿"的原则，引导农村土地经营权规范有序流转，重点在加快培育农业经营主体，探索建立土地流转规范化管理与服务机制，探索金融保险和监管制度，积极引导土地经营权规范有序流转，发展多种形式的适

---

① 杨艳，中共绵阳市委党校。

度规模经营方面取得了以下成效：一是农村土地承包确权登记基本完成；二是组建农村产权流转交易中心；三是发展新型农业规模经营促进农民稳定增收。

二、绵阳市农村土地流转存在的主要问题

（一）部分农民群众观念滞后

由于土地是农民最重要的生产资料、最重要的财产权益、最可靠的生活保障，具有社会保障和劳动就业双重功能，农民视为“命根子”，加之农村养老、医疗、社会救助等社会保障体系不够健全，农民还是主要依靠土地收入解决看病、上学、养老等问题，部分农民的保守思想对流转土地存在后顾之忧，宁可粗放耕种也不敢大胆参与流转。

（二）程序不规范

部分乡村土地流转操作程序不规范，流转手续不完善，如土地流转后没有进行登记备案；乡村两级组织接受委托流转土地时，没有与农民签订委托书。调查中发现，农户之间的转包口头流转的多，书面流转的少；有些业主看中某些地块后，未通过村集体而采取私自与农户协商的方式，导致农户利益得不到保障；集体发包的土地虽然都签订了承包合同，有的内容也很简单，形式不规范不健全，双方的责权利不够明确，容易引发合同纠纷。

（三）保障机制不健全

一是农村产权交易服务中心作用发挥不明显；二是绵阳市农经管理服务体系不健全，土地流转服务平台建设滞后；三是扶持机制不健全。对土地流转规模主体的财政奖励、金融信贷、农业保险、项目支持等扶持机制尚未有效形成。

（四）服务及监管滞后

县乡两级农村经营管理体系不够健全，缺少专门机构和人员，个别在职人员因工作兼职多，变动频繁，专业性不强，经费没有保障，对土地流转服务、指导和管理不到位。

三、促进绵阳市农村土地有序流转的对策建议

（一）加强宣传引导，提高农民参与农村土地流转的积极性

农民是农村土地流转的主体，要让农民意识到土地流转的重要性，这是加快农村土地流转的前提。因此，要充分利用各种行之有效的方式，广泛宣传土地流转的作用，引导农民增强流转土地的自觉性。要按照中央、省、市对农村土地流转的有关政策要求，引导农民知晓农村土地流转的原则和政策，特别是要使农民认识到土地所有权归集体，承包权归农户，流转的只是使用权，有效打消农户后顾之忧，增强农民土地流转意愿，做到依法、自愿、有偿、规范。通过典型示范，使广大农民看到土地流转带来的实际利益，从而转变思想观念，加快农村土地流转。

（二）完善机制，促进土地有序流转

1. 培育全市统一的农村土地流转市场

运用农村土地承包经营权确权登记颁证成果，依托已初步建立的农村产权流转

交易中心，建立以市级为中枢，县级为平台，乡、村为网点的土地流转服务平台和土地流转监测体系，及时提供信息发布、流转交易、政策咨询等服务。在此过程中，同时规范流转双方的流转程序和流转行为，大力推进土地流转省级示范合同文本的运用，指导土地流转双方签订书面合同。

2. 健全土地流转风险保障机制

一是强化监管。加强土地流入方农业经营能力、履约能力等资格审查，对耕地流转实行动态监测，强化用途管制，禁止借农业之名圈占土地从事非农建设，严禁流转耕地“非农化”。二是强化业主履约保障能力。针对过去在土地流转中出现的因经营不善导致的业主离场，土地租金不能支付的问题，绵阳市各地在实践中积极探索，采取了租金预付、缴纳履约保证金、缴纳土地复垦保证金等有效方法。各级职能部门可对各地的做法进行调研总结，提出规范化操作办法，在全市推广。三是探索通过担保或保险等金融途径降低风险。引入担保或保险等金融手段，可显著降低业主资金压力，确保农户利益。

（三）突出村民委员会主体地位，促进农村发展振兴

土地流转需要明确村民委员会作为集体土地所有权的主体代表，充分发挥村民委员会作用。村民委员会是农民民主选举产生的基层组织，在农民中间享有较高的威信，能够代表农民的共同意愿独立行使权利，承担民事责任；能够有效协调矛盾，平衡群众之间的利益，做通个别不愿流转农户思想，更有利于推进土地集中连片流转。同时，村民委员会作为流转主体，较单独农户更有能力了解业主投资能力和管理水平，由农户与村民委员会签订合同或协议，再由村民委员会与企业或业主签订合同或协议，可以降低流转风险，保障农民利益。

（四）加大支持力度，确保长效

一是政策支持。建议由市级职能部门牵头，结合全市产业布局，有针对性、有层次地制订绵阳市土地流转相适应的政策措施以及实施细则，对促进农业产业化发展的龙头企业、合作组织和个人，按照“谁投资、谁收益”的原则，给予政策、资金支持。二是推进金融支持。一方面可由政府成立担保公司，提供授信抵押担保，有效解决经营业主融资难的瓶颈；另一方面，结合国家政策，深化农村改革，真正做到土地所有权、承包权、经营权三权分置，和金融机构共同探索推进土地经营权、农作物抵押贷款，从根本上解决农业发展资金问题。三是加大涉农项目的扶持。对流转大户达到一定流转规模，带动当地特色产业发展，既拉动地方经济发展，又能让农户获得实惠，且符合相关政策法规，在涉农项目上给予一定的倾斜扶持。

参考文献

[1]. 李杰，吴传翠. 农村土地流转现状与对策研究：以四川省渠县为例［J］. 大陆桥视野，2017（16）：327-328.

[2]. 卢泽羽，陈晓萍. 中国农村土地流转现状、问题及对策［J］. 新疆师范大学学报（哲学社会科学版），2015（4）：114-119.

南充市壮大乡村人才队伍路径探索

胡绍平[①]

摘要：人才振兴乡是村振兴的关键，但目前南充市乡村人才流失严重，乡村“空心化”和耕地撂荒成为南充市乡村发展的最主要制约因素。因此，当务之急是要从大力培育新时代“三农”工作干部队伍、加快培育新型职业农民、加强农村实用人才队伍建设、加强农村专业人才队伍建设、建立新乡贤制度、建立社会各类人才服务乡村振兴的激励机制、发展农村人才市场七个方面壮大乡村人才队伍，实现乡村人丁兴旺。

关键词：南充市　乡村人才　振兴路径

乡村振兴的关键是人才振兴。习近平总书记在参加十三届全国人大一次会议山东代表团审议时强调指出：“要推动乡村人才振兴，把人力资本开发放在首要位置，强化乡村振兴人才支撑，激励各类人才在农村广阔天地大施所能、大展才华、大显身手，打造一支强大的乡村振兴人才队伍，在乡村形成人才、土地、资金、产业汇聚的良性循环。”这明确了人才在乡村振兴诸要素中的核心地位，为实施乡村振兴战略找到了突破口。

南充市是四川省的人口大市，2018 年年底全市户籍总人口为 728.25 万人，其中乡村人口为 517.54 万人。但由于种地亏本，大量农村人口尤其是青壮年劳力不断“外流”，留守在家的更多是老年人和儿童，很多村庄出现了“人走房空”现象。南充市农业人口中外出务工人数达 215 万人，再除去部分就近入城（镇）人口，实际农村常住人口约 200 万人，仅占农业人口的 38.6%。从长远看，年轻农民不愿意驻留农村，不愿意从事农业生产，传统农业正面临后继无人的隐忧。与此同时，随着农村“空心化、老龄化”现象加剧，农村土地“撂荒”严重，特别是部分自然条件恶劣、基础设施落后的乡村，土地“撂荒”更是触目惊心。南充市共有耕地 447 万亩（1 亩=0.066 7 公顷，下同），据不完全统计，目前撂荒比例约为 34%。由于农村人口锐减和耕地撂荒严重，乡村凋敝日益明显。因此，实施乡村振兴当务之急是必须综合施策，壮大乡村人才队伍，实现乡村人丁兴旺。

一、大力培育新时代“三农”工作干部队伍

加强乡村干部队伍建设，一是要立足南充市乡村干部队伍实际，实施“乡村干

---

① 胡绍平，中共南充市委党校。

部人才成长”工程。坚持“铸魂+提能”相结合，不断拓宽内培、外育、挂职锻炼“三种渠道”，实施农村党组织带头人整体优化提升、后备干部培育、选派外训、乡村轮训、学历提升教育等干部成长计划，提升农村基层干部综合素质，增强农村基层组织凝聚力和战斗力，推动乡村组织振兴。二是加大科技副职选派力度，研究制定吸引市内外复合型人才到南充市乡镇挂任科技副职的激励措施，持续做好面向全市乡镇选派科技副职工作。三是做好“村村都有好青年”选培工作，吸引各行各业优秀青年返乡下乡创业，通过政策机制创新，大胆定向培养一支本地生源优先、懂农业、爱农村、爱农民的村干部后备队伍，探索出一条能扎根农村的人才培育新路径，为农村发展党员、村“两委”班子做好人才储备。

二、加快培育新型职业农民

全面建立职业农民制度，深入推进农民素质提升工程。一是以南充职业技术学院、县区职业学校、农民夜校、田间学校等为平台，采取农学结合、弹性学制、送教下乡等形式加大“三农”领域技能型和社会服务型人才培育力度，重点培养创新创业带头人、传统技艺传承人、农村电商领头人、农业生产技术人、现代管理经营人等实用型人才。二是以新型农业经营主体带头人轮训计划和现代青年农场主培养计划为引领，以家庭农场、农民合作社、农业企业等新型农业经营主体领办人和骨干为重点，分类型、分层次开展新型职业农民培育。着力培育一支热爱现代农业、生产能力强、经营效果好的新型职业农民队伍。三是整合各类教育培训资源，实施新型职业农民培育信息化建设工程，创建一批新型职业农民实习实训、创业孵化基地。引导和鼓励农民专业合作社、专业协会、龙头企业、农业院校等主体承担新型职业农民的培训。四是支持和确保新型职业农民享受新型农业经营主体的扶持政策，鼓励新型职业农民带头创办家庭农场、农民合作社等新型农业经营主体，发展多种形式的适度规模经营。

三、加强农村实用人才队伍建设

要拓宽开发渠道，扩充农村实用人才队伍总量。坚持“以用为本，开发引进并重”的工作思路，由组织部门牵头抓总，各涉农部门共同参与，依据各乡村优势产业和农村发展需求，强化措施，整体推进，不断开发挖掘农村实用人才队伍。一是壮大产业聚人才。根据各个镇、村的资源优势和产业特点，大力发展“一乡（镇）一业”“一村一品”，扶持壮大龙头企业和主导产业，鼓励和支持农村优秀实用人才创办各类专业合作组织和产业协会，通过各类专业合作社和协会组织，网罗更多的农村实用人才，努力形成“产业聚集人才、人才引领产业”的良性发展格局。二是柔性流动引人才。对农村各类紧缺实用人才，可以采取聘用兼职、项目合作、技术转让、委托经营等灵活多样的方式，探索“候鸟式”实用人才引进模式，鼓励和支持党政机关专业技术人才面向基层，面向农村，面向企业，按照有偿服务的原则进行技术开发、信息咨询、合作经营、人员培训等活动，通过“技能嫁接”实现人才的“柔性流动”，从而促进农村实用人才队伍的相对壮大。三是效益驱动留人才。要出台优惠政策，大力吸引外地企业到农村投资兴业、创办实体，动员外出务工返乡能人回乡领办企业，通过示范引导和效益驱动，用经济实体留住人才、培育人才、聚集人才，促进农村实用人才队伍不断发展壮大。

四、加强农村专业人才队伍建设

借助当前初步形成的城乡经济社会发展一体化格局，开辟更加广阔的农村专业人才工作空间。围绕乡村振兴的组织领导、农业生产服务、农技推广应用、农业经营管理等，加大“三农”领域专业人才培育力度。

一方面围绕南充市现代农业发展需要和科技需求，建立自主培养与人才引进相结合、学历教育、技能培训、实践锻炼等多种方式并举的农村人力资源开发机制。制定优惠政策，吸引高等院校、科研院所等事业单位专业技术人员到南充市、县、乡挂职、兼职和离岗创业。深入实施农业科研杰出人才计划，加强农业高端创新人才的培养和引进。另一方面实施农业职业经理人培养计划，重点加强对农业专业大户、家庭农场、农民经纪人和农民专业合作社、专业技术协会、产业化龙头企业负责人的经营能力培训，通过学习培训、参观考察、经验交流等方式，提高他们的科技意识、市场意识和经营能力。结合乡村财务会计管理“双基”提升计划，扶持培养一批农业职业经理人、经纪人、农产品营销人员和财务专业人员等，不断壮大农业生产经营管理人才队伍。

五、探索建立新乡贤制度

所谓新乡贤，是指心系乡土、有公益心的社会贤达，一般包括本乡籍的各级领导干部、工商企业界人士和各领域专家学者等。他们或为官治学、或经商习艺走出乡村谋发展，在社会上取得成就之后，心系家乡发展，又积极投身于家乡建设和治理。南充市实施乡村人才队伍建设要积极探索建立新乡贤制度，实施“新乡贤培育与成长”工程，引导村内老党员、老干部、人大代表、退伍军人、经济文化能人等群体扎根本土，发现、培养、壮大新乡贤队伍。实施“乡贤回引”工程，深入镇街、村（社）挖掘外出人才资源，建立乡贤人才信息资源库，积极搭建人才引进平台，用浓厚乡情引导乡贤回归。推行县乡领导定向联络、乡村人才工作者结对联系、乡情恳谈会定期对接、乡村干部关心留守亲属等具体措施，回引在外创业人才。与此同时，完善政策措施，支持回引人员创新创业，领办创办经济实体，带动村民实现就地就近就业。

六、建立社会各类人才服务乡村振兴的激励机制

坚持政府引导与市场推动相结合，人才服务与智力服务相结合的原则，构建内

生性与强制性相结合的制度体系，探索人才服务乡村的多元模式，构建系统有效的激励机制。

一是构建人才服务乡村的分类激励机制。除支持市场主体下乡回乡创业外，应制定规定性、激励性、考核性措施相结合的鼓励专业人才、党政人才下乡服务的政策。二是构建为乡村提供智力服务的激励机制。按照不求所有、但求所用的原则，引导智力下乡，鼓励各类企事业单位和社会各界人才为乡村发展提供有针对性的技术服务、培训服务、咨询服务、产品流通服务等。三是构建城乡区域人才对口服务机制。为更好地发挥政策的激励作用，提高城市人才服务乡村的针对性。四是构建城乡一体的人口管理体制。进一步深化户籍制度改革，着力推进城乡公共服务均等化，加快剥离依附在户籍上的福利，着力构建城乡标准统一、有效衔接、转移方便的社会保障、教育、就业等公共服务制度，为城乡人才双向流动提供制度支撑。同时加强城市人才下乡相关保障制度建设，探索根据城市人才在农村居住时间与创业创新情况，保障参与自治、住房使用、土地流转经营及相关公共服务权益的制度安排。

七、大力发展农村人才市场

农村的发展关键在人才，人才的关键在开发，开发的关键在市场。农村人才市场对活跃和发展农村经济具有重要意义，要把农村人才市场建设作为农村人才资源开发的重点工作列入规划，开发研究农村人才市场在主体对象、动作方式和开发途径等方面的特点。结合本地实际，以现有人才市场为依托，构造农村人才市场运行框架，着重做好各项开发性服务工作，让农村人才才有所用，让用人单位有才所用，把农村人才市场办成农村人才之家。

参考文献

［1］罗军，高英，李峰元，等. 南充市乡村振兴战略实施规划［J］. 现代农业科技，2018（16）：282-287，290.

［2］罗明忠. 乡村振兴战略首在人才振兴［N］. 深圳特区报，2018-08-14（C02）.

党建引领乡村振兴的探索与思考

——以南充市高坪区溪头乡为例

郭迪润[①] 唐铁军[②]

摘要： 实施乡村振兴战略是“三农”工作的总抓手，是党的十九大作出的重大决策部署。在乡村振兴中，基层党建工作举足轻重，抓好基层党建工作就是抓住了乡村振兴的“牛鼻子”和“总开关”。南充市高坪区溪头乡以党建引领乡村振兴的实践探索，给我们提供了有益的启示。

关键词： 党建引领 乡村振兴 实践探索

实施乡村振兴战略是“三农”工作的总抓手，是党的十九大作出的重大决策部署。习近平总书记就乡村振兴战略实施的一系列重大理论和实践问题作出了深刻阐述，向全党全国发出了总动员令。南充市高坪区溪头乡以党建引领为核心，紧扣基础、产业、住房三大主题，进一步夯实脱贫基础，培育主导产业，挖掘脱贫奔康柑橘产业园潜力，延伸产业链条，创新机制模式，通过推进“醉美橙香·绿色溪头”、脱贫攻坚大会战，实现贫困户持续稳定增收，2018 年人均纯收入 10 497 元，在全区脱贫攻坚及乡村振兴中走在前列、做出示范，率先实现全面小康。

一、党建+“头雁”，建强乡村振兴“主心骨”

“支部强不强，关键看头羊”。乡村振兴的基础就是要培育新型农业经营主体，发展多种形式适度规模经营，健全农业社会化服务体系。培养造就一支懂农业、会管理、善经营的优秀人才队伍，是实施乡村振兴战略的关键。对此，溪头乡始终坚持“党管人才”原则，以提升组织力为重点，从抓实基层党组织带头人入手，充分发挥基层党组织的坚强战斗堡垒作用。加大对基层党组织整顿，“抓两头带中间”，把每一个基层支部都建好建强，促进基层党组织全面过硬。充分发挥驻村干部作用，从加强日常管理和保障支持入手，要求驻村干部每月进村入户不少于 20 次，促使驻村干部沉在村里扎实干。坚决杜绝扶贫工作中的官僚主义和形式主义，不出现“表格脱贫、数字脱贫”现象。加大在返乡科技人才、优秀青年农民等人群中发展党员

① 郭迪润，中共南充市委党校。
② 唐铁军，中共南充市委党校。

力量，不断优化党员结构、提高发展党员质量，吸引更多在外创业人士、退伍军人回乡创业。

二、党建+“扶贫”，补齐乡村振兴“最短板”

“小康不小康，关键看老乡。”溪头乡将打赢脱贫攻坚战作为当前抓“三农”工作的头等大事，想办法、出实招、见真效，确保将乡村振兴短板补齐，让全乡人民共享发展成果。特别注重基层党建与脱贫攻坚有机融合，着力把组织优势转化为工作优势、脱贫优势。并先后出台了重奖重惩脱贫攻坚干部“双十条”规定，建立第一书记“外勤通”App，制定了边督边改问责同步机制，全面推行“流动红旗”“悬帽激励”“黄牌警告”等制度，开办农民夜校进行感恩教育，深入实施党员精准扶贫示范工程，大力培育党员致富带头人。充分发挥党员在脱贫攻坚中的先锋模范作用，广泛开展“讲文明、树新风”活动和评选“十星级文明户”“产业致富能手”，推动党员带头致富、带领致富，让党员行动起来、把贫困户带动起来；并结合“农民夜校”、技能培训等措施，不断提升党员的创业带富能力。

三、党建+“产业”，点燃乡村振兴“加速器”

“农村富不富，关键看支部。”溪头乡在实施乡村振兴战略的过程中，充分发挥基层的“首创精神”，重视各村基础条件的差异，对于条件较好的村进行率先振兴，对于条件一般的村要积极创造条件振兴，对于条件较差的村采取帮扶等措施打牢振兴基础。近年来，该乡已建成脱贫奔康柑橘产业园2.1万亩（1亩=0.066 7公顷，下同），老果园1万亩，柑橘总面积达3.1万亩，主要品种为奈维琳娜、科血橙沃柑、塔罗新系等，覆盖全乡12个村，5个贫困村全部纳入园区。大力发展“都市农业”，每年4月和12月举办“橙花节”和“甜橙采果节”，吸引游客25万余人次，实现旅游产值2 600万元。

四、党建+“平台”，唱好乡村振兴“群芳戏”

“平台好不好，关键看成效。”溪头乡党委大力推行“支部+”合作社、“支部+”企业、“支部+”电商等发展模式。该乡租地1.1万亩，成功引进四川本味农业产业有限公司和四川橙之源农业开发有限公司两大农业龙头企业，优质柑橘规范栽植，发展“猪—沼—果”循环经济。组建营销队伍，每个村设立柑橘经纪人，依托乡旅游资源，通过互联网进行宣传，扩大对外知名度和影响力。

五、党建+“服务”，打好乡村振兴“作风牌”

“满意不满意，关键看口碑。”溪头乡以“将心比心，用真心赢民心”为执政理念，强产业、促发展，助农增收，以深化“放管服”改革工作突破年活动和四川省委、省政府开展转变干部工作作风改善发展环境建设年为契机，以企业和群众到政府办事“最多跑一次”为目标，全面推行“马上到、马上办、马上改”制度，着力在理顺机制、提升效率、优化服务等方面取得突破。围绕解决群众反映强烈的办事难、办事慢、办事繁等问题，依托便民大厅、“互联网+政务服务”和大数据平台、现场办公、进村入户等方式，重点对留守儿童、孤寡老人等开展上门服务，提升人民群众的满意度和安全感。

总之，农业强不强、农民富不富、农村美不美，决定着广大农民朋友的幸福感和获得感。乡村振兴是目标，党建引领是保障。认真总结溪头乡党建引领乡村振兴发展的实践经验，对探索回答新时代实施乡村振兴战略如何发挥党建引领作用具有重要意义。

一是必须坚持和完善党对“三农”工作的领导。坚持党对“三农”工作的领导，是破解农业农村发展不平衡不充分矛盾的根本途径，是促进农民收入稳定增长和实现农业现代化的根本政治保证。要实现多方面的统筹整合进而推动乡村全面振兴，必须突出党在农村工作中总揽全局、协调各方的关键作用。在具体实施过程中，还要发挥基层党组织的引领作用。

二是必须树立全方位的“党建+”理念。在实现乡村振兴的过程中，基层党组织是“指挥所”更是“先锋队”，基层党员不仅是政策的传达者，更是具体的行动者和实践者，在实践过程中发挥先锋模范作用带领村民脱贫致富。抓基层党建不是做表面文章，更不是偏离经济建设这个中心，而是通过扎扎实实的教育活动，激活党员的主体性地位，通过制度建设，夯实基层党组织这个战斗堡垒，通过乡村振兴这个载体，凝聚全乡百姓的乡土热情。

三是必须保持锐意进取的昂扬斗志。群众愿跟你，心里要服你；群众要听你，首先要懂你。没有为群众办实事的本领，群众就不会叫好；没有创新思维，基层党建工作就难以打开新局面，群众就不会点赞。只有通过调查研究，拟订一套符合本地乡村振兴实际的好方案，走出一条行之有效群众得实惠的新路子，基层党建才是抓出了成效，抓到了关键。溪头乡的乡村规划建设重现了希望的田野，园区管理孕育了宁静家园，发展现代生态农业，让农民有了真真切切的获得感。

四是必须发扬“钉钉子”的专业精神。乡村振兴战略内涵丰富，任务艰巨，不是一年半载就可以完成的，需要一张蓝图绘到底的姿态，撸起袖子加油干的状态，功成不必在我的心态，才能取得成效。在乡村产业发展方面，也要发挥党建的引领作用，用党建融合资源、用活资源，做大做强支柱产业，扶持农民创业就业，让农村资源要素活起来，推动农业全面升级、农村全面进步、农民全面发展，谱写新时代乡村全面振兴新篇章。

五是必须满足农民对美好生活的需求。一切以农民利益为重，事情就推得开、走得快、做得好；相反，让群众利益受损的事情就矛盾多、麻烦大、走不下去。基层党建就是要找准与农民利益相关的结合点，找准农民利益的兴奋点，真心实意为农民谋利益的党建工作才是真水平。基层党建作为推进乡村振兴战略的基础工程，更需要扎实推进，持之以恒。基层党建好，基层党建实，乡村振兴才快，农民获得感才强。

参考文献

[1] 陈锡文. 实施乡村振兴战略，推进农业农村现代化 [J]. 中国农业大学学报（社会科学版），2018（1）：5-12.

[2] 黄祖辉. 准确把握中国乡村振兴战略 [J]. 中国农村经济，2018（4）：2-12.

"三治共融"创新乡村治理的生动实践

何洪周[①]　武文艳[②]

摘要：南充市西充县多扶镇老林沟村在创新乡村治理，推进基层民主法治建设中，创造了"3+3+3+3"工作模式，形成了自治、法治、德治"三治共融"的乡村治理体系，为新时代加强和创新乡村治理提供了有益参考。

关键词："三治共融"　乡村治理　实践　启示

党的十九大以来，南充市西充县多扶镇老林沟村在创新乡村治理，推进基层民主法治建设中，坚持自治、法治、德治"三治共融"的乡村治理体系，创造了"3+3+3+3"（组建三支队伍、创建三个阵地、搭建三大平台、实践三大行动）工作模式，建成了"家富业兴村美人和"的幸福美丽新村。2017年，该村获四川省"四好村"荣誉称号，村支部书记高德翔获"南充市最美法治人物"荣誉称号。2018年，该村获"全国民主法治示范村"荣誉称号。

一、背景

老林沟村是南充市西充县多扶镇的一个建制村，距多扶镇5千米，距县城8千米，辖区面积1.4平方千米，耕地1 082亩（1亩=0.066 7公顷，下同），辖7个村民小组，共210户498人，常住在村人口68人，是一个传统农业村落，地势偏远，自然条件差。由于村民观念陈旧、法治观念淡薄等原因引发许多矛盾，2014年，该村信访案件几乎占全镇的50%。同年，该村被列为省级贫困村。2015年，该村开始加强乡村治理。2018年，该村按照党的十九大提出的"加强农村基层基础工作，健全自治、法治、德治相结合的乡村治理体系"的要求，探索实践了自治、法治、德治融合发展的乡村治理模式，使该村既充满活力又和谐有序。2018年该村贫困户全部实现了脱贫，全村人均年收入达到8 000余元。

二、做法

老林沟村在推进乡村治理过程中，通过探索实践，创造了自治、法治、德治

---

① 何洪周，中共南充市委党校。

② 武文艳，中共西充县委党校。

“三治融合”发展的“3+3+3+3”工作模式。

（一）组建三支队伍

一是“四会管村”队伍。组建了支部委员会领导、村民代表会议决策、村民委员会执行、村务监督委员会监督的“四会管村”队伍。以1名支部书记、2名支部委员组成的支部委员会是村级组织的领导核心，行使领导权，着重抓大事、抓重点、抓中心；由村民推荐20人组成的村民代表会议行使决策权，凡村级重大事项必须召开村民代表会议，表决通过方可实施；由村委会主任1名、副主任1名、委员3名共计5人组成的村民委员会行使执行权，负责村务管理，落实村级发展建设的具体任务和服务群众的日常事务；由主任1名、委员2名共计3人组成的村务监督委员会行使监督权，对村“两委”工作进行全方位全过程监督，发现问题要求“两委”立即整改，必要时可直接向镇纪委反映。

二是法律服务队伍。组建以法律顾问、驻村干警、法治指导员为主体的法律服务队，通过进村入户、上门咨询、普法宣传、纠纷化解、指导合同签订等多种形式，开展法律服务活动。

三是自愿服务队伍。一方面成立巡逻队。巡逻队主要负责治安巡逻和抗洪抢险，由村“四职干部”（村支部书记、村民委员会主任、村会计、村务监督委员会主任）、各村民小组长以及自愿加入的村民共计11人组成，分成两个小队，对全村进行不定期巡逻，及时发现治安和安全隐患，做到防患于未然。另一方面成立互助组。根据该村院落建设和群众居住条件，将全村210户分为16个互助组，实现村民与村民之间互帮互助。

（二）创建三个阵地

一是法治文化长廊。建设覆盖全村的法治文化长廊，在村委会公路沿线设立法治文化立式路牌12个、文化宣传栏10个。

二是法治文化广场。选择在村民大院入口处设立法治文化广场1个，在法治文化广场设主题雕塑1个、文化展示牌3个、花草牌7个。

三是法治文化大院。选择在群众相对集中的地方设立法治文化大院1个，以图文并茂的喷绘式宣传板报的形式，在村院落的墙上刊出12幅24字社会主义核心价值观。

（三）搭建三大平台

一是民主管村议事会。推行定期民主议事制度，每月集中一天，召开村民代表会议，讨论研究本村重大事项。村里的大事，尤其与村民切身利益相关的事项，都经村民代表会议讨论，经村民代表一致同意做出决定。

二是法治护村坝坝会。在法治大院摆起了法治龙门阵，村里的男女老少聚集在一起，由镇村干部不定期开讲，主要涉及与村民切身利益相关的法治案例，用喜闻乐见的形式，让群众在现身说法中受到启迪。

三是德治兴村感恩会。每年开展感恩会不少于2次，通过精准帮扶贫困户的感恩汇报，激发村民对党的感恩之心，激发自力更生脱贫致富的信心。

（四）实践三大行动

一是村规民约自治行动。根据村情民俗和乡村发展现实需求，村民代表委员会制定了“切合实际、简便易行、朗朗上口”的村规民约 19 条，内容突出忠孝礼仪、感恩奋进、守法诚信等主题，对村民起到了极大的自我约束和引导作用。

二是依法维权弃访行动。组建由 9 人组成的人民调解委员会，制定了主任职责、调解员职责、调解原则、工作纪律、工作流程图、公示当事人的权力和义务、制定矛盾纠纷排查化解表、干部联系群众上访台账。

三是村民道德建设行动。倡导“四德”建设，不断加强社会公德、职业道德、家庭美德和个人品德建设。倡导“十不行为”：不随地吐痰、不粗言脏语、不损坏绿化、不乱扔垃圾、不乱摆摊点、不乱停车辆、不乱泼污水、不乱搭乱建、不乱贴乱画、不乱堆乱放，使天更蓝、水更清、花更艳、路更畅、村更美。

三、启示

老林沟村在探索乡村治理过程中创造的“3+3+3+3”工作模式，构建了简约高效的乡村治理体系，实现了三个“必须充分发挥”，营造了共建共享共治的社会治理格局，提升了乡村治理水平，使农村社会既充满活力又和谐有序，为新时代加强和创新乡村治理提供了有益参考。

（一）必须充分发挥村民自治主体作用

基层群众自治制度是中国特色社会主义民主政治制度的有机组成部分，村民自治是乡村治理的目标。一要健全村民自治机制。使支部委员会的领导核心作用、村民代表委员会议的决策作用、村民委员会的执行作用、村务监督委员会的监督作用充分发挥。二要完善村民自治制度。制定合法、完善、规范、实用、体现村民民主意愿的村民自治章程、村规民约以及包括村务公开制度、村民代表会议议事制度等各类专项规约。三要搭建村民自治平台。通过民主议事会等形式，确立和巩固村民作为乡村发展和乡村治理的主体地位。

（二）必须充分发挥法治引领支撑作用

法治是治国理政的基本方式，是乡村治理的支撑。一要组建农村法治工作队伍。提高农村法治工作队伍的职业素养和专业水平。二要创新农村法治宣传形式。要以村民的法治需求为切入点，采用喜闻乐见的形式向群众宣传与农村生活息息相关的法律法规。三要拓展农村法律服务方式。积极开展农村法律咨询、农村纠纷调解、农村法律援助、农村司法救助等基层法律服务活动，让基层法律服务真正解民忧暖民心。

（三）必须充分发挥德治滋养教化作用

德治是治国理政更高层次的要求，是乡村治理的基石。一要提升农民群众道德素养。深入挖掘农村传统道德教育资源，推进社会公德、职业道德、家庭美德、个人品德建设，不断提高乡村社会道德水平。二要提高农村社会文明程度。树立乡村德治先进典型，弘扬尊老爱幼、邻里和睦、勤劳致富、扶贫济困的文明风尚，引导农民群众爱党爱国、重义守信、孝老爱亲、勤俭持家，推进移风易俗，树立文明乡风。三要丰富农民群众文化生活。大力培育扶持农村文艺骨干和文化团体，打造农民群众身边的文明宣传队和道德宣讲队，寓教于乐、以文化人。

四川丘陵地区乡村振兴路径探究

罗之前① 邱亚明②

摘要：四川丘陵地区人口密度大，自然资源贫乏，生态环境脆弱，政府财力不足，经济发展相对滞后，乡村振兴的难度尤为艰巨。丘陵地区的乡村振兴，要在深入调研、充分论证的基础上，立足区域实际，因地施策，通过科学规划引领，大力深化改革，激活各类要素和主体，汇聚各方力量，完善长效机制，确保丘陵地区乡村振兴的战略顺利达成。

关键词：丘陵地区 乡村振兴 制约因素 战略路径

四川丘陵地区是四川人口和经济密集的地区，其地理条件相对较差，如何推进丘陵地区跨越发展是四川乡村振兴战略成功实施面临的重要课题。

一、四川丘陵地区乡村振兴的多维制约因素

四川丘陵地区农业资源丰富，农产品种类繁多，是四川农产品的主要基地，粮食、油料、肉类总产量占全省的比重均超过60%，在水果、蔬菜、水产等方面也有着特色优势。其现状有许多相似之处。一是地貌特征大体相同，处于平原向山地的过渡地带。二是生态环境基本相似。自然灾害比较严重，甚至多灾并发。三是产业结构多数同质。以农业为基础的产业结构也大体相同，由此而扩展的其他产业也具有同构性。四是人口劳动力资源充足。全省百万以上的人口大县基本集中在丘陵地区。

丘陵地区乡村振兴面临诸多制约因素。一是基础设施薄弱。丘陵地区的地貌，坡地和谷地交错，地形条件相对较差，农业基础设施薄弱，农业靠天吃饭的状况尚未得到根本改变。乡村交通、通讯、电力、供水、广播电视、文化娱乐、教育、医疗、卫生等公共服务设施建设滞后。二是产业散小单一。纵观其乡村产业，“小而散”“小而全”格局仍未改变，“一县一业”“一村一品”没有突破。大多数乡村还是延续着传统的种养业，没有特色、规模、品牌；更没有实现乡村三大产业融合发展。粗放特征十分明显，农产品精深加工率低。三是“空心化、老龄化”突出。大量农村人口尤其是青壮年劳力不断“外流”，很多村庄出现了“人走房空”现象，

① 罗之前，中共南充市委党校。

② 邱亚明，中共南充市委党校。

土地“撂荒”严重。村级集体经济，大多趋于空壳。四是社会矛盾隐患不少。快速的城市化进程客观上加大了乡村社会治理的难度。大量农村人口外出打工后，形成人口庞大的农村留守群体；家庭成员的分居对农村传统稳定的婚姻家庭结构造成了巨大的冲击；土地流转、征用、拆迁及精准扶贫等方面存在利益冲突。五是乡村生态环境堪忧。城镇化带来的农村生态环境问题日益成为需要关注的问题。农村环境污染源不仅来自生活垃圾和工业生产排放，还有农牧业生产中产生的农业污染。乡村生态环境已逐步成为乡村的一大突出问题。

同时，丘陵地区普遍人多地少、资源相对匮乏，环境承载能力差，城乡二元结构明显，发展滞后，大多数没有摆脱“农业大区、工业弱区、财政穷区”的困境。乡村振兴任务尤其艰巨。

二、四川丘陵地区乡村振兴的路径选择

（一）把科学规划引领作为丘陵地区乡村振兴的先导性工作

“规划科学是最大的效益，规划失误是最大的浪费，规划折腾是最大的忌讳。”规划制定应采取自上而下和自下而上的方法，调动各方参与的积极性，反复调研，充分论证，注重科学性、前瞻性，突出地域特色，具有针对性，切忌雷同。在省级层面丘陵地区科学规划的指引下注重做好区域规划和专项规划工作。规划要统筹考虑丘陵地区产业发展、人口布局、公共服务、土地利用、生态保护等，对未来经济、产业与时代发展趋势进行科学研判，重塑各县乡村特色产业、特色品牌。有力推动基层组织、人才、基础设施、产业、人文、生态的全面振兴，真正使农业农村全面升级、全面进步。同时要加强各类规划的统筹管理和系统衔接，形成城乡融合、区域一体、多规合一的规划体系。在科学规划的前提下，应充分发挥典型带动的能动性和示范模范作用。

（二）坚持以产业发展为核心，建立促进丘陵地区三大产业融合发展的体制机制

一是建立能发挥自身优势的支撑产业。立足各自区域条件，坚持因地制宜的原则，按照“区域布局化、规模化生产”的总体要求，采取“一线一品”“一乡一品”“几村一品”的发展模式，科学编制当地的产业发展规划，建立各具特色的农村区域支柱产业。二是以建基地、创品牌、搞加工为重点构建现代农业产业链。丘陵地区特殊的地域特征造成其现代农业产业链建设相当滞后。应在加强粮食生产功能区、重要农产品生产保护区、特色农产品优势区、现代农业产业融合示范园区建设的基础上，大力推进农产品加工业园区建设，建成全国优质农产品加工基地。强化农村流通现代化建设，大力发展数字流通、绿色流通、集约流通和开放流通。三是形成新产业新业态融合发展态势和机制。丘陵地区应大力发展休闲农业、乡村旅游、森林康养、创意农业、电子商务、农村服务业、乡村共享经济等新产业新业态，推动建立多种业态互相融合、多元发展机制。以全域旅游战略为抓手，推动“农业+康养”“农业+文创”“农业+电商”等产业融合发展，大力实施“互联网+”现代

农业示范行动，推进电子商务进农村综合示范县建设，建立和完善县、乡、村三级电子商务运营服务网络。四是加快构建现代农业生产经营服务体系。加快构建和完善现代农业生产体系，改善农业生产设施，推进农业精准作业，提高机械化、科技化、信息化、标准化、规模化水平，切实降低农业生产成本。构建集信息、技术、生产、流通、金融、保险等服务于一体的现代农业服务体系。此外，在自愿公平的基础上鼓励农民创建各种形式的农业产业化联合体。

（三）牢固树立社会主义生态文明观，建设丘陵地区生态宜居可持续发展的美丽乡村

生态兴则文明兴，生态衰则文明衰。建设生态文明是中华民族永续发展的千年大计。在乡村振兴战略中，必须把生态文明建设摆在重要位置。首先是遵循乡村发展规律，形成布局合理的产村相融新格局。按照“小组微生”模式，（即“小规模、组团式、微田园、生态化”），坚持改造为主，新建、保护相结合的方式，建设“田园综合体”的美丽乡村。其次是要加大环境污染整治力度，开展全域绿化行动，加大环境保护投入，细化各项规则措施，落实生态保护责任，加强监管及其能力建设，完善农村生态文明建设和环境保护的长效机制。

（四）深化乡村振兴制度供给，强化丘陵地区乡村振兴要素保障

丘陵地区乡村振兴，把制度建设要贯穿其中。要以完善产权制度和要素市场化配置为重点，激活主体、激活要素、激活市场，加大投入，着力增强改革的系统性、整体性、协同性。一是巩固和完善农村基本经营制度，推进农村承包地“三权分置”制度。二是深化农村土地制度改革，适度放活宅基地和农民房屋使用权。在符合土地利用总体规划的前提下，完善乡村发展用地保障机制，调整优化村庄用地布局。三是深入推进农村集体产权制度改革。加快推进集体经营性资产股份合作制改革，推动资源变资产、资金变股金、农民变股东，探索农村集体经济新的实现形式和运行机制，做好农村综合改革、农村改革试验区等工作。四是完善农业投入和支持保护制度。要健全投入保障制度，创新投融资机制，加快形成财政优先保障、金融重点倾斜、社会积极参与的多元投入格局，确保投入力度不断增强、总量持续增加。以绿色生态为导向，以提升农业质量效益和竞争力为目标，建立新型农业支持保护政策体系。

（五）坚持农村基层党组织领导核心地位，构建自治、法治、德治有机统一的丘陵地区乡村治理体系

推进农村基层治理，实现治理有效是乡村振兴战略的重要内容和价值目标。在治理能力相对弱化的丘陵地区，基层党组织的核心作用尤其重要。一是要健全以基层党组织为核心的组织体系，加强农村基层党组织带头人和农村党员队伍建设。二是大力深化村民自治。加强农村群众性自治组织建设，积极探索村民自治的有效实现形式。三是深入推行依法治村，将政府涉农各项工作纳入法治化轨道。四是把德治贯穿乡村治理全过程，探索建立农村德治体系。深入实施公民道德建设工程，建立道德激励约束机制和道德评议机制，引导农民自我管理、自我教育、自我服务、自我提高。开展建村标、立家风、讲家训等活动，净化家风、民风、乡风。

关于乡村文化振兴的思考

黄耘慧[①]

摘要：党的十九大报告提出的乡村振兴战略是解决我国“三农”问题的重要举措。乡村振兴，文化先行。乡村振兴，首先要振兴乡村文化，我国乡村文化总体呈现乡村文化传承不畅、乡村基础文化设施利用率低、乡村文化建设长效机制不足、基层文化人才匮乏等问题，制约着乡村文化的健康发展。本文从五个方面出发，提出加强农民思想道德建设，弘扬中华优秀传统文化，培养文明乡风、良好家风以及淳朴民风，加强农村公共文化建设，完善人才队伍建设，以及推动文化振兴与生态振兴、产业振兴融合发展等方面探索解决之道，为乡村文化振兴提供思考方向。

关键词：乡村振兴　乡村文化　问题　思考

乡村振兴战略是党的十九大提出的一项重大战略，是关系全面建设社会主义现代化国家的全局性、历史性任务，是新时代“三农”工作的总抓手。

2018 年《中共中央 国务院关于实施乡村振兴战略的意见》明确提出，乡村振兴，乡风文明是保障。由此可见，在实施乡村振兴战略过程中，经济振兴和文化振兴同等重要，物质文明和精神文明缺一不可。

一、乡村文化振兴现状

近年来，各级政府以习近平新时代中国特色社会主义思想为指导，认真贯彻落实党中央关于农村文化建设的一系列决策部署，加快农村公共文化建设，在促进乡村文化发展助推乡村振兴方面取得了良好成绩。

（一）乡村文化建设政策法规不断完善

近年来，国家先后出台了相关法律法规，从法律层面要求国家重点增加农村地区的公共文化产品供给，促进城乡公共文化服务均等化。此外，国务院办公厅和原文化部等多个部委也相继出台了多个重要改革文件，为推进公共文化服务标准化均等化，加快建设农村公共文化服务体系提供了制度保障。

（二）国家财政保障力度加大

近年来，中央财政持续将基层文化建设作为财政支出的保障重点。中央财政通

① 黄耘慧，中共内江市委党校。

过继续实施“三馆一站”免费开放、公共数字文化建设等项目，落实中央补助地方专项资金 49.33 亿元，有效带动了地方各级财政对基层文化建设的资金投入。

（三）覆盖乡村的文化设施服务体系基本建成

目前，我国已基本实现了“县有图书馆、文化馆，乡镇有综合文化站”的建设目标，面向农村的公共文化设施网络基本建成。据统计，截至 2017 年年底，我国共建有县级及以上公共图书馆 3 166 个，图书总藏量 9.7 亿册，全年总流通人次达 7.445 亿人次。

二、乡村文化发展存在的问题与不足

取得成绩的同时，我们必须清醒地认识到，我国乡村文化仍面临发展不平衡不充分的问题，距离全面实现乡村振兴战略的目标还有很大的差距。主要体现在以下几方面。

（一）乡村文化传承不畅

“空心化”是乡村文化难以传承的直接原因。改革开放以来，城市高速发展，越来越多的农村青壮年劳动力涌入城市，而原有农村居民年纪渐长，乡村文化传承难以为继。据统计，2001 年，我国的乡村数量有几十万个，许多现存文化遗产保存比较完整，但是 2001—2010 年，我国的乡村群体数量正在以每年 8 000 多个的数量减少。

（二）乡村基础文化设施利用率低

近年来，各地陆续掀起“乡村振兴”热潮，但基础文化设施建设仍然参差不齐。一些地区为了完成建设任务，简单挂个牌子、加张桌子、添些电脑和书报就算基层综合文化站，在管理制度、人员安排、活动组织、推广宣传等方面却并未重视，文化基础设施普遍存在阵地被挤占、设备被挪用、人员被抽调等现象，基层公共文化设施利用率低下。

（三）乡村文化建设长效机制不足

伴随着城镇化建设进程的不断推进，一些基层部门重经济轻文化，文化建设列不上地方的发展规划，不考虑文化特色，盲目跟风大建设、大发展，甚至破坏自然风貌、古民居、古遗址等，使得乡村文化产业出现规模小、档次低，缺乏针对性、适用性等问题，同质化情况严重，市场竞争力差，缺乏长久的生命力。

（四）基层文化人才匮乏

由于基层部门，尤其是面向乡村的乡镇部门办公条件差、待遇低，难以招揽人才，专业文化人才断层和年龄老化的现象较为普遍。文化领军人才极度匮乏，专业人才资源不足，部分文化管理服务人员属于身兼数职，业务不熟、专业能力差，导致基层文化活动难以开展。

三、关于推进乡村文化振兴的思考

2018 年 3 月，习近平总书记在参加山东代表团审议时强调，要推动乡村文化振兴，加强农村思想道德建设和公共文化建设，培育挖掘乡土文化人才，焕发乡村文明新气象。这为我们推进乡村文化振兴提供了思想引领、理论指导、行动指南。

（一）注重乡村文化传承

改革开放以来，由于市场经济的冲击，经济利益成为主导农民思想观念的主要因素。中华文化源远流长，中华优秀传统文化对延续和发展中华文明、促进人类文明进步，发挥着重要作用。在乡村弘扬和发展中华优秀传统文化，要重视中华优秀传统文化的保护和继承，先保护后利用。一方面对历史遗迹和传统技艺传承发展；另一方面，着力挖掘传统文化中优秀的精髓内涵，使优秀传统文化焕发出新的生机和活力，使之成为助力乡村振兴的精神动力。

（二）培育乡村文明新风

家风相连成民风，民风相融汇成国风，家风正、民风纯、政风清，社会才能和谐发展。文明乡风是乡村振兴的“引擎”。党的十九大报告提出的“健全自治、法治、德治相结合的乡村治理体系”就是要培育文明乡风，把文明乡风建设放到与经济建设同等重要的位置，正确处理经济发展与文明乡风建设之间的关系，把好的理念、作风、习惯转化为农民群众自身的需求，使之真正内化于心、外化于行，深入骨髓、形成自觉。

（三）加强农村公共文化建设

农村公共文化建设滞后是制约农村经济发展和农民素质提升的短板。因此，要加强农村公共文化的建设。一是完善农村公共文化设施，通过盘活存量、调整置换、集中利用等方式加大资源整合力度，推进村级综合性文化服务中心全面开花，切忌大拆大建、重复建设；二是完善乡村公共文化服务体系，构建完善的农村公共文化服务体系是实现政府公共文化服务职能的有效载体；三是激活乡村文化发展的内生动力，乡村文化发展的主体是农民自身，政府要发挥组织者、引导者的作用，应该因地制宜，尊重广大农民意愿，激发广大农民积极性、主动性、创造性。

（四）强化乡村人才队伍建设

人才是振兴乡村文化的根本。一方面，加强农村文化人才队伍配置，鼓励人才从乡村工作，提高工作待遇，改善工作环境，营造留住人才的环境；另一方面，重视发现和培养扎根基层的乡土文化能人、定期开展培训工作，大力营造有利于乡土人才成长的环境。

（五）推动文化振兴、生态振兴、产业振兴融合发展

大力推动乡村文化与生态、产业融合发展，为乡村振兴打上独特的文化印记，打造乡村振兴新的发展引擎。一要因地制宜，推行差异化开发，做好规划定位，避免同质化和粗制滥造。二要从乡村文化中找出路，必须找准自己的定位，力求一村

一特色、一乡一品牌，做强自己的比较优势，打造特色品牌，才能在激烈的地方竞争中立足。

参考文献

[1] 王磊. 乡村文化振兴的国学思考 [N]. 光明日报，2018 -07- 07 (11).

[2] 任仲平. 文化"为人民"的历史跨越：从延安文艺座谈会到十七届六中全会 [J]. 理论导报，2012 (6)：11-13.

[3] 全国人大常委会办公厅. 中华人民共和国公共文化服务保障法 [M]. 北京：中国民主法制出版社，2016.

[4] 谢扬举. 文化传统与民风建设 [N]. 人民政协报，2016-05-16 (9).

基于乡村振兴战略视域下攀枝花乡村旅游发展思考

罗　莲[①]　黄　彪[②]

摘要：实施乡村振兴战略，是党的十九大作出的重大决策部署，产业兴旺是乡村振兴战略的重点，乡村旅游作为乡村振兴的产业基础之一和重要一环，是乡村产业强劲的新的经济增长点和促进乡村文明复兴的有效途径。攀枝花市作为一个资源型城市，在实施乡村振兴战略的大背景下，探索和创新乡村旅游的发展思路，大力发展乡村旅游，是攀枝花市助力乡村振兴战略实施，促进城乡协调发展的重要途径。

关键词：乡村振兴战略　攀枝花市　乡村旅游　思考

实施乡村振兴战略，是党的十九大作出的重大决策部署，是决胜全面建成小康社会、全面建设社会主义现代化强国的重大历史任务。乡村振兴战略提出“产业兴旺、生态宜居、乡风文明、治理有效、生活富裕”20个字总要求，其中产业兴旺是重点。乡村旅游作为乡村振兴的产业基础之一和重要一环，是乡村产业强劲的新的经济增长点，也是促进乡村文明复兴的有效途径。在实施乡村振兴战略的大背景下，攀枝花市发展乡村旅游，必须以乡村振兴战略为重要遵循，创新攀枝花市乡村旅游发展思路与模式，切实助力乡村振兴战略的实施。

一、乡村振兴战略的总要求及鲜明特征

党的十九大提出了乡村振兴战略的总要求，即“产业兴旺、生态宜居、乡风文明、治理有效、生活富裕”，这是新时代做好“三农”工作的总抓手。这20个字的总要求是相互联系的有机整体，具有鲜明的时代特征。

（一）乡村振兴战略体现了坚持以习近平新时代中国特色社会主义思想为指导

实施乡村振兴战略是决胜全面建成小康社会、全面建设社会主义现代化强国的重大历史任务，必须坚定不移地以习近平新时代中国特色社会主义思想为指导。乡村振兴战略是对习近平总书记关于“三农”工作的重要论述的深入贯彻落实，这是乡村振兴战略的重要特征。党的十八大以来，习近平总书记高度重视“三农”工作，围绕农村改革、农业现代化、农民增收等事关“三农”工作全局的战略性、前

---

① 罗莲，中共攀枝花市委党校。

② 黄彪，中共攀枝花市委党校。

瞻性问题提出了许多新的重大论述，先后就社会主义新农村建设、粮食安全、精准扶贫、农业供给侧结构性改革、城乡一体化、乡村治理等重大理论和实践问题作出了一系列重要指示和批示。这些论述立意深远、内涵丰富，深刻阐释了“三农”工作的战略地位、发展规律、形势任务、方法举措、体制机制等，是习近平新时代中国特色社会主义经济思想的重要组成部分，也是指导我国农业农村发展取得历史性成就、发生历史性变革的科学理论，对于实施乡村振兴战略具有重要的指导意义。

（二）乡村振兴战略的总要求是“五位一体”总布局在农村的具体落实

乡村振兴战略提出了“产业兴旺、生态宜居、乡风文明、治理有效、生活富裕”20个字总要求，其突出特征是乡村的全面振兴，即乡村的经济、文化、生态、乡村治理等方方面面都得到充分发展。这个总要求是“五位一体”总布局在农村的具体落实，体现了经济建设、社会建设、文化建设、政治建设、生态文明建设等多方面内容，构成一个相互联系的有机整体。

二、乡村旅游是乡村振兴的产业基础之一和重要一环

（一）乡村旅游是乡村产业发展的一个新领域和旅游业的新业态

乡村旅游是在乡村空间中依托乡村元素开展的娱乐、观光、度假、购物、消遣、体验等的旅游活动而演化出的一种旅游业态。乡村旅游具有第一产业和第三产业的融合性，具有劳动密集型高、关联带动性强、就业门槛低、就业方式灵活等特征，其产业的统筹性、融合性、跨越性很明显。乡村旅游既是乡村产业发展的一个新领域，也是旅游行业的一种新业态，是二者融合发展的产物。

（二）发展乡村旅游是攀枝花市实施乡村振兴战略和推进城乡协调发展的现实选择

攀枝花市是一座典型的资源型城市，城乡二元结构特征较为明显，面临城市转型发展的重大任务。实施乡村振兴战略为攀枝花市缩小城乡差距提供了指导和新的机遇。乡村旅游具有城市经济与农村经济的互补与互动性。一方面，乡村游对于增加农民收入、扩大城乡居民特别是农民的就业渠道、调整农业产业结构、改善农村环境有巨大促进作用；另一方面，乡村旅游又通过城乡交互作用，形成了城乡之间、区域之间的信息流、资金流、客流的互补与互动。大力发展乡村旅游，助力乡村振兴战略的实施，是攀枝花市促进城乡协调和城市转型发展的现实选择。

三、探索攀枝花市乡村旅游发展新路径打造乡村振兴的新引擎

（一）以乡村振兴战略的总要求指导创新攀枝花市乡村旅游发展思路

中国经济进入新时代，经过多年发展，攀枝花市乡村旅游也已到了提质增效的新阶段。以乡村振兴战略的总要求为指导，积极研究和借鉴国内外乡村旅游的新理念、新业态、新模式，创新攀枝花市乡村旅游思路，培育和发展阳光康养游、生态环保游、休闲度假游、智慧乡村游、科技乡村游、文化乡村游、养老宜居乡村游等

乡村旅游新理念和新模式，推进攀枝花市乡村旅游向品牌化、规模化、集约化、信息化、特色化、生态化方向发展。

（二）以规划引领重构攀枝花市乡村旅游的空间经济系统

在实施乡村振兴战略的大背景下，攀枝花市乡村旅游的发展需要加强政府主导与统筹作为支撑和保障。要在坚持规划引领、市场运作、部门联动、龙头带动、农户参与、因地制宜、突出特色、规范经营、有序发展的原则下，深入贯彻《中共中央国务院关于实施乡村振兴战略的意见》以及各级政府关于乡村振兴战略的规划，做好乡村振兴战略和乡村旅游规划对接落实、统筹考虑攀枝花市乡村产业发展、人口布局、公共服务、土地利用、生态保护、基础设施配套、政策保障，规范市场秩序和人才培养等实际情况，切实为乡村旅游的快速、健康发展提供保障。

（三）以乡风文明为引领深入挖掘攀枝花市乡村旅游的文化内涵

一是以乡风文明为导向实现攀枝花市乡村旅游文化资源差异化开发。挖掘和整合攀枝花市乡村的文化资源，包括乡风民俗、古村、古镇、移民、民族文化、宗教文化等乡村文化资源，在建筑、服饰、饮食、歌舞乃至旅游活动的策划方面，要尽可能体现出民族风貌、风情、习俗等特色，满足游客对跨文化差异的了解、感受和体验，增强乡村旅游文化和精神层面的吸引力。二是注重乡村旅游服务的特色化。强化乡村旅游的科技支撑，推进信息业与乡村旅游的结合，包装具有特色的传统乡土工艺技术，展示攀枝花市现代农业的科技水平，使游客在乡村旅游过程中获得更多的历史知识、农业知识、现代科技知识、民俗民风知识，满足游客物质和精神享受的需求。

（四）以生态宜居乡村建设为载体加强生态建设和环境保护，增强乡村旅游可持续发展能力

乡村旅游对农村生态环境具有极强的依赖性，这就要在发展乡村旅游时必须坚持“绿水青山就是金山银山”理念，把生态文明建设的理念、方法运用到乡村旅游资源开发、项目建设过程中。在乡村振兴战略的大背景下，发展攀枝花市乡村旅游要以乡村振兴战略实施为契机，以生态宜居乡村建设为载体，切实加强乡村生态环境保护，促进攀枝花市乡村旅游可持续发展。

参考文献

［1］攀枝花市人民政府办公室. 中国阳光康养旅游城市规划［EB/OL］.［2014-01-20］. www.panzhihua.gov.cn/zwgk/jhgh/csgh/580376.shtml.

［2］《中共中央国务院关于实施乡村振兴战略的意见》编写组. 中共中央国务院关于实施乡村振兴战略的意见［M］. 北京：人民出版社，2018.

［3］孙蒙蒙. 乡村振兴战略合作 惠阳牵手碧桂园、华侨城［EB/OL］.［2018-03-05］. www.xinhuanet.com/house/2018-03-05/c_1122487885.htm.

乡村振兴战略视阈下村民自治能力提升问题研究

——以攀枝花市仁和区平地镇为例

杨学平① 代发君② 陈 荻③ 周 群④

摘要：党的十九大报告提出乡村振兴战略，是新时代中国发展新战略路线下解决“三农”问题的新方案。其中，农村村民实行自治，意义深远和重大。攀枝花市平地镇国民经济的快速发展，与村民自治能力的不断提升密不可分。本文对影响村民自治能力的施展存在的典型问题进行了分析，提出了不断提升村民自治能力，以此助推乡村振兴战略在农村落地生根的三个对策建议。

关键词：乡村振兴 村民自制能力 攀枝花市

党的十九大报告提出乡村振兴战略，标志着中国共产党对新时代“三农”问题的认识达到了新高度，是新时代中国发展新战略路线下解决“三农”问题的新方案。其中，农村村民实行自治，由村民依法管理自己的事情，发展农村基层民主，维护村民合法利益，这既是中国宪法和法律赋予的神圣内容，也是中国改革开放以来在建设中国特色社会主义伟大实践中探索乡村治理所取得的重大成果，意义深远和重大。

一、影响平地镇村民自治能力施展的典型问题

村民自治能力不断提升，为乡村振兴奠定了坚实基础。不过，我们也发现，一些亟待解决的问题，也制约着乡村振兴战略的进一步实施，影响村民自治能力的施展，最典型的是下述三个方面的问题：

（一）村委会干部作风建设的“最后一公里”依然在前进路上

通过对攀枝花市仁和区平地镇各村部分村民进行走访了解到，不少村的村委会干部存在进取心不足，安于现状，责任感提升不够，有时对工作消极应对；工作思

---

① 杨学平，中共攀枝花市委党校。
② 代发君，中共攀枝花市委党校。
③ 陈荻，中共攀枝花市委党校。
④ 周群，中共攀枝花市委党校。

路不够清晰，开拓能力和创新精神不足；工作方法较为简单，有时存在相互推诿的现象，班子的工作合力有待提升；工作原则性坚持不到位，情绪化依存，特别是面对村级各组的宅基地纠纷、土地林地争议等棘手问题时，办法不多，有时甚至不是积极解决，而是设法逃避，致使工作中缺位、错位、越位的现象偶有发生。有村民说，“即使看到他们在开展工作，但是效率存在问题”。这导致上级的一些政策落实不全面、问题处理不及时、实施监管不到位，一定程度影响了村干部的形象。

（二）村级事务管理的“科学化精细化”依然任重道远

调查发现，部分村委会班子成员对村中各项事务管理没有很好的方法和对策，从而导致他们不能从容自主地去处理村中的各种难点问题，遇到难事只是一味地等待上级的意见和建议。同时，有的村党总支和村民委员会职能权责不明，没有科学化精细化的管理制度，最典型的是一些村“两委”工作职能交叉，如果遇事有好处有利益可图，那么大家往往争先恐后去干，如果遇到需要担责任或者较为难办的事情，那么拖沓、相互推诿时有发生，导致整个自治制度的运行不顺畅。

（三）镇政府和村民自治机构之间交流沟通的“最后一环”依然没有打通

从我国行政体制来看，乡镇政府和村委会是我国基层民主自治机构，不属于一级政府。我国的相关法律也规定，乡镇一级政府和村委会不构成领导和被领导的关系。乡镇本级政府只对村委会负有业务指导和帮扶的责任，村委会积极配合乡镇政府的相关工作，但是不能直接干预村民自治的相关工作。不过，在现实当中，平地镇各村委会在日常工作中出现了一些不规范的行为。镇政府干预和控制村委会的途径有很多，不仅在财政上可以进行控制，在基层选举、经济和民政事务等方面也可以对村委会进行控制和约束。

二、乡村振兴战略目标下提升村民自治能力的对策建议

针对上述存在的三个方面的问题，我们认为可以从以下方面着手，不断提升村民自治能力，以此助推乡村振兴战略在农村的落地生根。

（一）加强村干部队伍的建设

我们认为，村干部在作风方面存在问题，很大程度上是人才队伍建设问题。村一级的人才队伍建设搞好了，村干部的作风问题就会得到极大解决。因此，我们建议：

1. 建立优秀人才参与村民自治的引导机制

乡村振兴战略实施需要全社会资源的广泛支撑，这决定了需要吸纳社会各方面优秀人才参与到村民自治的组织和运行中。因此，需要拓宽吸纳优秀人才参与村民自治的渠道。同时，对那些集聚大批外来人口的村庄，需要充分考虑给外来人口适当的参与决策、管理、监督以及利益分配的权利。

2. 建立科学合理的村干部教育培训机制

村干部能力的提升，除了自身加强学习、不断自省外，还离不开组织科学、精准、有序的培训。因此，建议为村干部建立科学合理的教育培训制度，为他们量身设计相应的培训考核、激励机制。对新老干部设计不同的培训方案，对新干部注重

实践方面的培训，着重提高工作能力；对老干部要深化理论学习，保持新时代思维，全面跟上时代节奏。只有这样，村干部的各方面素质得到全面提升，才能为乡村振兴战略的实施奠定智力支撑。

（二）不断提高村务管理能力和水平

村民自治的主体是广大村民，广大村民要严格法律规范行使自治权，实行民主选举、决策、管理、监督，保障村民的民主权利，真正实现对本村的自治。

1. 加强制度建设

制定合法规范、彰显村民民主意愿的村民自治章程，完善村规民约以及包括村务公开制度、财务管理制度、干部廉洁制度、村民代表会议议事制度、村民委员会及其下属委员会工作职责等各类专项规约，真正实现制度治村和制度管事。

2. 加强村委会自身管理

对村委会成员用权实施清单管理，细化村委会的职能职责，哪些是协助上级机关的行政事务，哪些是村委会提供的公共服务，哪些是村民自治的社会管理事务，都要建立明细清单，厘清职责权限，防止滥用职权，确实把“小官大贪”的腐败风险点防控排查到位，实现阳光操作，公开透明。特别是要把村级重大事情向群众公开，做到信息透明，让群众知村情，真正让村民当家做主，自己议村务、办村事，以此提高自治能力。

3. 加大监督管理力度

要督促村务监督委员会履职尽责，增强监督效能。笔者认为，在深化村民自治的进程中，仅仅依靠村领导班子以及村党员素质提升和作风改进，严格自律，牢守底线是远远不够的，还需要有外部无处不在的监督，形成监督网络，筑牢监督的藩篱，使他们感受到震慑，不仅不敢违规违法乱纪，反而要带头做正面表率，传播正能量。由此，笔者建议各个涉村涉农部门要经常性对村务公开和民主管理工作加强指导和检查，形成合力，扫除监督盲区，确保乡村振兴战略有序推进。

（三）厘清乡级政府机关和村民自治机构之间的关系

在乡级政府机关和村民自治机构的关系以及各自职能职责的问题上，只有规范了乡级政府的权限和职能，才能更好地确保村民自治机构的履职尽责。

1. 乡级领导干部要以法治思维和法治理念指导村民自治

乡镇主要领导要带头学法，扭转思维和观念，在村民自治问题上，牢固树立服务指导的理念。对于职权外的或者本应该由村民自己管理的事务权限还给村民委员会，做到只放权不任权。同时，将主要精力放到村民自治活动的监督和指导上，引导村民自治进程朝着合理、有序、高效的方向发展，促进村民自治的法治化。

2. 及时修改完善《中华人民共和国村民委员会组织法》

《中华人民共和国村民委员会组织法》规定村委会要配合乡镇政府完成一些工作。但究竟哪些工作是需要配合，哪些工作是需要独立完成，并没有明确规定。这就导致了乡镇政府掌握了很大的自由裁量权，其可以在较大的空间里干预村务管理。所以，我们强烈建议要对其具体化，细化好村委会的职责和任务，使其责任和职责清晰化，确保村民自治有目的、有方向、有计划。

参考文献

［1］蔡文成．基层党组织与乡村治理现代化：基于乡村振兴战略的分析［J］．理论与改革，2018（3）：62-71.

［2］张艺颉．乡村振兴背景下村民自治制度建设与转型路径研究［J］．南京农业大学学报（社会科学版），2018，18（4）：47-54.

青白江区现代农业对外开放合作示范园发展情况调查研究

左小虎[①] 廖国民[②]

摘要：实施乡村振兴战略，是党的十九大作出的重大决策部署，是新时代做好"三农"工作的总抓手。近年来，成都市青白江区借助区位优势，因地制宜贯彻落实乡村振兴战略部署，积极推动建设农业对外开放合作示范园。本文通过在深入一线调研的基础上，梳理青白江区现代农业对外开放合作示范园的发展现状、特色经验，并坚持问题导向，针对存在的问题提出科学合理的对策建议，以期为各地建设农业对外开放合作示范园提供借鉴。

关键词：乡村振兴　现代农业　开放合作　路径探析

全面实施乡村振兴战略，推动城乡融合发展，是当前全面建成小康社会的具体路径。《中共中央 国务院关于实施乡村振兴战略的意见》指出，推动农业对外合作、加快推进"一带一路"建设和农业走出去，构建农业对外开放新格局成为农业发展和实施乡村振兴的重要抓手之一。

一、青白江区现代农业对外开放合作示范园发展的背景

党的十九大提出实施乡村振兴战略后，四川省按照国家对外开放总体部署，充分利用国际国内"两种资源、两个市场、两类规则"，做了一系列工作推进农业对外合作。四川省委、省政府出台了一系列促进农业对外合作政策，建立了省级农业对外合作厅际联席会议制度，启动了境外农业合作示范区和农业对外开放合作试验区"两区"建设。成都市召开了实施乡村振兴战略推进城乡融合发展大会，制定了以企业需求为导向的扶持政策，建立了城乡融合发展体制机制和政策体系。青白江区紧抓这些优势和历史机遇，获批设立四川首批农业对外开放合作试验区和成都"6+7"现代农业功能区。

---

① 左小虎，中共成都市青白江区委党校。

② 廖国民，成都市青白江区乡村振兴推进中心。

二、青白江区现代农业对外开放合作示范园发展的优势基础

近年来，成都借助“一带一路”和“蓉欧+”战略，全力打造“国际投资新规则对接”“农业对外合作政策集成试验”“农业对外合作服务”“农业引资引智引技支撑”四大农业对外开放平台；积极发展主题鲜明、要素可及、资源共享、协作协同、绿色循环、安居乐业的“一带一路”多层次开放农业产业，农业全面开放合作新格局不断形成。青白江在成都通风廊道区域加快规划建设80平方千米的农业对外开放合作示范园区，重点开展农业新品种、新技术、新装备和四川省优势特色农产品在地化展示，俨然成为成都进一步服务四川省对外开放大局的重要基石，也成为不断扩大境内外农业交流合作、打造国家级农业对外开放合作高地。

三、青白江区现代农业对外开放合作示范园发展现状及存在的问题

（一）发展现状

1. 园区基本情况

青白江区对外开放农业合作示范园区总面积为80平方千米，包括了姚渡镇、祥福镇、龙王镇、福洪镇以及清泉镇的部分农村地区。园区主导产业为伏季水果和蔬菜，种植面积约10万亩（1亩=0.066 7公顷，下同），拥有出口备案基地2个，国家地理标志保护产品1个，农产品地理标志1个，市级农业产业化重点龙头企业3家。2020年，依托铁路港和自贸区的对外开放窗口优势，核心区初步具备亚欧特色农产品加工贸易、先进农业科技展示、对外文化交流、欧洲风情体验等功能，并努力争创国家级农业对外开放合作试验区，打造世界“一带一路”对外开放农业示范窗口。

2. 园区建设成效初显

一是产业发展有序推进。园区积极构建起“区域公用品牌+企业自主品牌”农业品牌体系，目前，“青溯”区域公用品牌正在筹备“青溯”产品专卖店、分店，以此提升区域公用品牌影响力。园区积极推进企业自主品牌建设，成都欧滋农业科技开发有限公司、福泉家庭农场已获得绿色认证。园区积极推进第一、第三产业融合发展，已经成功举办杏花（果）生态旅游节、桃花节等休闲农业与乡村旅游活动7次。二是项目建设成效显著。园区已经基本建成农业招商接待中心，我的田园·亚欧特色农产品主体会展、桂林周氏·峰行田园和上海丰科食用菌等10余个重大农业项目已签约入驻。三是区域合作进展突出。上海润林国际物流有限公司正在与青白江区洽谈建立贸易平台公司；梓潼县农业正在与青白江区洽谈建设农业示范基地；凉山州也拟在青白江区建立为农公益服务中心；另外，国家馆群建设也在积极推进，目前，以色列国家馆、意大利国家馆、摩尔多瓦国家馆已建成，其余30多个国家馆正在加快建设。

（二）存在的问题

青白江区现代农业对外开放合作示范园的发展尚处于起步阶段，与省市级现代

农业园区发展的要求还有一定差距。一是思想认识还不到位，在规划、管理上还存在盲目性，重视程度还有待提高。二是园区建设资金投入不足，园区建设资金主要依靠政府投入，区级财政资金有限，投入力度不够，导致园区基础设施建设发展步伐相对缓慢。三是园区组织化、产业化水平不高，运营模式需进一步完善。园区生产经营仍然以企业和农户为主，与省级现代农业园区标准还有一定差距。四是园区建设管理力量薄弱，服务功能、服务体系较弱，园区运行机制尚未健全，缺乏科技人才力量支撑。五是部分项目重建设、轻管理，没有实现规划、经营、建设、管理相统一，导致重复建设、浪费资源的现象出现。

四、青白江区现代农业对外开放合作示范园发展的对策建议

（一）树立全球视野，打造四向拓展枢纽通道和全域开放功能平台

2018年2月，习近平总书记来川视察，听取中欧班列（成都）汇报时作出“打造‘蓉欧枢纽’”重要指示。青白江区积极融入“一带一路”建设、新一轮西部大开发、长江经济带发展等重大战略，主动服务构建“陆海内外联动、东西双向互济”的开放格局，取得一系列优秀成果。为树立全球视野，打造四向拓展枢纽通道和全域开放功能平台，青白江区应当加快实施铁路货运中心站扩能改造，打造国家级多式联运示范工程；积极探索“出口结算在港区、种养基地在市州”的农业对外开放合作新模式；与各市州共建“蓉欧+”物流基地，推动安岳柠檬、攀枝花果蔬等川内特色农产品对欧批量出口，实现肉类、木材、快消品等常态化进口。

（二）坚持加快转型跨越，着力构建高层次开放型农业产业体系

园区要坚持加快转型跨越，围绕打造“一带一路”农业开放合作高地，优化“一核两区两中心三基地”产业空间布局，统筹布局生产加工、物流贸易、研发服务等功能板块；加快建设覆盖成渝、辐射西部、全国一流的农产品出口加工功能核心区，积极申报国家级农业对外开放合作试验区；全力推进现代粮食物流加工、优质杏产业园、珍稀食药用菌等园区建设；大力发展农产品跨境贸易和精深加工，引进规模化农产品精深加工企业、农产品进出口贸易企业、市级重大农业产业化项目，着力构建高层次开放型农业产业体系。

（三）坚持加大开放合作，着力促进农业发展的改革创新

园区要加大开放合作，引进外资外智，促进内外资金、技术、人力和信息等核心要素的有机融合；坚持以国际展会等重大活动为载体，举办重大交流活动，构建起多层次的农业交流合作平台；加强横向联合、上下互动，大力拓展农产品境外市场，打造“川字号”农产品品牌；围绕“产业聚集、功能完善、示范带动”的建设任务，积极推动园区招商以及新技术、新品种引进试验示范，形成多层次、全方位合作的良好态势，促进农业发展的改革创新。

当前，加力深化自贸区改革创新和加快规划建设“金青新”大港区并举，国家级经开区和综保区的申报使青白江迎来了多重战略机遇叠加的历史最佳发展时期。我们非常重视、倍加珍惜与“一带一路”沿线区域、城市的合作发展！我们也有信

心在搭乘国际班列东风的背景下加快推进农业领域更广泛、更全面、更深入的开放合作，共享新机遇，共创新未来！

参考文献

[1] 李国英. 产业互联网模式下现代农业产业发展路径［J］. 三农问题，2015（7）：77-82.

[2] 洪琴风，刘文玉. 吉安市现代农业科技示范园区建设现状与发展建议［J］. 现代园艺，2016（7）：30-32.

[3] 陈定洋. 供给侧改革视域下现代农业产业化联合体研究：产生机理、运行机制与实证分析［J］. 科技进步与对策，2016（13）：78-83.

[4] 傅建祥，罗慧. 我国现代农业示范园区综合评价［J］. 西北农林科技大学学报（社会科学版），2017（4）：106-113.

乡村振兴背景下川西藏区农业供给侧结构性改革机制体制创新研究

张元黎[①] 郝儒杰[②]

摘要：农业供给侧结构性改革是川西藏区实施乡村振兴战略，构建“一干多支、五区协同”区域发展新格局，加快推进川西北生态示范区建设的一项重要任务。然而，从目前的情况看，川西藏区在农业供给侧结构性改革上还面临着许多急需破解的问题和困惑。为此，综合研判川西藏区农业供给侧结构性改革机制体制创新的现状特征、存在问题和矛盾，具有十分重要的意义。

关键词：农业供给侧结构性改革　乡村振兴　机制体制创新

近年来，川西藏区深入推进农业供给侧结构性改革，加快培育优势特色产业，生成农业农村发展新动能，农业农村保持了健康发展的良好势头。特别是在大力推进全面深化改革、全面推动高质量发展的背景下，加强对川西藏区在农业供给侧结构性改革机制体制方面的研究，意义十分重大。

一、现状特征

（1）农业供给质量和效益逐步提高。一是优势产业布局不断优化。二是优势产业发展水平逐步提升。三是三大产业融合促进优势产业集聚发展效果显著。

（2）农牧资源保护和产品质量安全监管改革不断强化。一是农牧资源环境保护建设力度逐步加大。二是优质畜种和渔业资源保护力度不断加大。三是农产品质量安全监管力度逐步加大。

（3）农业生产经营服务体制改革逐步推进。一是基层技术服务创新深入推进。二是农畜产品流通体系建设稳步推进。三是金融支持力度不断加大。

（4）农业农村的发展活力不断释放。一是农村土地承包经营权确权登记颁证基本完成。二是农牧新型经营主体培育持续加强。三是农村基础设施建设成效明显。

---

① 张元黎，中共甘孜州委党校。

② 郝儒杰，中共四川省委省直机关党校。

二、突出问题和矛盾

（1）自然地理条件对农业牧业生产的约束依然严峻。川西藏区立体气候明显、地区海拔跨度大，耕地碎片化严重且分布零散，土壤肥力不均衡、质量参差不齐、土壤修复难度大，有效灌溉面积不足。

（2）基础设施建设滞后仍然是制约农业牧业发展的重要因素。一是道路的通组入户总里程不高，比重还需要进一步提高，覆盖范围还需要进一步扩大。二是道路通组入户的等级较低，大部分道路等级在四级以下，而且道路狭窄、弯道多、错车道严重不足，已经建成的机耕便民道路技术等级不高，道路承载能力远远不足以满足现实的需要。三是高山、半高山等高海拔地区的农田水利设施、灌溉渠系配套建设、微水工程、节水灌溉等基础设施还不能从根本上给予保障。

（3）高山、高半山、河谷地区的农业牧业产业结构调整难度大。一是在产业类别上，粮食类等商品率低、产出效益低的产业在种植业中占比偏高，在高原地区、高山地区和半高山地区的边远农牧区表现尤为突出。二是在产品结构调整上，大部分地区存在着"盲从跟风"，过度追求"一村一品"执行的一致性，没有因地制宜，一些优势产业在不适宜其生产的地区进行大规模发展，良莠混杂、有效资源浪费严重。三是在产业增量挖潜上，大部分荒山荒坡治理和生态修复与发展产业相脱节，林下种植和立体种养开发利用不多，饲草产业和粮改饲料推进缓慢。

（4）农牧业发展的要素保障滞后，产业链条短小，产品附加值利用不充分。川西藏区普遍面临着土地、草场、试验基地、监管服务体系、物流配送、金融支持等发展要素保障水平不高、覆盖范围有限、规模零散，新型生产经营主体"量大体小质弱"。农牧产品"大路货"销售和畜牧产品活体销售仍然偏多，畜产品附加值利用不充分依然不同程度存在；农业新型经营主体之间、新型经营主体和农牧产品生产户之间利益联接比较松散。

（5）资金投入和科技人才总量不足，结构性失衡仍是制约农业提质增效的瓶颈。资金和人才问题是长期制约川西藏区发展现代农牧业的重要因素。受农牧业发展基础薄弱影响，科技人才断层现象十分明显，农牧业科技推广体系建设不健全，乡镇一级的技术人员较少，大部分科技人员还承担着其他工作，科技人才培养激励措施有待进一步完善，极大影响了科技人员在农牧业产业发展、科技服务和宣传引导等方面的作用发挥。

三、对策建议

（1）建立政府投入为主导的多元投入机制，加大农业发展投入力度。一是加大基础设施投入力度。要加强集中产品加工、农机作业、预冷贮藏等配套服务设施建设，扩大对农业物联网、大数据等信息化设施建设的投资。二是要建立优势特色产业发展专项资金。要着力优化金融服务，重点帮扶困难企业"爬坡过坎"走出困境，重点支持标准化、基地建设、品种改良、精深加工、品牌打造、产品研发等项目。三是扩宽政策性农业保险范围。要开发保险品种，提高财政补贴额度，重点支持早市蔬菜、特色水果、中药材等特色产业。

（2）统筹内外资源，建立和完善农牧产业发展技术创新、质量追溯、物流、营销体系。一是加强农牧业科技创新体系建设。要大力实施科技创新引领行动，重点组织实施优质农牧品种的培育和引进、优质优势特色农牧产业瓶颈技术创新、农业机械化和信息化创新、农业科技创新体系建设和农业科技成果转化工程。二是加快质量追溯体系建设。要重点围绕加快建立民族地区牦牛肉、菌类、水果蔬菜等特色农产品的行业标准和产品质量安全追溯体系，集中力量推进特色农牧产品生产标准化、服务标准化、数据标准化等基础建设工程。三是加快物流配送体系建设。进一步推进现代物流基础设施建设，支持具有条件的物流节点、工业园区和商贸中心加快建设物流信息平台和电子商务物流服务平台，积极吸引大型物流企业入驻，引导物流快递企业在乡村设立服务站点。

（3）建立健全和优化科技人才培养评价激励机制和服务保障体系。一是加快推进农技人才体制机制顶层设计。组织人事部门要从总体要求、管理体制、培养、评价、流动、激励、引才用才、保障机制等方面明确具体措施，健全考核机制，完善考核办法，用好考核结果，充分发挥考核的刚性约束作用，确保人才工作各项政策措施落到实处。二是创新人才评价机制。要重点突出能力业绩导向，优化岗位责任考核，科学设定工作内容、服务对象、量化工作指标和任务要求。三是不断加大人才激励力度。用好用活激励科技人才创新创业政策，让广大农牧科技人才更好地服务于民族地区农业经济发展。

（4）建立健全市场监管体系，确保农牧产品市场健康有序规范运行。一是加强对农村食品市场的监管力度。要设立相应的乡村食品安全监管机构，加强对农村、城乡接合部食品营销点的监管，强化日常监管和食品专项整治。二是加大农牧产品销售服务平台建设力度。要大力推动电子商务应用创新和营销宣传广告方法创新，积极将互联网新技术、新业态引入农业产业发展。三是加强农牧产品营销模式创新力度。通过行业协会和专业合作社联合经营、品牌店连锁经营、加盟龙头企业等多种合作方式，把合作社、基地、个体农户等多种经营主体联合起来，集约化发展、规模化经营。

（5）优化产业发展布局，推进特色产业结构调整，大力培育优势产业衍生业态。一是科学优化主导农业产业区域布局。要坚持效益优先和最适宜的原则，推进产业布局调整和优势产业品种的更新换代，促进优势产业成片、成带发展，促进构建果、菜、药、牛、羊、猪、蜂等优势产业发展格局。二是持续推进产业结构调整。要坚持不懈推进新品种、新技术、新模式的研发和典型试点示范推广，促进产业结构、品种结构优化和种养模式革新。三是大力培育优势产业新业态。要优化电子商务、旅游等产业融合发展布局，围绕全域生态旅游示范区建设，坚持“三态”融合“三微”联动。

参考文献

［1］王益灵. 进一步完善人才评价激励机制和服务保障体系［J］. 党建研究，2017（3）：40-42.

［2］刘长江. 乡村振兴战略视域下美丽乡村建设对策研究：以四川革命老区 D 市为例［J］. 四川理工学院学报（社会科学版），2019，34（1）：20-39.

［3］高云才. 培育农业农村发展新动能［J］. 农产品市场周刊，2017（50）：1.

［4］农业部，国家发展改革委，财政部. 农业部 国家发展改革委 财政部关于加快发展农业生产性服务业的指导意见［J］. 中华人民共和国农业部公报，2017，33（9）：13-16.

从六个数字解读习近平扶贫开发工作重要论述

彭 雄①

摘要：习近平总书记高度重视扶贫开发工作，其扶贫开发工作重要论述内涵十分丰富。本文从六个方面，分别以六个数字作为概括，总结提炼习近平总书记扶贫开发工作重要论述，有助于洞悉其论述脉络、精神实质和基本要求。

关键词：六个数字 习近平 扶贫开发 工作重要论述

党的十八大以来，以习近平同志为核心的党中央高度重视扶贫开发工作，习近平总书记多次深入四川凉山彝族自治州昭觉县、重庆石柱土家族自治县等一线贫困地区实地调研，发表了一系列重要讲话，深刻阐明了当前我国扶贫开发领域的重大理论问题和热点难点实际问题，形成了以精准脱贫为着力点的扶贫开发工作重要论述体系。习近平扶贫开发工作重要论述是全国脱贫攻坚进入决胜阶段打赢脱贫攻坚战，建成全面小康社会的重要遵循。学习理解习近平扶贫开发工作重要论述的丰富内涵和精神实质，应该从6个数字入手。

“1”——一个军令状。全面建成小康社会是中国共产党在第十八次全国代表大会上向全世界、全国人民作出的郑重承诺。全面建成小康社会，时间非常紧迫，任务十分艰巨，是全党全国的大事、要事。要想如期完成这一使命光荣、时间紧迫、任务繁重的历史性任务，必须发扬我们党的政治优势，把脱贫攻坚当作一场军事攻坚战来严肃对待，无条件打赢这场“娄山关”战役。按照习近平总书记的要求，全国所有省、自治区、直辖市主要责任同志与党中央签订了扶贫“军令状”。习近平总书记在中央扶贫开发工作会议上严肃指出，要“层层签订脱贫攻坚责任书、立下军令状”。军中无戏言，军令状不能白立，立了就要兑现。“军令状”的签订彰显了我们党坚决打赢脱贫攻坚战的坚强决心，彰显了我们党坚决兑现承诺的坚定意志，体现了我们党在新时代“不战则已，战则必胜”的钢铁态度。

“2”——两个一百年。两个一百年是指：在中国共产党成立一百年时全面建成小康社会，在中华人民共和国成立一百年时建成富强民主文明和谐美丽的社会主义现代化强国。党的十八届五中全会提出了共享发展理念，强调必须坚持发展为了人民、发展依靠人民、发展成果由人民共享，作出更有效的制度安排，使全体人民在共建共享发展中有更多获得感，增强发展动力，增进人民团结，朝着共同富裕方向稳步前进。习近平总书记在2015年中央扶贫开发工作会议上对这一问题进一步进行了系统阐述，提出了“全面建成小康社会，实现第一个百年奋斗目标，一个标志性

① 彭雄，中共遂宁市委党校。

的指标是农村贫困人口全部脱贫。”此外，习近平总书记还多次强调，“没有农村的小康，特别是没有贫困地区的小康，就没有全面建成小康社会”“全面建成小康社会，最艰巨最繁重的任务在农村，特别是在贫困地区”。社会主义的本质规定了实现全体人民共同富裕的目标，这些重要论述坚持共同富裕的指向，深化了扶贫开发的重要战略意义，对于统一全党全社会对扶贫开发工作的认识、确保到2020年所有贫困人口一道迈入全面小康社会意义十分重大。

“3”——“三农”工作。习近平总书记高度重视“三农”工作，以高度的大局意识和战略意识看待“三农”工作与扶贫开发工作和全面建成小康社会的辩证关系，把做好“三农”工作摆到了扶贫开发工作和全面建成小康社会的重要位置。2013年，习近平总书记在山东农科院召开座谈会时指出：小康不小康，关键看老乡。21世纪以来，农民收入连续多年增长，生活水平不断提高，但全面建成小康社会的任务仍极为艰巨。要大力促进农民增加收入，不要平均数掩盖了大多数，要看大多数农民收入水平是否得到提高。2015年，习近平总书记在吉林调研时强调：任何时候都不能忽视农业、忘记农民、淡漠农村。必须始终坚持强农惠农富农政策不减弱、推进农村全面小康不松劲，在认识的高度、重视的程度、投入的力度上保持好势头。2016年，习近平在安徽凤阳县小岗村召开农村改革座谈会时强调：增加农民收入，要构建长效政策机制，通过发展农村经济、组织农民外出务工经商、增加农民财产性收入等多种途径，不断缩小城乡居民收入差距，让广大农民尽快富裕起来。2018年，习近平总书记在四川调研时指出：要加强对村民的实用技术和职业技能培训，让大家掌握一技之长，能够通过发展生产和外出务工稳定增加收入。习近平总书记每到一处都会强调如何做好“三农”工作。就实质而言，做好“三农”工作与做好扶贫开发工作具有内在一致性，统一于全面建成小康社会的短期目标和建成富强民主文明和谐美丽的社会主义现代化强国的长期目标。

“4”——四个切实。在中央扶贫开发工作会上，习近平总书记高屋建瓴，就加大力度推进扶贫开发工作提出“四个切实”的具体要求：一是切实落实领导责任。要强化扶贫开发工作领导责任制，把中央统筹、省负总责、市（地）县抓落实的管理体制，片为重点、工作到村、扶贫到户的工作机制，党政一把手负总责的扶贫开发工作责任制，真正落到实处。这一要求正是大力发挥我们党组织制度、领导制度优势的集中体现。二是切实做到精准扶贫，扶贫开发贵在精准，重在精准，成败之举在于精准。各地都要在扶持对象精准、项目安排精准、资金使用精准、措施到户精准、因村派人（第一书记）精准、脱贫成效精准上想办法、出实招、见真效。“精准”二字深刻体现了习近平扶贫开发工作重要论述的问题导向和方法策略，避免了“大水漫灌”“撒胡椒面”，实现了“好钢用在刀刃上”“靶向聚焦”，让资源流向最需要的地方。三是切实强化社会合力，扶贫开发工作是全党全社会的共同责任，要动员和凝聚全社会力量广泛参与。要坚持专项扶贫、行业扶贫、社会扶贫等多方力量、多种举措有机结合和互为支撑的“三位一体”大扶贫格局，健全东西部协作、党政机关定点扶贫机制，广泛调动社会各界参与扶贫开发工作的积极性。我国是社会主义国家，实行的是社会主义制度，社会主义制度的最大优势就是集中力量办大事。扶贫开发工作就是大事，大事由大家办、众事众谋，是我们的一贯传统优势。四是切实加强基层组织。做好扶贫开发工作，基层是基础。要把扶贫开发同基层组织建设有机结合起来，抓好以村党组织为核心的村级组织配套建设，鼓励和选派思想好、作风正、能力强、愿意为群众服务的优秀年轻干部、退伍军人、高校毕业生到贫困村工作，真正把基层党组织建设成带领群众脱贫致富的坚强战斗堡垒。"四个切实"的提出，为做好扶贫开发工作、精准脱贫工作、全面建成小康社会工作提出了具体的思路和措施，提供了科学的方法指导。

"5"——五个一批。习近平总书记强调，要解决好"怎么扶"的问题，按照贫困地区和贫困人口的具体情况，实施"五个一批"工程。一是发展生产脱贫一批。引导和支持所有有劳动能力的人依靠自己的双手开创美好明天，立足当地资源，实现就地脱贫。发展是解决我国问题的关键和基础，坚持发展观是做好扶贫开发工作的基本思路。贫困地区存在的根本原因还是在于发展不足，需要继续坚持以经济建设为中心，解决发展不平衡、不充分的问题。二是易地搬迁脱贫一批。贫困人口很难实现就地脱贫的要实施易地搬迁，按规划、分年度、有计划组织实施，确保搬得出、稳得住、能致富。在中国一些自然条件恶劣的地方，确实存在一方水土养育不了一方人的问题。对于这样的问题，就必须要解放思想，采取异地搬迁的办法帮助贫困群众开启新生活。三是生态补偿脱贫一批。加大贫困地区生态保护修复力度，增加重点生态功能区转移支付，扩大政策实施范围，让有劳动能力的贫困人口就地转成护林员等生态保护人员。在一些生态脆弱的地方，存在人与自然生态矛盾尖锐的问题。坚持生态保护修复是从全国大局的角度处理生态和经济发展的关系问题，有利于主体功能区制度的实施。四是发展教育脱贫一批。治贫先治愚，扶贫先扶智，国家教育经费要继续向贫困地区倾斜、向基础教育倾斜、向职业教育倾斜，帮助贫困地区改善办学条件，对农村贫困家庭幼儿特别是留守儿童给予特殊关爱。教育是预防贫困代际传递的最有效途径，是拔掉"穷根"的关键之举，是国家的基本义务。五是社会保障兜底一批。对贫困人口中完全或部分丧失劳动能力的人，由社会保障来兜底，统筹协调农村扶贫标准和农村低保标准，加大其他形式的社会救助力度。通过建档立卡摸清贫困人口致贫原因，将数量巨大的贫困人口分解为不同类别，运用"五个一批"因类施策、因人施策，靶向治疗，大大提高了扶贫开发工作的精准度和有效性。

"6"——六个精准。习近平总书记在实地调研和深刻分析总结以往扶贫工作经验教训的基础上提出：扶贫开发贵在精准，重在精准，成败之举在于精准。如何做到精准？习近平总书记提出要做到"扶持对象精准、项目安排精准、资金使用精准、措施到户精准、因村派人精准、脱贫成效精准"。我国在当前经济实力还有限的情况下，要想如期圆满完成扶贫开发工作，必须要做到"六个精准"。"六个精准"覆盖了扶贫对象识别、帮扶、管理和成效等各环节，用精准理念贯通了扶贫开发工作全过程，突破了现行扶贫工作思路和方式，变大水漫灌为精准滴灌，变漫天撒网为精准施策，变重一时一地为重长久全域。精准脱贫既是当前我国扶贫开发工作的明确要求，又是具体目标，既是科学理念，又是有效方法，要坚决贯彻执行到底。

参考文献

[1] 习近平. 习近平谈治国理政：第二卷 [M]. 北京：外文出版社，2017.

积极推动土地流转适度规模经营

袁剑平①

摘要：推动农村土地流转适度规模经营是农村改革发展的必然趋势和现实选择。改革农村土地制度，增强农村发展是中国改革发展的成功经验。土地流转适度规模经营，首先要充分保障农民的主体地位，其次要建立健全土地流转适度规模经营的保障支撑体系。

关键词：土地流转　规模

马克思在《资本论》中引用了古典经济学家威廉·配第的话说，“劳动是财富之父，土地是财富之母”。因此，乡村振兴的第一要务就是要激活土地资源，让土地资源创造财富，把土地资源变为资本，实现土地开发利用的集约化、规模化、高效化。现实的选择就是要加速农村土地流转，提高土地集中经营、适度规模经营的水平，用社会化生产方式改造小农生产方式。

一、改革发展的成就得益于农村土地制度改革的成功

家庭联产承包责任制推动了工业化、城镇化的快速发展。在计划经济体制下，大规模的农村劳动力依附在集体所有、集体经营的土地这种生产资料上，人为地掩盖了人多地少的矛盾，导致农村劳动生产率低下，农村落后，农民贫穷。在计划经济体制下，经济发展中的二元经济结构性特征不断得到强化，城乡封闭发展，城乡发展差距不断扩大，实际上是资源配置扭曲、错位在城乡发展中的集中体现。

家庭联产承包责任制的推进，为大量农村剩余劳动力向非农产业转移创造了客观条件和现实基础。农村存在的大量隐性失业转变为显性失业。大量农村剩余劳动力源源不断地涌入城市成为推动中国工业化、城镇化的主力军。广大农民工为中国工业化、城镇化的推进做出了巨大的历史性的贡献。中国工业化、城镇化取得的巨大成就归功于家庭联产承包责任制改革的成功。家庭联产承包责任制解放了大量的农村剩余劳动力，从而成为工业化、城镇化的推动者和贡献者。没有家庭联产承包责任制，就没有今天经济发展的中国奇迹。

---

① 袁剑平，中共遂宁市委党校。

二、适度规模的土地流转是乡村振兴的基础和必然趋势

家庭联产承包责任制在中国经济改革发展的进程中，短时间内成功地解决了广大农民的温饱问题，跨入了全面建成小康社会的康庄大道。农村一家一户的小规模土地经营是无法支撑农民实现全面小康的。这就意味着家庭联产承包责任制改革亟待全面深化以适应全面建成小康社会的诸多需求和经济发展阶段的转变。农村土地资源的开发利用，没有适度的规模就没有经济效益，没有适度的规模就不能适应农业发展的产业化、社会化的要求。继续长期维持小块土地经营是很难实现乡村振兴的战略目标。小块土地经营能够维持生计，但不足以支撑全面小康。

大量存在的土地撂荒现象实际上是广大农民用自己的行动表达了对现实的小块土地经营的态度。小块土地经营无法承载大规模的资本投入，导致资本有机构成无法提高，农业生产无法转型升级，投入产出机制不畅、管理落后。小块土地经营无法承载劳动力成本，所以大量农民选择外出打工，而非经营土地。小块土地经营导致农业生产性服务需求的碎片化，使农村第三产业发展缓慢，特别是农村生产性服务业无法得到长足的发展，导致农村公共产品和公共服务以及基础设施需求的碎片化，导致农村公共产品、公共服务、基础设施建设供给成本上升，无法提高共享公共产品、公共服务、基础设施的效率和效益。

三、土地流转适度规模经营首先要突出以人为本

土地流转适度规模经营，从表面看是一个资源要素的配置问题，而本质上是要解决土地和农民的关系问题。因此，研究思考土地流转问题，不能就土地谈土地。在推进土地流转的进程中，要充分尊重农民的主体地位和创新精神，切实保障农民权益，让农民真正成为推动流转和适度规模经营的参与者和受益者，保证农村社会政治长期稳定发展。

对参与土地流转的农民而言，一方面，政府要引导农民当好农民。积极主动地转变观念，提高自身素质，转变为适应农业现代化发展的合格经营者和管理者，成为推动农村产业振兴的新主体，成为农村社会结构的新阶层，成为推动乡村振兴的主力军，成为农村先进生产力的代表。另一方面，政府要引导农民不当农民。当然推动农民进城是一种基本途径。但更重要的是积极推动参与土地流转农民的再社会化，在政策制定和制度安排上，鼓励农民自主创业，发展农村第二产业、第三产业。实际上，在新时代农村剩余劳动力转移发生了新的变化，进入城市不再是唯一途径。让他们在农村新的生产方式和社会结构中找到自己的位置和角色，才会有真正的获得感和成就感。只有做好了人的文章，土地流转适度规模经营才能健康有序地推进。

四、建立健全土地流转适度规模经营的保障支撑体系

首先，增强土地流转法律法规和相关政策宣传力度。要在充分尊重农民主体地

位的前提下，耐心细致地教育农民、引导农民、组织农民积极主动参与土地流转，推动农村土地资源适度规模经营。土地流转本身就包含适度规模的要求，如果土地流转没有适度的规模就失去了流转的价值和意义。在准确把握、正确理解土地流转的相关法律、政策的前提下，给参与土地流转的农民讲清楚、讲明白，特别是讲清楚农村土地流转是产业发展和乡村振兴的必经阶段。让农民成为土地流转的积极参与者和明白人。特别是通过对土地流转成功案例的示范作用，引导农民参与土地流转的行为，变被动为主动。

其次，进一步健全和完善土地流转的政策法律体系。现有政策、法律法规有待完善。目前还没有专门的土地流转法律法规，以及专门的指导和约束土地流转的政策性文件。虽然有一些法律规定，但是散见于涉及土地流转的相关法律法规之中，尚未形成完备的法律支撑体系。同样，关于土地流转的政策散见于相关文件之中，没有专门的指导和土地流转的政策性文件，没有形成完备的政策体系。因此，要进一步完善政策和法律法规体系对土地流转的规范和保障作用，发挥好法律法规和政策体系对土地流转的规范指导作用。

再次，构建离地农民职业技能教育培训体系。笔者把土地流转后不再直接种地的农民称之为离地农民，以便和失地农民进行区别。至关重要的是要通过教育培训，使离地农民的观念有一个根本性的转变，把离地农民从历史上长期形成的小生产观念和自然经济观念中解放出来，真正树立起市场观念、竞争观念，从而从思想上减轻离地农民对政府和社会的依赖。这就要求离地农民不断提高自身素质，主动适应市场经济和工业化、现代化发展的要求。

增加投入强化对离地农民的职业技能培训，以增强离地农民的就业竞争能力和谋生手段，并引导其自谋职业和自主创业，为社会做贡献，为自己找出路。特别是要以各种信息化手段的掌握和运用为重点，系统开展对离地农民的职业技能培训，推动离地农民在农村社会结构中，尽快实现角色认知和角色转换，实现自身的价值。

最后，健全和完善土地流转适度规模经营的服务体系。一是建立土地流转服务中心等服务土地流转的社会中介机构，为参与土地流转的农民提供全过程、全方位的个性化服务。二是为土地流转产生规模化经营主体，提供产前、产中、产后的生产性服务。比如农资供应服务、公共设施配套服务、员工生活保障服务、子女教育服务等。健全完善服务供给体系推动农村第三产业的发展，促进农村产业结构的转型升级。三是健全和完善农村土地产权制度。农村土地所有权归农村集体所有，农民通过承包方式取得土地使用权。在土地流转中，农民作为土地承包权的所有者让渡土地经营权，以获得流转收益为前提。在现行土地制度中，土地使用权归属不明确，不利于农民建立乡村长期稳定的预期。四是健全和完善农村社会保障制度，保障农村社会政治环境长治久安。土地是农民满足基本生活条件的最后保险，因此，推进土地适度规模经营，必须首先解除离地农民的后顾之忧。五是建立土地流转的档案信息管理平台，为离地农民和经营主体提供完整、准确、高效的档案信息服务。六是建立健全土地流转的纠纷调处机制和制度安排，切实保护农民利益和权利，确保农村社会政治长期稳定发展。

乡村振兴过程中产业链的复式塑造与产业的可持续发展

陈田民[①] 刘 奕[②]

摘要：乡村振兴的首要工作是抓好乡村产业振兴，高质量做好产业发展基础，高起点框设产业发展思路，高标准复合产业链结构，把产业发展与农业供给侧结构性改革和优质、绿色、安全、高产高效的现代农业有机地联系起来，实现产业的可持续发展，蕴涵产业强大的内生动力，真正实现农村美、农民富、农业强。

关键词：乡村振兴 产业兴旺 产业链 可持续发展

产业振兴是抓好新时代“三农”工作的重要任务，必须高质量做好产业发展基础工作，高起点框设产业发展思路，高标准复合产业链结构，把产业发展与农业供给侧结构性改革和优质、绿色、生态、安全、高产高效的现代农业有机地联系起来，实现产业的可持续发展，蕴涵产业强大的内生动力，从而更好、更快地实现农村美、农民富、农业强；更好、更快地缩小城乡二元结构的差距，助力解决社会主要矛盾中城乡发展不平衡、不充分的矛盾，实现社会发展与和谐的有机统一，丰富全面现代化和中华民族伟大复兴的人文内涵。

一、产业振兴实践的现状及问题

（一）政府主导下的产业发展现状

部分地方政府的产业主导行为因地制宜施策不足，不少县区大面积推广单一品种的水果、药材、蔬菜的种植，以财政资金和项目资金作为原始动力在尽可能的时间范围内呈现出农业转型和产业兴旺的局面。笔者认为，政府不能越位成为市场的主体，政府推动产业转型升级的重点是补齐“三农”基础设施的短板，优化产业振兴的政策环境。如果政府主导分不清责、权、利这个经济学基础常识，必将使自己的行为偏离客观规律，盲目的结果必将造成大量财政资金的浪费。

（二）社会主导下的产业振兴的现状

目前，一部分综合实力强、资本链长的战略投资者对农业项目的投资是审慎的，他们对市场的调研精准、企业顶层设计科学、发展思路清晰。但大部分中小业主对

---

① 陈田民，中共武胜县委党校。

② 刘奕，中共武胜县委党校。

农业项目的投资具有投机性、盲目性。他们对“三农”发展的内在规律缺乏深入细致的研究，在跟风跟潮的背景下为自己的富余投资能力找出路，投资的产业结构单一，市场前景不明朗。部分小业主在自身投资能力不足的情况下也到农村拿地，实际上是在追逐国家的政策项目优惠资金，本质上是功利性的短视行为。

（三）农业内生变革欲望与传统农业发展令人担忧

“三农”的弱势导致了内生变革欲望的低下。一方面，基于农村留守从业人员的综合素质不强、自身变革动力不足，农村有一定知识文化水平、接受新知识新观念能力强的青壮年外出务工创业以后，留守的人员基本上缺乏改革创新意识，这些人在享受子女外出务工创收创业的成果的同时，对待农村产业的发展缺乏热情，他们维持简单的农业再生产和一般生活品质要求，得过且过，最大的愿望是子孙后代远离农村。另一方面，基于农民对土地的传统感情，使得新产业发展的土地流转难以实现。农民对土地的拥有是一种原始的职业本能，土地既是农民生产生活的载体，同时也是农民的精神载体。传统农民把对土地的依恋作为自己最大的精神寄托。所以，一旦涉及产业发展需要土地集中，农民潜意识里有一种抵触情绪，有一种“失地恐慌症”。土地的集中流转是继家庭联产承包责任制后农村产权制度改革和生产组织形式变革的第二次飞跃，是产业发展的历史必然要求，理论和实践两个层面都应该引起充分重视。

二、农业生产链的复式塑造与产业的可持续发展

（一）产业链的延长与复合可以保证基础产业的稳定发展

单一的种养殖业即便是科技含量附加了、管理手段优化了、规模效益降低了单位产品的综合成本，效益提升了，这也只能算成现代农业发展的基础工作。其抗风险能力仍然有限。产业链复式发展着重于农副产品的分级、加工、储藏和基础产品的衍生、加工、文创等，这是一个增加收益点的产值附加过程。现代农业只有增加风险分散的支撑点，才能更有效地保证产业发展的稳定性和可持续性。这也是城市工业经济发展的一般思维方式。产业链的延长主要考虑基础农产品的上下产业链的关联性，产业链的复合则更多考虑基础农产品加工的深度市场开发。农业效益的凸显既要靠数量和质量，更要靠对产品的多功能衍生，开发适合市场需求的高品质和深度加工产品。

（二）产业链的延长与复合可以确保利益各方的预期收益

新产业的发展，牵涉的利益方是很广泛的，最基础的利益关联方则是流转土地和到新型农业产业务工的农民。如果产业发展的结果连土地流转金都保证不了，这对新产业的发展是十分不利的，严重影响预期收益的结果导致的信任危机会加剧“三农”发展的阻力，失地农民收益不能保证导致农村社会保障力度的降低，会引起严重的社会不稳定。所以，这种影响是多方面的，会导致政府投资愿望落空，企业自身发展的断链和社会综合效益的下降。但如果一个产业能够良性发展，就会形成安居乐业，各得其所的良性局面，各方预期收益得到满足，可以使现代农业产业

发展驶入快车道。

（三）产业链的延长与复合可以增加就业，维持社会稳定、繁荣，逐渐提升“三农”的综合实力

产业新模式的重组，将彻底改变“三农”的利益格局，土地三权分离后，传统农民的职业化倾向将进一步加速，如果新兴组织模式带来的单位土地面积上的产出效益增加，职业农民的收益有显著的变化，则整个改革就会健康发展，社会的和谐指数、幸福指数就会得到提高。要达到这一目的，新组织业态的良性发展是前提。但就当前部分业主急功近利发展的单一产业模式来看，要保持整体稳定健康发展具有一定难度。地方政府在产业发展的服务过程中，应该加强营造农业产业复合发展的软硬件条件，在产业布局、三大产业融合方面多做文章，解决目前靠企业自身不能解决的区块经济问题。在对第一产业的措施配套方面，比如招商引资选择方向上，多作有益的链接，为第一产业的发展减压。

（四）产业链的延长与复合可以增强区域经济韧性

传统农业地区“三农”经济的脆弱与反复，其根本原因在于产业的单一，缺乏抗压和抗风险的韧性。产业链的复合可以分散风险，保持经济发展，对农村第一、第二产业的发展具有巨大的支撑作用，其经济效益的计算，就不是一个简单的加数原理了，基本上可以变为一个几何级数的增长。“三农”产业链的复合，主要是对第二、第三产业的复合，其中乡村旅游是拳头产品。

三、武胜县复合产业链发展的三个案例分析

（一）白坪—飞龙乡村振兴先行区乡村旅游与三大产业融合发展的启示

白坪—飞龙乡村振兴先行区是武胜县政府主导下的一个乡村产业发展项目，先行区规划面积118平方千米，占全县总面积的八分之一。先行区以乡村旅游为抓手，合理布局了万亩甜橙果蔬产业、万亩苗木花卉产业和万亩粮油产业。经过近几年的积累发展，现在园区三大产业高度融合发展，园区已被评为国家4A级乡村旅游风景区，园区年接待各地游客近200万人次，年综合创收10亿元左右。在整个产业链中，由于复合发展，使初高级产品均适销对路，园区内的甜橙等各种水果，基本上不出园就被采摘完了。业主效益得到了保证，土地流转资金也可以按时支付，土地流转后的农民变成了农民工人，各种务工收入也得到了保证。

（二）安泰丝业发展蚕桑基地的经验与做法

为了企业自身的发展，结合武胜县产业扶贫的客观实际，安泰集团与武胜县委签订了蚕桑养殖的战略合作协议。协议的核心内容规定：由安泰集团出面集中流转土地，用三年时间建设标准化的蚕桑种养殖基地三万亩。三年以后回租给农村业主或社会业主自主经营，所产蚕茧以保底价回收，在市场行情好的时候以市场价回收，从根本上确保从业业主的根本收益。目前，安泰集团已建成的蚕桑种养殖基地近万亩，不少业主从中受益，使武胜县现代农业又添一支柱产业。安泰蚕桑种养殖基地产业给我们两点启示：一是企业解决了原材料供给的不确定性，增强了企业发展的

可持续性，为企业积累了强大的资本实力，同时，也为企业向地方政府贡献财税提供了可能。二是为现代农业新产业规模化发展提供了坚实的平台。

（三）火锅产业园对武胜县基础农业产业化的拉动

武胜县火锅产业园是武胜县委政府结合武胜县农业资源禀赋打造的第二、第三产业融合发展模式。火锅产业园位于中滩工业园区，目前引进相关企业 30 家，主要产品是生产各种口味的火锅底料、方便火锅和各种调味品等。火锅产业园的主要原材料是武胜县本地产的优质辣椒、花椒、姜、蒜、芝麻等农产品。随着火锅产业的升级发展、武胜县过去产业发展过程中的花椒产业基础得到了巩固，第一、第二产业呈现出了良性互动态势。火锅产业园的发展给我们三点启示：一是涉及资源关联性的产业，必须复合延长产业链条的长度，形成多赢的链条复合模式。二是地方培育新的工业企业必须联系地方农产品基础原材料的产业实际，才能形成“产、加、销”一条龙的特色产业模式。三是产业的综合发展必须具有战略眼光和战略定力，力戒浮躁和博眼球、积小胜为大胜、久久为功，必将成就新产业、新模式、有益于乡村振兴的世纪伟业。

总之，乡村产业振兴无论是政府主导或是市场主导，一定要复合考虑产业发展的可持续性，提升三大产业的综合受益性，只有把现代农业置于科学发展的地位，才能彻底改变“三农”的弱势地位，乡村振兴才不会是一句口号。

参考文献

［1］宋洪远. 延长产业链 打造品牌以获得持续发展的生命力［EB/OL］.［2018-08-21］. news.southcn.com/n/2018-08/21/content_182996469.htm.

聚力乡风文明 引领乡村振兴

侯昌林[①] 刘建英[②]

摘要：党的十九大报告从“产业兴旺、生态宜居、乡风文明、治理有效、生活富裕”五个方面对乡村振兴提出了总体要求。实施乡村振兴战略，不仅要让农民“住上好房子、开上好车子”，还要让农民“过上好日子、活得有面子”，满足其精神需求。

关键词：乡村振兴 乡风文明

党的十九大报告把“乡风文明”纳入实施乡村振兴战略、推进城乡融合发展的总要求。只有做好乡村文明这个保障，坚持物质文明和精神文明一起抓，提升农民精神风貌，培育文明乡风、良好家风、淳朴民风，不断提高乡村社会文明程度，才能更有效地推进乡村振兴战略的全面实施。

一、乡风文明的内涵及实施的意义

（一）乡风文明建设的内涵

乡风文明本质上是农村精神文明建设问题，是乡村物质文明、精神文明、政治文明、社会文明和生态文明的综合反映。我国历来重视乡风文明建设，新中国成立后，通过社会主义改造和建设，乡村扫除文盲等一系列移风易俗的政策实施，精神文明和乡村风貌均发生了很大变化。

（二）新形势下加强乡风文明建设的意义

我国是14亿人口的大国，农村人口占41.48%。可以说，没有农村的乡风文明，就没有城市文明，就更不可能有全社会的精神文明。

1. 乡风文明建设是满足人民美好生活需要的重要举措

习近平总书记强调：人民群众对美好生活的向往就是我们的奋斗目标。当前，我国农村正处在温饱向小康过渡的阶段，广大农民不仅要求生活要富足殷实、居住条件要改善，更要求文化生活要丰富、健康水平要提高、社会服务设施要配套的繁荣、富裕、文明、美丽的现代化新农村。

2. 乡风文明建设是决胜全面建成小康社会的重要前提

习近平总书记指出：农业强不强、农村美不美、农民富不富，决定着全面小康

① 侯昌林，中共武胜县委党校。

② 刘建英，中共武胜县委党校。

社会的成色和质量。小康不小康，关键看老乡。决胜全面建成小康社会重点在农村，难点也在农村，没有农民群众的小康就没有全国的小康，没有农村的现代化就没有国家的现代化。

3. 乡风文明建设是长治久安的重要保证

中国有5亿多农民，中国稳定不稳定，首先要看农民稳定不稳定。当前，经济下行压力加大，外部环境发生深刻变化，只有稳住“三农”这个基本盘，才能为有效应对各种风险挑战赢得主动，为做好全局工作增添底气。

二、农村乡风文明建设现状及原因

改革开放40多年来，农村社会经济面貌发生了翻天覆地的变化，农村精神文明建设也取得了一定成效。但也还存在一些不容忽视的问题，诸如大操大办、盲目攀比、厚葬薄养、封建迷信、赌博泛滥等陈规陋习。

（一）农村乡风文明建设现状

1. 基础设施较落后

以武胜县为例，全县共515个行政村中，文化室和文化活动场地齐全的不足200个。群众性文化体育活动的覆盖面较小、参与率较低，精神文化生活比较枯燥单调。

2. 思想道德观念淡化

一是部分农民小农意识深厚，特别是农村征地、土地流转、集体建设上表现尤其突出。二是有些群众拉帮结派，利用宗族、团伙势力对乡村民主选举、重大事务决策和管理等方面施加影响，使农村民主管理受到挑战。三是人际关系淡漠。邻里之间、亲朋之间矛盾纠纷较多，与人为善、互爱互助的风气日渐淡化。

3. 愚昧落后、赌博盛行

一是封建迷信在农村活动较为猖獗。二是在农村日常生活中，除了正常的娱乐行为以外，不乏以娱乐为名行赌博之实的现象，因赌博致贫、引起家庭矛盾和社会治安问题的现象时有发生。

4.“等、靠、要”思想严重

近年来，政府不但向农民免了农业税，每年还有数以亿计的各类型资金投向农村，这种单向的投入某种程度上也催生了农民“农村的事情需要上级部门拨钱解决”的思维。另外，一些农民把争当贫困户、低保户当成一种荣耀，不劳而获的思想严重限制了农村的发展动力与活力。

（二）形成原因分析

从表面上看，农村地区的很多陈规陋习只是一个面子问题或习惯问题，而实际上很多陈规陋习的参与者往往也是受害者，被长期积淀下来的习惯裹挟着逆潮流而行，严重影响了乡风文明建设的进程。其原因表现为以下几方面：

1. 投入不足

一是资金投入不足。当前财政配置的农村建设资金，基本上都投入到农村硬件建设项目上了，而对于农村精神文明建设投入则较少。二是人力投入不足。虽然乡镇均有专门的领导干部主抓精神文明建设，但由于没有专职人员，加之农村工作的复杂性，基层干部对精神文明建设心有余而力不足。三是思想投入不足。一些干部认为乡风文明建设是软任务，做起来难度大、见效慢，不如抓物质文明，政绩体现明显，导致对乡风文明建设号召多，落实少。

2. 农民的文化素质偏低

目前，农村常住人口普遍年龄偏大、文化素质偏低。物质利益标准成为这种多样化的主导，成为是非善恶的主要判断标准。同时也使得他们面对新技术、新产品等新生事物时崇尚保守，小农意识盛行。

3. 经济发展与素质提升欠协调

党的十九大报告中指出，当前我国社会的主要矛盾已经转化为人民日益增长的美好生活需要和不平衡不充分的发展之间的矛盾，农村陈规陋习泛滥也是主要矛盾的切实体现。

4. 传统风俗习惯的理解不正确

片面、有选择性地理解传统风俗习惯的意义，把正常的人情往来当成比排场、炫阔气的场所。

5. 文化活动和文明建设缺载体

农村文化活动缺少了载体和有效的组织，农村文化生活相对贫乏，“文化三下乡”等活动的覆盖面小、周期短。

6. 引领示范缺少典型

农村社会所存在的各类陈规陋习，缺乏正面典型也是主要原因之一。片面追求物质的丰富，没有树立正确的模范典型。

三、对策思考

推进乡风文明建设，不能眉毛胡子一把抓，要突出重点领域和环节，要注重通过实施产业发展、清洁家园、典型选树、家风家训工程等着力点，点滴长效地推动乡风文明建设。

1. 产业发展是根本

利用乡村产业发展这一依托和载体，通过实施规模化、标准化、专业化、品牌化的现代农业，让农民参与到产业发展之中，学习现代农业科学技术与现代农业管理，使其综合素质不断提升。同时，通过农村产业的发展，也吸引更多人、财、物进入到农村，促进农村生活习惯等的改善。

2. 清洁家园是保障

在“两山理论”大发展的背景下，加大农村人居环境整治力度，以农村垃圾、污水治理、村容村貌提升和“厕所革命”等为主攻方向，加快补齐农村人居环境的短板。

3. 移风易俗是重点

完善村规民约，健全红白理事会，推进公益性公墓建设，从严推进喜事新办、丧事简办，将移风易俗工作在全县全面铺开，引导农民摒弃落后习俗，过上现代文明生活。

4. 文化活动是阵地

举办群众文化广场艺术节、广场舞比赛、民间文艺汇演巡演、重要节日节点演出等系列文化活动，运用农村电影放映、全民阅读等活动，把老百姓喜闻乐见的优秀文化产品送到基层，活跃农民群众文化生活，提振农民群众精神风貌。

5. 选树典型是动力

开展好人之星、道德模范、“四德”榜样、好媳妇、好婆婆等评选活动，大力宣传身边好人、道德模范的典型事迹，让先进的思想道德变得可学可行。

6. 家风家训是基础

开展寻找文明家庭等活动，通过宣传教育、征集评选、展示推广等环节，达到继承发扬传统文化美德，尊老爱幼、邻里和睦、遵纪守法、遵守社会公德等良好乡风民俗。

加强乡风文明建设不但要治标，更要治本，不仅要立足当前，更要放眼长远，要多管齐下，移之以情、易之以理、管之以法，多用“育”的方式、“化”的手段，将其化入人心、融入生活，努力促进农民在春风化雨中植入民淳俗厚的新风尚，让文明之花在广袤农村大地盛开绽放。

参考文献

［1］沈明建. 关于加强乡风文明建设的思考［J］. 湖南行政学院学报，2006（4）：16-17.

［2］张秀梅. 聚力乡风文明 助推乡村振兴［N/OL］. 中国社会科学报，［2018-06-13］. ex.cssn/shx/shx_whshx/201806/t20180613_4364858.shtml.

［3］吴连勇，王艳利. 培育文明乡风 助力乡村振兴［N］. 黑龙江日报，2018-11-08（07）.

［4］夏广辉. 实施“六个工程”塑造文明乡风［EB/OL］.［2018-04-17］. www.dezhoudaily.com/pinglun/p/1388868.html.

"高岗村模式"与名山区农村人居环境综合治理研究

贾环通[①] 谢娇娇[②]

摘要：习近平总书记明确指出，要结合实施农村人居环境整治三年行动计划和乡村振兴战略，进一步推广浙江好的经验做法，建设好生态宜居的美丽乡村。改善农村人居环境，是以习近平同志为核心的党中央从战略和全局高度作出的重大决策。本文从介绍高岗村垃圾分类处理模式入手，分析了名山区人居环境治理的现状和存在的问题，提出了相应的对策建议：围绕坚持绿色发展，深入践行"绿水青山就是金山银山"理念，推广浙江好的经验做法，发挥党建引领作用和群众首创精神，坚持顶层设计、注重科学规划、推行试点先行、坚持市场化运作、厚植治理资本、实行生态补偿、建立长效机制，抓好农村人居环境建设工作。

关键词：农村 人居环境 综合治理

改善农村人居环境，建设美丽宜居乡村，事关全面建成小康社会，事关广大农民根本福祉和农村社会文明和谐。为了认真贯彻落实《四川省农村人居环境整治三年行动实施方案》，打造干净整洁、美丽宜居的农村生活环境，提升和改善名山区农村人居环境水平，雅安市名山区委党校就名山推广"高岗村模式"与农村人居环境治理工作进行了专题调研。

一、高岗经验

2018 年 7 月 10 日，四川省委书记彭清华同志到雅安调研，对雅安市名山区解放乡高岗村垃圾分类处理模式予以高度评价。高岗村首创"户分类、村收集、乡转运、区处理"的农村垃圾分类处理模式，解决了农村垃圾乱丢弃、难收集、难转运、难处理问题，提升了农村人居环境，对名山区美丽乡村建设发挥了良好的示范带动作用，其路径选择具有鲜明的启迪。

（一）组织引领压实责任

解放乡将村庄环境综合治理工作作为全乡"一号民生工程"来抓，建立乡村垃圾"县指导、乡监管、村落实、户分类、人人有责"纵向到底、横向倒边责任体

---

① 贾环通，中共雅安市名山区委党校。

② 谢娇娇，阿坝师范学院。

系，着力解决乡村生活垃圾问题。村干部和党员做示范，亲自收"合格垃圾"，亲自上门做工作，亲自动手分垃圾，带动邻居开展垃圾分类，逐步养成好习惯。采取网格化管理，每名党员干部联系10户以上农户，将联系户垃圾分类情况纳入日常量化考核。

（二）因地制宜理清思路

确定"垃圾分类、源头减量、经费保障、长效管理"的工作思路。一是建立资源回收利用体系，积极探索示范农村生活垃圾资源化利用试点。二是构建村庄保洁机制，完善财政补贴和农户付费合理分担机制；群众筹资，减轻乡村财政开支，解决垃圾清运资金紧张问题。三是垃圾分类、源头减量。制定垃圾分类标准，采用微生物发酵设备，把易腐烂垃圾变成有机肥。树立垃圾创收理念，实现"可卖垃圾"换购生活用品。四是定时清运、常态管理。规范清运行为，解决二次污染问题，实现了垃圾处理减量化、资源化、无害化处理。

（三）创建五美宜居新村

开展"五美宜居新村"创建活动，持续激发村民获得感，巩固农村垃圾整治效果，着实提升农居环境。一是引领、动员群众主动参与，变"群众看"为"群众干"。二是每月开展"爱美二七"评比活动。每月27日组织党员、干部进行村民小组之间的环境卫生交叉检查，形成考核奖励机制。三是每季度开展"洁美家庭"评比活动。评比结果分为优、良、中、差四类，公示所有农户环境卫生情况。四是每年开展"生态文明户"和"年度环境卫生示范户"创建活动，实行一年一评，以资鼓励，激发了群众荣誉感和环保意识。

（四）建立机制实效治理

按照"属地管理、分级负责、条块结合、无缝对接、全面覆盖、责任到人"的原则，实施全方位监督，明确村委会为四级网格责任主体，配备环境保护监督员，采取"三方监督"，延伸环境监管触角。一是农户监督清运员，是否按时清运、是否保证清运质量。二是村"两委"成立监督领导小组，督促农户持之以恒分类垃圾。三是清运员监督农户，如果农户未按规定对垃圾进行分类，可以拒收。制定好村规民约，完善垃圾分类管理、考核、督查办法，定期督查考核，定期红榜、黑榜公示。农户门前"五包"（包卫生、包绿化、包秩序、包设施、包文明），落实山水林田路等周边环境责任到户，进行"五乱"监管，实现网格监管全覆盖。

二、治理现状

名山区认真践行"绿水青山就是金山银山"的理念，深入实施乡村振兴战略，促进生产、生活、生态"三生"同步，切实抓好农村垃圾处理、污水治理和村容村貌提升，实施美丽庭院、美丽村镇、美丽绿道、美丽田园、美丽河湖"五美建设"，强力推进农村人居环境治理。

（一）强化组织领导，坚持示范引领

名山区委书记金武同志率领乡镇、部门负责同志赴浙江省考察农村人居环境治理工作，学习借鉴浙江开展“千村示范、万村整治”工程的好做法、好经验。组建全区农村人居环境整治工作推进办公室，专职负责强力推进农村人居环境整治工作。按照“点线面结合、串点成线、连线成面”工作思路，分类启动创建一批精品村、先进村、特色村，努力创建乡村振兴战略工作先进县。

（二）推广高岗模式，实现全域覆盖

2019 年名山区 171 个行政村实现推广“高岗村模式”全覆盖。2018 年已完成 69 个行政村，2019 年第一季度已完成 14 个行政村，第二季度已完成 57 个行政村，第三季度完成剩余 31 个行政村，第四季度乡镇开展自查自纠、持续提升。积极引导村民做好生活垃圾源头分类减量，逐步取缔垃圾池，实行袋装袋运，避免二次污染。加大资金投入，安排专项资金 600 万元对全区农村生活垃圾清运设备进行升级改造。以中国至美茶园绿道沿线村（组）为重点，分发户用分类垃圾桶 10 000 套，公用垃圾箱 300 套，做好线上面上推广工作。

（三）实施污水处理，强化环境监管

强化农村集中式饮用水水源地保护工作。2019 年 1-4 月，名山区集中式饮用水水源地水质均达到Ⅲ类标准以上，水质达标率为 100%。积极推进名山区城乡供排水一体化 PPP 项目工作开展，启动乡镇污水处理设施建设工作，与四川发展国润环境投资有限公司签订合作协议。该公司已将特许经营转让价款 2. 24 亿元转入名山区财政账户，已争取市财政局项目补助资金 3 240 万元。强化农村区域环境执法监管工作，建立畜禽养殖废弃物资源化利用监管机制，严厉打击农村环境污染违法行为。

（四）推进“厕所革命”，倡导卫生生活

充分引导群众将传统农村旱厕改建为现代水冲式厕所。2019 年，25 个村整村推进“厕所革命”成为示范村，改造农村居民厕所 9 788 户，卫生厕所普及率达到 80%以上；新建农村公厕 4 座、乡村旅游点厕所 2 座和改建乡村旅游点厕所 1 座。建立完善政府引导、农民主体、市场运作相结合的厕所管护长效运行机制，研究制订农村厕所管护标准。到 2022 年年底，完成全区农户无害化卫生厕所改造，基本实现农村无害化卫生厕所全覆盖。

（五）开展清洁行动，助力乡村振兴

《雅安市名山区农村人居环境整治村庄清洁行动实施方案》以“村庄清洁助力乡村振兴”为主题，实施“三清两改一提升”行动，推进实施村容村貌提升“六化”工程，加强风貌管控力度，推动家园美化。聘请专兼职保洁员 592 名，负责全区保洁工作。启动“五美共建——村庄清洁行动义务劳动日”活动，形成洁美乡村、人人动手、人人有责的良好氛围。

三、存在的问题

当前，名山区提升农村人居环境综合治理总的势态良好，但也存在参差不齐的情况：

（一）群众自觉意识参差不齐

部分农户传统的用厕习俗根深蒂固，对家庭环境卫生重视程度不够，改厕积极性不强。没有把卫生防病知识与厕所改造联系起来，对厕所改造的必要性和紧迫性缺乏认识，思想上还没有从“要我改”向“我要改”转变。加之区级财政有限，需要村民自筹大部分资金，导致村民参与积极性不高，乡镇推动工作难度大。

（二）农村污水处理设施薄弱

目前名山区村镇规划编制工作未能实现全覆盖，管理水平较低，村落规划建设中普遍没有综合考虑排水、排污，有些村庄没有污水处理设施，污水乱泼乱倒、自由排放现象常常发生，多数村民独户独院分散居住，很难建立起有效的污水处理系统和标准化的无害化处理设备或设施。前期在试点村的污水处理设施成本较高，1 万~2 万元/户，财政支持有限，村民承担金额较大，导致全域推广难度很大。

（三）环境治理监管相对滞后

当前，农村环境治理尚存诸多立法空白，缺乏相关法律法规来规范、约束相关责任主体的职责，导致治理工作中权责不清、推诿扯皮的状况时有发生。加之缺乏相关监管考核机制，这些都加剧了环境治理工作监管不足、发展不规范的局面。造成农村环境基础设施建设滞后，环境监测设备缺乏必要的资金投入，良好的环境治理市场机制难以建立。

（四）长效机制建立难度较大

有的村级组织动员能力不强，服务人居环境治理的能力亟待提升。当前，农民投工投劳开展环境整治的参与度不高。房屋、林地、耕地、河道、沟渠等地域情况错综复杂，导致一些农村人居环境整体改善的难度较大。公共配套设施、道路、绿化、环卫、污水处理等附属设施管理维护的长效机制，河道保洁养护、生活垃圾收集处理、村容村貌清洁保持机制不够完善，必须建立起一套有利于持续、深入推进的长效机制。

四、应对之策

农村人居环境治理是乡村振兴的第一仗，要进一步推广浙江“千村示范、万村整治”工程的经验，利用好现有资源，发挥名山优势，做出名山特色，建设好生态宜居的美丽乡村。

（一）坚持解放思想，实现创新突破

始终坚持绿色发展，学思践悟“两山理论”，全面对标国家标准，深度学习先进经验，准确认清自身差距，找准突破点和着力点，解放思想，更新观念，敢想敢干，敢为人先，勇于开拓。切实做好学习浙江经验的成果转化运用，科学认识和把握美丽乡村建设与经济发展之间的辩证关系，并真正将之转化为引领推动农村人居环境综合治理的具体实践，大力推进农村环境质量全面提升。

（二）坚持顶层设计，注重科学规划

制定一个好的规划是做好工作的先决条件，科学规划是推进农村人居环境治理的前提基础。始终秉承规划先行的发展理念，坚持高站位谋划，一把手推动，高度重视村庄治理，全域规划美丽乡村，完善城乡空间布局，做到“画饼”与“做饼”

相结合，做到多规合一，“看图说话”，统筹推进治水治气、治土治山、治城治乡。以科学的规划引领，推进美丽乡村建设有序进行，一锤接着一锤敲、一张蓝图绘到底，用量的积累来实现质的突破。

（三）坚持分门别类，推行试点先行

以点带面是推进农村人居环境治理的正确路径。乡（镇）按照“先易后难、抓点带面”的思路，高质量打造一批农村人居环境整治示范样板，逐步实现农村人居环境整治从示范引领到面上推广。乡村人居环境治理要分门别类、逐步推进，打造三分之一的精品村、三分之一的特色村、三分之一的重点村，通过以点带面，抓点带线，到连线成片，最终实现美丽乡村全覆盖。坚持因地制宜，量体裁衣，尊重特色，避免千村一面，力争一村一品、一村一韵、一村一景。

（四）坚持做强产业，厚植治理资本

坚持市场化运作，以深厚的资本为人居环境治理提供不竭动力。坚持走产业融合发展之路，运用现有生态资源做好招商引资，依托第一产业，招引第二产业，发展第三产业，坚定不移走三大产业融合发展之路，推动资源变资本、农民变股民。加大土地流转，增强农村自身造血功能，实施“合作社+农户”“公司+农户”“村集体+股民”“合作社+工商资本+农户”模式，引导村民以承包、租赁、入股等方式积极参与乡村经营，将集体土地资源、财政扶持资金转化为村集体资本股份，推动村民拿租金、挣薪金、分股金，引导乡村治理和乡村建设走出一条市场化路子，实现人居环境治理与乡村生态旅游经济相互促进。

（五）坚持生态补偿，建立长效机制

实行严格的生态保护制度，完善生态保护补偿机制，统筹山水林田湖草系统治理。探索实施与污染物排放总量挂钩的财政收费制度。支持农业技术革新，推动现代生态循环农业发展，实现农药化肥使用量“零增长”并持续减量。推动畜牧业转型升级，提高畜禽粪便综合利用、无害化处理。坚持“三分建设、七分管理”，实现环境治理设施运行常态化、配套管理长效化。完善村庄常态保洁制度，推行区为责任主体、乡镇为管理主体、村为落实主体、农户为受益主体、第三方为服务主体“五位一体”的农村生活污水长效管护机制，确保一次建设、长久使用、持续有效。

五、具体措施

抓好“五美共建”工作，推进农村人居环境整治，关键在于加强统筹，强化措施，抓好落实，加快推进，久久为功。

（一）坚持党建引领，加强组织领导

以重振山河的雄心和壮士断腕的决心，破釜沉舟、背水一战的坚定精神，推进农村人居环境治理。建立“党委政府负责、区级有关部门各司其职、乡村主体实施”的农村人居环境整治推进机制。区农业农村局（区推进办）发挥牵头作用，制定考核奖励办法，切实抓好顶层设计、协调推动和检查督促；相关部门要根据责任分工，密切协作配合，形成工作合力；发挥农村基层党组织主心骨作用、推进“党建+”模式，建立党员联系户制度，按照“就亲就近就便”原则，党员包干联系5~15户，负责人居环境治理进行宣传、指导、监督。

（二）动员农民参与，发挥主体作用

建立农村人居环境治理自下而上的民主决策机制，发动全员破解环境治理“群众参与率低”的问题，鼓励农民和村集体经济组织全过程参与农村人居环境整治项目规划、建设、管理和监督，探索农村人居环境设施共建、经费共担、环境共管机制，鼓励村民投工、投劳、投资，改善人居环境。发挥村委会的自治作用、新乡贤的参与作用和农民群众的主体作用，将农村环境卫生要求纳入村规民约，引导规范村民自治；村内公共空间整治主要通过村民投工投劳解决；鼓励农村集体经济组织通过依法盘活集体经营性用地、空闲农房及宅基地等途径，多渠道筹措治理资金，共治共建共享人居环境。

（三）加大政府投入，促进环境整治

建立政府投入体系，合理保障“五美共建”基础设施建设和运行资金，积极争取上级政策资金支持，统筹整合城乡污水垃圾处理设施建设、农村危房改造、美丽乡村建设、水污染防治、农村节能减排等相关资金支持农村人居环境整治，重点保障垃圾污水治理、厕所改造、村容村貌整治等项目建设和运行。城乡建设用地增减挂钩所获土地增值收益、村庄整治增加耕地获得的占补平衡收益用于农村人居环境整治。创新政府支持方式，采取以奖代补、先建后补、村民自建等多种方式，充分发挥政府投资撬动作用，提高资金使用效率。

（四）强化人才支撑，提供技术指导

科学界定美丽庭院、美丽村镇、美丽绿道、美丽田园、美丽河湖整治标准和建设内容，分级分类制定农村生活垃圾污水处理设施建设和运行维护技术指南，不断健全技术标准体系，积极引入和研发农村人居环境整治关键技术、工艺和装备。鼓励专业人才下乡，选派各类专业技术人员驻村指导，组织开展企业与区、乡、村对接农村环保实用技术和装备需求。进一步健全乡（镇）规划建设管理队伍，加强项目建设和运行管理人员技术培训。

（五）切实督促检查，逗硬考核奖惩

区委区政府督办将农村人居环境整治开展情况及“五美共建”情况列入全区乡村振兴和年度目标任务考核的重要内容，严格执行考核奖惩，将考核结果与政策资金奖补挂钩。切实加大督促检查，实行“旬通报、月督查、季研判”推进机制，每旬编发一期工作督报，对各乡镇工作推进情况、经验做法进行通报。及时总结宣传先进典型，曝光落后案例，形成全社会关心、支持、参与和监督的良好氛围。

六、结语

推进农村人居环境治理，事关名山区乡村振兴，事关群众幸福生活。名山区正以学习浙江“千万工程”经验为突破口和新动力，以实现人民群众“获得感”为重点，坚持尽力而为、量力而行，坚持因地制宜、精准施策，坚持稳扎稳打、久久为功，让群众看到乡村的变化、得到发展的实惠，有力有序扎实推进农村人居环境整治，不断谱写美丽中国建设的名山篇章。

参考文献

［1］王亮，张诗雅. 乡村人居环境改造与优化策略研究：以吉林省中部地区为例［J］. 四川建材，2015（6）：71-72.

［2］刘晓彤. 政府主导下的美丽乡村建设问题研究［D］. 西安：陕西师范大学，2018.

［3］郝国强，周玮杰. 乡村振兴视野下农村传统文化传承创新研究［J］. 广西师范学院学报（哲学社会科学版），2019（4）：78-84.

［4］谢传会，赵伟峰，程业炳. 马克思、恩格斯城乡融合思想视域下城乡融合机制构建研究［J］. 云南农业大学学报（社会科学），2019（3）：111-117.

［5］朱二孟. 乡村文化振兴的问题及对策分析［J］. 文化学刊，2019（5）：60-62.

［6］梅篮予. 闵行：新思路引领 垃圾分类"新时尚"［J］. 上海人大月刊，2019（5）：33.

［7］董强，宋艳贺. 试论民族地区内涵式公共空间之美丽乡村构建［J］. 大理学院学报，2015（9）：12-16.

坚持党建领航　助力茶旅融合

——雅安市名山区“党建+茶业+N”探索与思考

钟雪琴[①]　谢　猛[②]

摘要：习近平总书记指出：实施乡村振兴战略是关系全面建设社会主义现代化国家的全局性、历史性任务，坚持把实施乡村振兴战略作为新时代“三农”工作总抓手，实施乡村振兴战略，各级党委和党组织必须加强领导，汇聚起全党上下、社会各方的强大力量。本文介绍了雅安市名山区近年来紧紧围绕“抓党建服务产业发展”的工作定位和“抓党建助茶旅融合”的工作思路，狠抓基层党组织质量提升促茶旅融合发展的做法，分析了全区党组织推动全域茶旅融合发展、推动乡村振兴，依然存在思想、队伍、机制、保障四个方面的制约因素，提出了精准施策、合力破局的根本路径与措施：激发思想活力，激活产业发展新动能；注重队伍革新，注入产业发展新生力；创新机制构建，创立产业发展新模式；提升基础保障，提高产业发展新效率。

关键词：党建　茶旅融合　茶业

习近平总书记明确指出：“乡村振兴战略是党的十九大提出的一项重大战略，是关系全面建设社会主义现代化国家的全局性、历史性任务，是新时代‘三农’工作总抓手。”名山素有“世界茶源”“中国茶都”的美誉，茶园面积达35万亩，产值高达55亿元。如果说推动茶旅融合、实现乡村振兴是摆在全区人民面前的时代命题，那么如何发挥党组织和党员干部在推动茶旅融合、实现乡村振兴中的重要作用就是全区基层党建工作的方向所在。雅安市名山区委组织部、党校组织专门力量对全区强化党建引领茶旅融合发展、实现乡村振兴进行了深入调研分析。

一、狠抓基层党组织质量提升促茶旅融合发展

近年来，名山区紧紧围绕“抓党建服务产业发展”工作定位和“抓党建助茶旅融合”工作思路，依托“茶为引擎、转化资源、吸附资本、撬动全局”融合路径，推动基层党组织在服务乡村振兴、推进茶旅融合、探索全域茶文化旅游发展上积极作为，探索形成了一些载体、平台和机制。

---

① 钟雪琴，中共雅安市名山区委党校。

② 谢猛，中共雅安市名山区委党校。

（一）围绕产业发展实现自我革新

随着茶产业发展定位从“扩量到提质到提升品牌价值”的改变，基层党组织建设也实现了从“提面到成线到布点”的精细化发展，实现从“大水漫灌”到“精准滴灌”方式的转变。一是提升整体局面。全区各级党组织针对名山区经济底子薄弱、农民收入低的现状，围绕建强支部引领经济发展目标，着重将茶叶种植大户、茶叶致富带头人发展为党支部书记，大力推广茶叶种植技术，带领党员群众连片发展茶叶种植，实现了增产增收。二是打造精品路线。全区各级党组织依托“百村示范·全域规范”工程，由区委组织部牵头、环线各乡镇参与，沿茶旅融合发展环线综合比对党建工作基础扎实、班子战斗力强、党员整体素质高的村（社区）进行示范创建，建成了各具特色、科学规范、服务茶旅融合发展的党建示范点40余个，“党建+茶叶”“党建+旅游”“党建+服务”等品牌初步成型，以点连线、以线扩面、辐射全域茶旅融合发展的党建示范长廊形成体系，实现了党建与产业的有效融合。三是深挖点上样板。围绕“基层党建质量提升”要求，区委组织部牵头在解放乡银木村、万古乡红草村、新店镇丰丰茶产业园等点位上开展“抓党建促产业融合发展”试点工作，初步建成“银木驿家”“悟本茶家”“红草微家”等一批不同领域、服务茶乡的“党建·家”品牌。

（二）围绕茶旅融合强化示范引领

各级党组织一直在研究如何将茶产业链条上的茶农、茶企、茶叶基地“串联”起来实现效益最大化。一是优化组织架构。以党组织为“梭线”，“串联”起“党组织+合作社+茶叶基地+茶农”的管理模式，以茶叶合作社为依托，采用单独建、联合建、依托建、挂靠建等方式建立茶产业党组织69个，覆盖党员茶农1 300余名，有效扩大了党组织在茶产业这一支柱产业上的覆盖，确保了党组织在茶产业这一核心产业发展规划、经营管理的绝对领导和核心引领作用，确保茶产业发展不走弯路。二是建强骨干队伍。把乡镇党委、村级党组织带头人、党员队伍建设作为抓乡村组织振兴的三个关键点。选优配强乡镇党委书记和组织员队伍，将11名年富力强，有从事旅游、规划建设、茶叶发展等工作经历或专业背景的干部充实到乡镇领导班子，着力优化领导班子年龄和专业结构。实行能人治村，注重从致富能手、回乡青年等群体中选拔和培养村“两委”干部，坚持落实全覆盖分析研判工作机制，2016年换届以来调整党支部书记12人、村干部27人，调整充实后备干部34人。着力开展“双向培育”，坚持将党员发展为致富带头人、将致富带头人发展为党员，确保党员队伍思想素质和发展生产的能力“双过硬”。三是厚植人才根基。以人才“内培外引”为工作定位，实施“筑巢引凤”“双培双学”“乡贤回归”三项工程，为茶产业发展、乡村振兴发展打好坚实的人才基础。近年来，全区以聘请科技特派员、项目合作等形式引进陈宗懋、杜晓等为代表的茶叶专家人才29人，引进茶学硕士研究生2名，为优质茶叶良种引进选育、无公害规范化种植、现代茶叶加工等方面提供了强力科技支撑。搭建“蒙山讲坛”“蒙山论坛”“双创”等品牌课堂，为茶产业可持续发展、乡村振兴实现路径进行思维性研讨探索。实施“农民夜校”育家庭能人计划，开展“选、分、育、帮、练”五步选育，确定320余名家庭能人为第一批培育对象，以学习掌握 1~2 项致富技能、引导思想意识转变为目标，学技能、扬正气，促进“小家”致富，助力“大家”振兴。

（三）围绕群众增收提供党建支撑

一是撬动党建资金。持续推动“党建扶贫 · 双百示范”项目建设，作为引领党员群众增收脱贫和增强村级集体经济造血功能的重要抓手。项目实施以来，市、区两级配套党费专项资金 217 万元，撬动其他资金 270 万元，21 个示范项目顺利立项实施，在不适应连片发展茶叶种植的片区初步建成一批补充性、服务乡村旅游、产生较好经济效益的产业项目，如康乐村“脆红李”、王山村“茶+核桃”、六合村“蔬菜种植”等项目。带动辐射党员群众 3 500 余名，党员示范户平均增收 1 951 元，带动参与群众平均增收 1 128 元，村集体经济平均增收 2 815 元。二是引入社会力量。依托名山茶业专家大院、朗赛专家大院等项目建设，大力引进四川农业大学、四川省农业科学院专家教授参与茶产业发展，聘请 7 名专家为名山区科技特派员，引进培育茶树优良品种 200 余个，其中国家级良种 2 个，省级良种 6 个，并在茗山茶业专家大院建成了产、学、研相结合的科技创新平台。积极与四川农业大学、四川省科研所、茶叶院士工作站等对接，成功引入 2 家工作站，极大极高了名山茶业在业界科技领域上的核心竞争力。三是探索“双带”帮扶。2019 年全区范围推行“双带”帮扶机制，通过发放“双带”资金扶持项目成长—项目帮助基层党组织和党员带头发展—基层党组织和党员带动群众发展的思路，带动广大党员群众共同发展。即从党内关爱资金中安排一定资金作为启动本金，扶持发展前景好、造血功能好、辐射带动能力强和党员群众参与度高的项目，重点扶持发展蒙顶山茶、乡村旅游、乡村民宿、电商网购等服务茶旅融合发展的项目。

二、制约因素和原因分析

虽然各级党组织在推动全域茶旅融合发展上做了大量工作，但由于名山整体经济底子薄弱，实现茶产业高度融合发展、推动乡村振兴仍然存在思想、队伍、机制、保障四个方面的制约因素，亟须各级党组织去研究破解。

（一）思想认识不到位，内生动力受阻

一是干部队伍思想出现松动。部分农村党员干部艰苦创业和开拓进取的精神较为缺乏，存在船到码头车到站的思想，对待新时代新任务新要求，思想上被动应付，工作上敷衍塞责，对转型发展、绿色可持续的理念认识还不够深刻，存在畏难情绪和自我利益保护主义，小富即安思想较为严重。二是基层干部整体素质不高。有的基层老干部，文化程度偏低，对经济发展规律掌握不充分，缺乏引导群众将茶产业做大做强做出品牌的能力，对新形势下如何发展农村集体经济，如何推动茶产业转型升级、融合发展能力不足，有效破解发展困局的办法路子不多。三是劳动力素质普遍较低。农业经济效益较低，造成大批农民从农村流向城市，特别是年轻且有一定文化素质的农民，导致农村空心化现象严重，留下的劳动力文化素质普遍较低，思想观念落后，市场意识不强，在茶业品种改良、茶产业区域化、品牌化发展方面眼界存在较大局限性。

（二）队伍建强有差距，影响优化发展

一是优秀人才吸力不足。当前，有影响力的高层次人才很难扎根名山，高水平、高质量的生产技术项目难以落地，茶产业发展受到高层次人才制约，把握市场先机的能力有所欠缺。二是党务工作者选培困难。在一些茶业企业、茶业种植专业合作社、“两新”党组织中，专职党务工作者人员缺乏，多数党务工作者身兼多职，且年龄不是太年轻就是年事已高，无法有效发挥党建引领产业发展作用。后备人才培养来源不足，培养人选难度大，党建助推茶产业发展受到制约。三是内培活力未能激发。来源匮乏、渠道不畅、待遇较低等多种因素，导致培育党员干部和致富带头人人选难、培养难、吸引难，带动群众致富和发展壮大村集体经济的凝聚力、说服力、主动性、能动性较差，党员干部示范先行、率先发展的有利局面未能形成。

（三）机制功能不健全，束缚多元发展

一是党组织设置单一。在创新党组织设置上存在瞻前顾后的思想，无法适应和满足多元化的经济组织发展形势，党建工作与茶旅融合发展工作上出现脱节不对称现象，难以实现共同促进、并驾齐驱。二是联系制度不健全。主要体现在茶产业行业党组织之间、党组织负责人与茶叶企业业主之间未建立良好沟通机制，呈现出各自为政的局面，区域辐射带动局限性较大，各基层党组织间未能找准茶产业融合发展的契合点，党建元素融入还不深入，造成党建工作和经济工作变成了“两张皮”。三是作用发挥机制薄弱。部分党组织在创新村集体经济发展模式，探索运用区域协作、村村联建、村企共建、飞地经济发展模式等工作机制上还缺乏积极有效的工作实践，部分业务主管单位在政策制定落实上的支持力度还比较弱，思考得多，研究落实得少，具体抓手不多，工作还不够扎实。

（四）政策保障不充分，升级发展受限

一是人才培养激励政策缺乏。随着茶产业的发展，名山茶产业人力资源开发滞后问题日益突出，存在茶产业人才总量不足、整体素质相对偏低、队伍结构不均衡、高层次人才比例偏低、老龄化问题突出、专业人才培养后继乏力等问题，茶产业专业人才队伍培养激励相关配套措施建立不完善，导致与省内其他重点产茶区茶叶专业人才发展的总体水平相比存在较大差距。二是经费扶持难以保障。“党建扶贫·双百示范”工程、试点推行“双带”帮扶，资金缺口较大、来源单一，能够提供给基层党组织和党员资金扶助的额度不大，对茶产业融合发展及其他补充性产业发展起到的推动作用有限。三是为民服务机制有待健全。“村级为民服务全程代办”推行“办事不出村，服务零距离”工程，规范化程度还不高、宣传推广还不够深入，群众到村办事习惯还未养成，基层党组织深入服务茶农、茶商、茶企、茶旅融合发展的效应还未充分显现。

三、精准施策合力破局之展望

乡村振兴是一项伟大而艰巨的任务，是各级党组织工作的重中之重，只有动员各级党组织、党员力量，积极引入社会各方资源，通过抓实“激发思想活力、注重革新队伍、完善机制构建、提升基础保障”为重点的“N”种工作抓手和载体，才能有效破解思想、队伍、机制、保障等方面制约因素的“藩篱”，才能进一步把各级党组织和党员的思想凝聚到茶旅融合发展和乡村振兴战略上来。

（一）激发思想活力，激活产业发展新动能

一是解放支部书记思想“阀门”。围绕党组织作用发挥促进乡村振兴工作，实施“头雁培育”工程，建立带头人常态选育机制，通过“理论+实践”学习模式，每年集中培训至少5天，动态学习不少于240个学时，落实外派学习、定岗锻炼、交叉挂职等，进一步打开思维瓶颈和开拓发展眼界。二是打通党员干部思想“阻塞”。抓住茶叶产业经济发展的核心群体，组建村级“党员示范产业联盟”，在创新示范引领、茶旅融合发展、茶产业结构调整上下功夫，扎实开展联盟培育、联盟指导，强化联盟“微信群”“微信息”等共享信息平台建设，充分增强党员干部思想活性，发挥“党员示范产业联盟”在产业中的主导性、引领性。三是打消农村群众思想“顾虑”。将农民夜校作为农村群众教育、启智、解惑的核心培训平台，落实“农村家庭能人”培育计划，每年培育5~10个党员干部、产业大户绿色发展和转型升级实体案例，以实际成效不断打破群众思想顾虑。

（二）注重队伍革新，注入产业发展新力量

一是注重本土党员优化，坚持“人才回乡”。依托“乡贤回归”工程，积极搭建本土人才回乡平台，建立“在外人才”台账，结合“薪火培育”计划，实现“先储后育”，注重从大学毕业生、复员军人、返乡务工经商人员等群体中发展党员、村“两委”干部，通过建立良性激励机制、落实优厚政策，适时实现人才回引。二是注重人才结构升级，坚持“内培外引”。强化柔性引才力度，积极与省内外科研院所专家学者、专业技术人员对接，在茶产业核心区域搭建“专家大院”“院士工作站”，以工作室、工作站等方式开展蒙顶山茶叶科研、种植、加工等研发工作，增强蒙顶山茶叶品牌综合实力。三是注重队伍多元培养，坚持“双培双推”。持续完善“双培双推”制度，着力将党员发展、人才集聚和产业发展聚焦在农村茶企经济组织中，通过把人才培养成党员、经营能手，把党员推选为党组织负责人、经营管理层，建立起双向培育、双向推选机制。

（三）创新机制构建，创立产业发展新模式

一是创新基层组织设置新路径。进一步创新“党组织+茶业行业合作社”联建机制，坚持在产业一线建组织，提升区级“两新”组织党工委管理体系，由乡镇党委负责日常管理，建成区、乡、合作社三级联动机制，实现基层党组织联合建、依托建、跨区域建等组织设置形式。二是探索党建创投新模式。将茶旅融合发展项目实施纳入党建创投范畴，按照“动员申报—淘汰式审核—领衔制推进—考核性评估”流程推进党建创投项目化管理新模式，按照“谁申报、谁领衔、谁实施”的原则，吸纳党组织、党员干部、社会组织、群众等多方力量共同参与，全面构建名山区乡村党员干部、群众融入发展新格局。三是明确新型组织建管新要求。建立覆盖“村村、村社、村企、社企”的沟通协调机制，健全合作社及其他村级经济组织与村党组织之间的关系机制，由基层党组织牵头开展“飞地模式”“建管分置”等探索，推动茶旅融合发展资源共建共享，增强行业合作社在党组织引领下的辐射带动作用，扩大“集合”发展效益。

（四）提升基础保障，提高产业发展新效率

一是解除资金“禁锢”，积极盘活资本效益。重点探索实施“双带”扶持资金使用，待有关条件成熟后全面实施，建立起通过扶持党组织、党员率先发展茶旅融合发展产业，带动广大党员、群众共同发展的局面，落实项目化运转，实现按期回笼、循环使用、滚动发展，实现党建资金撬动名山支柱产业、核心产业的巨大效益。二是培育产业“萌芽”，积极构建孵化温床。建立产业孵化机制，深化“党建扶贫·双百示范”项目，借助“资金+智力+项目”模式，加强对农户发展产业的指导力度，统筹协调资金倾斜，整合引进人才向茶产业发展一线输送，争取调动项目向产业示范工程发力，进一步优化发展一线人才和专业结构，构建起良好的产业发展温床。三是聚焦服务“为民”，配套产业发展基础。通过“党建·家”品牌扩面提质建设，进一步深化村级服务全程代办体系、明晰基层干部职责、完善配套村级党群服务中心功能，构建起集农商服务、金融服务、网销服务、茶旅服务为一体的农村服务发展“综合体”，不断吸引社会企业、经济组织、创业者等进驻谋划茶产业绿色融合发展，建好为群众服务的综合窗口。

参考文献

［1］李小新. 全面提升基层党组织组织力［M］//本书编写组. 党的十九大报告辅导读本. 北京：人民出版社，2017.

［2］吴佳佳，张凯. 乡村振兴战略下农村基层党建工作的思考［J］. 世纪桥，2019（1）：35-36.

［3］张欢，裘丹娜.“标准化+”助推农村基层美丽党建［M］//中国标准化协会. 第十四届中国标准化论坛论文集. 北京：《中国学术期刊（光盘版）》电子杂志社有限公司，2017.

［4］束锦. 农村基层党建工作的江苏实践［J］. 唯实，2017（4）：42-45.

［5］张鹏. 新农村建设背景下村级基层党建工作研究［D］. 济南：山东建筑大学，2018.

加强农民专业合作社党建工作
促进特色农业产业联动发展

何小斌[①]

摘要：破解农民专业合作社空壳化、同质化问题，必须整合农民专业合作社资源、技术、人才等方面优势，加强上下游农民专业合作社之间的联合和互动。通过组建功能性党组织，提高农民的组织化程度、促进上下游农民专业合作社抱团发展，全面推动农业产业化和现代化发展。

关键词：专业合作社　党建工作　创新

农民专业合作社是农民发展产业经济的互助合作组织，是新形势下推进农业产业化生产经营的重要载体。加强农民专业合作社党建工作，更好地发挥农民专业合作社转变农业生产经营方式、推动地方特色农业产业联动发展等方面的作用，对于带动农民增收致富、实现全面小康具有十分重要的作用。

一、加强农民专业合作社党建工作是破解农民专业合作社现实问题的主要手段

近年来，各地出台多种扶持政策，鼓励引导基层组织大力发展农民专业合作社，农民专业合作社的数量快速发展。农民专业合作社数量快速增长的同时，一些地方的农民专业合作社有名无实、空壳运转、各自为政、带动力不强等发展质量问题逐步显现出来，特别是同一产业内建立的农民专业合作社越来越多，引领带动作用发挥不好，一些农民专业合作社会员不多、规模不大，且各自为政，单打独斗，各自组织生产，营销品牌，优势资源得不到整合，难以形成竞争优势。

农民专业合作社存在诸多问题，外在反映的是农民专业合作社运转不规范、产业上下游联动不够、产业带动能力不强，内在实质是农民专业合作社内部组织架构松散，缺乏凝聚力和号召力。加强农民专业合作社党的建设，强化党组织对农民专业合作组织的引领，是破解农民专业合作社诸多问题、提高农民的组织化程度、推动农业产业化和现代化的有效手段。

---

① 何小斌，中共盐亭县委党校。

二、农民专业合作社党建工作面临的困境

目前，绝大多数农民专业合作社党建工作基本上处于起步阶段，普遍存在党建工作薄弱，党建管理体制不顺、覆盖率不高、活动开展不畅、作用发挥不充分等问题。

（一）党建管理体制不顺

农民专业合作社党建工作因归口管理责任体制不明确，行业主管部门和辖区所在党组织对农民专业合作社党建工作或相互推诿，或只建不管。有的农民专业合作社党支部是经所在乡镇党委批准建立的，有的农民专业合作社党组织是经县社团工委批准建立的。

（二）党组织覆盖率不高

由于管理体制原因，目前已建立党组织的农民专业合作社占可建党组织的比例极低。加之农民专业合作社申报组建党组织渠道不明，因此很多具备条件的农民专业合作社至今没有建立党组织。

（三）党组织活动开展不畅

农民专业合作社的多数党员组织关系都在户籍所在村党支部，党员分属不同地域基层组织，合作社党组织很难召集、组织其他合作社成员参加组织生活。部分农民专业合作社党组织活动脱离实际，无法吸引更多农民加入合作社。

（四）党组织引领带动作用发挥不充分

农民专业合作社的老党员比重大，掌握新技术的年轻党员少。部分建立党组织的合作社对党员的管理松散，不同特长的党员分布在同一产业链条上的不同专业合作社，只注重自身经济发展，不注重引领农民参与农业规模化生产，未能有效引导合作社成员互助合作、发展生产、开拓市场、打造品牌、增强效益。

三、加强农民专业合作社党建工作的对策

加强农民专业合作社党建工作，要按照“两新组织”党建工作的要求，首先在条件成熟的行业组建农民专业合作社联合社，通过农民专业合作社联合社建立党组织，充分发挥党组织的政治核心、示范引领作用，全面整合同行业农民专业合作社的人力、资金、技术、品牌等方面的资源优势，促进农民专业合作社抱团发展，推进农业产业化快速发展。

（一）理顺农民专业合作社党建管理体制，组建农民专业合作社联合社党组织

必须理顺党组织隶属管理关系，明确农民专业合作社联合社党组织隶属管理关系。建议由行业主管部门党组织负责牵头，对本部门农民专业合作社党建资源进行全面摸底调查，选取产业发展基础好、规模大、条件成熟的产业，组建、管理本行业农民专业合作社联合社党组织，实施农民专业合作社联合社党员由党员所在党组织和联合社党组织双重管理，以原所在单位党组织管理为主的制度，联合社党员到联合社党组织报到登记，联合社党组织建立党员名册，掌握联合社党员的职业特点和个人特长等基本情况，组织党员定期参加联合社党组织活动。

（二）整合县域同行业农民专业合作社资源优势，规范农民专业合作社联合社党组织运行

由联合社党组织所在县级业务主管部门牵头，根据各农民专业合作社的实际，以运行较为规范的国家级、省级农民专业合作社为依托，吸纳周边、产业上下游农民专业合作社参加，共同组建行业农民专业合作社联合社，设立农民专业合作社联合社功能性党组织，在党组织的引领制度下，针对不同类别产业联合社的实际，制定好联合社章程，建立公平合理、合作多赢的利益链接机制，明确联合社运行管理办法，使原来单一、空转的小合作社结成多元合作的利益共同体，推动同类产业及上下游联合发展。

（三）围绕行业发展主题开展农民专业合作社联合社党组织活动，促进农业特色产业横向互助联合和上下游融合发展

农民专业合作社联合社党组织要紧密结合产业发展实际，创新党员管理、功能性党组织活动开展方式，组织党员开展形式多样的互助合作活动，推进产业链条上各方合作、联动融合发展。一是定期开办联合社党员技能培训活动。通过“党员夜校”“党员论坛”“流动课堂”等形式，把党员教育培训搬进生产车间、田间地头，不断提升联合社党员发展现代农业、培育新型职业农民、带领群众闯市场、搞经营的能力。二是开展产业上下游联动融合发展活动。要积极引导农民专业合作社推进关联产业技术、资源、信息共享共赢，共同拓宽集团超市、集团消费会员、批发市场、电子商务等销售渠道，发展订单农业，打造特色品牌，延伸产业链条，摊薄生产成本，降低市场风险，不断增强产业竞争力。三是开展“先锋带动”活动。在联合社党组织中设置帮扶责任岗、科技示范岗、流通服务岗、信息咨询岗，引导党员带头上项目，做产业发展的“示范员”，做农民致富路上的“服务员”，做农民与市场对接的“联络员”，成为本行业的“领头雁”和“主心骨”。四是开展结对帮扶活动。建立联合社党党员与农户结对帮扶制度，引导农民专业合作社党员与困难户结对子，实行“一帮一”，为其他成员提供技术咨询、市场信息、政策法规等服务，帮助农户发展产业经济，实现脱贫致富。

（四）发挥农民专业合作社联合社党组织的监管作用，用好用活涉农补助资金

涉农补助资金和惠农政策的兑现落实是农民专业合作社普遍关注的问题。联合社党组织要积极参与联合社生产布局、农资供应、产品销售、政府扶持资金发放等群众关心的重大问题，强化党的惠民政策在农村基层贯彻落实情况的监督。一是强化涉农补贴资金的发放监督。农民专业合作社联合社党组织要按照成员单位农产品生产销售的具体情况，考核评定农民专业合作社产业发展业绩，按照业绩向主管部门申请、发放国家扶持资金，确保涉农项目补助资金精准落实到特色农业产业发展上。二是强化惠农政策兑现落实情况的监督。联合社党组织要积极宣传贯彻党在农村的各项方针政策，强化对联合社成员单位执行党的惠农政策情况的监督，确保党的惠农政策在基层全面兑现落实。三是强化合作社党员干部带头遵章守纪情况的监督。联合社党组织要强化对成员单位党员干部遵章守纪情况的监督，督促联合社党组织党员干部带头遵守党纪国法，带头遵守联合社章程，公开联合社财务、资产管理运行情况，促进联合社健康有序运行。

乡村振兴背景下
农村产权制度改革的实践与探索
——以盐亭县林山乡林园村为例

李　慧[①]

摘要：推动农村集体产权制度改革，探索农村集体所有制有效实现形式，形成既体现集体优越性又调动个人积极性的农村股份经济运行新机制，是农村全面深化改革和全面建成小康社会的重大课题。本文通过梳理盐亭县林山乡林园村集体产权制度改革的实践过程，并对其进行反思，希望能为乡村振兴战略背景下推进农村集体产权制度改革，发展壮大集体经济提供参考。

关键词：农村　产权制度改革　集体经济　探索实践

党的十九大报告指出："深化农村集体产权制度改革，保障农民财产权益，壮大集体经济。"盐亭县以推进农村集体产权制度改革为契机，按照"试点先行、分批推进"的原则，2016年6月，确立林山乡林园村为改革试点村，创新以模拟股份公司形式，构建了"村集体经济组织+农户+村干部（社会资本）"股份合作经营和利益链接机制，探索实现"乡村振兴"新路径。

一、林园村改革产权制度，发展股份经济的主要做法

（一）创新"开放型"股份合作模式，增强现代农业发展合力

严格"分类核股、动态定股"股份合作认定程序，按照初始1万元/股的标准，引导村集体经济组织以结余资金、闲置资产入股，农户以耕地经营权入股，村干部以现金入股的"三合一"模式，通过现金和实物折价投资159万元，组建股份制"双垭坪柠檬专业合作社"发展柠檬规模种植。

（二）创新"企业化"生产经营模式，构建现代农业经营体系

充分发挥合作社、公司等新型经营主体在土地管理、市场信息、种植技术等方面的优势资源，采取购买、返聘务工等方式，积极开展资金、技术、信息等多要素合作，逐步建立了"合作社+农户+公司"现代新型农业经营管理体系，推动柠檬产业规模化、标准化、专业化发展。

---

① 李慧，中共盐亭县委党校。

（三）创新“链条式”利益分配模式，推动集体产权制度改革

以专业合作社为产业发展平台，积极协调各方利益，制订出台具体股权分配方案，建立了“预付分配+初次分配+再次分配”链条化利益分配机制，探索推行“预付分红”“农龄配股分红”等股金分红模式，不断完善利益分配链条，带动股东分红增收。

二、林园村在改革先期试点工作中取得的经验

（一）强有力的组织领导是推动改革顺利进行的保障

由于农村集体产权股份制涉及道德政策法律较多，同时又直接关系到农民的切身利益，所以，必须县、镇乡、村、组四级联动，才能有效推进。

（二）依法规范操作是保证改革顺利进行的前提

在改革的过程中要严格执行法律法规，认真落实党在农村的各项方针政策，把握关键环节，规范操作流程，及时妥善化解矛盾纠纷，确保社会稳定。

（三）公开公正是促进改革顺利进行的基础

要顺利推进此项改革，必须坚持农村集体经济组织成员的主体地位，充分调动成员的主动性、积极性，力求把公开、公平、公正贯穿改革的全过程，充分保证集体经济组织成员的知情权、决策权、参与权和监督权。

（四）构建现代农业经营体系是确保改革顺利进行的关键

针对过去土地经营相对分散、生产方式粗放、综合效益不高的现状，按照经营组织化、生产标准化的要求，合理借鉴现代企业经营管理理念和制度，引导社会力量参与农业产前、产中、产后服务。

三、从林园村试点看农村集体产权股份合作制改革需要解决的问题

（一）成员界定和对象确认难

成员资格的认定是改革中一个重要问题，也是难点问题，处理不好会引起矛盾纠纷，也可能留下隐患和后患。如林园村由于集体经济组织成员界定时间从 1982 年 1 月 1 日起至 2016 年 6 月 20 日止，须对此时间段内每位村民的身份认定、股权持有数量进行核定，时间跨度大，界定对象处于动态变化中，有些情况甚至公安系统也无法准确提供，股权持有量核定不准确客观存在。

（二）部分干部群众对改革认识不到位

由于一些历史遗留问题，各级党委政府相对倚重区域经济发展和社会稳定等工作，比较关注年度考核目标内容的完成，无暇顾及农村改革发展，造成改革力度不足。再加上一部分基层干部特别是村社干部推动改革的责任心不强，认为产权制度改革将会触及有关政策法律“红线”和农村各方利益，上级对此也没有规定要求，加上碍于工作复杂棘手，以致畏缩不前，等待观望。再者盐亭县绝大多数村纯属农业村，没有企业支撑，大部分群众对改革相关政策缺乏了解，没有充分认识到产权

制度改革的重要性，认为产权制度改革工作可有可无，参与热情不高。

（三）部门之间参与协调力度不够

实施这项改革工作必须有关部门参与破解改革中的难题热点问题。如县农办、农业局、民政局、工商局、财政局等有关部门要按照各自职责做好指导和服务工作。对明显违反政策、法律和法规的行为，要及时制止和纠正。但从林园村试点情况来看，部门之间参与力度不够，主要是责任不明确，存在相互推诿现象。

（四）保障机制不健全

一是需要健全相关保障机制。从调研情况来看，改革后集体经济组织能否成功运营尚需完善法人治理结构；需创新股份合作组织资产运营机制；需健全的制度体系等相关制度作保障。二是工作经费缺乏保障。林园村在开展改革试点工作中，投入了大量的人力、财力、物力，组织村干部、村民共50余人，具体负责该项工作。在人员劳务支付、办公设备投入、宣传氛围的营造等方面共开支6万多元，而林园村村级财力根本无法承受。

四、对推进农村集体产权股份合作制改革的对策建议

（一）坚持依法依规的原则公开透明认定成员资格

对成员资格的取得、保留和丧失的认定，应该坚持依法依规、尊重历史、实事求是、民主协商的原则，制定合法、公平、公正、群众认可的认定办法，认定程序做到公开透明，既要坚持少数服从多数，又要防止多数人通过简单的“民主投票”侵犯剥夺少数人的合法权益，特别是在一些家族、宗族势力比较强的村组，更要注意这一点。对涉及具体事项，在不违背法律和政策的前提下，可以因村制宜，采取“一村一策”等措施，化解各类矛盾。在政策把握上，严格“增人不增股，减人不减股”、维护特殊群体权益及村级经营性净资产全额量化三个基本准则。

（二）加大对干部群众教育培训宣传力度

首先，解决各级干部思想认识问题。加强农村改革发展的宣传教育，针对农村产权制度改革举办专题培训班，宣传相关政策，进一步加深广大基层干部对农村集体股份合作制的认识，以增强改革的紧迫感、使命感。其次，开展广泛的宣传活动。利用各种宣传工具、召开各种座谈会以及逐家走访农户等方式，向群众宣传改革的意义与政策。最后，推广各类先进典型案例。深入调研，认真总结市内外农村股份合作制改革的典型实例，供镇（乡）、村学习借鉴。组织“走出去”学习考察，直观了解各地先进经验，真实感受改革的优越性，激发改革的主动性。

（三）部门联合，群策群力

县、镇（乡）应成立领导小组和工作班子，明确责任，制订实施细则和具体工作方案，精心组织实施，做到一把手亲自抓。县上要建立考核督查制度，把推进股份合作制改革作为对镇（乡）年度重要工作任务进行考核，对完成股份合作制改革的行政村一次性给予经济奖励。县农办、农业局、民政局、工商局、财政局等有关部门要按照各自职责做好指导和服务工作。

（四）健全制度，确保改革取得实效

要真正实现村民变股民、农民变市民、村庄变社区，必须从体制和机制上为农民提供权益保障。一是完善法人治理结构。建立与股份合作制产权管理相适应的法人主体，制定相应的章程，完善股东大会、理事会、监事会等法人治理结构，解决农村集体产权虚置的问题。二是规范收益分配。改制后的农村集体经济组织，应按照量化后的股权比例进行收益分配。三是健全制度体系。制定资产经营、民主管理、议事规则、股权权利、财务管理等制度。四是建立人才引进机制。引导大中专毕业生等专业人才队伍进入农村集体经济组织，参与经营管理，提高运营效率，使村级集体股份合作社演变成规范的现代企业。五是实现专门的经费保障。改革过程中涉及的启动资金、人员劳务支付、办公设备投入、宣传氛围营造、技术改进等需要长期的资金支持，应纳入财政预算。

参考文献

[1] 赵变霞. 深化农村集体产权制度改革是实现乡村振兴战略的必然要求［J］. 农村经济与科技，2019（1）：30-31.

[2] 杜伟，黄敏. 关于乡村振兴战略背景下农村土地制度改革的思考［J］. 四川师范大学学报（社会科学版），2018（1）：12-16.

乡村振兴中文化建设的几点思考

李　琴[①]

摘要：乡村振兴文化先行，农民是乡村振兴的主体，当前农村存在着进取心不强、依赖思想严重、法治思维缺乏、传统美德受到冲击、乡村文化建设力量薄弱、乡村特色不鲜明、传统文化亟待保护等思想文化建设上的问题。本文笔者经过调研走访，从打造五支队伍、搞好四个活动、搭建三个平台三个方面给乡村文化振兴提出了切实可行的路径选择，从四个方面思考了乡村文化建设中应该注意的问题，以期望对乡村振兴中文化建设有一定的参考价值。

关键词：乡村振兴　文化建设　路径选择

当前，农业农村发展的内在动因和外部环境已发生重大而深刻的变化，古老乡村迎来了全面振兴的重大历史转折，开始迈向现代化的新征程。需要充分发挥文化在乡村振兴中的思想引领、智力支持、文化产业支撑等作用，通过文化建设，可以凝聚人心，整合乡村振兴力量，规范村民行为，使其从思想和文化素质上适应新时代的要求，发挥乡村振兴的主力军作用，实现乡村的和谐有序发展，因此乡村振兴需要文化先行。

一、当前农村文化建设存在的主要问题

一是对农村文化建设的重要性认识不够，农村文化基础设施薄弱，公共服务能力差。由于长期以来对经济建设的强调，广大农村干部群众对于文化建设重视程度不够，经费投入不足，农村的文化室、乡村图书室、体育健身设施、文化活动场地等建设比较落后。很多村民文化生活单调、贫乏，形式多样的、人民群众喜闻乐见的文化活动、文化享受很少，这已不能满足人民群众日益增长的文化生活需求。

二是村民思想观念落后，不良风气漫延，公序良俗受到挑战。由于大多数青壮年农民外出打工，留守的几乎是文化程度偏低的老人，因此存在着因循守旧、小富即安的思想，缺乏对国家、集体的义务感。有的人沉迷于赌博、迷信活动，对党的政策一知半解，或者是片面的理解；对村集体事务、公益事业不热心；对村干部不信任，利己主义思想严重，争低保、争当贫困户，“等、靠、要”思想严重，邻里之间和睦互助、尊老爱幼等纯朴的民风受到严重挑战。农村留守老人面临的诸多生

① 李琴，中共盐亭县委党校。

产、生活问题得不到帮助，乡村安全也受到很大的挑战，严重影响了农村的和谐发展。

三是村民生活习惯难改，环境卫生治理困难。长期的生活习惯和思想意识转化不够，很多村民对环境卫生不重视，乡村环境卫生的硬件设施不足，专职人员缺位，经费投入不足，造成乡村环境卫生脏、乱、差。生活垃圾乱堆乱放，生活污水排放不畅，农药、白色垃圾、重金属污染等，严重威胁农村水环境、土地资源等的可持续发展能力。村民素质有待提高，缺乏相关的卫生知识，没有良好的生活习惯等。

四是乡村文化建设缺乏专业队伍。乡镇文化工作人员大多数情况下都是忙于乡镇的统筹安排，很少时间研究和进行乡村文化建设工作，上级部门也很少对他们进行专业培训，使其在专业知识和经验方面都很缺乏。

五是优秀乡村传统文化、民间文化快速遗失。由于地域和自然条件的不同，各地都有不同的传统农耕方式、传统节日、生活习俗、民间艺术等，形成地域特色浓郁的传统文化。这些都是我国文化宝库中最珍贵的资源，也是滋养中国文化发展的根脉，然而随着大量农村人员向城市迁徙，很多优秀的乡村传统文化、民间文化面临着无人传承的境地。

二、乡村振兴中文化建设的路径选择

一是打造“五支队伍”。乡村文化建设离不开人，而分散的人才必须组织起来才能发挥更大的作用，所以要搞好乡村文化建设，每个村必须组建好五支队伍。一是乡风文明宣传队伍。以爱好文艺的村民为主，建立人员流动台账，给予一定的经费，在服装、道具、节目编排等方面给予帮助和指导，审查节目的思想内容和质量。制订演出计划，利用节日、农村红白喜事等进行贴近农民生活、贴近时代要求的文化表演，宣传社会主义核心价值观，弘扬社会正能量，讲好乡土故事。二是乡村环境督查队伍。以乡村干部和公益热心人员为主，对乡村环境卫生按相关要求进行定期宣传，并定期检查、评比、监督。三是乡村贤达队伍。以乡村教师、离退休干部、德高望重的社会贤达为主，让他们监督村“两委”工作，对重大公益事业进行宣传、监督，为乡村发展出谋划策，讲乡土故事、写乡村历史，为弘扬乡土文化贡献力量。四是党员志愿者服务队伍。以党员为主，定期组织活动，建立党员群众联心卡，宣传党的方针政策，服务困难群众，解决群众实际困难，并将服务群众的工作作为评选先进党员的条件之一。五是乡村治安保卫队伍。以青壮年为主，建立治安联防网络，保护乡村安全。

二是搞好“四个活动”。一是精神文明宣传活动。通过在村道路两旁、民房墙上以宣传栏和绘图形式宣传党的惠民政策和社会主义核心价值观；办宣传专栏，宣传身边的好人好事、勤劳致富、孝老敬亲、热心公益、好邻居等先进典型；举办文艺表演，利用“送文艺下乡活动”，结合本地实际，编排贴近生活、贴近时代、贴近农村的节目。二是环境卫生评比活动。定期和不定期检查环境卫生，进行评比，对最美家庭、最差家庭在村公示栏进行公示。三是晒传家宝活动。组织村民收集自己家里有纪念意义的老物件，讲解其背后的意义和价值，培养大家的传承精神。四是进行文明户、好邻居、好儿媳、好婆婆评比活动，对村民中的和睦邻里，讲文明、自强不息的典型，孝老敬亲、爱护后辈的先进进行评比表彰。

三是搭建“三个平台”。一是办好农民夜校，定期举办知识培训，对村民进行分层次教育培训。二是办好文化活动广场，定期放电影、举办文艺演出、科普知识讲座等。三是办好农家书屋，改善农民学习的场所、方式，丰富农家书屋书籍，制订定时更新计划。

三、乡村振兴中文化建设应该注意的几个方面

一是要把文化建设融入乡村规划中。一份好的规划必须立足本地的实际情况，切合本土的文化特色，这样才能打造出留住乡愁的美丽家园。乡愁就是难割舍的风土人情，难以忘怀的童年故事，耳熟能详的乡韵、乡音，难以替代的父老亲情，深入灵魂的乡土人格，只有保留本地特有的文化传承，才能凸显乡土本味。

二是要把文化建设融入经济发展中。通过文化建设形成干部群众一条心，干事创业氛围浓，发展产业就会减少阻力，形成合力，达到事半功倍的效果。在乡村旅游发展中必须融入当地的特色文化，让游客到乡村不只是看美景，享受清新自然的空气，更能领略到当地独特的文化，让乡村本地旅游成为一张文化名片，吸引更多的游客，把产业做强做大。

三是把文化建设融入乡村治理中。乡村振兴需要有效的乡村治理，人民群众既是参与者也是受益者。通过传统礼俗文化的重建，让村民形成正确的荣辱观，培育公民意识、法治意识，弘扬传统美德等文化建设，从而为乡村的有效治理提供巨大的支持。

四是把文化建设融入基层组织建设中。基层党组织和党员队伍是一支中坚力量，充分彰显党员的先锋模范作用。在党建工作中融入文化建设，可以让外出党员增加为家乡服务的情怀和增强党员服务群众的意识。

严惩基层微腐败　利剑护航乡村振兴

——盐亭县充分发挥村级纪检员作用全力护航乡村振兴的调查与思考

李绪鹏[①]

摘要：党的十九大报告指出："要坚持农业农村优先发展，按照产业兴旺、生态宜居、乡风文明、治理有效、生活富裕的总体要求，全面实施乡村振兴战略"。2016年，盐亭县先行试点设置村级纪检员，按照"设岗带薪、一岗双责、民主选举、垂直管理、规范运行"的管理模式，坚决纠正和查处发生在群众身边的"四风"、微腐败和执法不公等问题。全县共配备村级纪检员366名，为实施乡村振兴战略提供了坚强的纪律保障。

关键词：微腐败　村级纪检员　护航　乡村振兴

一、主要做法

（一）健全机构，优化配置

一是坚持高标准选人。按照"坚守党性、坚持原则、敢于担当、群众认可"的选拔标准，优先选拔退休党员干部职工、退伍军人、致富能人。二是创新性优化配置。建立村级纪检员联动工作机制，进一步规范和完善村级"纪检员工作室"，分片区设置四个纪检前哨站和一个纪检巡回（机动）哨站，组建"村—站—镇"三级纪检监督平台，形成立体式、全方位的监督网络。

（二）强化培训，提升素质

充分发挥村级纪检员"廉洁前哨"作用，全面提高村级纪检员的业务水平。一是创新培养环境。通过印发《村级纪检员工作手册》、设立"面心实"服务群众中心、每月一次纪检工作碰头会等方式，为村级纪检员的能力提升创造有利条件。二是开展"一对一"业务指导。乡镇纪委对纪检员进行垂直管理，定期开展业务指导、集中培训、听取工作汇报。三是全覆盖培训督导。县纪委分片区对村级纪检员进行专题培训，逐步建设四级网络，进一步实现村级纪检员培训常态化、全覆盖。

（三）明确职责，规范行为

《中国共产党章程》规定，"党的总支部委员会和支部委员会设纪律检查委员"。

① 李绪鹏，中共盐亭县委党校。

乡镇纪委要明确纪检员的责任清单和负面清单，对“该做什么，不能做什么”进行界定；突出主责主业，加大对村级重大事务、村级财务收支等事项的监督；配合乡镇纪委对违纪人员进行调查取证。

（四）严格督查，强化考核

盐亭县政府制定了《盐亭县村（社区）纪检员（监督员）工作管理办法》，将村级纪检员的工作情况纳入该村全年工作的目标管理考核内容。建立健全村级纪检员工作管理、勤廉双述、重大事项报告、民主评议、考核评比等制度。

二、村级纪检员的作用

村级纪检员是推进基层党风廉政建设的一支重要力量，推进乡村振兴战略，维护基层和谐稳定，必须充分发挥村级纪检员的作用。

（一）村级纪检员是宣传党风廉政建设的主体

村级纪检员通过采取多种形式，向干部群众广泛宣传党的路线、方针、政策。如为了方便群众接受调查采访，榉溪乡制作小纸扇，把四川省党风廉政社情民意社会调查电话印在醒目位置，发放给党员干部和群众，让党风廉政建设贴近群众，深入人心。

（二）村级纪检员是沟通村情民意的桥梁和纽带

村级纪检员联系群众最广泛，能及时向乡镇纪委和村“两委”反馈群众关心关注的热点、难点问题，有效遏制了上访事件和群体性事件发生。通过纪检员深入群众摸排调查，为乡镇纪委开展信访举报调查、掌握证据，并为上级纪检组织提供有价值的线索，为乡村振兴和乡村治理打下了坚实基础。

（三）村级纪检员是监督基层事务的重要力量

村级纪检员通过直接参与村级“三重一大”事项，本着“提领子、扯袖子、抹面子、抓早抓小”的工作原则，对村级事务实现“菜单式”监督，确保党的惠农政策落实不走样。

（四）村级纪检员是惩治基层微腐败的利剑

村级纪检员熟悉农村，对损害群众利益的问题，能做到早发现、早疏导、早了结，并及时向乡镇纪委汇报监督情况。如茶亭乡一位姓袁的老党员，对设置村级纪检员大加赞赏，对查处基层微腐败满怀信心。据统计，仅 2017 年第三季度，盐亭县在整治微腐败工作中，通过问题线索排查共立案查处农村党员干部违纪案件 32 件。

三、存在的问题

（一）重视程度不够

村级纪检员虽然从事纪检监察工作，但在村干部中排名靠后，政治待遇不高，其意见和建议很难得到支部书记和村主任采纳，基本上没有话语权。个别村支部书记对监督工作缺乏正确认识，认为强化监督就是对自己的不信任，有损村“两委”

干部的威信和尊严，不愿接受监督。

（二）监督力度不够

由于村级纪检员在监督支部书记和村主任时怕遭打击报复，没有起到纪检监察应有的威慑和监督效力。甚至少数村级主要领导干部，错误认为管理严格，限制多了，从而不愿接受监督，更不说支持纪检员办案。

（三）培训强度不够

村级纪检员的培训与任用脱节，理论水平、工作思路、工作方法相对滞后，极大地制约了纪检监察质量的提高。省、市、县纪委每季度都要通过电视电话平台集中对乡镇纪委书记进行培训，但是没有把村级纪检员的培训纳入各级纪委同步培训之列，而乡镇纪委往往采取以会代训的形式培训村级纪检员，系统培训少，培训渠道单一，致使村级纪检员业务能力不高，办案不专业，教育、管理、监督能力不强。

（四）履职到位不够

村级纪检员普遍存在兼职较多，这大大分散了监督和办案精力，以至于少数纪检员荒了自家田，忙了别人活，大有“说起来重要，做起来次要，忙起来不要”的感觉。有些村干部作风不民主，法治意识淡薄，村里大事小事书记、主任说了算，从不与纪检员商量，致使监督打折扣形同虚设，导致监督不力，履职不到位。

四、充分发挥村级纪检员作用的对策

（一）加强领导，形成合力，为村级纪检工作提供坚强保证

各级党委要高度重视村级纪检工作。县纪委要加大对党政一把手履行“一岗双责”的监督考核力度；县委组织部要全面提高村级纪检员的政治待遇；乡镇党委要加强对村级纪检监察工作的监管，对纪检员在工作中遇到的问题和困难，要及时排忧解难，确保村级纪检工作顺利开展；村“两委”要积极为纪检员行使职权提供条件，搭建平台。

（二）强化培训，提升素质，全面提升村级纪检员的业务能力

纪检监察工作的特殊性，要求纪检员政治思想必须过硬，必须带头遵纪守法。县纪委监委必须加大对纪检员进行教育培训，不断提高纪检员的政治思想觉悟和道德情操。通过集中培训、外出学习考察、参观廉政教育基地以及纪委远程教育培训平台和挂职锻炼等形式，进一步增强村级纪检员的履职能力和工作水平，努力打造一支作风优良、业务素质过硬的村级纪检监察队伍，全面提高履职能力。

（三）强化管理，履职尽责，充分发挥村级纪检员在乡村振兴中的利剑作用

要认真落实村纪检员的工资和津贴，调动村级纪检员的工作积极性。乡镇纪委要高度重视村级纪检员的工作，要为村纪检员履行监督职责创造条件和环境。村级纪检员要大胆工作，履职尽责，精准亮剑，强化对村级党务公开、村务公开、财务收支的监督管理，实施全方位监督。同时，要健全村党风廉政建设的有关制度，加强从源头上遏制腐败。

（四）强化考核，严格选任，充分调动村级纪检员的工作积极性

要严格按照相关规定，强化实施绩效考核，将纪检员的工作纳入对村级工作的

目标考核。乡镇纪委要严格落实村级纪检员工作目标考评责任制，细化考核奖惩办法。对监督作用发挥不突出、群众认可度不高的纪检员要及时进行调整。对工作积极、敢于担当、勇于奉献，年度考核优秀的可优先推荐作为村支部书记、主任后备人选，从而充分调动村纪检员工作的积极性。

参考文献

[1] 肖文汇. 对发挥社区（村）纪检员作用的调查与思考［EB/OL］. 郴州纪检监察网，［2016-10-14］. www.czlz.czs.gov.cn/hdjl/13144/content_767255.html.

[2] 唐林松. 如何发挥村级纪检员在农村党风廉政建设中的作用［EB/OL］.［2015-01-04］. www.tongdaonews.com/Info.aspx7.ModelId=1&Id=44565.

新时代乡村振兴必须抓好生态文明建设

刘　金①

摘要： 新时代加强生态文明建设对乡村振兴有着重大的意义，我们只有正确面对困难，坚持党的领导，扛起政治责任，完善考核制度，统筹山水林田系统治理，形成绿色发展方式和生活方式，从而以生态文明建设促进乡村振兴。

关键词： 生态文明　乡村振兴

党的十八大把生态文明建设上升到“五位一体”总体布局，习近平总书记强调“既要金山银山，又要绿水青山”。党的十九大提出实施乡村振兴战略，全面建成小康社会。而农村美不美，关键在生态，生态文明建设是实施乡村振兴战略中重要的一环。

一、新时代加强生态文明建设对乡村振兴的重大意义

（一）生态文明建设是乡村振兴的重要引领

党的十八大以来，以习近平同志为核心的党中央高度重视生态文明建设，将其作为统筹推进“五位一体”总体布局和协调推进“四个全面”战略布局的重要内容。乡村振兴是全方位、多角度、深层次的，不只是乡村经济的发展，必须兼顾政治、社会、文化和生态文明等方面。要坚持节约资源和保护环境的基本国策，把生态文明建设融入乡村振兴的各方面和全过程，加大生态环境保护力度，推动生态文明建设在重点突破中实现整体推进。

（二）生态文明建设是中国共产党根本宗旨在新时期的核心内容

为人民服务是党的根本宗旨，成为革命时期赢得人心的有力法宝。新中国成立初期，这一宗旨成为中国共产党克服困难取得成就的重要支撑；新时代发展经济、提高人民生活水平成为为人们服务的新内容，良好的生态环境是最好的公共产品，是最普惠的民生福祉。当前，环境污染和生态破坏已经日益成为影响民生的重大问题之一，生态文明建设是经济增长、民生改善的汇聚点，对于满足人民群众对良好环境的期望、提高福祉有巨大贡献。

（三）建设生态宜居家园既是乡村振兴的重要目标，也是国富民强的重要基础和保障

乡村是具有自然、社会、经济特征的地域综合体，兼具生产、生活、生态、文

① 刘金，中共盐亭县委党校。

化等多重功能，与城镇互促互进、共生共存，共同构成人类活动的主要空间，是城乡居民的米袋子、菜篮子、果盘子。

二、当前乡村生态文明建设面临的主要问题

（一）农村面源污染形势严峻

农村长期发展养殖业带来的畜禽污染未有效根除，农业种植过程中过量施用化肥、农药，渗入土壤及周边河流，过去长时间承包水库、河段从事网箱养鱼和肥水养鱼，这些因素直接导致农村河道及湖库水环境质量状况较差，某些地方甚至严重影响和威胁到群众饮水安全和水生态的良性循环。

（二）农村环保基础设施严重不足

据统计，绝大多数建制村未建设污水处理设施，农村生活污水直排现象严重，农村环境“脏乱差”问题依然突出。农村饮用水水源地未划定保护区（或保护范围），未规范设置警示标志，一些地方农村饮用水水源存在安全隐患。

（三）农村环保体制机制不完善

在推进农村环境综合整治中，主要依靠行政推动，农民群众主体作用未得到充分发挥，农村环境治理市场化机制亟待建立，社会资本参与度不高。一些地方的农村环保设施建成后，存在管理主体不明确、设施运行维护资金不落实、运行管护人员不足、规章制度不健全等问题。

（四）农村环保监管能力仍然薄弱

目前，农村环保工作力量非常薄弱，乡镇环保办工作人员不专业，缺乏必要的装备和资金，难以保证有效开展工作。农村环保标准体系不健全，农村生活污水处理污染物排放标准、农村生活垃圾处理处置技术规范等亟待制定。农村环境监测尚未全面开展，无法及时掌握农村环境质量状况和变化情况。

三、新时代加强生态文明建设的重大任务

（一）坚持党对一切工作的领导，是推进新时代生态文明的根本保证

党是最高政治领导力量。坚持党对生态文明建设的领导，是党和国家的根本所在、命脉所在，是全国各族人民的利益所在、幸福所在，是推进新时代乡村振兴的根本保证。正如习近平总书记所指出的：“在国家治理体系的大棋局中，党中央是坐镇中军帐的‘帅’，车马炮各展其长，一盘棋大局分明。”党要带领人民成功应对重大挑战、抵御重大风险、克服重大阻力、解决重大矛盾，不断推动乡村振兴走向新的胜利，必须坚持党的领导。

（二）坚决扛起推进生态文明建设的政治责任

牢固增强和忠实践行“四个意识”，始终在思想上、政治上、行动上同以习近平同志为核心的党中央保持高度一致，始终敬仰核心、维护核心、拥戴核心、服从核心、紧跟核心。坚持以人民为中心的发展思想，深入贯彻习近平生态文明思想，

坚定不移、坚持不懈地推动党中央有关生态环境保护和生态文明建设的决策部署落地见效。

（三）加快推动形成绿色发展方式和生活方式

坚持“绿水青山就是金山银山”，在全社会推动牢固树立社会主义生态文明观，营造人人、事事、时时崇尚生态文明的社会氛围，推动形成简约适度、绿色低碳的生活方式。推动构建绿色低碳循环发展的经济体系，不断提升生产领域的科技含量，最大限度地降低生产活动的资源消耗、污染排放强度和总量。

（四）加大资金投入及管理

在资金安排上，切实加大对农村环境保护的投入，逐步建立政府资金引导、社会资金参与、农民自主投入的多渠道筹资机制，安排专项资金支持农村面源污染防治和农村饮用水安全工程建设。建议政府资金实行奖励和补助相结合的投入方式，加大“以奖代补”“以奖促治”政策支持力度。建立农村生态环境综合整治自下而上的民主决策机制，推行项目规划、建设、管理的“村民议村民定、村民建村民管”的实施机制。完善村务公开制度，推行项目公开、合同公开、投资额公开。对农村环保“以奖促治”资金实施动态管理，所有财政资金投入形成的农村环保设施及运行管理情况都要入库管理。

（五）统筹山水林田系统治理

把山、水、林、田作为一个生命共同体进行统一保护和修复，实施重要生态系统保护和修复工程。健全耕地、森林、河流休养生息制度及水生生态保护修复制度，实行水资源消耗总量和强度双控行动。开展河库塘堰清淤整治，全面推行河长制。开展国土绿化行动，推进水土流失综合治理。完善天然林保护制度，把所有天然林都纳入保护范围，继续实施防护林、水源涵养林建设等林业重点工程。优化林业产业结构，实施生物多样性保护重大工程。

（六）进一步完善考核机制

建立政府统一领导、环保部门统筹协调、有关部门分工负责、全社会共同参与的工作机制。环保部门负责统一监管和协调指导农村生态环境保护工作，开展农业面源污染防治；农牧部门负责推广秸秆综合利用、测土配方施肥技术，推进绿色、无公害农产品生产；规建部门负责组织实施农村清洁工程，抓好农村生活污水处理设施建设和运营监管；水务部门负责组织实施农村饮水安全工程，组织开展农村水系整治、水土保持、水生态保护与修复；国土部门负责基本农田保护与建设，组织农村未利用地适度开发、土地整理复垦；卫生部门负责农村环境卫生工作，开展农村饮用水卫生监测。

参考文献

［1］杨智明. 以生态文明建设引领新时代乡村振兴［N］. 中国环境报，2018-12-07（03）.

创新工作机制　突破“救急难”瓶颈

——关于盐亭县在乡村振兴中“救急难”工作的调查与思考

汪　钦①

摘要：“救急难”是《社会救助暂行办法》提出的基本工作方针和制度目标，更是发挥社会救助制度兜底保障功能的重要组成部分。随着社会的发展，对农村“救急难”工作有了更高更严的要求，怎样在乡村振兴工作中，健康有序地开展“救急难”工作、快速回应救助诉求、积极引导社会力量参与，值得深思。盐亭县民政局在乡村振兴工作中，瞄准“科学、方便、快捷”的服务目标，积极探索创新工作机制，着力构建功能完善、覆盖城乡、管理规范、救助及时的“互联网+救急难”工作模式，有效解决了特殊困难群众的急难问题。

关键词：乡村振兴　“救急难”

一、主要做法与成效

（一）主动发现，确保救助及时，解决了“要救谁”的问题

盐亭县乡镇各村（社区）动员巡警、城管干部、村（居）干部、社区网格员、社会工作者、志愿者，及时了解、核实贫困村突发事件、意外事故、自然灾害相关信息，开展特殊困难群众日常排查、信息报送和公示监督等工作，及时准确掌握辖区内救助信息，做到救助对象早发现、行政早干预、措施早实施。民政部门进一步畅通信息渠道，开通了社会救助热线电话，由专人负责，24 小时值守，及时发现、救助因其他社会救助暂时无法覆盖或救助后仍有困难的精神病患者、急危重伤病患者、生活暂时困难人员或遭遇突发事件、意外伤害等特殊原因陷入生活困境的困难群众，做到发现一起，救助一起，给予救助对象应急性、过渡性救助，保障其基本生活，为特殊困难群众托起生存的底线。

（二）协作联动，确保救助高效，解决了“谁来救”的问题

盐亭县县政府召开救助联席会议，由县长担任联席会议总召集人，常务副县长担任召集人，县民政、财政、监察、发改、审计、卫生、计生、教体、规建、农村合作医疗服务中心等部门主要负责人为成员，坚持部门职能作用发挥与高效联动的有机结合，统筹整合各方面救助资源，制定了“救急难”工作制度，明晰了相关救

① 汪钦，中共盐亭县委党校。

助单位的救助责任、救助流程和时限要求，形成民政牵头、多部门协作、社会各方面力量参与的格局。针对个别特殊对象的急难救助，通过联席会议研制救助方案，根据方案实施有效救助。此外，强化了社会力量参与社会救助工作的政策支持，积极发动社会力量参与救助，鼓励单位和个人通过创办服务机构、提供志愿服务等方式参与社会救助，并及时兑现国家规定的财政补贴、税收优惠、费用减免和用地规划等扶持政策，为社会力量参与社会救助创造条件、提供便利。

（三）创新手段，确保救助科学，解决了“怎么救”的问题

创新建立了“一个口子上下”的救助工作机制，将县惠民帮扶中心和县社会救助福利中心人员、编制、机构整合到县民政局，建立盐亭县社会救助帮扶中心，建立了“一门受理、协同办理”机制。同时，在经开区和36个乡镇的便民服务中心建立了社会救助帮扶站，在67个社区、453个行政村建立了社会救助帮扶点，在乡镇（街道）的政务大厅、办事大厅等地设立了统一的“社会救助服务窗口”，统一了窗口标识、规范了救助服务内容和服务流程，为困难群众打造“求助有门，受理及时”的“绿色通道”。建立了盐亭县“数字民政”综合管理平台，严格按照申报审批相关程序，及时快速实施物质救助、生活帮扶、心理疏导、精神慰藉、生活融入等措施，通过“数字民政”系统、“盐亭仁爱”微信平台、民政门户网站直接申请审批，系统自动记录各环节相关印证资料，适时督办、适时预警，提升了社会救助实效，极大方便了人民群众。

（四）保障资金，确保救助有力，解决了“钱从哪里来”的问题

盐亭县政府出台了《关于进一步加强社会救助工作的实施意见》《盐亭县“救急难”工作试点实施方案（试行）》，明确了救助内容、救助标准、救助程序。县财政足额预算涉及地方配套的社会救助资金，设立了“救急难”专项基金200万元，除给予县民政局社会救助福利中心经费预算外，按人口数和保底的原则给乡镇预算必要的工作经费。建立了包括临时生活救助、社会救助托底、救灾物资储备、医疗救助应急、自然灾害救助的社会救助基金，由县财政纳入预算。同时，充分发动社会力量捐赠、募集，充实“救急难”专项基金，整合福彩公益金、慈善基金、民政部门低保结余资金，为开展“救急难”提供资金保障。

（五）强化问责，确保救助有责，解决了“不救怎么办”的问题

全面落实急难救助“首问负责制”，不论急难申请人问到谁，都要送到急难受理窗口，不属于本部门办理的要指明负责办理部门的办公地点，并提供联系电话。对于转办承办事项，要按照及时办理、快速处置的原则，限时办结。县监察、审计、财政、民政部门建立社会监督举报投诉制度，将对象认定、资金发放、救助实施等环节作为监察审计重点，将社会救助纳入效能监察，落实社会监督举报制度，对“救急难”工作重视不够、管理不力、救助不及时、失职渎职、徇私舞弊等问题进行行政监督和责任追究，确保救助对象不论谁发现、问到谁，都能得到及时办理、快速处置，对发现急需救助对象但不报告、不转送、不救助的党员干部，进行严肃问责。

二、存在的问题

（一）救助激励机制不健全，没有形成合力

当前，盐亭县参与“救急难”的部门，除了民政、教育、住建、人社、卫计等

部门根据各自职能，负责相关社会救助制度实施外，残联、工会、妇联、共青团、组织部等部门也都掌握着较多的救助资源。这些部门间的协调，虽然通过已建立的社会救助联席会议协调机制取得了一定成效，但从其刚性程度和产生的实际效果来看，还存在大幅提高的空间。因此，要使“救急难”工作更加卓有成效地开展，实现资源集中，统筹有力，尚需进行深入思考。

（二）社会力量参与社会救助的积极性不高

主要表现在两方面：一方面，政策激励力度不够，《社会救助暂行办法》中明确了财政补贴税收优惠、费用减免的要求，但不够具体，没有细化、实化，落实起来还有难度。另一方面，统筹协调程度与力度不够，一些企事业单位、社会组织、爱心人士参与社会救助的热情很高，但是不太了解救助需求，供需信息不对称，处于自发、无序状态，往往根据捐助者的喜好、兴趣设计项目内容，根据表面现象和主观判断认定救助对象。这两种情形必然导致“救急难”工作中出现重复救助或有求无助的现象。

三、启示建议

（一）强化“依靠群众救助群众”的机制创新

努力探索社会力量参与社会救助工作的组织和激励机制，让困难群众的急难问题有更多的途径解决。进一步用好社会救助民主评议机制，既要“公评”与“公平”，又要“信服”与“心服”，“评什么”“如何评”要有章可循，“评的结果”又要顺应民意。

（二）引导社会力量积极参与“救急难”工作

当前，社会力量参与社会救助工作方兴未艾，展示出巨大的正能量。在引导社会力量参与到“救急难”工作中，有效发挥社会力量的积极作用时，需要做好以下几方面的工作：一是继续完善、落实社会力量参与社会救助的优惠政策，使社会力量参与社会救助工作能够切实享受到财政补贴、税收优惠和费用减免等政策；二是加大政府向社会力量购买社会救助服务力度，把适合社会提供的社会救助服务交由社会力量承担；三是建立健全信息对接、项目发布的联系机制，实现信息共享，既有助于推动主动发现、快速响应机制建设，又有助于减少重复救助、救助缺位等情况的发生。此外，还需要积极培育承接主体，发展能够参与社会救助工作、提供社会救助服务事项的社会组织，特别是专业社工机构，提高其参与“救急难”工作的能力。

参考文献

［1］程学佳. 浅析临时救助制度问题［J］. 法制与社会，2011（11）：37-38.

［2］胡仙贵. 临时救助制度实施中的问题与对策［J］. 中国民政，2013（3）：37.

［3］许敏. 风险社会下的政府危机管理创新［J］. 人民论坛，2013（2）：28.

乡村振兴背景下建设生态宜居乡村的实现路径

——基于宜宾市长宁县龙头镇“竹乡美丽庭院”实践的思考

窦清华①

摘要：党的十九大提出实施乡村振兴战略。四川省委农村工作会议指出，大力推进美丽四川·宜居乡村建设，坚决打好实施乡村振兴战略的第一仗。乡村振兴战略背景下，生态宜居乡村建设面临着很多新情况、新问题、新挑战。笔者通过深入调研所在地区“竹乡美丽庭院”实践案例，发现当前生态宜居乡村建设存在如下突出问题：基础设施建设相对滞后；建设生态宜居乡村缺乏持续资金保障；建设生态宜居乡村规划不够完善；部分群众的观念落后、参与性不高；从事乡村振兴的专业性人才缺乏。深入剖析其原因并就如何在乡村振兴背景下建设生态宜居乡村作了思考。

关键词：乡村振兴　生态宜居乡村　实现路径

党的十九大提出实施乡村振兴战略。习近平总书记强调，必须把解决好农业、农村、农民问题作为全党工作的重中之重。2019 年 1 月 23 日，四川省委农村工作会议暨四川省农村人居环境整治工作推进大会指出，要全面扎实推进农村人居环境整治会议精神和四川省委部署要求，大力推进美丽四川·宜居乡村建设，全面抓好农村人居环境整治三年行动，扎实推进垃圾治理、污水处理、村庄清洁、“厕所革命”等重点任务，坚决打好实施乡村振兴战略的第一仗。按照产业兴旺、生态宜居、乡风文明、治理有效、生活富裕的总要求，宜宾市长宁县龙头镇通过充分发动群众，发挥党员、干部带头作用，用活民主自治，精准施策，持续推进城乡环境治理和美丽乡村建设，致力于打造干净、整洁、规范、有序的农家美丽庭院，不断提升乡村整体环境和群众生活品质，逐步打造环境美、家居美、生活美、和谐美的“竹乡美丽庭院”。

一、宜宾市长宁县龙头镇打造“竹乡美丽庭院”的实践

龙头镇位于长宁县南部，属第四批省级百家试点小城镇，面积 35.06 平方千米，辖 7 个行政村，1 个居委会，总人口 12 523 人。龙头镇依托蜀南竹海这一特色区位

①　窦清华，中共宜宾市委党校。

优势和资源优势，统筹推进“竹乡美丽庭院”建设，生态宜居乡村面貌基本形成。

（一）强组织、明责任、抓落实

为保障“竹乡美丽庭院”建设工作的顺利开展，龙头镇镇长亲自任城乡环境“百日攻坚”暨“竹乡美丽庭院”建设工作领导小组组长，对工作期间的部门职责、人员配置、物质保障等进行详细安排和要求。创新“领导包段、干部包户、责任到人”的工作机制，明确旅游公路沿线281户农户由镇领导分别包段，机关35名职工包户，联合村组干部逐一入户开展工作，并明确每个职工的工作标准、工作目标以及考评方式。坚持每月召开工作交账会和部署会，制定相应的考评机制，将各村工作开展情况纳入年终考核内容。

（二）切实际、细方案、明主体

要求各包段领导、包户责任人深入群众一线，对所负责农户就环境卫生整治、美丽庭院建设开展宣传活动，通过拉家常，让农户积极发挥“爱护环境卫生从我做起、从我家做起”的主体作用。通过包户责任人与农户多次沟通交流、结合各农户农房地理位置、房屋结构、生产生活需求等，与农户共同制订了可操作性的“竹乡美丽庭院”建设分户规划方案，每户方案均以PPT展示，对农户生产生活用具、室外物品堆放、衣服晾晒等进行了科学规划，以图片和注解的形式展现需要整改的问题，明确整改措施、整改责任人和整改时限，做到能够立即整改的，马上进行整改；不能立即整改的，采取措施、创造条件进行整改。

（三）抠细节、精建设、保效果

一是坚持“分类处置、精准治理”原则，根据农户农房实际情况，采取“拆除、规范、装饰、遮挡”等工作法，各包户责任人动脑筋、抠细节，做到“竹乡美丽庭院”建设工作精细化，始终坚持问题导向，加强对公路沿线及视线范围内生活垃圾、枯枝败叶的清理。二是充分利用弯道、车速慢地带、聚居点和视线开敞地段等重要节点，采用院坝规范建设、观赏植物种植、田地周边美化等方式，以竹栏杆、竹篱笆、本地植物等为主体进行精心打造，充分体现乡土气息和当地竹文化。三是对于农户在生产生活中确有迫切需求和特殊问题的方面，各包户责任人与农户认真探讨、积极谋划，并由领导小组制订具体实施方案，在全力推进“竹乡美丽庭院”建设工作的同时，解决群众实际困难、满足群众生活需求。

二、宜宾市长宁县龙头镇打造“竹乡美丽庭院”实践中存在的问题

（一）基础设施建设相对滞后

一定程度上来讲，绝大部分乡村的基础设施与城市差距大。一方面，乡村的道路、排污排水、垃圾处理、房屋建设及其他公共服务设施依旧滞后，符合乡村振兴要求的乡村道路少，给实施生态乡村规划带来一定的阻碍。另一方面，一些落后村由于历史原因，乡村生态破坏比较严重，脏乱差现象依旧普遍存在，如需深入整改，任务艰巨。另外，绝大多数的乡村垃圾处理方式简单，处置设施落后，往往都是将垃圾集中到一起进行掩埋和焚烧，对环境的二次破坏仍然比较明显。

（二）建设生态宜居乡村缺乏持续资金保障

现在绝大多数的乡村在实施乡村振兴战略时所需资金主要靠上级财政投入，但是政府资金注入有限，往往不能持续保障乡村振兴战略的进行。尤其是在基础设施的投入上，政府资金不能面面俱到，也不可能事事参与，这必将给政府的正常运作带来很大压力。上级财政往往将主要资金放在基础设施比较好的、投入之后见效快的乡村，这样一来势必造成各个乡村竞争激烈，基础好的乡村得到了资金项目支持会越来越好，基础差的乡村走好乡村振兴的道路也会越来越困难。

（三）建设生态宜居乡村规划不够完善

调研发现，在建设生态宜居乡村过程中，多数的乡村没有制定一个有效和完善的规划。有些规划停留在口头设计阶段，没有形成书面的正式规划。有些乡村制定了自己的发展规划，但由于资金问题，参与规划的人员是本村村民代表和乡镇党委政府的工作人员，专业规划和设计人员没有参与其中。这样形成的规划往往质量较低，很难做到一张蓝图绘到底。一些村庄也就出现了边建设边规划，再改进再规划的局面。

三、乡村振兴背景下生态宜居乡村的实现路径

（一）系统推进，抓好乡村基础设施建设

乡村振兴，基础先行。基础设施建设的好坏直接决定了乡村振兴战略的实施程度。要系统整体推进道路、管网、排污排水、垃圾处理、公共厕所、公共服务设施建设；要根据生态宜居乡村建设实际情况，从老百姓最需要解决的问题着手，实施环境整治、卫生改造、生态建设；要花更多的功夫、更高的标准在路网、水网、电网、光网、排污管网“五网”建设上；要改造提升村容村貌，完善基础设施配套，加大农村人居环境整治力度，做好乡村振兴的物质保障。

（二）多措并举，为乡村振兴注入资金活力

为确保乡村振兴建设成效，应坚持“政府引导、农民主体、社会参与”机制，多渠道筹集建设资金，让更多生态宜居乡村项目在农村落地生根。要积极研究政策，为外出经商和青年回乡创造更好的条件和机遇，让有能力和有原则的人投身到乡村振兴的建设中去，给予他们政策支持和资金保障；要着力推进以城带乡、以工哺农，走城乡互动、工农互促的城乡协调发展道路，加大政策扶持，争取专项资金向农村基础设施倾斜。

（三）做好规划，一张蓝图绘到底

要因地制宜，完善乡村发展规划。可以通过上级党委政府支持，请市县级规划院（所）指导完成规划的编制。要坚持先规划、后建设的原则，把规划摆在乡村振兴实施的重要位置。规划完成之后，要广泛征求群众建议，让群众积极献言献策，对规划进行再次完善。要坚持一张蓝图绘到底，按照规划按部就班进行建设，不能半途而废，更不能只停留在规划上。

参考文献

[1] 习近平. 决胜全面建成小康社会 夺取新时代中国特色社会主义伟大胜利：在中国共产党第十九次全国代表大会上的报告 [M]. 北京：人民出版社，2017.

[2] 王农，熊伟，孙琦，等. 推进乡村生态振兴与农业绿色发展的思考 [J]. 天津农业科学，2019（4）：59-62.

[3] 杨园争. 乡村振兴视角下美丽乡村建设的困境与突围：以H省为例 [J]. 西北师大学报（社会科学版），2019（3）：137-144.

[4] 四川党的建设编辑部. 推动乡村振兴战略在巴蜀大地生根开花结果 [J]. 四川党的建设，2019（Z1）：2.

[5] 郑风田. 实施乡村振兴战略的关键点在哪儿 [J]. 中国畜牧业，2019（4）：30.

[6] 黄嘉力. 绿色生态、红色旅游双驱动建设美丽乡村：黄羌镇实施乡村振兴战略的调研 [J]. 广东经济，2019（4）：50-55.

现代农业体系推动乡村产业振兴发展

郝　妙[①]

摘要：实施乡村振兴战略，应结合地方实际，顺势而为，乘势而上，做好产业兴旺、产业振兴的大文章，以乡村产业振兴促进乡村人才振兴、乡村文化振兴、乡村生态振兴和乡村组织振兴，助推乡村振兴高质量发展。本文从产业体系、生产体系、经营体系三个方面构建现代农业体系，推动乡村产业振兴，实现产业兴旺。

关键词：产业振兴　产业体系　生产体系　经营体系

党的十九大报告指出，进入新时代我国的社会主要矛盾已经转化为人民日益增长的美好生活需要和不平衡不充分的发展之间的矛盾。农村产业的缺失抑或产业发展的滞后，导致农村资源要素外流严重，农村“空心化”“空壳化”现象突出。农业生产存在着低端农产品供给过剩、高端农产品有效供给不足的尴尬局面。在农业生产成本刚性上升，农产品价格远高于国际农产品价格的背景下，“谁来种地”“如何种地”等问题就成为发展现代农业必须要解决的首要问题。

农业农村面临的一系列突出问题本质上是发展的问题，振兴乡村产业，实现农业强、农村美、农民富，是实现乡村振兴的扎实基础和强劲依托。习近平总书记强调，产业振兴是乡村振兴的物质基础，要紧紧围绕发展现代农业，构建现代乡村产业体系、生产体系、经营体系，实现产业兴旺。

一、现代农业产业体系推动农业高质量发展

构建现代产业体系应坚持农业供给侧结构性改革，疏解过剩产能，创造有效需求。超越产业分割视角，促进三大产业融合发展，面向新需求、创造新供给、培育新业态、做出新探索。

（一）推动农业供给侧结构性改革

一方面，以提高农业供给质量为主攻方向，根据城乡居民消费结构升级和市场需求进行生产，调整优化产业结构和生产力布局，不断提升农产品品质和产业水平；以企业品牌和区域公用品牌为抓手，打造农产品知名品牌，使农业供需关系在更高水平上实现新的平衡。另一方面，坚持绿色、生态的发展理念，选择环境友好型、清洁型农业生产方式，推进农业投入品减量行动、农业废弃物资源化利用，提高资

① 郝妙，中共宜宾市委党校。

源利用率和农业生态系统的生产力，着力打造绿色农产品供给基地，形成高端优质、绿色有机、标准规范、集约高效的现代农业新优势。

（二）加快农村三大产业融合发展

用“跳出农业发展农业”的思维，做强第一产业、做优第二产业、做活第三产业，实现“接二连三”，加快农村三大产业融合发展。一是推行农产品标准化生产，提升农产品质量；发展农产品品牌建设，提高农产品辨识度。二是发展农产品精深加工业，制定加工标准，完善冷链物流等措施，提高农产品的市场竞争力。三是发展以乡村旅游业和农村电商为主的乡村服务业，为乡村发展聚集人气、商气和财气。

（三）大力发展农业新产业新业态

坚持绿色发展理念，走农业可持续发展道路，大力发展农业新产业新业态。一是依托各地独特的自然资源、产业特色、人文资源等，充分挖掘农业的非传统功能，发展观光农业、体验农业、创意农业，“互联网+农业”等新产业新业态。二是加强休闲观光农业基地游览、娱乐、休闲、餐饮、民宿、交通、物流等配套设施建设，打造商家集群效应，塑造便利舒适的旅游体验环境，加快发展农村非农经济。

二、现代农业生产体系促进传统农业转型升级

科技、金融、信息是促进传统农业转型升级的重要生产要素，是实现农业农村现代化的重要保障。

（一）科技引领为现代农业提质增效

以科技为引领走内涵式发展的现代农业道路，深化农业科技成果转化和推广应用体制改革，加快推进农业转型升级，让农业插上科技的翅膀。一是推进种业创新工程，建立商业化育种创新体系，推动现代种业发展，培育出更多的具有自主知识产权的新品种。二是推广农业节水技术，完善高标准农田配套设施建设和水利建设。三是推进智慧农机工程，提高农业机械装备智能化水平，加快“机器换人”进度，降低农业生产成本，提高农业劳动生产率。

（二）金融支持为现代农业保驾护航

建立多渠道、多元化的资金投入保障体系，引导社会资本参与乡村产业振兴项目。一是制定资金补助或贷款贴息支持政策，鼓励新型经营主体发挥带动作用，积极开展产业链融资、PPP 融资项目等的试点。二是积极发挥农业担保公司等的作用，鼓励担保机构为新型农业经营主体提供担保服务。三是鼓励农民专业合作社开展内部信用合作（互助）、创新农业投融资机制，提高资金使用效率。

（三）信息融入为现代农业锦上添花

一是利用互联网平台的优势，推动互联网与传统农业产业深度融合，推动农业产业的结构重组、创新发展，使传统农业经济呈现新的活力。二是将互联网信息技术渗入农业生产和经营的管理全过程，通过互联网有效信息的获取，能够降低农业生产成本，提高农业生产效率，增加农业生产经营的科学性，推动传统农业的结构调整和优化升级。三是通过互联网课程培训，使农民掌握先进、科学、绿色的生产技术，生产出适应消费者需求的产品，推动产业结构优化升级。

三、现代农业经营体系实现小农户与现代农业发展有机衔接

积极培育新型农业经营主体，通过多形式实现适度规模经营，建立多种形式的利益联结和组织化方式，促进经营新型主体和普通农户共享收益，实现小农户与现代农业发展有机衔接。

（一）培育新型职业农民

一是深化农村土地制度改革，完善承包地“三权”分置制度，依法有序推进农村承包地流转，发展适度规模经营的家庭农场、种养大户。二是完善新型职业农民培育制度，在“精细培训”“精准培育”上发力，形成与产业发展相衔接、与创新驱动相适应、与农民需求相一致的新型职业农民培育机制。三是优化涉农企业家成长发育的环境，鼓励新型农业经营体等成为农业农村延伸产业链、打造供应链、提升价值链、完善利益链的中坚力量。

（二）健全农业社会化服务

建设农村综合服务中心和服务综合体，为农业农村提供完善的生产性服务业和生活性服务业。一是发展生产性服务业，为农业生产提供农资配送、农技咨询、农机作业、疫病防治、市场营销、金融保险等各类服务，促进农业现代化的发展。二是发展生活性服务业，为农村生活提供的休闲、餐饮、康养、文化等服务设施，推动农村现代化的发展。

（三）建设“三农”工作队伍

培养造就一支懂农业、爱农村、爱农民的“三农”工作队伍。一是加强人才和科技对农业的支撑，加快发展职业教育，引导科技人员、大中专毕业生、返乡农民工到农村创新创业。二是鼓励科研人员到农业合作社、农业企业任职兼职，提升合作社、农业企业发展现代农业的能力；支持农业企业、科研机构等开展产业融合发展的科技创新。三是加大农业农村基层工职人员的培训力度，提升其服务农业农村的业务水平和工作技能。

参考文献

[1] 姜长云. 推进产业兴旺是实施乡村振兴战略的首要任务 [J]. 学术界，2018（7）：5-14.

[2] 胥爱贵. 产业兴旺是乡村振兴的首要任务 [J]. 江苏农村经济，2018（7）：4-7.

[3] 柯炳生. 如何理解产业兴旺的重大意义 [J]. 农民科技培训，2018（7）：37-38.

[4] 周立. 乡村振兴的核心机制与产业融合研究 [J]. 行政管理改革，2018（8）：33-38.

[5] 任常青. 产业兴旺的基础、制约与制度性供给研究 [J]. 学术界，2018（7）：15-27.

[6] 黄祖辉. 实施乡村振兴战略须厘清四个关系 [J]. 农民科技培训，2018（10）：32-33.

[7] 朱启臻. 乡村振兴背景下的乡村产业：产业兴旺的一种社会学解释 [J]. 中国农业大学学报（社会科学版），2018，35（3）：89-95.

[8] 刘晓瑞. 探析农产品品牌建设路径，助力乡村振兴产业兴旺 [J]. 农业开发与装备，2018（11）：14-15.

[9] 朱启臻. 对贵州乡村振兴“产业兴旺”的几点建议 [N]. 贵州日报，2019-01-08（11）.

特色农业与农村集体经济协同发展研究

——以宜宾市李场镇荔枝产业为例

黄 雨[①]

摘要：特色农业与农村集体经济协同发展是振兴乡村经济的重要途径。本文以宜宾市李场镇荔枝特色产业为例，分析特色农业与农村集体经济协同发展存在的问题，在增强协同发展的内生力、后劲力、战斗力和创新路径等方面提出对策建议，以期为相关政策的制定提供参考。

关键词：特色农业 农村集体经济 协同发展

荔枝产业已经发展成为宜宾市李场镇特色农业产业，对增加农户就业和经济收入、实现农村集体经济振兴具有重大意义。

一、特色农业与农村集体经济的协同发展关系

（一）农村集体经济是促进特色农业发展的保障条件

近年各地不断深化农业农村改革，发展农村集体经济，把农民重新组织起来，形成“农村集体经济组织+农户”抱团发展的模式，促进特色农业不断做大做优做强。特色农业是发展农村集体经济的重要支撑。

（二）特色农业为农村集体经济发展提供最重要物质支撑

无农业产业支撑的贫困村，村集体经济发展是举步维艰，处于“空壳”的状态。发展现代特色农业产业，对现有传统优势农业进行转型升级，采取生态农业模式，培育发展多种特色农业新业态，为壮大农村集体经济提供了发展基石。

（三）政策、经济效益等成为驱动特色农业与农村集体经济协同发展的动力

各级政府逐渐加强了对特色农业与农村集体经济发展的重视，在规划、土地、资金、人才等方面出台了相关政策和保障措施。在“新型农业经营主体+村集体经济组织+农户”等多种发展模式中，农户、业主和村集体经济组织因经济效益的驱动，会采取积极行动促进特色农业与农村集体经济协同发展。

---

① 黄雨，中共宜宾市委党校。

二、宜宾市李场镇荔枝产业与农村集体经济发展的现状

宜宾市李场镇属典型的亚热带季风性气候，特别是镇内“大塔小盆地”特殊的地理气候非常适宜荔枝生长。全镇现有优质荔枝上万亩，有带绿、黑叶等十多个中晚熟荔枝品种，常年产量达 6 000 吨。1990 年，李场镇大塔荔枝被评为“省级名优特色水果”。2012 年，李场镇大塔荔枝获得中国绿色食品发展中心认证的“绿色食品”标志。2019 年，李场镇大塔荔枝获得中国农产品地理标志认证。李场镇不断发展壮大荔枝产业，促进了农民增收致富，消除了集体经济“空壳”村，并成功探索出“村集体经济组织+协会+专合社+农户”发展模式，实现人民齐心协力搞产业，一心一意谋发展。2018 年，加入集体经济组织的农户，其荔枝树树均增收 500 元以上；产业核心村集体经济增加 10 万元以上，实现产业旺、百姓富、村级经济强的良性发展。

三、宜宾市李场镇荔枝产业与农村集体经济协同发展存在的问题

（一）认识不足影响了协同发展的原动力

李场镇种植荔枝的不少农户参与村集体经济组织发展的态度消极，有的农户不能正确认识个体分散经营与集体统一经营抱团发展的重要性，甚至有的农户对村集体经济信心不足、不信任某些村干部。

（二）产业结构不优影响了协同发展的支撑力

目前，李场镇特色优势荔枝特色农业与第二、第三产业融合发展不充分，农业的多元化功能挖掘不够，使得荔枝特色产业对农村经济尤其是村集体经济的支撑作用有限。鉴于李场镇荔枝销售渠道不够宽、产品质量不稳定、品牌知名度不高、与周边市县荔枝产业竞争较激烈等实际情况，难以确保荔枝产业与农村集体经济协同发展的可持续性。

（三）人才缺乏影响了协同发展的生产力

李场镇既缺乏研究荔枝产业的专业农业科技人才，又缺乏懂得现代经济管理的人才；部分村干部年龄偏大、文化素质偏低，忙于村级事务管理，同时担任村级集体经济负责人，缺乏产业融合发展的新理念和产品升级的新思路，直接影响荔枝产业与农村集体经济协同发展的质量和效益。

（四）荔枝产业与农村集体经济结合不充分影响了协同发展的共点力

李场镇村集体经济组织在荔枝产业提质增效上的作用发挥不够，仅开展一些组织协调工作，收取较小比例的服务管理费用，并没有确定出荔枝产业与农村集体经济协同发展的共同目标，没有真正形成共点力。

四、推进特色农业与农村集体经济协同发展的对策建议

（一）重视顶层设计，加大政策扶持力度，增强发展的内生力

充分发挥政府宏观调控作用，在财政、土地、税收等方面给予积极支持，做好科学合理发展规划，借助政府相关平台和资源进行广泛宣传推广，进一步推动特色农业与农村集体经济协同发展。县乡两级政府要进一步加强统筹协调，以荔枝产业主产村为核心，运用市场手段，发挥资本市场的力量，兼并、联合周边的油樟产业等条件较好的村级资源，在壮大荔枝产业发展的同时实现特色农业多元化多功能化发展，化解两者协同发展过程中可能出现的资本、资源困境，增强基层党组织和农户发展特色产业、壮大农村集体经济的信心，从而进一步激发内生动力。

（二）优化产业结构，实施品牌战略，增强发展的后劲力

在立足特色农业发展的基础上，加大三大产业融合发展，立足当地特色优势资源，充分发挥“农业+”的多元效应，促进产业结构进一步优化。同时，大力实施品牌战略。李场镇以荔枝这一特色产业为主题，深度挖掘特色农业文化——荔枝文化，利用乡村休闲旅游这一路径，充分实现荔枝产业的多层次高效益发展，使其能够形成特色产业的竞争优势。要把大塔荔枝作为北半球最晚熟荔枝进行品牌打造和推广，以地理标志认定为依托，加强大塔荔枝区域特色农产品公共品牌的建设力度，扩大大塔荔枝品牌的知名度和美誉度，增强荔枝产业附加值，不断增强荔枝产业与农村集体经济协同发展的后劲。

（三）抓好新农人引进培育，创新基层队伍管理，增强发展的战斗力

要创新实施本土人才回归和引进举措，促进新乡贤、农民工、大学生、退伍军人等各类乡村精英人员返乡，大胆引进职业经理人、经济能人来发展当地特色产业、担任村集体经济管理人员等，形成能人带动发展、村民参与发展的良好局面。同时，要创新激励考核管理机制，对村集体经济组织管理人员予以适当奖励。李场镇要加大荔枝产业专业技术人员、营销管理人员的引进和培养，实现荔枝产业专业化生产、高质量发展、规模化经营和高水平管理。李场镇初步探索了一条“抓党建促产业发展、促农村集体经济增收”的路子，要进一步总结和完善对村组干部的管理办法，增强干事创业的能力；鼓励外出打拼的李场镇能人返乡发展特色产业，充实干事创业的队伍；探索公开竞聘农业职业经理人管理荔枝产业与农村集体经济的有效路径，完善干事创业的模式，为荔枝产业与农村集体经济协同发展提供强大战斗力。

（四）坚持因地制宜，探究特色农业与农村集体经济协同发展的新路径

积极探索特色农业与农村集体经济协同发展的新业态，将特色农业生产景观打造与农村集体资源的开发相结合，逐步扩展生产服务、旅游、健康和物业产业与集体经济融合发展的新型业态。通过依托特色农业产业，走产业融合发展的路子，探索多种经营模式，丰富农村集体经济的收入来源，尤其是增加经营性收入。李场镇要围绕荔枝特色产业，充分盘活荒山、荒坡等村集体资源，通过土地流转等方式，

积极推进荔枝加工业、荔枝冷链物流、荔枝产业景观、荔枝文化科技公园的建设和打造，为培育发展“特色农业+观光体验+培训教育”等农业农村新业态奠定基础，为促进荔枝产业和农村集体经济协同发展开辟新渠道。

参考文献

[1] 孔祥智，关付新. 特色农业：西部农业的优势选择和发展对策 [J]. 农业技术经济，2003（3）：34-39.

[2] 周柏春. 我国农业供给侧结构性改革问题探析 [J]. 知与行，2018（3）：65-68.

[3] 易棉阳. 发展集体经济与乡村振兴战略 [J]. 河南牧业经济学院学报，2018（4）：1-9.

[4] 韩俊. 乡村振兴战略：新时代“三农”工作的新旗帜和总抓手 [J]. 农村百事通，2018（5）：9-12.

实施乡村振兴战略与地方建设融合发展研究

——以建设幸福美丽宜宾为例

侯　刚[①]　石　磊[②]　雷　翠[③]　熊学江[④]

摘要： 乡村振兴战略与幸福美丽宜宾建设之间存在着天然的、紧密的逻辑联系。需要从培引结合，振兴乡村产业；绿色发展，打造宜居生态；正确引领，培育文明乡风；三治融合，形成有效治理；普惠于民，实现富裕生活五个方面协调推进，助推加快建成幸福美丽宜宾。

关键词： 乡村振兴战略　幸福美丽宜宾　绿色发展

党的十九大报告提出实施乡村振兴战略。实施乡村振兴战略是新时代解决好"三农"问题的有效路径。四川省委第十一届三次全会提出，大力实施乡村振兴战略，打造幸福美丽新村升级版。宜宾市紧跟中央和四川省委的步伐，在宜宾市委五届六次全会中提出，要实施乡村振兴战略，加快发展特色优势产业。通过实施乡村振兴战略，宜宾市进一步发展壮大特色优势农业产业，对于打造幸福美丽宜宾，促进宜宾市加快建成四川省经济副中心，具有重要的推动作用。

实施乡村振兴战略，本质是在推进融生产、生活、生态、文化等多要素于一体的系统工程。其复杂性和系统性决定了"产业兴旺、生态宜居、乡风文明、治理有效、生活富裕"的总要求应该协同推进，才能更好见效。因此，可从以下五个方面入手，助推加快建成幸福美丽宜宾。

一、培引结合，振兴乡村产业

我国农村经济水平较城镇落后，重要原因是缺乏可持续发展的产业。宜宾市乡村也具有此共性特征，因此要消除区域城乡发展的不平衡，彻底改变乡村剩余劳动力的"蓄水池"和贫困人口的"蓄水池"的面貌。这就需要通过培引结合，振兴乡村产业，实现产业兴旺。一是因地制宜，培育壮大乡村特色产业。乡村由于存在地理位置、气候条件以及人们种养殖技术和市场情况等因素的影响，需要根据实际情

---

① 侯刚，中共宜宾市委党校。
② 石磊，中共宜宾市委党校。
③ 雷翠，中共南溪区委党校。
④ 熊学江，中共筠连县委党校。

况，选择适宜本地发展的产业，如宜宾市叙州区根据部分乡村实际，培育本地樟树产业链，打造“世界樟海”；南溪区刘家镇培育花椒产业；在长宁、江安筠连等不同县区发展特色竹产业等。二是加大力度，引进资本和产业。发展乡村产业需要资金，充分分化乡村振兴发展基金作用，在盘活本村产业的同时，引入外界资金，是加速产业发展、占领有效市场的重要途径。这就需要乡镇政府创新外资主体、政府、村民的利益联结机制，保障外资流入的持续性和有效性。

二、绿色发展，打造宜居生态

长久以来的小农经济及其生产方式，已不能适应新时代经济的发展要求。绿色发展不仅仅是要求高效发展，更要求经济的高质量发展。一是树牢绿色发展理念。在认识经济发展与生态建设的辩证统一关系的同时，要在思想上筑牢生态红线，切实负起筑牢长江上游生态屏障的责任担当，摒弃以往农村发展只看经济效益，不管生态损害的思维。二是深化双轮驱动。依托大企业解放农业产业的低端、低效生产力，让传统产业企业根据自身需要，充分挖掘本地农村优势，提升和发展传统企业。如四川省宜宾五粮液集团有限公司在宜宾市建设了多个专用粮食生产基地，降低五粮液原料成本的同时，带动乡村的绿色低碳发展，从而推进宜宾宜居生态建设。

三、正确引领，培育文明乡风

乡风文明是乡村建设的思想保证和精神动力，是乡村良好社会风气、生活习俗、思维观念和行为方式等的总和。培育文明乡风，一是坚持正确的价值引领。从思想上充分认识乡风文明的重要性，积极引导广大群众自觉进行观念转变，引领培育正确价值观。将社会主义核心价值观与老百姓的生活有机融合，真正落地落实，落小落细，形成你中有我、我中有你的局面，成为乡村群众下意识的思想自觉。例如，宜宾市各县区村民经常举办活动，将社会主义核心价值观融入文娱活动之中，对当地村民进行潜移默化的思想教育和引导。二是坚持实践引领。积极组织开展“核心价值观进农家”“优秀传统文化进农家”“科学知识进农家”“文明风尚进农家”“法律法规进农家”等活动，把好的理念、作风、习惯转化为农民群众自身的需求，使之真正内化于心、外化于行，深入骨髓、形成自觉。例如，高县打造了宜宾市第一个家风家训馆，展馆分为“红色家风、德耀高州”“家训集锦”“花开乡村”“忠孝传承”“诗书济世”五个展区。从而通过正确的思想和行动引领，培育文明乡风。三是实施优秀传统乡村文化保护工程。深入研究阐释宜宾市乡村优秀传统文化的历史渊源、发展脉络、基本走向，吸收宜宾市乡村优秀传统文化中的合理内核。四是建立长效机制。通过出台相关政策，落实主体责任，从而建立弘扬优秀乡村文化的长效机制。

四、三治融合，形成有效治理

乡村治理有效要求自治、法治、德治不断健全且融合发展。一是自治为基，激发持续内生动力。村民自治是乡村治理的核心，是实现坚持以人民为中心的发展思想的重要体现。一方面，要强化组织建设，把乡村党组织建设为推动科学发展、带动农民致富、密切联系群众、维护农村稳定的战斗堡垒。另一方面，要注重自我监督，建立健全村务监督委员会，并通过丰富基层民主协商的形式，充分发挥对村民的监督作用。二是法治为要，完善刚性规范。法治作为乡村治理的前提和保障，需要得到村干部和村民的充分理解及运用。培育村民法治意识。通过加大“七五”普法力度，培养村民法治意识，加大法治宣传强度，加强对农村群众的法治集中教育。此外，要营造公道的法治环境。不断完善乡村治安防控体系建设，依法打击危害农村稳定和侵犯农民利益的犯罪活动。三是德治为魂，养成崇德向善。德治是乡村治理的感情支撑，乡村振兴需要道德引领、约束和规范。坚持大力培育乡贤文化，乡贤文化既包括优良传统和文化精神，也包括乡村精英对这一精神的继承、创新与践行。宜宾市可依托乡贤文化为社会主义核心价值观的培育与践行探索有形载体，实现农村的经济建设和社会主义核心价值观的培育与践行的有机统一。不仅如此，还要坚持积极探索基层善治。要立足基层、面向群众，以“待人和善、家庭和乐、邻里和睦、乡村和谐、家园洁美”为目标，推进社会主义核心价值观在乡村落地生根。

五、普惠于民，实现富裕生活

生活富裕不仅要求村民有满意的可持续经济收入，而且要求教育、医疗、住房等民生得到有效保障，因此要尽快实现生活富裕。一是坚持本领普惠。通过对农村人员进行农业种植技术、养殖技术、投资理财技术等本领的教育，让其得到本领普惠，为自己的生活富裕打下坚实基础。二是提供政策普惠。对于返乡创业的大学生、退伍军人进行税收、财政上的政策照顾，对于留乡工作的高素质人才进行财政补贴，充分激发其领头羊的作用，带领村民致富。三是坚持消费普惠。城镇之所以发展相对快速，是因为其较为强劲的消费拉动影响。政府可适当帮助农村在生态环境优化、特色小镇建设、文旅融合发展等方面不断打造，从而刺激城镇消费向农村蔓延甚至分流，拉动农村消费，实现农村内源性的发展模式。

参考文献

[1] 范建华. 乡村振兴战略的时代意义 [J]. 行政管理改革，2018 (2)：16-21.

[2] 于法稳. 实施乡村振兴战略的几点思考 [J]. 国家治理，2018 (3)：3-6.

[3] 党国英. 乡村振兴战略的现实依据与实现路径 [J]. 社会发展研究，2018，5 (1)：9-21.

[4] 滕宏伟. 注重“三治”融合 促进乡村振兴 [J]. 重庆行政 (公共论坛)，2018，19 (2)：22-23.

乡村振兴战略背景下乡村旅游可持续路径探析

——以宜宾市为例

廖　艳①

摘要：党的十九大报告提出实施乡村振兴战略，乡村旅游作为旅游业的重要组成部分，也是实施乡村振兴战略的重要途径之一。本文以宜宾市为例着力查找全市乡村旅游存在的突出问题，并由点及面进行系统的分析研究，对乡村旅游可持续发展提出可行性对策建议，以期对乡村旅游实现可持续发展、实现乡村振兴提供参考。

关键词：乡村旅游　可持续路径

近几年来，乡村旅游产业呈现“井喷式”增长态势。然而，当前城乡发展不平衡、乡村发展不充分仍然是我国的基本国情、农情。要如期实现“两个一百年”奋斗目标和党的十九大作出的实施乡村振兴战略重大决策部署，乡村旅游今后的发展很关键。习近平总书记在参加中共十九大代表团讨论时指出，既要鼓励发展乡村农家乐，也要对乡村旅游做分析和预测，提前制定措施，确保乡村旅游可持续发展。既对乡村旅游做了充分肯定，寄予厚望，又为乡村旅游的发展指明了方向：乡村旅游的发展一定要走可持续发展之路。

一、宜宾市旅游资源基本情况

宜宾市旅游资源得天独厚，是中国优秀旅游城市、中国最佳文化生态旅游城市、四川新五大精品旅游区之一。近几年来，随着四川国际文化旅游节等大型活动在宜宾市成功举办，宜宾市旅游产业总收入在全市 GDP 中的占比不断提升，旅游产业已成为宜宾市加快发展的支柱产业。同时，随着经济社会的加快发展，城乡居民旅游消费需求快速增长，旅游产业尤其乡村旅游发展正迎来前所未有的历史机遇和广阔的发展前景。

二、宜宾市乡村旅游发展的现实困境

近年来，宜宾市乡村旅游蓬勃发展，不仅促进了全市旅游业健康有序发展，还

① 廖艳，中共宜宾市委党校。

辐射带动了城乡互动发展。虽然宜宾市拥有强劲增长的消费市场腹地和初具规模的旅游产业基础，但乡村旅游的发展仍然处于起步阶段，总体发展水平不高，存在发展理念落后、发展活力不强、供需结构性矛盾突出等一些亟待解决的突出问题。

（一）理念落后，缺乏精准的定位规划

1. 科学理念引领不足

宜宾市各级在一定程度上对乡村旅游的发展定位及价值意义还存在理解错位、认识短位、职责缺位的问题，客观上导致从区县到镇乡层面对乡村旅游发展前景的评估、定位和规划相对滞后。

2. 统筹协调指导不足

宜宾市各级旅游发展领导小组、旅游主管部门、乡村旅游协会等对于产业发展的管理和指导力度较弱、深度不够、手段单一、成效不佳，更多停留于引进企业自主经营、任其发展。

3. 创新意识迸发不足

宜宾市多数乡村还是以传统农业为主导产业，停留在“民以食为天”的传统生存模式中。农户更关注短期经济利益，对游客真实需求、乡村旅游产品的生产组织和有效供给等缺乏深入的认识，创新持续性不强。

（二）活力不足，缺乏完善的基础配套

1. 基础设施薄弱

宜宾市普遍存在对乡村旅游基础设施建设和整体开发的有效投入不足的情况。总体上看，呈现出线路不优、环境不美、设施落后、信息化欠缺的问题。

2. 特色形象不明显

村落形象塑造缺乏地方特色，“千村一面”的现象普遍；“吃、住、行、游、购、娱、康、体、疗”等要素发展不均衡，特有资源的开发和保护不够，产业链条整合度不高。

3. 经营管理人才匮乏

宜宾市多数乡村旅游的业主自身文化水平普遍较低，服务理念与现代乡村旅游产业的发展要求存在较大差距，企业内部又缺乏专业的经营管理人才，自我发展能力不足。

（三）产品单一，缺乏有效的供需匹配

1. 产品同质化

宜宾市乡村旅游的主要形式是观光旅游，乡村旅游景点普遍停留在建一个花海或者采摘园，修一个农村别院或者农家乐，采摘、赏花等体验项目高度雷同、千篇一律。

2. 产品低端化

消费者面对几近相同的、低层次的乡村旅游供给市场，表现出消费快餐化、碎片化，走马观花式的“一日游”不能充分对接更加注重休闲、参与、获得的旅游需求，也使经营业主收益甚微。

3. 品牌短缺化

乡村旅游品牌建设体系滞后，旅游宣传投入不足，乡村旅游造势不够，制约了旅游市场的拓展，没有真正形成“拿得出、叫得响”的地域性品牌。

三、乡村旅游可持续发展的路径

（一）发挥政府在乡村旅游中的引导和监管作用

1. 加强对农民的培训引导

在开发乡村旅游中农民具有不可忽视的作用，要把开发乡村旅游做活、做大、做好，实现可持续发展，就得加强对农民的培训和引导工作，恢复村民的归属感，让农民参与自己的经营，自主改善旅游条件，要树立他们的主人公心态。

2. 发挥政府在乡村旅游中的监管作用

健全和完善乡村旅游的各项规章制度，为乡村旅游的发展打下坚实的基础。实现乡村旅游可持续发展，就要从根本上提高服务质量和服务水平，加强景区基础设施建设、注重饮食卫生安全，将所有的乡村旅游中能够涉及的安全隐患都进行彻底排查，确保乡村旅游快速可持续发展。

（二）坚持融合发展的原则

1. 乡村旅游与“乡村振兴”战略相融合

党的十九大报告提出了乡村振兴战略，并且出台制定了相应的规划、政策予以推进。把发展乡村旅游与乡村振兴有机融合，把发展乡村旅游作为乡村振兴的重要内容，纳入乡村振兴规划，同步推进，共同发展。

2. 乡村旅游与脱贫攻坚相结合

在乡村旅游的项目选择、股份吸纳、选人用工、技术培训等方面多向贫困村、贫困户倾斜，为实现2020年全面脱贫做出贡献。

3. 乡村旅游与相关产业相融合

要因地制宜发展特色优势产业，带动传统种养产业转型升级，促进产业多样化、个性化发展；要积极拓展农业的多种功能，促进农村三大产业融合发展，延长产业链、提升价值链。

（三）增强乡村旅游的文化内涵

开发乡村旅游过程中，在认真科学地策划好旅游开发项目的同时，还要加强文化内涵建设。要坚持以文化为灵魂的发展特色，唯有浸润和涵养了文化的休闲农业和乡村旅游，才会有蓬勃的生命力。发展乡村旅游，必须立足地方的历史地理、传统文化、民俗情感，以文铸魂，匠心创意，讲好那山那水那人那事，书写最动人的乡愁，给游客会心一击。要保护农业文化遗产，对传统农业的耕作技术、生产工具、种植制度等实施全面保护。要传承农耕文明，多种形式挖掘、利用、展示乡土文化、民俗文化、农耕文化、农事节庆文化、饮食文化等。要加大创意设计，创作一批充满艺术创造力、想象力和感染力的创意精品，推进农业与旅游、文化、教育和康养的深度融合。

（四）保持本色，突出特色

乡土特色是乡村旅游区别于其他旅游产品的本质特征，是乡村明显不同于城市的文化基因，吸引着旅游者走进乡村，去亲密接触当地的自然和人文环境，特别是在旅游产品的开发中一定要凸显乡村性的特点，尽量减少人工化和城市化的痕迹。乡村旅游在开发中要注重对原汁原味的乡村本色进行保护。对乡村旅游开发要加强科学引导和专业指导，强化经营的特色和差异性，突出农村的纯朴、绿色、清新的环境氛围，强调天然、闲情和野趣，努力展现乡村旅游的魅力。乡村旅游不是肯德基、麦当劳的分店，千篇一律的模式会使乡村旅游丧失生命力，我们要找到适合当地的独特模式，这样才会更有吸引力，才能实现可持续发展。

（五）拓宽融资渠道，推行规模化经营

乡村旅游要吸引更多的社会资金或有经济实力的企业参与其开发和建设。乡村旅游的资金投入不仅要靠政府，还应该用新的思路吸引更多的社会资金或有经济实力的企业参与其开发和建设，实现综合性开发，邦联式经营。大力发展旅游六要素相互配合的项目，在“吃农家饭，干农家活，住农家屋”的乡村旅游项目中把各种民间娱乐艺术及民俗表演纳入其中，形成系列和规模，延长游客的停留时间，产生规模经济效益，推进乡村旅游的健康可持续发展。

参考文献

［1］李红霞. 乡村振兴战略背景下乡村旅游发展研究［J］. 乡村科技，2018（11）：40-42.

［2］杨瑜婷，何建佳，刘举胜. “乡村振兴战略”背景下乡村旅游资源开发路径演化研究：基于演化博弈的视角［J］. 企业经济，2018（1）：24-30.

［3］刘芬. 乡村振兴战略下乡村旅游发展思考：以重庆市永川区为例［J］. 劳动保障世界，2018（14）：69-70.

［4］李凤梅. 张家界市乡村旅游可持续发展研究［D］. 吉首：吉首大学，2018.

乡村振兴背景下小农户和现代农业有机衔接：历史溯源、现实基础、实现路径

刘志慧[①]

摘要：党的十九大作出了实施乡村振兴战略的重大决策部署，并且明确指出："要实现小农户和现代农业发展有机衔接"。《乡村振兴战略规划（2018—2022年）》也对小农户与现代农业发展有机衔接提出了要求。必须认识到，小农户和现代农业发展有机衔接，既是由我国的基本国情决定的，也是巩固我国农村基本经营制度的需要，更是在实践中不断总结经验和教训的必然选择。在这一过程中，我们必须从准确把握小农户范畴、提高小农户自身发展能力、提升小农户的组织化程度、构建小农户与新型农业经营主体利益联结机制、加强政府扶持等方面把握好实施的关键。

关键词：小农户　现代农业　有机衔接

一、小农户重要性的历史溯源

长期以来，小农户以及小农经济一直被视为是传统、落后的经营者和生产方式，是需要被改造的对象。从理论上看，马克思对小农户一直持否定态度。马克思认为，小农户的生产方式"既排斥生产资料的积累，也排斥协作，排斥同一生产过程内部的分工，排斥社会对自然的统治和支配，排斥社会生产力的自由发展"。

从实践看，新中国成立以来，我国对小农户的认识经历了一个不断发展变化的过程。在土地改革时期，我国实行的是农户个体经营，将土地地主所有制改为农民所有制。后来，为避免产生工业对农业的剥削和可能形成的两极分化，开始选择集体化的农业现代化之路。通过农业合作社运动，改变了传统的小农生产方式，将农民所有制改为集体所有制。20 世纪 70 年代，在改革开放的影响下，我国确立了以家庭联产承包责任制为基础、统分结合的农村基本经营制度。通过这次改革，确立了小农户家庭独立的经营单位。虽然在理论上和制度上我国小农户作为独立经营主体的地位再次明确，但是在实践中，受对小农户和小农经济劣势的影响，我国在政策实施中逐步倾向鼓励规模化、集约化，如鼓励专业户、饲养能手、种田能手、农

① 刘志慧，中共宜宾市委党校。

业龙头企业发展。

此次，党的十九大报告指出要实现小农户和现代农业发展有机衔接，这既是基于我国国情的现实考量，也是基于实践的经验总结，更是对马克思主义小农理论的再认识，对我国实施乡村振兴战略具有重要意义。

二、小农户与现代农业有机衔接的现实基础

首先，这是由我国人多地少的基本国情决定的。统计数据显示，截至2015年，我国经营耕地面积为30亩以下的农户有2.55亿户，占农户总数的96.1%，所经营的耕地面积占耕地总面积的87%。小农经营现在和未来一段时间都将是我国农业的突出特点。中共中央办公厅、国务院办公厅印发的《关于促进小农户和现代农业发展有机衔接的意见》中指出：当前和今后很长一个时期，小农户家庭经营将是我国农业的主要经营方式。因此在我国实施乡村振兴战略过程中，必须重视小农户作用的发挥，统筹兼顾小农户经营模式和新型农业经营主体为代表的经营模式。

其次，农业大国的特殊性决定了我国必须重视小农户的发展。由于城乡二元结构和小农户的大量存在，使得现代以来中国工业化和城市化过程中产生的各种风险能得到转移，从而实现软着陆，维护了社会的基本稳定。如果我们把“三农”问题简化成为农业现代化问题，一味地追求土地规模化经营，用大农场排挤小农户，就不能解决农民的出路、农业的发展等问题。如果一味地追求适度规模化经营模式，否定小农的特点和优势，将有可能产生小农利益被侵害，农业耕地被工业化等现象，进而产生社会不稳定因素。

三、小农户和现代农业有机衔接的实现路径

一是正确认识小农户的范畴。在以城乡互动为特征的工业化、城镇化进程中，小农户已经主动或被动地融入市场经济，并有不同的表现形式。陈春生认为，农户可以分为传统农户、专业种养殖户、经营与服务性农户、半工半农型兼业农户、非农农户五种类型。王春光则认为，农民已经分化为村干部、企业主、个体户、打工者、兼业务农者、纯务农者和无业者七大类群体。笔者认为，按照农业生产收入在小农户收入中的占比，可以将小农户分为纯务农者、兼业农户、中农、非农户。其中特别要指出的是，要准确区分中农与专业种养殖大户、家庭农场。中农是小农户小规模的经营，但是尚未达到家庭农场和种养殖大户的规模和标准的经营方式。

二是提高小农户自身发展能力。在小农户与现代农业衔接过程中，小农户自身发展能力至关重要，直接决定着衔接机制能否构建，以及在连接机制中小农户的利益能否得到保障。要实施小农户能力提升工程，通过再教育、培训、夜校等方式，帮助小农户发展成为新型职业农民，不断提高小农户从事农业生产经营活动的能力。要提高小农户的装备质量，加快研发经济作物、养殖业、丘陵山区适用机具和设备装备，推广应用面向小农户的实用轻简型装备和技术，使得我国广大的山丘地区能

够实现农业生产的机械化。

三是提升小农户的组织化程度，创新小农户和现代农业衔接模式。小农户和现代农业有机衔接的重点在于突破小农户的生产弱势、组织弱势和市场弱势，以土地规模化、组织规模化、服务规模化的方式将小农户引入现代农业发展的轨道。目前在实践中已经探索了联户经营、联耕联种的小农户联合模式、农业龙头企业+农户、农户+专业合作社、农户+专业合作社+农业龙头企业等利益联结模式、农业社会化服务的发展等多种衔接模式。

四是构建小农户与新型农业经营主体利益联结机制，保护小农户利益。在构建各种利益联结机制时，要更加重视保护小农户的利益，使得小农户成为现代农业的参与者和受益者。只有这样，才能够使得利益联结机制更加紧密、更加可持续。其中特别要重视保护好小农户的土地承包权益，要在土地确权、颁证等级、稳定承包关系、加强流转管理和服务、保护进城落户农民的土地权益等方面切实保护好小农户的土地承包权益。

五是加强政府的政策支持。小农户和现代农业衔接，需要政府的政策支持。必须从现有以增收型普惠制惠农政策为主的农业政策架构转向适应农户分化趋势、加速农户现代化的激励型农业政策架构转变。政府要创造各种条件，积极引导小农户和现代农业构建利益联结机制，包括整合各类资源、提升各类政府机构的社会化服务能力，同时为小农户和现代农业衔接创造各种制度条件。

参考文献

[1] 马克思. 资本论：第1卷 [M]. 北京：人民出版社，2004：872-873.

[2] 魏后凯，闫坤，谭秋成，等. 中国农村发展报告（2017）：以全面深化改革激发农村发展新动能 [M]. 北京：中国社会科学出版社，2017.

[3] 阮文彪. 小农户和现代农业发展有机衔接——经验证据、突出矛盾与路径选择 [J]. 中国农村观察，2019（1）：15-32.

[4] 温铁军. 八次危机：中国的真实经验 [M]. 北京：东方出版社，2013：6.

[5] 陈锡文. 不考虑农民的出路在哪里，解决不了农村问题 [EB/OL]. [2017-10-09]. http://finance.qq.com/original/caijingzhiku/cxw.html.

[6] 杜安才，卢云霄. 破除小农经济观念 发展农村商品经济 [J]. 农业经济问题，1987（1）：46-48.

[7] 王春光，赵玉峰，王玉琪. 当代中国农民社会分层的新动向 [J]. 社会学研究，2018（1）：63-90.

[8] 贺雪峰. 中坚农民是支撑农村的新力量 [J]. 农村工作通讯，2014（22）：45.

[9] 叶敬中，豆书龙，张明皓. 小农户和现代农业发展：如何有机衔接 [J]. 中国农村经济，2018（11）：64-78.

[10] 芦千文，文洪星. 农业服务户分化与小农户衔接现代农业的路径设计 [J]. 农林经济管理学报，2018（6）：650-659.

南溪区月亮湾乡村振兴示范片建设调查研究

石　磊[①]　雷　翠[②]　陈　廉[③]

摘要：乡村振兴战略是新时代“三农”工作的总抓手，是促进农业发展、农村繁荣、农民增收的治本之策，有助于从根本上解决中国的“三农”问题。南溪区认真贯彻中央、四川省委和宜宾市委关于乡村振兴的决策部署，率先在裴石镇月亮湾开展乡村振兴试点，为宜宾市开展乡村振兴做了有益的探索与实践，或将为四川省乡村振兴战略的深入实施提供有益借鉴。

关键词：乡村振兴　示范片建设　南溪区

“三农”问题是关系国计民生的根本问题，实施乡村振兴战略，是新时代“三农”工作的总抓手、总旗帜，是促进农业发展、农村繁荣、农民增收的治本之策，是实现农业强、农村美、农民富的目标。南溪区认真贯彻各级政府关于乡村振兴的决策部署，率先在裴石镇月亮湾开展乡村振兴试点，为宜宾市开展乡村振兴做出有益的探索与实践。

一、基本情况

南溪区深入贯彻党的十九大报告提出的实施乡村振兴战略，按照“产业兴旺、生态宜居、乡风文明、治理有效、生活富裕”的总要求，投资1.19亿元打造月亮湾乡村振兴示范片（以下简称示范片），涉及裴石镇培农社区、骑马村、健旺村共5 000亩（1亩=0.066 7公顷，下同）。项目以六大任务、25个项目为支撑，重点对3 000亩核心区从基础设施、产业发展、村庄整治、乡村旅游等进行集中打造，有效推动南溪区农业农村现代化提速、提质、提效。示范片于2017年11月启动，截至2018年6月底，已完成投资11 916万元，完成田型调整，子莲、果树、高粱的栽培，提灌站、蓄水池、山坪塘的建设；新规划园区道路系统并完成沥青路面施工8.5千米；游客接待中心、明月楼、农特产品展销中心等主体工程建设已完工，内外装饰基本完成；栈道已完成；农房风貌塑造已完成132户；初心广场、乡愁树、芳草坪、出入口等景观工程快速推进并初步完成；新增民宿组团项目正在加快推进。示范片整合了传统特色农耕文化，力争建成四川省乡村度假旅游休闲目的地，全市

---

① 石磊，中共宜宾市委党校。

② 雷翠，中共南溪区委党校。

③ 陈廉，中共南溪区委党校。

最美乡村示范基地。

二、主要做法及成效

（一）坚持党建引领，科学规划，着力提升建设层次

一是坚持把握党对农村工作的领导原则。为确保党在农村工作中始终总揽全局，为乡村振兴提供坚强有力的政治保障。南溪区委、区政府高度重视，把月亮湾乡村振兴示范片作为“一号工程”，成立由区委书记、区长任双组长的乡村振兴领导小组，按照“1+6+N”标准，创新“一核多元”工作思路，高规格推进党建示范项目建设，升级打造党群活动阵地，设立园区党委，下设农业产业党总支和乡村旅游党总支；建设了初心广场，并利用阵地开展青年创业培训系列活动，强化了村级党组织政治功能和服务功能，狠抓党建引领，为示范片实现乡村振兴目标提供强有力的组织保障。

二是坚持科学选址布局，明确功能定位。示范片建设伊始，聘请规划设计单位，从全局全域出发，全面分析了川南、宜宾、南溪现状后，确定了建设地点。其选址距离南溪城区 10 千米，与省道 307 相邻，且滨临长江，交通便利，环境优美，与泸州、自贡接壤，是宜自泸腹心地带，可辐射吸纳川南旅游人群，乡村旅游发展潜力巨大。结合外出考察学习，借鉴成功地区经验，经集体研讨后，明确以“千莲美景、百岛风情”为主题打造农旅深度融合的乡村振兴示范片，形成与周边区域错位发展的态势，同时围绕“五点一心两门两线”进行前期重点打造，力争建成之初即成为影响川南的最美乡村旅游目的地。

（二）坚持三大产业融合发展，机制创新，着力农民增收

一是坚持培育特色主导产业，狠抓农业生产力。产业是基础，依据裴石镇月亮湾的资源禀赋，以农业供给侧结构性改革为主线，因地制宜地分别发展子莲 1 000 亩、柑橘 800 亩、稻田鱼米 5 000 亩、红粱 5 000 亩，辐射带动全区发展红粱 51 000 亩；预计项目全面建成后，柑橘产值达 1 600 万元以上，莲子产值达 500 万元以上，整个园区第一产业产值达 2 100 万元以上。通过招商引资，还配套建设了子莲加工厂，依托荷花、柑橘产业，大力发展休闲采摘和观光农业，推动了三大产业融合发展。

二是通过机制创新，提高农民生产积极性。一方面，将示范片内果树、莲子划分成 20~100 亩不等的小地块，以收取适当租金的方式反向承包给有管理能力的农户或外包给投资业主，由农户或业主自主管理，承包期内的收益归农户或业主。另一方面，月亮湾示范片还成立村集体资产经营管理有限公司，与区国有农业公司合作，负责示范片项目的监督管理及后期运营。依托农村淘宝，成立电商产业中心，新培育家庭农场 9 个、农民专业合作社 12 家、农业职业经理人 17 人。全面建成后，整个园区年产值预计将达 2 600 万元，带动园区及周边农民收入高出全市平均数 10 个百分点以上。

三是推进农产品深加工，着力农民增收。围绕莲子产业推进加工业发展，延伸

产业链条，增加农民收入。目前，已建成300平方米的莲子加工厂，干湿莲子加工设备7套，可满足园区莲子加工需要，日加工莲子1 200千克以上，并招引当地农民就近就业。村集体公司结合园区产业、服务等需求，组建劳务公司，下设子公司，开展驾驶、文明礼仪、厨师等上岗培训，可以从事劳动力的村民，根据劳动力强度情况，按照50~100元/日的标准发放工资，预计全年劳务收入近200万元。同时，依托莲子产业、“千莲美景、百岛风情”4A级景区、家风文化等资源，已培育游客接待中心、农产品展销中心、明月楼、家谱馆等节点业态发展，并组织有条件的农户自办农家乐、茶馆、农产品销售等业态，融入示范片后期运营中。

（三）坚持口袋富与脑袋富并举，重塑乡风文明，推进乡村治理

一是搭平台，建基地，深入挖掘和弘扬传统文化。由区纪委牵头，裴石镇与四川省社科院历史研究所联合打造月亮湾巴蜀家风传承基地。该基地以具有巴蜀地域特色的家风文化为核心，集家谱研究、家风传承、文化挖掘为一体的廉政文化功能，总占地面积约3 000亩，包括中华家风馆、巴蜀家谱馆、宜宾名人馆三个主体部分，以及百米家风墙、家风广场、家风文化主题庭院、十里荷塘等配套景观。

二是组队伍，树新风，多渠道开展群众性精神文化活动。依托巴蜀家风传承基地，组建群众性精神文化活动队伍。结合各级政府的相关会议精神及活动，已开展举办了“裴石之星”“党员之星”“创业之星”等评选活动；组织开展习近平新时代中国特色社会主义经济思想、习近平来川视察重要讲话精神宣讲；开展培育社会主义核心价值观，创建文明活动，进一步增强了职业农民身份自信和文化自信。巴蜀家风传承基地作为月亮湾振兴示范片的一个特色项目，作为乡村振兴战略的文化核心，秉承“不忘本来、吸收外来、面向未来”的原创，坚持以“家谱研究为根，家风传承为魂”的文化导向，以良好的家风带民风、以民风促党风，形成了良性循环的乡村文化生态。

三是重统筹，讲实效，进一步推进乡村治理。统筹已升级打造的党群活动中心和巴蜀家风传承基地相应的资源，实施农村综合治理中心、公共法律服务体系、法制讲堂等项目建设，健全示范片自治、法治、德治相结合的乡村治理体系，构建起政府治理和社会调节、居民自治良性互动。如月亮湾一期居民聚居点按照“六有标准”打造调解文化大院，促进“法为上、和为贵、调为先、让为贤”的调解文化进农户，构建乡风文明。培农社区探索设立集法律咨询、法律援助、人民调解、公证、一村一法律顾问等为一体的公共法律服务窗口，并定期请法律人员开展法治讲座，开展法律明白人、法律进乡村等活动，有效地推进乡村治理工作。

参考文献

[1] 贺雪峰. 关于实施乡村振兴战略的几个问题［J］. 南京农业大学学报（社会科学版），2018（3）：19-26.

乡村振兴中农村婚礼异化逻辑及其治理

谢　熠①

摘要：随着农村经济社会的快速发展，农村婚礼习俗不断发生改变。随着农村市场化的不断推进，农村婚礼表现出高额花费、互相攀比、去俗与低俗等异化现象。面子与从众心理、文化观念与社会保障、梯度婚姻市场构成了农村婚礼异化的生成逻辑。农村婚礼异化的治理需要在个体层面引导社会心理，培育科学婚礼观；在组织层面建立村规民约，完善组织支持。

关键词：农村婚礼　异化　逻辑　治理

农村社会的变迁推动着农村习俗的改变。婚礼作为重要的习俗，其演变是农村经济社会变迁的深刻反映。婚礼具有丰富的文化内涵和象征意义，承担着转变个体社会角色、稳固家庭等社会功能，对于社会正常运行不可或缺。伴随农村经济社会的飞速发展，农村办婚礼的习俗悄然发生改变。一些不良现象逐渐滋生在农村婚礼习俗中，致使其逐渐远离婚礼的实质内涵，逐步异化为了影响农村社会健康稳定发展的社会问题。2019 年 1 月，《中共中央 国务院关于坚持农业农村优先发展做好“三农”工作的若干意见》在加强农村精神文明建设部分指出“对婚丧陋习、天价彩礼、孝道式微、老无所养等不良社会风气进行治理”，首次在中央一号文件中明确了要加强对农村婚丧陋习、天价彩礼等不良风气进行治理。

一、农村婚礼异化表现

（一）高额花费

在农村经济不断发展的同时，农村婚礼的花费也逐渐走高。婚礼的高额花费主要是各种婚礼仪式的货币化，集中表现在越来越高的“彩礼”“改口费”“红包”，以及越来越隆重的宴席。

（二）互相攀比

攀比是指个体与参照群体相比较时，为提高自身自尊水平，而尽力采取高于或者与参照群体一致行为的现象。攀比心理为个体发现与参照群体发生偏差时产生负面情绪的心理过程，过度自尊是攀比心理的内在动因。随着农民收入的不断增长，婚礼成了农村居民自我展示，甚至炫耀的重要平台，互相攀比逐渐成了农村婚礼异

① 谢熠，中共宜宾市委党校。

化的潜在表现。

（三）去俗与低俗

在现代化的冲击下，农村婚礼越来越多地融入现代婚礼元素的同时，一些传统有意义的习俗正在消失或简化，去俗化和货币化逐渐凸显。红包礼金的普遍使用和不断攀高，逐渐使婚礼偏离了传统的象征意义。农村婚礼在去俗的同时，低俗化也有所显现。低俗化集中体现在婚礼“闹婚”这一过程中。

二、农村婚礼异化的生成逻辑

（一）“面子”与从众心理

农村婚礼习俗表现出高额花费、互相攀比的现象，“面子”心理发挥了潜在的心理推动作用。如果婚礼举办的标准低于同村的其他人，则会使举办婚礼的双方家庭有失“面子”，而这在相对封闭的农村社会是不可接受的。如果婚礼举办标准高于其他人，则会使婚礼双方有“面子”。“面子”与经济社会发展紧密相关，当经济处于初中级的发展阶段，贫富分化更为明显，“面子”文化则更加盛行；当经济处于长期足够发达时，“面子”文化则更为薄弱。随着农村社会流动加快，农民收入逐渐增长，货币逐渐成了展示“面子”和互相攀比的核心媒介和载体。与“面子”观念类似，从众心理同样对农村婚礼起着引导作用。在中国传统文化的影响下，中国社会具有求同的特殊思维方式，并产生从众行为。从众行为既包括理性的遵从、服从和顺从，也包括非理性的盲从。理性的从众会产生好的社会效应，增强社会凝聚力，具有正向的社会功能，非理性的盲从则可能使群体失去判断力，甚至在特殊的情况下产生失理和违法的行为，具有一定的社会危害性。如果说“面子”和从众心理是导致农村婚礼异化的内在动力，社区舆论则扮演着外在的推动者角色。心理学行为主义学派认为，从众是在个体或社会群体的压力下，采取与大多数人一致的行为。在农村婚礼异化的过程中，社区舆论就是群体压力的主要来源。相对于更为开放包容的城市社会，农村社会的舆论对个体具有更大的束缚。

（二）文化观念与社会保障

尽管我国倡导男女平等已经多年，但在部分农村社会“重男轻女”的文化观念依然存在。“重男轻女”的观念助推了农村婚礼“彩礼”越来越高。在部分地区传统观念里，女儿是没有照顾父母养老义务的，照顾父母养老主要是儿子的责任。对于社会保障体系依旧不健全的农村社会，“家庭养老”依旧是主要的养老方式。对于没有儿子的父母，女儿出嫁收取彩礼一定程度上成了增加自己养老保障储蓄的方式。另外，如果家庭中还有儿子未婚的情况下，可以通过嫁女收取彩礼的方式，帮助解决儿子结婚的高额开销。因此，在“重男轻女”的文化观念影响，加之农村社会养老保障体系依旧有待进一步健全的情况下，高额彩礼成了部分人的选择。

三、农村婚礼异化的治理

（一）引导社会心理，培育科学婚礼观

一是加强社会心理引导。基层政府和村委会可以通过实地讲解、电视和网络宣传等方式，加强对本地村民的社会心理引导。强化对大操大办婚礼和婚礼陋习危害的宣传普及，对超过承受能力而大操大办婚礼的行为提前进行疏导，使村民在心理上认同健康理性举办婚礼的价值观。二是培育科学的婚礼和养老观念。进一步宣传普及男女平等的思想，扭转“嫁出去的女儿，泼出去的水”的错误观念，降低通过婚姻对养女儿的经济补偿功能。宣传女儿同样有赡养老人义务的法律知识，对女儿不负责父母养老的行为进行告诫和惩治。三是持续健全农村社会保障。不断建立健全农村社会保障体系，持续推进农村社会养老保险的普及率。从社会保障方面消除农村对“养儿防老”的过度依赖，消除农村居民养老的后顾之忧。

（二）建立村规民约，发挥制度效用

一是发挥正式制度的作用。虽然宏观层面的正式制度难以在农村婚礼异化治理中发挥有效作用，但是由农村社区自发形成的正式制度可以弥补这一空白。基层政府管理部门和村委会可以引导村民建立健康举办婚礼的村规民约，明确婚礼操办的标准，将健康、节俭等理念融入其中，把大操大办、闹婚等不良现象禁止在外。二是发挥非正式制度的正向功能。传统观念、风俗习惯、文化传统等非正式制度在农村社会中实质上扮演着“隐形权威”，可以弥补法律规范等正式制度难以深入的领域，对于农村社会的治理具有引导规范的制约功能。加强对优秀传统观念和风俗的挖掘，特别是节俭健康办婚礼的内容，运用引导到农村婚礼操办中，将有利于农村婚礼异化的治理。三是引导培育正向的社区舆论氛围。在正式村规民约和非正式制度的基础上，营造健康理性办婚礼的社区舆论氛围，让违规操办婚礼的村民感到来自非正式群体的压力。充分利用村民自身内部的舆论传导效应，发挥从众心理的正向功能，使村民遵从健康理性操办婚礼的方式，并成为思想和行动自觉。

（三）完善组织支持，搭建婚礼平台

组织支持和平台建设是推动农村精神文明建设的重要保障，也是扭转农村婚礼异化的外部支撑。在农村婚礼异化过程中，部分农村居民尽管自知是受害者，也没有高额花费的内在主动性，但是往往迫于外部社会压力，不得不采取与当地一致的主流操办方式。组织和平台的建设能够为村民主动选择健康理性操办婚礼提供选择空间，激发村民自我管理、自我净化的内生动力。村委会和村民小组作为农村社会正式的基本组织单元，对于农村社会治理发挥着基础性作用。通过引导村组织成立由村民组成的婚礼事项的理事会的形式，以村小组为单位固定举办婚礼的场所。以理事会为组织支撑，相对固定婚礼场所为硬件平台。在尊重村民意愿的情况下，以互帮互助为原则，由婚礼理事会帮助村民按照订立的操办标准，健康理性操办婚礼，可为消解农村婚礼举办中的异化现象提供环境支持。

参考文献

[1] 刘雪燕. 现代性视角下的农村婚礼仪式变迁分析：以湖北襄阳S村为例［J］. 安徽农业大学学报（社会科学版），2018（2）：23-27，120.

[2] 吴铁钧. “面子”的定义及其功能的研究综述［J］. 心理科学，2004（4）：927-930.

[3] 翟学伟. 人情、面子与权力的再生产：情理社会中的社会交换方式［J］. 社会学研究，2004（5）：48-57.

[4] 何绍辉. 货币下乡与价值错乱：兼论天价彩礼的形成及其社会基础［J］. 中国青年研究，2017（9）：42-48.

[5] 刘永馨. “天价彩礼”对农村脱贫的影响分析：以河北省大名县某贫困村为例［J］. 山西农经，2019（3）：61.

[6] 龚晓珺. 试析青年农民“因婚返贫”的非正式制度致因及其整体协同治理策略［J］. 中国青年研究，2018（3）：71-78.

[7] 杨华. 代际责任、通婚圈与农村“天价彩礼”：对农村彩礼机制的理解［J］. 北京社会科学，2019（3）：91-100.

丘陵地区发展农村集体经济的路径探索

——以资阳市为例

钟　亮[①]

摘要： 在新时代，发展壮大农村集体经济，对我们建设农村全面小康，实施精准脱贫战略，增强农村基层组织战斗力、凝聚力具有重要意义。为了发展农村集体经济，资阳市以土地股份合作社、农村专业合作社为主要形式，对发展新型农村集体经济进行了有益探索，针对当前农村集体经济发展存在的问题，提出了发展壮大农村集体经济的基本思路，探索了基本符合丘陵地区发展的“农村集体合作经济”新模式。

关键词： 丘陵地区　发展　农村集体经济　路径

一、新时代发展壮大农村集体经济的重大意义

改革开放以来，全国绝大多数农村村一级集体经济发展停滞，成为“空壳村”。随着我国全面建成小康社会的步伐加快，村级集体经济发展薄弱带来的问题逐渐凸显，首先就是极大制约了农村基层党组织的战斗力、凝聚力，制约了农村基层组织作用的正常发挥；其次是在解决贫困问题上，村一级组织无能为力，不能根据本地实际做到精准脱贫，并保持巩固精准脱贫的有效成果。

针对农村集体经济发展的现状及其带来的问题，党的十八大以来，党中央国务院开始重视并解决这一问题。2015 年 10 月，财政部发布《扶持村级集体经济发展试点的指导意见》（以下简称《意见》），开始在全国开展发展村级集体经济的试点工作。《意见》提出：“以全面建成小康社会为统领，坚持自力更生与政策扶持相结合，以增强村级集体经济实力、实现农民共同富裕为目标，以农村集体资产、资源、资金等要素有效利用为纽带，以土地股份合作、农业生产经营合作为主要经营形式，因地制宜探索资源有效利用、提供服务、物业管理、混合经营等多种集体经济实现形式，发挥村级集体经济优越性，调动村集体成员积极性，增强村集体自我发展、自我服务、自我管理能力和水平，为促进农村经济社会发展、巩固农村基层政权注入新活力。”

---

① 钟亮，中共资阳市委党校。

党的十九大报告提出实施乡村振兴战略，并把发展壮大农村集体经济作为实现乡村振兴的一项重大举措，强调要“深化农村集体产权制度改革，保障农民财产权益，壮大集体经济”。

《关于坚持农业农村优先发展做好“三农”工作的若干意见》也明确提出：“把发展壮大村级集体经济作为发挥农村基层党组织领导作用的重要举措，加大政策扶持和统筹推进力度，因地制宜发展壮大村级集体经济，增强村级组织自我保障和服务农民能力。”

当前，我国正处于脱贫攻坚、全面建成小康社会的关键时期，发展壮大农村集体经济具有必要性、紧迫性，对我们加强基层组织建设，推进乡村振兴、全面建成小康社会具有重要意义。

为了发展壮大农村集体经济，从2016年开始，根据中央、四川省政府要求，资阳市以土地股份合作社、农村专业合作社为主要形式，对发展农村集体经济进行了一些积极有效的探索。而资阳市作为典型的四川丘陵地区，对农村集体经济发展探索过程中存在的问题以及发展农村集体经济的基本思路、模式构想等对于丘陵地区发展农村集体经济皆具有较为普遍的意义。

二、当前资阳市发展农村集体经济存在的问题

（一）缺乏发展村集体经济必需的资产资源

当前资阳市绝大多数行政村皆为“空壳村”，原有的学校、水库、厂房、林场等在20世纪末被低价出租或变卖，村集体经济几乎为零，因此没有发展集体经济的资产资源。

（二）合作社内部没有形成完善的“共享收益、共担风险”的紧密利益联系机制

当前部分合作社的股权分配结构不尽合理。保底分红使农民不承担风险，农民股份过低则让合作社与农民之间利益关联不大，甚至在合作社经营良好时产生矛盾，引发纠纷。

（三）合作社组织架构及管理机制还不够完善

这主要体现在两方面：一是合作社本身章程制定不够完善，社员大会、理事会、监事会以及职业经理人之间没有形成严格的监督制约关系，没有形成良好的决策机制；二是党委政府包括村“两委”与合作社之间兼职、交叉任职甚至“多块牌子、一套人马”现象普遍存在。政经关系模糊、职责边界不清，为合作社的健康稳定发展留下隐患。

（四）合租社多数依靠能人领办，发展的长效稳定机制尚未形成

许多地方情况表明，运行良好的合作社皆有一个能力过人的理事长，所以我们称之为“能人领办”的合作社。但这种“能人”可遇而不可求，因此这种合作社的发展不具有可复制性，难以大范围推广。

（五）合作社的发展对贫困户的带动效果不明显

脱贫攻坚是我们现阶段极其紧迫的工作任务和目标，但当前的合作社发展模式

对带动贫困户脱贫效果不够明显。

三、发展新型农村集体经济的基本思路

（一）必须用好土地资源

在市场经济条件下，当前我国分散的农业经营方式不仅已经不能解放农村的生产力，反而严重限制了农村生产力的发展。要促进农村经济的发展，实现农民增收致富，就必须用好用活农村集体土地资源。为此，我们可以在保护农民土地承包权的基础上，将农民土地承包权与经营权分开，通过土地流转，实现规模经营。但是单纯的土地流转并不能给农民带来多大的收益，而较为理想的解决方式就是成立土地股份合作社。农民以土地承包权入股，让渡土地经营权，从而实现资产变资源、农民变“股东”。同时入社农民从土地上解放出来，在合作社或外出务工，实现农民变“工人”。合作社则对入社土地统一经营管理，这样既可以解决农村土地撂荒问题，又有助于新产品的推广、新技术的使用，从而提高农业生产率，最终实现农民增收致富的目的。

（二）必须用好财政资源

当前我国已经处于工业反哺农业的新阶段，每年的财政涉农项目、扶贫资金数以亿计。但一段时间来，许多财政支农资金使用效果并不明显，且对发展农村集体经济几乎没有帮助。为此我们必须用好用活财政资源，通过捆绑使用有关涉农财政资金，扶持农村土地股份合作社的发展，并将财政资金在合作社的投入量化为集体经济的股份，这样既支持了合作社的发展，达到了农民增收的目的，又发展壮大了农村集体经济。

为统筹整合财政涉农资金，国务院于2017年发布了《关于探索建立涉农资金统筹整合长效机制的意见》，提出要探索建立统筹整合涉农资金使用的长效机制，一方面提高财政涉农资金的使用效益，另一方面将财政资金量化股权发展壮大农村集体经济。

（三）必须深化利益联结

形成良好的利益捆绑联系机制是合作社健康稳定发展的前提。当前许多合作社的发展与农民、理事会成员之间没有紧密的利益联系，甚至可以说农民与理事会成员都不是合作社发展的利益攸关方。无数的事实证明，没有稳定的利益纽带与联系，任何模式都不可能持续发展。

（四）必须规范运行管理

一是制定完善的合作社章程，规范管理架构。章程是合作社发展的宪法大纲，合法的章程受到法律的保护。完善的章程必须明确社员大会、理事会、监事会的权利与义务、理事会监事会的选举产生、决策管理监督制度以及违反的法律责任等。二是明确及限定党委政府、村“两委”与合作社的关系。在合作社成立之初，党委政府包括村“两委”应该承担合作社的引导组建工作，并积极支持合作社严格按照合作社章程选举产生理事会、监事会等。合作社建立之后，党委政府及村“两委”

不得干预合作社的正常运行，但负有监督责任。村支书、村主任不得兼任理事长、监事长。

四、丘陵地区发展新型农村集体经济的路径探索

资阳市地处丘陵地区，多数农业耕作不能实施大规模机械化工作。根据丘陵地区这一农业生产的特点，资阳市在探索发展农村集体经济过程中初步提出一种适合丘陵地区发展农村集体经济的发展“新模式”，我们称之为“农村集体合作经济”。这种集体合作经济以专业合作社为基础，通过投入一定量的财政资金或捆绑使用涉农项目，并将其量化为集体股份，从而达到壮大农村集体经济、实现农民增收致富、带动农民脱困脱贫的目标。

这种“新模式”的基本特征可以概况为四句话二十个字：“农民入股、集体占股、资本参与、自主经营、共负盈亏。”在此框架下，我们提出探索两类专业合作社以发展农村集体经济。这两种专业合作社为粮油类专业合作社和种植类专业合作社。粮油类专业合作社主要以粮食种植为主，适合丘陵地区的几乎全部村社。种植类专业合作社以果树等经济类作物种植为主，这类合作社受限于经济作物品种选择、生产管理技术、资金投入较大等原因，并不适合大范围推广。下面仅以粮油类专业合作社为例：

（一）专业合作社的成立方式

以“农民入股+集体占股”为基本方式，具体细节因各地各村情况而异。合作社成立后由全体社员选举产生理事会、监事会，理事会具体负责合作社的经营。村支部及村委会不参加合作社的管理，只对合作社的生产经营、财务管理等进行指导、监督。

1. 农民入股

农民以土地入股，并鼓励农民以部分现金入股，现金入股也可以用在合作社劳动的劳务费来折算。农民是否入股采取自愿原则，不愿入股但是愿意进行土地流转的，可以将土地流转给村委会，由村委会将流转土地入股并持股。原则上农民不得将土地流转给村委会之外的公司或个人。

2. 集体占股

通过捆绑有关涉农项目以及政府扶持部分财政资金，支持合作社做好基础设施建设，这部分财政投入的资金可以折算一部分股份，作为村集体股份。

（二）专业合作社的生产经营

合作社种植的品种选择、产品的销售等由理事会及社员大会决定。具体的生产管理可以采取外包的方式进行，这样就解决了有些合作社缺乏技术、人工、农业机械等问题。

目前，资阳市雁江区有杨老九植保专业合作社在承接水稻的病虫害防治服务，从2013年开始也承接农民水稻生产的“四代”服务，即“代育、代种（耕）、代管（防）、代收”。“四代”服务囊括了水稻生产的所有环节（目前除了晒谷子之外），

如果需要也可以扩展到油菜等油料生产，“四代”服务的收费标准因土地而异，从当前情况来看，平均约为400元/亩（1亩=0.066 7公顷，下同）。因此，粮油合作社成立之后，将生产管理环节外包给植保合作社，就解决了合作社水稻生产的所有问题。

（三）股份分配

股份的分配与土地价格折算、每亩土地的生产成本及收益紧密相关。如果按照当前农民土地的流转价格500元/亩左右计算，在粮油合作社里面，农民的土地股份可占50%~60%，资本股份占20%~30%，这样农民合计占股约为80%，村集体股份则约为20%，如果部分农民不愿投入资金入股，这部分股份可以转让给村委会或者引入社会资本来投资。按当前价格及股份计算，农民收入也可达到800元/亩以上，即便只是土地入股，收入也将在600元/亩以上；而村集体经济则达到200元/亩以上，按每个村平均500亩土地计算，村集体经济每年收入将达到10万元以上。成立合作社后，由于新技术、新品种的使用，成本降低，收益增加，农民及村集体收入还将有较大提高。

参考文献

[1] 王宏甲. 塘约道路［M］. 北京：人民出版社，2016.

[2] 周建明. 从塘约合作化新实践看毛泽东合作化思想和邓小平第二个飞跃思想的指导意义［J］. 毛泽东邓小平理论研究，2017（1）：52-56.

[3] 刘彤，朱兴涛. 论新型农村合作经济组织发展的困境与出路［J］. 东北师大学报（哲学社会科学版），2009（5）：37-41.

[4] 常颖，翟亚星. 农村合作经济组织问题研究综述［J］. 内蒙古财经学院学报（综合版），2012（2）：115-118.

[5] 崔慧霞. 新中国农村合作经济政策的演进逻辑［J］. 毛泽东邓小平理论研究，2012（5）：82-87.

乡村振兴战略背景下发展村集体经济的路径思考
——以自贡市为例

彭　奎①

摘要：发展壮大村集体经济是强农业、美农村、富农民的重要举措，是实现乡村振兴的必由之路。本文以自贡市为例，分析了自贡市村集体经济发展现状和存在的问题，并提出乡村振兴战略背景下发展壮大自贡市村集体经济的对策建议，以供参考。

关键词：乡村振兴　村集体经济　路径

党的十九大报告明确提出实施乡村振兴战略要“壮大集体经济”。发展壮大村级集体经济是当前农村基层组织建设的重点和难点，是推进脱贫攻坚和乡村振兴、实现农民共同富裕及增强基层组织凝聚力和战斗力的重要保证。为推动振兴发展、决胜全面小康，建设城乡一体繁荣幸福新自贡，自贡市第十二次党代会提出要大力发展农村集体经济，增强村级集体经济实力和服务功能。在当前实施乡村振兴战略背景下，自贡如何实现村集体经济发展壮大和提升村集体经济自我发展能力是一个值得深入思考的问题。

一、自贡市村集体经济发展现状

近年来，自贡市积极贯彻落实中央、四川省委关于发展壮大村级集体经济、夯实基层基础的部署要求，结合脱贫攻坚和乡村振兴战略实践，积极探索发展壮大村集体经济的路径，取得明显成效。

（一）全面消除“空壳村”

自贡市地处四川盆地南部，辖 4 区 2 县，有 1 个国家级高新区，面积 4 381 平方千米，总人口 322.66 万人，其中乡村 186.86 万人、城镇 135.80 万人。自贡市作为典型的老工业城市，目前呈现出“大城市带小农村”城乡格局，农业规模小，农村发展相对滞后。从 2016 年开始，自贡市建立了村集体经济发展季报制度，填报范围包括全市 94 个乡镇 1 107 个行政村（其中非贫困村 994 个、贫困村 113 个），由

① 彭奎，中共自贡市委党校。

高新区代管的2个乡镇21个村未纳入，经初步统计，全市集体经济“空壳村”达560个，占全市1 107个村的50.59 %。为加快发展村集体经济，自贡市实施了“空壳村”清零行动，出台《中共自贡市委办公室、自贡市人民政府办公室关于促进村集体经济发展的实施意见》，提出到2021年消除“空壳村”。2018年年底，自贡市提前三年实现全面消除“空壳村”的目标。

（二）村集体经济发展迅速

自贡市以全面实施乡村振兴战略为契机，加大发展壮大村集体经济攻坚力度，村集体经济发展实现快速发展。截至2018年年底，经调整合村后，自贡市纳入统计的行政村有1 049个，共实现村集体经济收入5 830.26万元，村均收入5.56万元，2016—2018年算市村集体经济收入和村均收入年均增速分别高达104.02%、109.23%。自贡市113个贫困村共实现集体经济收入575.31万元，村均收入5.09万元，2016—2018年自贡市贫困村集体经济收入和村均收入年均增速分别为89.76%、89.74%。

（三）村集体经济发展试点成效初显

自贡市选树不同基础、不同类型和不同模式的试点村，注重发挥试点村的示范引领作用。截至2018年年底，自贡市共有4个区县55个村纳入省级扶持集体经济发展试点，市本级自主确定试点村21个，省市两级财政共为试点村提供启动资金4 500万元。2019年，自贡市争取到中央、四川省财政资金2 560万元，扶持32个村发展集体经济。同时，市财政2017—2018年为21个市级试点村投入启动资金500万元。2018年，省市两级扶持集体经济发展试点村共实现收入564.5万元，村均收入7.73万元，明显高于全市村均收入。

（四）村集体经济收入来源呈现多元

近年来，全市按照《中共自贡市办公室、自贡市人民政府办公室关于促进村集体经济发展的实施意见》提出的盘活资产资源、推进土地经营、参与项目建设、鼓励异地置业、经营农业服务、发展物业经济六条多元发展途径，坚持错位发展，村集体经济来源结构日趋多元化。2018年，自贡市村集体经济主要来源包括六大类：资产资源租赁收入2 934.91万元，占总收入的50.34%；实体经济收入88.09万元，占总收入的1.51%；“三资”入股收入311.48万元，占总收入的5.34%；存储或投资利息收入88.39万元，占总收入的1.52%；服务收入164.36万元，占总收入的2.82%；其他收入2243.04万元，占38.47%。

二、存在的主要问题

（一）村集体经济发展不充分不平衡

自贡市村集体经济发展起步较晚，底子相对薄弱，发展不充分，与全国先进地区相比，差距较大，还有很大的发展空间。2018年，自贡市村均收入仅为泸州市的1/10。全市收入较高的村全部集中在城镇郊区，“空壳村”和收入靠后的村主要在远郊。全市收入超10万元以上的经济强村只有97个，最多的自流井区占比达

26.19%，而富顺县仅占3.77%。目前，贫困村反而好于非贫困村，贫困村村均集体经济年收入比非贫困村高出0.8万元。

（二）持续盈利能力较弱

自贡市许多村集体经济收入严重依赖财政转移支付和补助收入及争取相关部门政策支持，部分村有少量收入来源于村集体土地发包等资源性收入，而这些收入的稳定性和持续性较差。2018年，自贡市村集体中通过占地赔偿等一次性收入占总收入36.75%。全市2万元以下相对薄弱村占比达54.27%，虽全面消除了“空壳村”，但集体经济收入1 000元以下的村还有31个，返“空”的可能性很大。

（三）“三缺”问题较突出

一是缺人才。自贡市属劳务输出大市，在外务工人数长年保持在70万~80万人，村集体经济发展缺乏懂经营、善管理、能带领一方群众共同致富的能人。二是缺机制。村集体经济组织还未完全按现代企业的法人治理结构规范运行，缺乏有效的薪酬激励与奖惩等配套机制。三是缺资金。农村集体资产“小散乱”，城市工商资本下乡意愿不强，集体经济发展面临缺乏资金的窘境。上述“三缺”问题的存在，导致村实体经济收入成为严重短板，2018年全市实体经济收入占比不足2%。

（四）村干部心存顾虑

部分村干部思想保守，主要存在怕作为、难作为、不作为三种倾向。尽管2017年和2018年各级政府先后为73个试点村注入村集体经济发展启动资金4 500万元，但有部分村将试点资金视为烫手山芋，不想用、不敢用、不会用，有些村为保证资金安全，将资金简单存入银行等坐吃利息，试点资金作用发挥不明显。

三、对策与建议

（一）坚持科学规划引领村集体经济发展

坚持规划先行，科学合理制定自贡市村集体经济发展专项规划及年度实施方案，强化规划引导作用和约束力。一是突出目标性。力争用三至五年时间全面巩固消除“空壳村”的成果，提升薄弱村，壮大富裕村或强村。二是突出可操作性。规划需具有前瞻性和可操作性，既有发展思路又有明确具体举措，既兼顾当前又考虑长远。三是突出衔接性。将村集体经济发展规划与市、县、乡区域总体经济社会发展规划、土地利用总体规划、乡村振兴、脱贫攻坚及美丽乡村建设等结合，实现多规合一，尽量留足村集体经济发展空间。四是突出约束性。一张蓝图干到底，强化对约束性指标、重点任务完成情况的综合考评。

（二）加大项目资金扶持力度

一是强化项目支撑。针对目前自贡市享受省市扶持的试点村不到10%，启动资金20万元/村难以实施项目的情况，建议自贡市财政每年安排预算资金由200万元增至900万元以上，每年选择不少于30个村作为市级试点村，启动资金增至30万元以上/村，区县财政对等补助。各级支农惠农项目资金重点向集体经济发展试点村和扶持村倾斜。二是积极向上争取。针对自贡市近年获得上级政府扶持集体经济发展资金的村在川南最少（2019 年自贡市 32 个、宜宾市 79 个、内江市 50 个、泸州市 41 个）的情况，建议由自贡市委组织部牵头，会同市财政、农业农村等部门积极向上争取，力争每年不少于 50 个村列入扶持范围，并吸引带动社会资金参与支持村集体经济发展。

（三）加大税收金融和土地政策支持力度

一是落实税收优惠政策。借鉴泸州等做法，将村集体经济组织所得税县级所得部分 50%以奖代补用于集体经济发展，区县财政可根据实际，探索建立对薄弱村转移支付制度。二是加大金融支持力度。借鉴宜宾市的做法，将贫困村产业扶贫基金转化为村集经济发展扶持基金，由金融机构按不低于 10 亿元融资规模，以 5. 22%的年利率向利益联结机制真实可行、经营效益持续稳定的涉农经济组织提供 200 万元/户低息贷款。推广富顺县经验，设立农业投资公司，融资投入集体经济发展。三是保障用地需求。统筹安排村集体经济组织发展所需用地，支持村集体经济组织参与农村土地综合整治项目中的土地整理、农田水利、田间道路等工程建设，新增耕地由村集体管理和使用。

（四）提供人才队伍支撑

一是抓好吸引人才。借鉴内江市的做法，大力实施返乡创业“回家工程”，探索设立乡村人才奖励基金。二是抓好业务培训。借鉴宜宾市的做法，实施农村干部能力提升工程，与省内外高校等合作，将集体经济发展内容纳入村“两委”干部培训课程。三是抓好业务指导。借鉴泸州市的做法，恢复乡镇农村经营管理站，承担农村改革和农村经营管理指导工作。四是抓好村“两委”班子建设。实施党组织建设提升行动，真正把发展集体经济能力强的能人选入班子。借鉴先进地区做法，构建管理规范的村集体经济组织，以党组织为核心，村党支部书记可兼任村集体经济组织法定代表人，发挥核心领导作用。五是抓好结对帮扶。借鉴杭州市的做法，将集体经济发展试点村、扶持村与领导“抓点示范”村相结合，建立市县领导联系、部门结对、乡镇班子成员联系和下派“第一书记”驻村等立体式帮扶。

（五）强化考评激励

将发展村集体经济情况纳入绩效目标考核的重要内容，作为各党组织书记抓基层党建的硬指标和述职评议的内容。借鉴泸州市的做法，健全考核激励制度，市财政每年设立 100 万元专项资金，选择一批村集体经济发展典型示范村给予一次性奖励 5 万元，对做出突出贡献个人奖励 5 000 元；允许村集体在当年集体经济年纯收入中按 10%～20%的比例提取奖励资金，通过村民大会或村民代表大会确定奖励办法，奖励集体经济发展管理成员。建立容错机制，解决集体经济组织负责人不想干、不敢干的问题。

参考文献

［1］中共中央组织部组织二局. 发展壮大村级集体经济案例选［M］. 北京：党建读物出版社，2018.

略论乡村振兴背景下乡村人才队伍建设对策

王 力①

摘要：实施乡村振兴战略，是党的十九大作出的一项重大决策部署，是新时代“三农”工作的总抓手。实施乡村振兴战略，必须破解人才瓶颈制约，强化乡村振兴人才支撑和引领。这就需要通过多种形式壮大乡村人才队伍，完善规章制度，健全使用激励机制，保证乡村人才队伍的壮大和稳定。从而确保乡村振兴战略的有序推进。基于此，本文主要探讨乡村振兴战略实施中人才队伍的建设措施。

关键词：乡村振兴 人才振兴 人才支撑

实施乡村振兴战略，是党的十九大作出的一项重大决策部署，是新时代“三农”工作的总抓手，对我国“三农”发展具有重大指导意义。习近平总书记强调，“乡村振兴，人才是关键。要积极培养本土人才，鼓励外出能人返乡创业，鼓励大学生村官扎根基层，为乡村振兴提供人才保障。”实施乡村振兴战略，必须特别重视人才振兴，强化乡村振兴人才支撑和引领。

一、乡村人才队伍的基本构成

（一）村干部队伍

按现行的农村干部政策，村干部可分为三种类型。第一类是“土生土长”的村干部。虽然属于“体制内”干部，但他们的影响力并非来自组织的任命，更多的是因为他们的威望或行动赢得了村民的普遍认同和拥护。一般情况下，他们掌握着当地的社会、经济资源，是农村合作组织的领头人。这种类型的村干部是乡村振兴的“一线指挥员”和“第一负责人”。第二类是“大学生村官”。中央组织部于2008年正式推行大学生村官制度，一批优秀的大学毕业生来到农村，他们在身心得到锻炼的同时，利用知识优势，不断拓宽乡村发展的路径。第三类是各级对口帮扶干部、“第一书记”。他们在实施精准扶贫战略过程中发挥着“联络人”的作用，把中央、省市县关于乡村发展的政策、理念、举措及时传达到最基层，并帮助组织实施。

（二）新型职业农民队伍

新型职业农民是指具有科学文化素质、掌握现代农业生产技能、具备一定经营管理能力，以农业生产、经营或服务作为主要职业，以农业收入作为主要生活来源，

---

① 王力，中共自贡市委党校。

居住在农村或集镇的农业从业人员。新型职业农民是乡村人才振兴的主力军，是习近平总书记强调要重点培养的人才。其主要包括成功转型的“小农户”、自愿扎根农村的大学毕业生、返乡农民工等。

（三）农民企业家队伍

农民企业家是在改革开放以后，农村中先富起来的群体。他们头脑灵活，能快速适应市场环境的变化，艰苦创业，成为农村发展中不可或缺的重要力量，数量虽少，但扮演着致富“带头人”和“领路人”的角色。乡村振兴，产业兴旺是重点。乡村产业发展需要农民企业家整合社会和经济资源，发展优势产业，在自身价值得到体现的同时，带领村民致富。同时，通过农民企业家的努力，打造乡村品牌，树立乡村形象。

（四）农技推广人才队伍

农技推广人员包括各级农委系统里面的农业专家及工作人员、镇（街）农业服务中心农技推广人员以及一些农业企业中的专家、技术人员。农技推广人员对促进当地农业技术水平的提高和发展当地农村经济具有举足轻重的作用，是乡村振兴的重要力量。

二、乡村人才队伍存在的问题

（一）乡村人才数量和素质不高

目前，乡村干部、新型职业农民、乡村科技人才等各类人才占农村常住人口的比例不到60%，其中绝大部分只参加过短期的技术培训，没有接受过中专以上的系统教育，农村实用人才队伍中90%没有获得专业技术职务评定，在有评定的10%中，初级职称占比近70%，现有人才队伍规模和素质难以带动乡村发展全局。主要原因是相对于庞大的农村人口，国家在乡村人才培养上的投入明显不足，农村基础教育仍然薄弱，农村继续教育发展滞后。

（二）乡村人才培养与社会发展需要脱节

过去多年对乡村人才的培养、培训集中在种养技术、经营管理等方面，在农村新产业、新业态层出不穷，三大产业加速融合，生产经营模式不断创新的大背景下，培训内容的更新跟不上发展需求的变化，乡村人才的培养滞后于乡村经济社会发展的需要。主要原因是乡村人才的培养以政府部门为主，各部门之间的培养培训工作交叉重叠情况较多，缺乏统筹协调，培养培训计划的生成机制偏重于规划安排、按部就班，没有及时根据发展变化进行灵活调整，市场机制的利用和社会力量的调动不充分。

（三）激励保障机制不健全

乡村人才队伍建设在分配、激励、保障制度方面不完善，人才待遇与业绩、贡献不相称，人才价值体现不充分。没有把解决农业生产经营中的实际问题、对农业产业和社会事业发展的实际贡献、农民群众的满意程度作为人才评价认定考核的主要依据和重要标准。主要原因是乡村人才认定和考核的标准与实际的联系还不够紧密，对调动人才积极性的激励保障机制重视程度不够，激励方式较少。

三、强化乡村人才队伍建设的对策建议

（一）多形式壮大乡村人才队伍

一是进一步加强对农村基层党政人才和村社干部的培养，完善农村基层党政人才和村社干部留用机制。一方面，要充分发挥镇村两级党组织的作用，带好人才；另一方面，政策方向要对基层干部给予更多的倾斜，让基层干部有盼头、有干头。二是针对新型职业农民的培训或者培育。一方面，分类施策，针对不同的类型采用不同的政策。新型职业农民可分为生产性职业农民、服务型职业农民、经营型职业农民。另一方面，缺什么补什么。比如，缺技术补技术，缺理念补理念，缺技能补技能，可以在乡村开展乡村振兴讲习所，培训职业农民。三是解决农技推广人员不足的问题。一方面，要定向培养，通过与高校联合、与学生签订合同的形式，培养农技专业的大学生；另一方面，从农业能手中选出一部分农业带头人，充分发挥他们的示范引领作用。

（二）完善规章制度

强化乡村人才振兴，需要制定完善的规章制度，保障人尽其才、才尽其用。需要研究制定“引得进，留得住”乡村基层人才实施办法，以发展乡村、美丽乡村、富裕乡村为出发点，引进、回流一批有思想、有眼界、有技术、有能力及有一定资本的城市人或外出务工致富能人回乡创业；建立专业人才、科技人才参与乡村振兴机制和区、镇（街）专业人才统筹使用制度，营造良好的工作环境；放开限制人才回流的制度限制，如户籍制度的限制，增加吸引力，形成比城市更优越的制度安排，保证人才的稳定性。

（三）健全使用激励机制

加强乡村人才队伍建设，必须健全使用激励机制。近些年，虽然国家在“三农”发展方面推出了一系列强有力的强农惠农富农政策，农民的生活水平得到了显著提高，农业收入显著提升，乡村发展活力不断展现，发展机会也日益增多。但是从整体看，乡村的收入仍然普遍偏低，农民的生活水平、创业条件、乡村环境、享受到各种福利待遇等与城镇相比仍然有很大的差距。因此，实现乡村人才的回和留，要充分发挥政府的引导作用，形成有效的激励机制，如通过实施乡村人才晋升的激励机制、提高乡村人才的待遇、在农民当中评定等级等来吸引人才。

总之，乡村人才振兴，是一项需要系统谋划的重大工程，应树立乡村人才整体发展观，打破城乡人才流动的区隔和壁垒，不断创新举措，让本土农民愿意留在家乡发展，让在外有成者争相返乡创业。通过多形式壮大乡村人才队伍、制定完善规章制度、健全使用激励机制等措施，打造一支强大的乡村振兴人才队伍，推动农业成为有奔头的产业、农民成为有吸引力的职业、农村成为安居乐业的美丽家园，激励各类人才在农村广阔天地大施所能。

参考文献

[1] 韩长赋. 大力实施乡村振兴战略［M］//本书编写组. 党的十九大报告辅导读. 北京：人民出版社，2017.

[2] 赵秀玲. 乡村振兴下的人才发展战略构想［J］. 江汉论坛，2018（4）：10-14.

[3] 马彦涛. 谁来担负乡村振兴的重任［J］. 人民论坛，2018（12）：86-87.

欠发达地区乡村人才振兴路径研究

——基于R县M村的实践

张　峥①

摘要：习近平总书记在十九大报告中提出实施乡村振兴战略，实施乡村振兴战略离不开人才的支持，欠发达地区乡村人才振兴面临困境，本文根据M村的实践经验，分析欠发达地区实施人才振兴战略存在人才短缺、素质不高、缺乏带头人、留人才困难等问题，并提出了吸引人才、培养人才、留住人才三者联动的发展具体路径。

关键词：欠发达　乡村　人才振兴　路径

一、欠发达地区乡村人才振兴的必要性

习近平总书记在十九大报告中提出实施乡村振兴战略。我国欠发达地区农村常住人口主要以少年、中老年为主，青年进城求学或务工后，只有少部分返乡，出现了种地的几乎都是中老年人的现象。以后农村的地谁来种这一问题常引人思考，解决此问题关键在于怎么在农村留住青年人才。过去农村留不住人才的主要原因是区域之间、城乡之间的发展严重不均衡，基础设施和社会公共服务差异悬殊，导致人才从农村向城市、从中西部欠发达地区向东部发达地区单向流动。中国特色社会主义进入了新时代，乡村振兴需要乡村人才振兴，培育人才、吸引人才、留住人才是乡村人才振兴亟待解决的问题。实行人才振兴工程，乡村振兴才有希望。

二、M村人才队伍建设的现状

M村位于川南丘陵欠发达地区，村组干部共计25人，年龄在30岁以下的2人、30~39岁0人、40~49岁3人、50~59岁8人、60岁（含）以上的15人。村组干部学历本科及以上1人、专科5人、中专3人、高中3人、初中及以下13人。据调查研究，村组干部因年龄、知识水平、补贴待遇、工作强度等原因表达了离职意愿的有12人，占全体村组干部的48%。在传统种养殖业致富能手培育方面，全村有水

---

①　张峥，中共自贡市委党校。

稻种植面积5亩（1亩=0.0667公顷，下同）以上致富能手5人、枇杷年销售额5万元以上致富能手9人、生猪养殖年出栏量200头以上致富能手2人。在吸引各类人才方面，M村处于欠发达地区，基础设施建设落后，对外来人才吸引力较弱。因此，人才工作重心从吸引外来人才转移到回引人才，通过宣传产业发展政策、打出乡情牌，以回引优秀农民工党员为试点开展工作，但收效甚微。综上所述，以M村为代表的欠发达地区实施乡村人才振兴任重而道远，多措并举培育人才、吸引人才、留住人才，为实施乡村振兴战略提供人才支持。

三、欠发达地区实施人才振兴战略存在的问题

（一）乡村人才短缺

农村紧缺各类服务人才，西部特别是西部欠发达地区，经济发展水平较低，造成很多本土人才流失。近年来，伴随着我国工业化和城镇化进程的加速推进，大量农村青壮年选择背井离乡来到城市工作和生活，导致农村劳动力持续减少、农村人口外流现象严重，各类人才流往大城市，乡村人才逐渐减少，诸多乡村沦为只有老人和儿童留守的“空心村”。目前，农村外出务工人员大部分是受教育程度相对较高的青壮年，这些流失的青壮年人口是农村建设中的关键力量，即是农村的“人才”。这些人才的流失，大大制约了农村的建设与发展，同时还衍生出一系列如空巢老人、留守儿童等社会问题，因此，对于这一问题的解决是目前我国大力发展振兴乡村战略的必然要求。

（二）人才素质不高

因欠发达地区经济社会发展不平衡，以及生长环境和家庭环境的制约，乡村地区人员往往受教育程度较低，素质不高，加之近两年有能力有技术的青年人都基本外出务工，留在乡村的基本是文化素质不高的人员及老人儿童，对乡村振兴战略的实施政策不了解，更难以为其做贡献。例如：M村劳动力年龄结构偏老龄化，常住村民除义务教育阶段的学生外，基本上由文化程度较低、年龄偏大的老人构成，呈现出“空心村”现象。青壮年劳动力的流失造成村级人才的缺失，新理论、新技术、新观念在M村缺少实践者。

（三）“领头雁”缺乏

乡村振兴战略的实施最终落脚点是在县乡村三级，尤其是村级的人才力量至关重要。但目前，村级缺两个方面的带头人，一是村级班子带头人，二是致富带头人。例如：M村党支部书记已担任了20多年村干部，无论从年龄、身体条件还是从知识结构、理论水平等方面看，都并非担任村级班子带头人的最佳状态了，同时也面临着无人接班的难题。M村现有致富带头人的能力不足以带动周围村民发展致富，缺乏有资金、有产业、文化程度高、带动力强的致富带头人。

（四）留住人才难

乡村建设与发展迫切需要乡村人才的回流，但是乡村人才回流仍面临着重重困难。首先，农村与城市的显著差距是目前大部分农村人才流失的重要原因。其次，

农村人才接受教育程度越来越高，使得他们对于自我价值的实现以及自身的期待都相对提高，这让他们宁愿咬牙在大城市奋斗，也不愿意回到他们认为“落后”的乡村。在此背景下，不要说让乡村吸引和留住更多人才了，让乡村留住人在某种程度上都成了奢望和苛求，这种严峻的现状也严重困扰和制约着乡村的长远发展，影响或制约了乡村振兴战略的实施步伐。

四、欠发达地区乡村人才振兴具体路径

（一）吸引人才

吸引外地人才需要拓宽人才选拔视野，打破地域、身份、职业界限，采取内选、外引、下派等多种途径，不断拓宽村干部选拔渠道。例如：选派干部交流任职。2017 年 R 县 296 名第一书记到行政村任职，全覆盖常态化选派的第一书记在加强基层组织建设、推进精准扶贫工作、推动地方经济发展、强化村级治理、为民办事等方面的工作得到了组织和群众的认可。通过顶岗实习、优化就业环境、搭建创业平台吸引外地人才报考村级后备干部，充实乡村振兴人才力量，解决村级班子领头人缺乏问题。完善政府公共服务职能，增加卫生保健投资。地方政府要加大投资力度，持续推动城乡基础公共服务均等化，完善当地乡村卫生保健方面的基础设施建设，更好的卫生环境以及医疗保健才能够吸引更多的人才。

（二）培养人才

欠发达地区村级“领头雁”“带头人”缺乏，应建立健全村级的“双培养”机制，即“把党小组长选拔成村民组长、把村民组长培养成党小组长”，逐步实现村民组长和党小组长“一肩挑”。充分发挥农民夜校和农家书屋教育阵地的作用，建立以村党支部书记或第一书记为校长的农民夜校，充实农民夜校培训师资库，增加农村教育经费，加强思想道德、基础文化知识、科学技术知识、法律知识等方面的培训和学习，切实增强党员教育内容的丰富性、拓展性、多样性。加大乡村一级的培训，吸引新农人、树立新乡贤、培训新农民，壮大新“三农”人才队伍，提高农业人才素质，将人力资源优势转化为人才优势。

（三）留住人才

引才、育才是乡村人才振兴的方法，留住人才才是根本。留得住人才，必须要提高待遇。无论是村级干部还是乡村技术指导员，都要保障相对合理的收入水平，才能留住人才，为实施乡村振兴战略发力。着力加强乡村基础设施建设，缩小城乡差距，增强人才归属感和获得感。优化乡村产业结构，提高农业竞争力，搭建乡村创业平台，完善相关创业机制。同时，还需要加大农村教育投入，提高农村教育水平。搭建平台促进乡村与企业、乡村与高校、乡村与城市的交流与合作。“金山银山就是绿水青山”，引导乡村营造良好的生态环境，完善公共服务设施，打造宜居宜业的创业基地，结合人才战略，吸引创业人才、技术人才、管理人才入驻乡村，为乡村建设提供智力支撑。

参考文献

［1］刘嫦娥，谢玮. 乡村振兴战略下人才“回流”存在的问题及对策研究［J］. 湖南省社会主义学院学报，2018（5）：73-76.

［2］张峥. 选派“第一书记”工作的实践分析与对策研究：以四川省自贡市荣县为例［J］. 重庆行政（公共论坛），2018（6）：106-107.